Tirarse a la piscina

Anabella Shaked

Tirarse a la piscina

Dejar de evitar y empezar a vivir

De acuerdo con la teoría de Alfred Adler y sus
continuadores, Rudolf Dreikurs y Zivit Abramson

Traducción de Gerardo Gabriel Lewin

Penguin
Random House
Grupo Editorial

Título original: *Likfotz lamaim: meimanut le hishtatfut melea bahaim*

Primera edición: enero de 2024

© 2019, 2024, Anabella Shaked
© 2024, Penguin Random House Grupo Editorial, S.A.U.
Travessera de Gràcia, 47-49. 08021 Barcelona
© 2024, Gerardo Gabriel Lewin, por la traducción

Printed in Spain — Impreso en España

ISBN: 978-84-666-7703-5
Depósito legal: B-19.323-2023

Compuesto en Comptex & Ass., S. L.
Impreso en Black Print CPI Ibérica
Sant Andreu de la Barca (Barcelona)

BS 7 7 0 3 5

*Dedicado a Omer, mi amado compañero de viaje,
y a mis hijos, Noa, Limor y Ofir*

Índice

TERCERA PARTE
Una guía para padres

Introducción

Lo que una persona puede ser, debe serlo.

ABRAHAM MASLOW

Muchísimas personas viven muy por debajo de sus potencialidades y no alcanzan a desarrollar sus posibilidades o aspiraciones personales, amorosas, familiares, profesionales, económicas, morales o ideológicas. Con este libro trataremos de comprender el fenómeno de la evitación tomando como referencia el supuesto de que el ser humano tiene capacidad de elección y de generar cambios haciendo uso de su propia fuerza creativa.

La evitación es una huida parcial o total del cumplimiento de tareas, de la resolución de problemas, del enfrentamiento con los desafíos y de la realización de sueños y objetivos. En este libro me propongo explicar que su origen no radica en la haraganería o en una negativa personal para aportar al conjunto social. La evitación es una estrategia defensiva que apunta a resguardar el sentimiento de autoestima de una persona en una sociedad triunfalista y competitiva en la que el cumplimiento de expectativas exageradas es condición para obtener el aprecio de los demás.

Cuando la competición se torna insoportable muchos prefieren eludir toda acción antes que fracasar. Luego podrán decirse a sí mismos: «Si hubiera querido competir, habría triunfado». Por lo tanto, evitar enfrentamientos los pone a salvo, en el caso de fracasos eventuales, de heridas en la autoestima, a pesar de otros costes que deberán afrontar. Hablamos de una sociedad que, en lugar de estimular en las personas el afán de actividad y de canalizar esfuerzos en pos de metas asequibles, las sume en la desesperación y la desidia.

Este libro le propondrá a la persona evasiva un camino para encarar, de manera activa, su actuación en el mundo y su realización personal. La comprensión del fenómeno de la evitación, tal como se presentará en estas páginas (comenzando por las fuentes y las diversas manifestaciones, e incluyendo los métodos para superarla) se basa en la teoría psicológica de Alfred Adler y en el trabajo de sus continuadores. Este volumen se escribió a la sombra de un gigante y está basado en su legado. En especial, me he apoyado en las ideas de Rudolf Dreikurs (una de cuyas principales contribuciones fue el desarrollo del sistema adleriano para la crianza infantil) y de Zivit Abramson, con quien tuve la suerte de estudiar durante muchos años. A raíz de un profundo estudio de los escritos de Adler, Abramson desarrolló un modelo actualizado e integral para la comprensión de la neurosis y su terapia. La conceptualización de la evitación que se desarrolla en este libro se basa en este modelo de Abramson.

Alfred Adler (1870-1937) fundó la escuela de la psicología individual, que destacó la existencia de la fuerza creativa y de la libertad de elección.[1] Sus ideas (en su momento revolucionarias) acerca de la naturaleza humana y sobre el origen de los trastornos mentales y las disfuncionalidades están hoy ampliamente aceptadas. Además de haber desarrollado la psicología individual, las ideas de Adler hallan su expresión en las tendencias más avanzadas de la psicología, entre ellas la terapia humanista, la terapia cognitivo-conductual, la terapia de esquemas, la terapia narrativa, la teoría del apego, la relativista, las teorías intersubjetivas, la terapia existencial y la psicología positiva.

Adler creía que el ser humano es una criatura social y holística, y que toda acción que lleve a cabo (espiritual o física) está destinada a lograr sentido de pertenencia, significado y aprecio. A veces esta «acción» es la evitación y se expresa en la huida del enfrentamiento con las tareas y los desafíos. Adler denominó «neurosis» a este fenómeno y le dedicó una parte importante de sus escritos.[2]

En la huida que supone la evitación del fracaso, Adler distinguió dos errores fundamentales de pensamiento. El primero es verse a uno mismo como inferior en particular y en comparación con los demás: no somos lo bastante buenos, carecemos de valor o no servimos. El segundo es la idea de que para valer debemos ser perfectos, maravillosos, especiales o, en una palabra, que debemos ser «más».

Según explica Adler, cuando una persona siente que no es lo bastante valiosa tiende a plantearse objetivos compensatorios de superioridad: la exigencia de ser, en algún aspecto, el mejor, el más especial, perfecto. Una vez establecida la meta de perfección, alcanzarla se transforma en la condición para la propia estima. Mientras no alcanza esta meta, la persona se siente inferior. Mide su propio valor en relación con un objetivo no realista que se planteó a sí mismo y no en función de la realidad.

La teoría de Adler ofrece una interpretación amplia y profunda acerca de la naturaleza del ser humano. Basándose en esta interpretación desarrolló métodos y técnicas de psicoterapia para tratar el sufrimiento mental y la disfunción. El método adleriano es también un sistema educativo que ante todo intenta prevenir el desarrollo de problemas mentales y promueve la igualdad social (en el entendimiento de que estos trastornos aparecen en un contexto social). Estos objetivos se logran mediante la orientación de padres y educadores, y estimulando el activismo social.

Uno de los grandes pioneros en el terreno de la orientación

de los padres fue Rudolf Dreikurs, quien expresó este método pedagógico en el libro que en mi opinión es el más importante que se haya escrito en esta disciplina: *Niños: el desafío*.[3] En la tercera parte del presente volumen expondré las ideas de Dreikurs y de otros en referencia a la orientación parental, en concordancia con los desafíos que implica la crianza en nuestro tiempo. Dreikurs visitó Israel en numerosas ocasiones. Entrenó a un equipo de profesionales que en el año 1963 crearon el Instituto Adler, que educa y certifica profesionales en el área de la orientación parental, la psicoterapia y el *coaching*. La misión del instituto es la mejora de la sociedad por medio del uso y la difusión de la psicología individual de Alfred Adler. Como egresada *cum laude* de este centro, este libro es mi modesta contribución a ese esfuerzo.

Según la psicología individual de Adler, la vida es movimiento. Este movimiento está encaminado hacia la superación, el desarrollo y el control (*mastering*). La naturaleza humana se caracteriza por la aspiración permanente a sobrevivir, reproducirse y prosperar. Para lograrlo, el ser humano invierte esfuerzos en pasar de estados percibidos como negativos a otros que percibe como positivos: de menos a más.

En ocasiones, la aspiración por alcanzar la perfección reemplaza esta aspiración natural y necesaria aún por desarrollarse. Dado que la perfección es un ideal de concreción imposible, siempre habrá una distancia entre lo deseado y lo obtenido, esto es: entre la vida de la persona y lo que pretende y desea ser o hacer. **Uno puede experimentar de dos maneras esa tensión entre lo deseado y lo obtenido: como extremos que pueden acercarse o como polos separados por un abismo infranqueable y permanente. La manera en la que uno experimenta esta brecha determinará su manera de enfrentarse a sus sensaciones de carencia.**

Una distancia mínima o razonable entre lo deseado y lo obtenido es un estímulo para la motivación, que es la voluntad y el deseo de actuar, el impulso de reunir la energía y los recursos necesarios para reducir más aún esa distancia. La persona se plantea un objetivo, planifica cómo alcanzarlo y da los pasos requeridos para ello. Así, el sujeto crece y amplía su mundo interior mediante la adquisición de saberes, vivencias y la acumulación de experiencias que lo mejorarán a él, su vida, su entorno y también a otros. En cambio, si esta distancia se percibe como excesiva, la persona puede desarrollar expectativas exageradas, impracticables e imposibles de lograr, tanto para él como para los demás (como la aspiración a ser perfecto).

En ese caso, la tensión entre lo existente y el ideal no se transforma en un desafío emocionante, sino en un desánimo frustrante. En muchas ocasiones, plantearse objetivos imposibles le impide a la persona la consecución de metas realistas. Así, por ejemplo, se comporta de manera insuficiente con su familia o en su lugar de trabajo; o no trabaja, no establece lazos de amistad, no ama ni es amado, no aporta a la sociedad ni a los demás, ni siquiera a los que más quiere.

Todos, en alguna ocasión, hemos eludido enfrentarnos a determinados retos o los hemos postergado para algún futuro incierto. Tenemos listas de tareas para llevar a cabo y aun así las dejamos de lado. Contamos con aspiraciones y deseos distintos, pero no siempre ponemos en marcha las acciones necesarias para alcanzarlos. En consecuencia, muchas veces nos consideramos holgazanes, débiles de carácter, faltos de voluntad o ineptos para administrar nuestro tiempo. Sin embargo, todas estas explicaciones de la evitación son incorrectas. **La evitación es una estrategia creativa para la salvaguardia de la autoestima, un comportamiento que nos protege de la posibilidad del fracaso.**

Hay distintos niveles en cuanto a la gravedad de la evitación: desde una evitación puntual en un área y un momento determinados, como puede ser la postergación de la entrega de algún documento, hasta la evasión casi absoluta de lo que Adler llamó «tareas vitales»: trabajo, amistad y amor. La evitación es una opción efectiva y coherente en muchas situaciones. Es correcto evitar las batallas perdidas, las relaciones tóxicas y, por supuesto, los hábitos nocivos. En ocasiones, la ganancia que deja la evitación (la comodidad, por ejemplo) compensa la pérdida. Pero en innumerables casos las sensaciones de protección y de alivio que proporciona la evitación suponen pagar un alto precio a largo plazo.

Estamos muy ocupados (la mayor parte del tiempo de manera inconsciente) en la preservación de nuestra autoestima y en protegernos de la vergüenza, la humillación o el rechazo. En más de una ocasión esta defensa se logra tomando distancia de todo lo que pueda amenazarnos. A veces reprimimos nuestro deseo de llegar a ser una mejor versión de nosotros mismos, otras veces nos negamos a experimentar vivencias que anhelábamos o postergamos acciones que consideramos importantes. Es esta reducción la que nos protege —o parece protegernos— de tener que reconocer nuestras debilidades y defectos, o de su exposición ante los demás.

Pero el precio que pagamos por esta protección es muy alto y lleva aparejada la reducción del ser humano singular que somos, la disminución de nuestra interacción, la participación y la contribución a la sociedad. Esta merma se ve acompañada de sentimientos negativos: amargura, aburrimiento, frustración, apatía, envidia y depresión. Evitar la acción atenta contra la confianza personal hace que baje la autoestima y, en definitiva, genera una sensación de desperdicio, de desaprovechamiento de la vida (definida por Nira Kfir como «el cáncer de la vida espiritual», en su libro *Como círculos en el agua*).

Abandonar las acciones en las que no tenemos el éxito asegurado es contrario a la aspiración natural a expresar nuestro potencial. La motivación por enfrentarnos a desafíos, superar dificultades y obstáculos para llegar al dominio de alguna capacidad o a la expresión de un talento o vocación es propia del ser humano. Sin ella no habríamos podido sobrevivir ni prosperar como especie. Esta motivación es fácilmente observable en bebés o niños pequeños, que se emplean con todas sus energías para expresar sus capacidades. ¿Alguien ha visto alguna vez a un bebé desmotivado? Solo en casos extremos de descuido o enfermedad podremos ver bebés indiferentes o apáticos.

El espíritu de esta época en la que, para ser valorado, todo debe ser especial o «fantástico» influye muchísimo en la generación de aspiraciones exageradas y, en consecuencia, en el desarrollo de sentimientos de inferioridad. Muchos nos sentimos inferiores al medirnos según parámetros no realistas. También el consentimiento, tan difundido en nuestros días como método pedagógico en la crianza, genera en el niño la falsa promesa de que todo en la vida debería ser placentero, fácil y cómodo. Con ese nivel de expectativas, la decepción está garantizada. Optar por la evitación —proponiéndose metas que no se ajustan a la realidad— es un fenómeno muy difundido. Hay quienes lo atribuyen a las características de la Generación Y, pero no se trata de algo que pueda circunscribirse a los jóvenes de hoy. Es un fenómeno ya conocido y que caracteriza a casi todos los que huyen (total o parcialmente) del cumplimiento de funciones vitales como trabajar, formar amistades, pareja y familia o participar de la sociedad.

Durante mis años de práctica como terapeuta he encontrado a muchos hombres y mujeres que estaban perfectamente capacitados para enfrentarse a los desafíos cotidianos y vivir vidas plenas, significativas y útiles. Aun así, elegían la evitación y el consecuente acompañamiento de sufrimiento espiritual como estrategia para conservar la autoestima. Asimismo, la experiencia de muchos años en orientación de padres me reafirmó la importancia del problema de la evitación.

En muchas ocasiones sentí que no podía ayudar a los pacientes, a los padres o a los jóvenes «evitadores»,* en especial

---

* Introducimos en el contexto de este libro el neologismo «evitador» como «persona que opta por la evitación». *(N. del T.).*

debido a la negativa por parte de los evitadores a renunciar a sus aspiraciones no realistas o, en otras palabras, debido a la enorme dificultad que implica aceptar que no deben (y que tampoco pueden) ser extraordinarios o fuera de lo común. La sensación de estancamiento en esas terapias me condujo a profundizar en el fenómeno de la evitación y a buscar nuevos métodos terapéuticos. Así surgió este libro: tomando como referencia la experiencia, el estudio y la investigación.

¿A quién está destinado este libro?

Este libro está destinado a todo aquel que experimenta la sensación de haber desaprovechado oportunidades, a quien se ha dicho a sí mismo «no es esto lo que buscaba» en por lo menos un área significativa de su vida. Apunta a los que se dicen «quiero o debo hacer algo importante» (para ellos mismos o para su círculo íntimo), pero no lo hacen. Me dirijo también a cualquier persona que dude de su propia valía, que tenga dificultades para tomar decisiones o que tienda a posponer las cosas.

Todo ser humano incurre alguna vez en evitaciones. La pregunta es cuál es la medida y cuánto dura esta evitación y hasta qué punto hay interés en cambiar esta circunstancia. Evitar llevar a cabo las tareas, enfrentarse a desafíos o concretar deseos conduce a un deterioro crónico del estado de ánimo. La evitación es uno de los sustentos de los sentimientos de depresión, frustración, aburrimiento, miedo, ira, sinsentido, pérdida u otros sufrimientos emocionales y espirituales. Así, comprender los mecanismos de la evitación nos brinda la oportunidad de revisar si nuestra existencia se caracteriza por la huida y el deterioro de uno mismo, y nos ayuda a adoptar un modo de vida basado en el movimiento, en la participación activa en el juego de la vida.

Como ya hemos mencionado, la evitación es una estrategia creativa para preservar la percepción de la valía propia. Quizá esta estrategia les haya resultado útil, pero a medida que pasan los años su coste se incrementa hasta límites que pueden volverse desproporcionados e inaceptables. Existe la posibilidad de hallar una estrategia superadora que, por un lado, aporte capacidad de respuesta a desafíos, de resolución de problemas y de concreción de objetivos, y que por otro lado preserve la autoestima. Sin embargo, si no avanzamos hacia la participación, el resultado será una merma progresiva de la creencia en las propias potencialidades de cambio y un incremento cada vez mayor del sufrimiento.

La huida y la postergación de tareas desafiantes son respuestas muy arraigadas en los evitadores; por eso mismo la lectura de este libro, que intenta despertar nuestra consciencia y llamar a la acción contra estos hábitos, puede provocar cierto rechazo. Por lo tanto, si se ven tentados a abandonar la lectura, sepan que se trata de algo natural, dado que para cambiar y comenzar a actuar, para crear y contribuir (objetivos con los que es fácil identificarse), este libro les pedirá a ustedes que renuncien a aspiraciones irreales y que inicien un camino de pasos pequeños y continuos hacia la concreción de metas realizables.

Dejar de lado aspiraciones irrealizables es doloroso. Podrán discutir o enfadarse, pero sigan adelante. Este libro intenta brindarles el conocimiento y las herramientas necesarios para generar cambios que los conduzcan a una vida satisfactoria y plena de sentido, aunque no necesariamente deslumbrante. Aquí está: es posible que esta última frase ya resulte decepcionante…

Este volumen se escribió pensando también en los padres que desean aprender cómo criar niños valientes y activos. Trataré de ofrecerles información y guías para la educación de niños, elementos que no supongan la evitación como estrategia de vida. A los padres de hijos evitadores les explicaré qué es lo que tienen que hacer (y muchas veces qué tienen que *dejar de hacer*) para ayudar a los hijos. La medida del éxito en la ayuda que se preste a los hijos dependerá del grado y el periodo de evitación, y de la disposición por parte de los padres para adoptar nuevas ideas y formas de comportamiento.

Asimismo, este libro apunta a los terapeutas, puesto que presenta herramientas para el progreso de los procesos de pacientes evitadores y lo hace tomando como base la psicología adleriana y la terapia expresiva y creativa.

Estructura del libro

En la primera parte se explica el fenómeno de la evitación (que siempre está acompañada de sufrimiento mental) de acuerdo con la psicología individual de Adler. En esta sección trataré la evitación como una estrategia para afrontar el miedo al fracaso, presentaré sus causas y formas, sus fuentes culturales, sociales, pedagógicas y psicológicas. Tratará, además, de la relación existente entre la evitación y los objetivos inalcanzables, y la relación entre la evitación y los trastornos mentales comunes.[4]

Por último, haremos un recuento de las pérdidas y las ganancias que comporta la evitación.

La segunda parte está dedicada a la curación, al abandono de la evitación en pro de la acción. En este apartado propondré a los evitadores la vuelta a una vida llena de significado y satisfacción. Este cambio exige comprender la evitación, la relación coste-beneficio, y la elaboración de un plan claro y accesible para crear una dinámica que nos lleve a buen puerto.

En la tercera parte recogeré la orientación para los padres. Les enseñaré a los padres de niños pequeños cómo criar hijos activos, que confíen en sus capacidades, que asuman los riesgos necesarios para crecer y que afronten la vida con una visión optimista. Por último, añadiré una guía para padres de hijos evitadores, necesaria para devolverles a los hijos la responsabilidad sobre su vida.

Como en todo libro de orientación, este formula preguntas para reflexionar y también contiene ejercicios, así como ejemplos de casos concretos. Todos los nombres y datos de los pacientes se han modificado para preservar la intimidad de estos.

Ejemplos de evitación por orden de gravedad

«Debería hacer gimnasia / llevar una vida más saludable / estar más en contacto con mis amigos / reducir el nivel de estrés / ser más paciente con los niños / aprender algo nuevo / volver a tocar música / ordenar las fotos / el armario / la cocina / tirar toda la ropa que ya no es de mi talla / visitar a la abuela / tomarme unas vacaciones de verdad / escribir…», «No estoy haciendo lo que corresponde…», «Haría eso, pero…», «No tengo tiempo, no tengo fuerzas, no tengo dinero, es imposible, no puedo, no sé, no tengo suficiente apoyo, llueve…».

«Hace años que siento que mi sueldo no refleja mis esfuerzos y lo que aporto a la empresa en la que trabajo. Sé que valgo más y estoy decidida a pedir un aumento, pero en todas las reuniones con mi jefa me acobardo y no consigo abordar el tema, me falta valentía para ponerme a buscar un trabajo nuevo». (Mercedes, treinta y dos años).

«Fui una especie de genia precoz, tenía calificaciones que me permitían elegir cualquier profesión. Comencé tres carreras distintas y siempre abandonaba antes de terminar el segundo semestre porque me resultaban aburridas». (Ester, veintisiete años, empleada a tiempo parcial en trabajos transitorios, sus padres la ayudan económicamente).

«Quiero formar una familia, pero no consigo encontrar al amor de mi vida». (Gabriel, treinta años, vive con sus padres y jamás ha tenido ninguna relación de más de unos pocos meses).

«Siempre me dicen que soy muy inteligente, pero por algún

motivo no pude estudiar. Trabajo como secretaria en un estudio de contabilidad, pero tengo la sensación de que podría aspirar a más. A mi edad me parece que ya no es algo posible. He asistido a todo tipo de cursos y prácticas, pero nunca he conseguido darles un fin práctico». (Julia, cuarenta y cinco años).

«Vivo en una jaula dorada». (Sergio, treinta y nueve años. Trabaja en una empresa familiar. Recibe un sueldo alto y goza de unas condiciones laborales excelentes, pero por dentro se siente vacío. Le aterroriza pensar en tener que buscar otro trabajo).

«Mi padre falleció muy joven, entre otras razones porque no cuidó su salud. Sé que ha llegado el momento de hacerme una revisión médica completa y por supuesto que tengo que cambiar mis hábitos de vida. Debo hacerlo. Lo haré en el momento en que esté menos ocupado». (David, cuarenta años).

Ejercicio

Les propongo que elaboren una lista que contenga todas las evitaciones, las cosas que les gustaría hacer o ser, las metas posibles o deseables… que no hacen nada por alcanzar.

PRIMERA PARTE

La evitación como estrategia para preservar la autoestima

Hoja de ruta de la primera parte

En esta parte del libro explicaré cómo se llega a desarrollar un enfoque evitador en la vida. Primero conoceremos la importancia de la sensación de pertenencia y de estima, y el papel de la evitación para preservarlas en los momentos en que parecen peligrar ante amenazas reales o imaginarias.

La evitación es una opción que está profundamente arraigada en sentimientos de inferioridad. Estos se desarrollan en determinados entornos sociales y culturales que crean la ilusión de que el valor de un ser humano no constituye un hecho independiente y absoluto, sino que está condicionado por el grado de excelencia que se alcanza en ciertas áreas de apreciación que cambian según las épocas. En otras palabras: en las sociedades occidentales actuales, el valor de una persona se mide constantemente; se obtiene o no de acuerdo con la medida del éxito en pruebas y exámenes relevantes. La posibilidad de sentir pertenencia y apreciar el valor de uno de manera incondicional prácticamente no existe. Por lo tanto, es necesario adoptar una concepción alternativa a la de la competitividad: una que promueva la igualdad, la colaboración y la contribución, en lugar de la superioridad, la competición y la victoria.

Asimismo, es preciso explicar la relación entre los sentimientos de inferioridad y las aspiraciones sobredimensionadas que pretenden compensar este sentimiento y que, por el contrario, lo agigantan. Esto se debe a que, desde el momento en que una persona se mide a sí misma en relación con metas irrealizables en lugar de hacerlo conforme a objetivos plausibles y exigencias realistas, jamás podrá sentirse lo bastante buena.

En el resto del capítulo nos familiarizaremos con otros factores del fenómeno de la evitación, tal como los describió Abramson en su artículo «El significado de la neurosis según Adler»:[5] falta de voluntad o imposibilidad de ejercer esfuerzos (como resultado del consentimiento), falta de interés en los demás o en las exigencias de la realidad, y la elaboración de excusas o coartadas destinadas a justificar la no asunción de responsabilidades y obligaciones para con la sociedad.

En ocasiones la necesidad de justificar la evitación genera síntomas mentales como la depresión y la ansiedad. Aprenderemos también acerca de formas sofisticadas de la evitación, como la procrastinación y la vacilación.

Por último, expondré el resultado de coste y beneficio de la evitación, para que nos resulte posible hacer una elección consciente. El conocimiento de los beneficios ocultos de la evitación, más aún que el coste, nos aclarará la razón por la que nos resulta tan difícil volver a enfrentarnos activamente a los desafíos de la vida.

1

El origen del miedo al fracaso

Nos volvemos libres cuando dejamos de estar
preocupados por nuestros fracasos.

RUDOLF DREIKURS

Acercamiento y evitación

Todos los seres vivos se mueven sobre un eje bidireccional: acercarse o alejarse.[6] Aspiramos a acercarnos a todo lo que nos ayuda a sobrevivir, que nos proporciona seguridad y placer; por
otro lado, todos intentamos alejarnos del peligro, del dolor o de
las pérdidas. Cuando un ser vivo debe elegir entre la consecución de una meta y la evitación de un peligro, en la mayoría de
los casos esta última es la opción que se impone. Conservar la
vida resulta mucho más prioritario que obtener una recompensa, placer o reproducirse. En el caso de los animales el arco de
posibilidades es ciertamente muy reducido.

En los seres humanos aparece el mismo mecanismo, pero,
a diferencia de los animales, los hombres se enfrentan, en general, a situaciones más diversas, y la mayoría de las veces no
tan críticas, en las que deben optar entre aproximarse o evadirse. Los momentos de peligro, así como las instancias de deseo,
son mucho más complejos. El ser humano aspira a alcanzar

otros objetivos, además de seguridad, alimentación, pareja y procreación. Por ejemplo: amor, amistad, intimidad, sensación de pertenencia, sensación de capacidad, autonomía, estatus, éxito, reconocimiento, valoración, espiritualidad, libertad, autorrealización, etc. Asimismo, en comparación con los animales, el ser humano tiene mucho más que perder.

Los animales pueden pagar con la vida cuando asumen determinados riesgos, como en los enfrentamientos por el liderazgo de la manada o en la búsqueda de alimentos en áreas donde merodean depredadores. El precio que los seres humanos deben pagar por sus errores es en general mucho menor y va desde una herida emocional a la pérdida de tiempo o dinero. Cuando una persona tiene grandes aspiraciones, debe pagar, además, una cuota adicional de dolor: pérdida de autoestima o humillación.

Aunque puede parecer que los seres humanos salen ganando en cuanto a lo que arriesgan con sus elecciones, dado que rara vez les cuestan la vida, esto no es del todo exacto. Al fracasar, una persona puede sentirse indigna o percibir que su vida carece de valor. Estos pensamientos son los que afloran en frases como «quería morirme» o «deseaba que la tierra me tragara», muchas veces dichas después de haber cometido algún error. Aunque no hubiera ningún peligro o aunque el error no se castigara con pena de muerte, mucha gente, tras un fracaso, duda de su derecho a estar viva.

El nexo entre el fracaso y la pérdida de la autoestima

De acuerdo con la concepción adleriana, toda persona aspira a ser parte de la sociedad. La pertenencia es la sensación de que tenemos un lugar, la certeza de que nos valoran, nos quieren y somos necesarios de manera que nos posibilita el acercamiento social y da sentido a nuestra existencia. El ansia de pertenencia es el origen de la motivación de las personas para acercarse o evadirse. Todo pensamiento, conducta o sentimiento refleja las estrategias personales que cada persona elige para sí en función de esta sensación de pertenencia y de valor.

«Nulo», «fracasado», «idiota», «imbécil»: este es un pequeño muestrario de las palabras que muchos usamos para definir a alguien cuando fracasa, incluso a nosotros mismos. Los sentimientos que sobrevienen después de un fracaso pueden ser vergüenza, humillación, dolor, culpa, afrenta o miedo. Las reacciones más comunes después de haber cometido un error van desde atrincherarse y autojustificarse hasta la excesiva cautela, la incomunicación y la huida.

Recuerden por un momento algún error que hayan cometido últimamente. Cuando sucedió, ¿qué fue lo primero que pensaron? ¿Fue algo como «vaya, me equivoqué», «qué interesante, no esperaba este resultado» o «no le presté atención a este dato»? ¿O los pensamientos fueron más en el estilo de «qué imbécil, ¿cómo no le contesté?», «qué idiota, ¿cómo pude ignorar ese dato?» o «¿en qué estaba pensando?»?

¿Qué fue lo que sintieron? ¿Fue una compasión inmediata y amor por ustedes mismos o incomodidad, vergüenza y miedo? ¿Qué hicieron? ¿Intentaron comprender rápidamente qué había salido mal e intentaron ponerle solución, o necesitaron tomarse un tiempo para reconstruir la autoestima rota?

Los errores y los fracasos son fenómenos frecuentes e inevitables, pues somos seres imperfectos. Así, se plantea la pregunta: ¿cómo es posible que el fracaso sea el origen de tanta miseria y demérito, de pérdida de la confianza personal, y que genere tanta ansiedad? La respuesta a esta pregunta reside en el significado que la mayoría le otorga al fracaso: un indicio e incluso una prueba de nuestro poco valor. **Si el fracaso es una prueba de nuestra inferioridad, es natural que hagamos cuanto esté a nuestro alcance para evitarlo, de modo que nuestra sensación de no valer nada no quede expuesta ante los demás o ante nosotros mismos.**

Dado que los errores son fenómenos cotidianos en la vida y nadie está exento de ellos, deberíamos haber aprendido a considerarlos normales y esperables. De este modo podríamos, sin perder la tranquilidad ni el ánimo, dedicar los recursos emocionales y físicos necesarios a la corrección y al aprendizaje, que son las dos acciones útiles que deberíamos poner a funcionar tras haber cometido un error. Qué agradable sería si simplemente pudiéramos contemplar la situación con curiosidad, tratar de comprender que fue lo que no funcionó, extraer conclusiones, corregir el rumbo o reparar los daños en la medida de lo posible. Es decir: asumir la responsabilidad y esforzarnos por no cometer de nuevo el mismo error.

¿Por qué esto no resulta en absoluto sencillo? ¿Por qué sentimos vergüenza y miedo cuando cometemos errores? La respuesta es que en esta sociedad tanto el fracaso como el éxito definen el valor de una persona, en lugar de describir la calidad de sus actos en una situación determinada. Un ejemplo de esto es la forma en la que evaluamos a los alumnos en el sistema educativo. ¿Qué significan las calificaciones que se dan en los institutos de enseñanza? La idea original era tener una herramienta sencilla para evaluar el grado de comprensión de las materias de estudio por parte de los alumnos y usarla para mejorar los métodos pedagógicos. Pero las calificaciones perdieron este matiz hace mucho y tanto los alumnos como los padres o los docentes las ven como una medida para determinar, de manera fija, la capacidad o la inteligencia de los primeros.

Ran, un estudiante de psicoterapia del Instituto Adler de Israel, cuenta que, cuando cursaba el cuarto grado, su padre lo acompañó a una reunión de padres en la escuela. Decepcionada, la maestra informó al padre de que su hijo había sacado una nota de cinco en matemáticas. El padre lo miró con orgullo y una sonrisa de amor, y, sin una gota de cinismo, le dijo: «Entonces ya te sabes el cincuenta por ciento de la materia». Para Ran aquello fue una experiencia transformadora. Entendió que el aprendizaje es un proceso escalonado y acumulativo, y que él había llegado a la mitad del camino. Comprendió que su valía estaba asegurada, que no dependía del éxito y que si en la vida hay algo importante es la disposición a seguir esforzándose y a aprender a pesar de las dificultades: la voluntad de completar lo que falta.

Por desgracia, la reacción del padre de Ran no es la más frecuente y es muy distinta de las de los padres y docentes. Las reacciones que los niños oyen con mayor frecuencia se parecen más a «No te has esforzado suficiente» (por lo que el alumno puede llegar a pensar que es un holgazán), «¿Qué puede ser tan difícil en matemáticas de cuarto?» (por lo que una alumna podrá creer que es tonta), «Esto es lo que ocurre cuando pasas todo el día jugando con la consola» (con lo que un niño puede concluir que no es digno de confianza).

En esta sociedad competitiva casi todas las acciones se califican o valoran de un modo u otro. Por eso, cualquier acto puede ser un examen y cualquier calificación una medida de la valía propia. Por eso todos los fracasos, aunque no sean fatales, se viven como humillaciones y generan un profundo dolor. A la decepción o la tristeza derivados de un rechazo, de un despido, de una traición, una separación o una enfermedad se suma al dolor, mucho más hiriente, de un profundo golpe en la autoestima. El próximo ejemplo describe cómo una situación que resulta incontrolable puede ocasionar una merma en la autoestima.

Olga, de treinta y ocho años, había pasado por una larga serie de tratamientos de fertilidad. Después de un intento de gestación fallido, le dijo a su terapeuta que *lo que más* le dolía era su fracaso *como mujer*. ¿Cómo es posible que la tristeza a raíz de un embarazo frustrado cuando hay tanto deseo por un hijo no sea *lo más doloroso*? ¿No es suficiente? Olga, como cualquier otra mujer, no tiene control sobre su aparato reproductor. ¿Cómo puede ser *ella* un fracaso? En otra ocasión, tras una ovulación particularmente excepcional, se sintió muy orgullosa. Todos la felicitaron y le dijeron que era una campeona. En este caso se plantea la pregunta inversa: ¿Cómo es posible que la ovulación, un fenómeno que ella no controla, pueda elevar de tal manera su autoestima?

Estamos acostumbrados a definir a los demás, y también a nosotros mismos, conforme a nuestros éxitos y, más aún, a nuestros fracasos. Por eso nos resulta difícil ver lo absurdo que resulta valorar o depreciar fenómenos o características innatos o que escapan a nuestro control. El ejemplo anterior apunta a la dimensión del drama que se genera cuando establecemos una correlación entre el valor de una persona y sus incapacidades o sus fracasos. Esta correlación tiene una influencia destructiva sobre nuestra experiencia emocional y sobre nuestras elecciones, decisiones y actos, o, en una palabra, sobre nuestra motivación.

Ejercicio

La próxima vez que cometan un error los invito a decirse a ustedes mismos frases estimulantes o comprensivas y a perdonarse por haber sido imperfectos. Después pueden sacar conclusiones: qué han aprendido del hecho en sí. Una reacción estimulante tras cometer un error establece una diferencia entre un hecho que debe ser corregido o mejorado y el valor intrínseco del ser humano. Este valor no puede ponerse en duda, ni siquiera tras una equivocación.

El origen del miedo al fracaso

Casi todos hemos aprendido a temer al fracaso. Pero ¿dónde lo hemos aprendido?

Cuando un bebé da sus primeros pasos, tropieza y cae una y otra vez. La reacción de los adultos ante estas caídas consiste, en general, en aliento y consuelos: «no pasa nada», «inténtalo otra vez», «vamos, tú puedes», «aúpa». El tono con el que se pronuncian estos mensajes es amistoso y optimista. Nadie se burla de ninguna *performance* mediocre, nadie se enfada ni se decepciona, nadie dice «por lo visto, si eres incapaz de ponerte de pie sobre ambas piernas, eres un completo imbécil».

Al poco tiempo, sin embargo, cuando el niño ya tiene alrededor de dos años, la reacción de los adultos ante las «caídas» cambia. Nos enfadamos cuando el niño rompe algo o lo ensucia. Podemos gritarle a la niña que tropieza y se cae: «¡Te he dicho que no corras!». Más tarde, en la escuela primaria podemos encontrar padres o maestras que opinen sobre una niña «no es muy buena para las ciencias» o de un niño «no tiene coordinación» o «no tiene oído musical». Estas afirmaciones son tan ridículas como decirle a un bebé que da sus primeros pasos: «Esto no se te da bien, será mejor que vuelvas a gatear». Pero en una sociedad como la nuestra estas expresiones no suenan desmesuradas ni provocan asombro o despiertan la oposición de quienes las oyen.

¿Qué diferencia a un bebé que se pone de pie decenas de veces tras caer otras tantas, hasta que al fin logra caminar, de un niño de quinto grado que renuncia a sus aspiraciones académicas? La diferencia radica en que al llegar a quinto el niño ya ha interiorizado el significado del término «fracaso». El coraje natural de los bebés cuando intentan andar, la capacidad para caerse y aun así levantarse de nuevo comienza a decrecer a los dos años, a raíz de experiencias en las que los adultos reaccionan de modo crítico ante errores, caídas o fracasos.

Es probable que hayan notado que cuando se les grita a los niños por primera vez se quedan perplejos, congelados. Están sorprendidos, tienen miedo y sienten incluso vergüenza, están ofendidos o enfadados. Creo que en esos momentos se genera en la consciencia y en el espíritu del niño **la correlación definitiva entre fracaso y la pérdida de amor, de pertenencia y estima. Que yo fracase significa que no valgo suficiente, que hay algo mal en mí.** Cuando se establece este nexo entre fracaso y pérdida de la estima, comenzamos a sentir recelo ante esta experiencia cotidiana e inevitable: el fracaso se transforma en algo terrible que es necesario eludir.

¿Qué hace que una persona ponga en duda su propia valía, que sienta que su lugar en el mundo está en peligro? La respuesta a este interrogante radica en que los padres, a pesar de sentir por los hijos un amor incondicional, transmiten con suma claridad, en palabras y en gestos, cuándo están satisfechos con la conducta o las elecciones de los niños y cuándo no. Los niños son incapaces de diferenciar entre la aprobación o el rechazo de alguna de sus elecciones o conductas y la aprobación o el rechazo de ellos mismos. No pueden comprender que, incluso cuando los padres se enfadan, los aman con el corazón, porque en esos momentos son incapaces de ver o de sentir ese amor.

Los padres que se sienten complacidos con la conducta de los hijos sonríen, abrazan, les cuentan a los demás qué cosas extraordinarias hacen sus hijos, los elogian. Los insatisfechos, por el contrario, fruncen las cejas y alzan la voz, llaman a su hijo por su nombre completo y no por su apodo cariñoso, le dedican calificativos despectivos, lo amenazan con el dedo índice, etc.

Las reacciones de desagrado ante las conductas negativas no solo son naturales, sino que también son correctas. Es la forma mediante la cual se les manifiesta a los hijos cuáles son las exigencias de la sociedad y de la cultura. Así, los niños aprenden qué es correcto y qué no, qué se permite y qué se prohíbe, qué resulta deseable o aceptable y qué inaceptable o indeseado.

Una vez vi por televisión un anuncio en el que un niño, de visita en la casa de un amigo, no tiene mejor idea que pintar en las paredes. La dueña de la casa reacciona y protesta enérgicamente, pero la madre del niño corre a acallar las quejas ante la posibilidad de que, ¡Dios nos libre!, la creatividad y el talento del niño genio se vean afectados, mientras lo anima a seguir: «¡Qué dibujos más bonitos!». Esa *no* es una respuesta coherente frente a un niño que pinta en las paredes, por muy artístico que resulte.

En un mundo ideal la reacción de los padres perfectos habría sido acercarse al niño rápidamente y a la vez con mucha calma, pertrechados con hojas de papel, para alejarlo con suavidad de la pared y explicarle con firmeza y amabilidad: «Nosotros solo pintamos en hojas de papel». Una vez que el niño hubiera terminado su creación sobre el papel, le habrían dicho: «¡Qué dibujo más bonito! Ven, ahora vamos a limpiar juntos esta pared».

Pero el mundo no es perfecto y la reacción normal de los padres normales, nosotros, es proferir un grito de alerta que refleja ira y decepción, y luego alejar al niño de la pared de un modo que seguramente no será el más suave posible, al tiempo que se le arranca el rotulador de las manos. Si no es la primera vez que esto sucede y los padres creen que el niño lo hace adrede, la reacción será aún más enérgica.

La doctrina adleriana sostiene que a partir de múltiples experiencias los niños llegan a conclusiones acerca del mundo, de la vida y de ellos mismos. De hecho, desde el nacimiento los niños comienzan a consolidar una concepción inconsciente y preverbal del mundo. A eso se refería Adler cuando dijo que el ser humano sabe más que lo que comprende. Las conclusiones a las que el niño llega en su primera niñez se transforman en la lente a través de la cual se ve a sí mismo y contempla el mundo.

Las experiencias de la infancia malas o desagradables influyen más que las buenas en el aprendizaje de los niños. La razón estriba en que la prioridad del ser humano es su propia subsistencia, por lo que debe asimilar lo más rápido posible qué lo pone en peligro y cómo evitar las amenazas.

Todas esas conclusiones se forman a través de la experiencia personal de un individuo, de un niño, en su interacción con un grupo reducido de personas, sus familiares. A pesar de eso, vivimos la vida como si esas conclusiones subjetivas que alcanzamos en la niñez fueran verdades objetivas y aceptadas por todos. Daniel Kahneman, en su libro *Pensar rápido, pensar despacio*, explica que cuando una persona piensa que sus ideas reflejan la verdad tiende a prestar atención y a creer los asertos que apoyan su propia opinión. Por ejemplo, un niño que piensa que sus padres quieren más a su hermana que a él se fijará en todo lo que ella reciba y de ello concluirá que ella es la preferida. No se dará cuenta de los momentos en los que él reciba cosas que ella no.

Los términos del afecto

El sentido de pertenencia es importante a lo largo de toda la vida, pero en el transcurso de la niñez es un asunto de vida o muerte. La existencia física del bebé depende de la conexión con los padres o con quien lo cuide y proteja. Por lo tanto, **entre todas las conclusiones que un niño forma en sus primeros años, la más importante y significativa es «qué es lo que va a asegurar mi pertenencia». En otras palabras, qué condiciones deben cumplirse para que pueda sentir pertenencia y valor.**

Toda persona aprende, en sus años tempranos, quién debe ser y qué debe hacer o no para conservar un lugar en el mundo. A partir del momento en que estas conclusiones se consolidan, siente pertenencia y aprecio solo cuando estas condiciones se cumplen. Las condiciones que cada persona se plantea para sí misma pueden ser amplias o estrechas, flexibles o estrictas.

Por ejemplo, un niño puede desarrollar la creencia de que tendrá un sitio y lo valorarán *solo si* tiene éxito en los estudios. Estas creencias, valgo en tanto que soy un buen alumno, están ampliamente difundidas en la sociedad occidental, que ve en la educación un valor fundamental. Los padres tienden a mostrar satisfacción cuando a los niños les va bien o se esfuerzan en los estudios, y expresan disgusto cuando sus hijos no prestan la debida atención en el colegio o fracasan. Además, es posible que para un niño determinado el significado de «ser buen alumno» sea no fracasar, mientras que para otro será «ser el mejor».

Descripción de un caso

A la edad de veinticinco años, Lili se puso en contacto conmigo con vistas a un tratamiento. Sufría una ansiedad intensa y caía en pensamientos y actos obsesivos. Antes de hablar conmigo estos síntomas se habían intensificado, pese a que recibía medicación que los aliviaba, aunque no los eliminaba. Su principal miedo era fracasar en los estudios. ¿En qué consistía, según ella, el fracaso? En recibir una calificación inferior a diez. Lili me contó un recuerdo de su niñez, cuando estaba en primero: la maestra les envió a los padres una nota negativa en relación con una tarea. Ambos padres, por separado y sin haberlo convenido antes entre ellos, reaccionaron ante el suceso con críticas y decepción.

Por lo general, un suceso puntual no influye sobre toda una vida, pero ese recuerdo representa con exactitud el aprendizaje de Lili, una conclusión a la que había llegado de pequeña a través de varias experiencias. Lili pautaba para sí misma condiciones de pertenencia y consideración que exigían la máxima excelencia. Había aprendido que no podía sacar malas notas y que ni siquiera se le permitía equivocarse. A partir de ahí, su decisión fue la de esforzarse al máximo en los estudios. Naturalmente, habría podido llegar a distintas conclusiones, como por ejemplo que no valía la pena esforzarse en estudiar, dado que, de cualquier modo, nunca llegaría a destacar, y así, si no se esforzaba, nadie podría llegar a saber si ella era inteligente o no.

Cuando comenzó el tratamiento no se mostró dispuesta a analizar estas condiciones autoimpuestas. Lo que buscaba con todas sus fuerzas era cumplir con ellas. De mí pretendía una sola cosa: que le diera consejos que la ayudaran a obtener calificaciones sobresalientes en cada examen y en cada presentación. Me visitaba cada cierto tiempo para hacer una serie de sesiones, en los momentos en que fracasaba (esto es: recibía una calificación menor a sobresaliente) o cuando el nivel de angustia le resultaba ya insoportable. Pasaron varios años hasta que estuvo dispuesta a aceptar un cambio en su postura: que su valor como persona no depende de sus calificaciones y que el objetivo de sus estudios no es sobresalir, sino incorporar conocimientos y destrezas, y lo que no es menos importante: disfrutar de su vida estudiantil con sus compañeros de la facultad.

Abramson se dio cuenta de que hay dos razones que llevan a que una persona se plantee un tratamiento: el fracaso en el cumplimiento de sus propias condiciones de pertenencia o el precio excesivo que deben pagar para cumplirlas. Lili había llegado al tratamiento por ambas razones. La mayoría de las veces obtenía las calificaciones que deseaba, pero no siempre. Pero aun cuando lograba su objetivo y obtenía la puntuación más alta, el precio que pagaba por la excelencia era excesivo: vivía en un estado de ansiedad permanente y solo en muy contadas ocasiones podía disfrutar de sus estudios o sentir alegría. Se sentía sola, pues no tenía tiempo para hacer amigos y se avergonzaba de sus ataques de ira, que habían dañado a su propia familia. En los momentos en que Lili optaba por la evitación, en lugar de obligarse a ser siempre perfecta, tampoco se sentía mejor. En ambos casos su autoestima bajaba de forma considerable.

El gran escape

En uno de los capítulos de *Los Simpson*, el niño, Bart, vuelve a casa del colegio y le enseña a su padre las notas. Homer, el padre, las mira y le contesta con empatía: «OK. Has suspendido. ¿Qué podemos aprender de esto? ¡Nunca vuelvas a intentarlo!». Esta escena refleja el diálogo interior de quien sufre la humillación, real o imaginaria, del fracaso. La evitación es una estrategia sofisticada para conservar la autoestima.

Para evitar que los fracasos nos humillen, nos ponemos a la defensiva. La estrategia es prudencia excesiva: reducir las áreas de actividad a aquellas en las que nos sentimos seguros de no fracasar. Algunos perdemos el coraje para intentarlo y nos desviamos hacia callejones sin salida o usamos estrategias destructivas para tratar de sentirnos bien, como las adicciones de todo tipo o la evitación de los retos.

Más de una vez he escuchado a personas que justifican su falta de acción por el miedo al éxito. Aunque a muchos les gusta atribuir su pasividad al miedo al éxito, esta razón es muy poco común y puede aparecer solamente después de que un éxito concreto haya producido resultados negativos. Así, por ejemplo, el psicólogo Avi Merdler identificó casos de chicas que descubrieron que sus notas sobresalientes en materias de ciencias afectaban a su popularidad entre los chicos. Ese era el motivo por el cual «de repente» empezaban a fracasar en esas asignaturas.

En contraposición a estos casos en los que el éxito comporta resultados negativos, existen evitadores que se cuentan a sí mismos historias según la cuales tendrían un éxito sobresaliente si se decidieran a actuar, y a raíz de ese éxito hipotético sobrevendrían graves problemas. Queda claro que una persona que propone el temor al éxito como excusa a su falta de acción, sin haber llegado a triunfar, se está otorgando a sí misma un elogio inmerecido. En todo caso, que se sienta la necesidad de proteger la autoestima es señal de que esta peligra. Se crea así una necesidad más: defender la autoestima.

Cada uno de nosotros, las veinticuatro horas del día y los siete días de la semana, estamos conectados metafóricamente a un «medidor de la autoestima». Todos tenemos siempre los sensores de autoestima activados. Un aumento de la estima despierta sensaciones de placer, y un descenso, el malestar consecuente. ¿Se han preguntado alguna vez qué son los estados de ánimo? **La mayoría de nuestros estados de ánimo son la expresión emocional de las subidas y bajadas del imaginario «medidor de autoestima» interno.**

Daniel Kahneman, en su libro *Pensar rápido, pensar despacio*, escribió que un buen estado de ánimo es señal de que una persona se siente en un entorno seguro, y que un estado de ánimo malo indica algún tipo de amenaza que la obliga a ponerse en guardia. La amenaza principal que experimentamos todo el tiempo es la que se cierne sobre nuestro prestigio, nuestro estatus o nuestra seguridad. Una persona que enfoca su atención en el problema real al que se enfrenta y que no necesita enfocarse en su propia estima obrará de un modo más racional y eficiente que si siente que su autoestima disminuye, en lugar de abandonar la tarea para priorizar su propio cuidado.

Algunos ejemplos: María no hace preguntas en clase porque teme que sus compañeros piensen que es tonta. A pesar de que conoce la materia de estudio a la perfección, Jorge no levanta la mano para responder las preguntas del profesor porque no está del todo seguro de tener la respuesta correcta. Después de que un compañero de clase responda la pregunta, susurra para sí mismo: «Lo sabía». Juana no se decide a bailar en una fiesta porque está segura de que los demás se reirán de ella. Raúl no asiste a la reunión de antiguos alumnos de su clase porque teme encontrarse con personas que, en su opinión, han tenido más éxito que él. Vera no participa en esa misma reunión porque ha engordado. Ricardo no sale de su casa porque le ha salido un grano en la cara. Daniela no es capaz de revelarles a sus amigos y a su familia que la han despedido del trabajo. Rosa sube a su página de Facebook imágenes maravillosas de sus horribles vacaciones. Todas estas acciones tienen el mismo objetivo: preservar la autoestima.

Para alejarse del fracaso es necesario alejarse de la vida. Al parecer, cualquier cosa, incluso desaprovechar oportunidades y renunciar a vivencias, resulta preferible a la sensación de que no somos lo bastante buenos. Cada uno de nosotros ve la evitación de los demás como algo ridículo e improductivo: «No hay por qué avergonzarse…; nadie es perfecto, todos tenemos problemas», pero nuestra propia evitación la consideramos una reacción racional y justificada.

Ejercicio

Registren, a lo largo de varios días o de algunas horas, una «medición de la autoestima». Hagan una gráfica y plasmen en una línea, como en un electrocardiograma, cada oscilación de este valor. Detallen qué ocurrió en un momento de ascenso o de descenso, cuáles fueron los pensamientos o las sensaciones que surgieron entonces, qué fue lo que hicieron o decidieron. Este ejercicio los ayudará a descubrir cuáles son las condiciones que ustedes mismos se han pautado para sentirse valiosos y hasta qué punto este tema los ocupa y preocupa. Podrán también comprobar si estas condiciones son razonables o si albergan expectativas no realistas, como por ejemplo tener siempre la razón, caerle bien a todo el mundo o cumplir con todo a la perfección.

Un fracaso exitoso

La vida se compone de vivencias, que ocurren en el tiempo presente, y de acumulación de lecciones y recuerdos. A fin de cuentas, la trayectoria de todas las personas exitosas está llena de fracasos y decepciones. Atención: la palabra clave aquí es «llena». «Cometí mucha vida en mis errores», dice un grafiti pintado por la artista Hilá Sheleg en la pared de un edificio en Tel Aviv. Quien actúa acumula experiencias aprende, se enriquece y consigue cosas, aunque se trate de logros parciales o cosas diferentes de aquellas que quería lograr.

Quiero aportar un ejemplo extraído de la vida de Alfred Adler. A la edad de cuatro años, Alfred halló muerto a Rudolf, su hermano pequeño, en la cama que compartían. Un año después enfermó de neumonía y su propia vida estuvo en grave peligro. Adler decidió que cuando creciera sería médico; así estaría preparado para combatir contra la muerte.

En el libro *Adler tal como lo recordamos* cuenta uno de sus amigos, a quien Adler confesó su idea inicial, la de derrotar a la muerte: «"Fracasé" —dijo, pero al cabo de un rato agregó—, "pero en el camino descubrí la psicología individual, y creo que valió la pena"». Así, un fracaso puede ser una estación valiosa en el camino hacia un logro significativo.

Fracaso ≠ pérdida de estima

La conexión entre el fracaso (o el éxito) y el valor de una persona y la consiguiente autoestima no es natural ni válida, y debe anularse. En cuanto logramos desconectar o siquiera atenuar la relación entre fracaso y autoestima, el peor de los escenarios posibles ante un fracaso cambia radicalmente: lo que antes era un desastre se transforma en una simple pérdida. Un fracaso es un intento que no salió bien, es solo una pérdida de energía o de recursos, o, para decirlo de un modo sencillo, «una lástima».

Que algo salga mal no significa que valgamos menos, sino que carecemos de los conocimientos o la destreza suficientes para llevarlo a cabo, o que hemos elegido un objetivo que no es acorde a nuestras habilidades actuales. Cuando algo se malogra, lo que debe hacerse es volver a intentar, cambiar la metodología o probar algo distinto, dado que un fracaso es a veces la señal de que una persona concreta no es la indicada o no está capacitada para alcanzar una meta específica, en cuyo caso puede escogerse algún otro objetivo en el cual enfocarse.

Una colega mía me contó que, durante la época en la que ella residía en los Estados Unidos, cierto día su hijo de cinco años volvió muy contento de la escuela infantil: «¡Hoy he aprendido a decir «fracaso» en inglés!». «¿Cómo se dice?», preguntó con curiosidad la madre, y el niño contestó: «*Good try!*» («¡buen intento!»). Por otra parte, la investigadora Carol Dweck dijo, en su conferencia TED titulada «El valor de creer en la posibilidad de mejorar»,* que ella había oído acerca de una escuela en Chicago en la que los estudiantes que fracasaban en alguna asignatura recibían como calificación «aún no». La palabra *aún* refleja una concepción según la cual la vida, y dentro de ella el aprendizaje, es un proceso. Todo puede cambiar y eso depende sobre todo de la actitud del alumno. Tuve una paciente que trabajaba en una empresa de contabilidad. Se sentía humillada cada vez que su jefa descubría algún error en las planillas que ella presentaba. «Al final, terminarán por descubrir que no valgo para nada», me dijo desesperada. Le contesté que «al final» lo peor que podría llegar a ocurrir es que ella descubriera que no tenía vocación para ese tipo de trabajo. **Desde el momento en que un fracaso no se interpreta como algo que nos resta va-**

* En línea en: <https://www.ted.com/talks/carol_dweck_the_power_of_believing_that_you_can_improve>. *(N. del T.)*.

lor, podemos llegar a sentir decepción o tristeza, pero ya no vergüenza ni ansiedad.

¿Cuál es la diferencia entre estas sensaciones? La decepción y la tristeza son expresiones naturales de duelo por la pérdida de las energías, el tiempo o los recursos que no han dado los frutos esperados o que han causado daño en alguna medida. La decepción y la tristeza no son, por supuesto, sensaciones placenteras, pero no resultan tan angustiosas como la humillación y la vergüenza, porque no las relacionamos con nuestro valor como individuos. Cuando anulamos la relación entre el fracaso y la autoestima, el fracaso recupera su significado real: un intento que no ha dado los resultados deseados, una experiencia desagradable, pero no terrible. Uno podría definir el fracaso como un intento audaz. El éxito, dijo Winston Churchill, era «pasar de un fracaso al siguiente... con entusiasmo». Para no perder este entusiasmo debemos contemplar los errores como la consecuencia de un modo de acción y no como la medida de nuestra valía. Una vez cometido el error, podemos aprender de él y volver a intentarlo.

Un ejemplo de este tipo de reacción ante los errores es lo que sucede con los sistemas de navegación por GPS. ¿Cómo reacciona el sistema ante nuestros errores? Quizá nos digamos «¡Qué tonto he sido!», pero el sistema opta por la única acción lógica: ante un error, propone un recorrido alternativo.

Recuperar el coraje

El coraje es un componente imprescindible para responder de forma activa a las tareas, los problemas o los desafíos, porque cuando actuamos nos exponemos a peligros. Dado que la pérdida del coraje (*discouragement*) se encuentra en la raíz de la evitación, volver a participar de forma activa requiere restaurar el coraje (*encouragement*). No importa en qué momento o en qué medida se perdiera el ánimo, siempre puede recuperarse. Existen distintos caminos para recuperarlo. Me limitaré aquí a dos de ellos: uno es el aliento (ya sea propio o el que proviene de los demás) y el otro consiste en dejar de preocuparnos por el valor individual para concentrarnos en la misión que emprendemos y en lo que le aportamos.

Adler pensaba que todas las acciones están orientadas a la consecución de un objetivo. Dreikurs añadió que todos queremos, en definitiva, sentir que pertenecemos a algo y que se nos valora. Queremos ser merecedores de amor, saber que nos aman, ser capaces, dignos y significativos, percibir que nuestra existencia tiene valor. Toda acción mental y física se enfoca a conseguir el sentimiento de pertenencia; todo lo que pensamos, sentimos y hacemos es parte de nuestra estrategia para encontrar un sitio en el mundo. De acuerdo con esta visión, un evitador no es un holgazán, sino alguien que opta por retrotraerse; es una táctica que le permite defender su autoestima y su sentido de pertenencia.

Si analizamos la evitación como una estrategia creativa para el logro del sentido de pertenencia, comprenderemos a quienes optan por este camino, en lugar de criticarlos u ofenderlos. Toda estrategia destinada a incrementar la sensación de pertenencia tiene alguna lógica, y todas están sujetas a una relación coste-beneficio.

Si una persona no cree en sí misma, no podrá encontrar ninguna alternativa: la evitación es preferible a la humillación. Dado que la sociedad existe gracias a la colaboración y los aportes de cada uno de sus miembros, desde el punto de vista social la evitación es una estrategia dañina y debe rechazarse y condenarse. Aunque la exigencia de participación y contribución sea justa, la reacción de la sociedad ante la evitación dista de ser efectiva. Las críticas o el rechazo no ayudan a que un evitador asuma las responsabilidades de la vida, sino todo lo contrario. Este tipo de reacciones hacen que la sensación de pertenencia del evitador disminuya y que aumenten sus sentimientos de inferioridad, con lo que se incrementan los impulsos de evitación.

Los adlerianos proponen no juzgar a una persona como si hubiera algo defectuoso en ella o estuviera mal, sino que debe entenderse que eligió una estrategia errónea tanto para sí como para la sociedad, puesto que el precio que tiene que pagar es demasiado alto. El supuesto de que toda estrategia es en el fondo una creación nos lleva también a concluir que esa persona posee la fuerza creativa para idear una estrategia distinta. Resulta lógico replegarse ante una amenaza. En la misma medida, es coherente retomar la acción cuando la amenaza cesa o cuando la persona siente que posee la fuerza necesaria para enfrentarse a ella.

En una sociedad en la que no resultara peligroso fracasar y en la que todos sus miembros se sintieran valiosos en cualquier circunstancia, la mayoría optaría por aportar de una manera eficaz y activa. Sería la opción natural para cualquier ser humano. Achi Yotam definió al aliento como todo lo que aumenta la autoestima de una persona.

En la base del concepto de aliento existen dos componentes importantes para la generación de una vida buena: positividad y aceptación. Positividad es la tendencia a ver el lado bueno, a identificar en cada situación lo que funciona, lo que es bello, beneficioso, movilizador o posibilitador. La positividad es distinta de la ingenuidad, dado que en ella no hay negación, desconocimiento o encubrimiento de los aspectos negativos de las cosas o las situaciones. La positividad es la elección consciente por centrarse en lo que existe o puede existir, en lugar de en lo defectuoso, lo malo y lo que falta.

La aceptación es importante porque la pertenencia es una necesidad existencial. Resulta crítico que todos tengamos en la vida al menos una persona que nos ama, nos acepta y nos aprecia tal como somos. El rabino Carlebach* afirmó que todo niño necesita un adulto que crea en él. Esta persona puede darle al

* Schlomo Carlebach (1925-1994). Rabino, músico y compositor. Se lo considera el compositor judío ortodoxo más importante del siglo xx. *(N. del T.)*.

niño la retroalimentación necesaria o indicarle qué hace mal sin que le dé la sensación de que hay algo malo *en él*. Una persona debería considerarse afortunada si sus padres fueran así. En muchos casos los abuelos ejercen ese papel de proporcionadores de amor incondicional. Si en su infancia una persona tuvo cerca una figura alentadora, la sensación de bienestar, de ser amado y querido, capaz y significativo, puede ser fuerte y estable. Es una sensación que actúa como una vacuna para toda la vida, que refuerza la resiliencia ante circunstancias adversas.

Es posible hallar figuras alentadoras en etapas posteriores de la vida. Pueden ser instructores, maestros, superiores, amigos, parejas o terapeutas. A quien sea incapaz de recordar alguna figura de este tipo en su pasado o de identificar en su entorno gentes que lo ayuden a sentirse digno y valioso le aconsejaría que iniciara una terapia, ya fuera personal o en grupo. Una de las consecuencias de toda terapia exitosa es una mejora en la sensación de autoestima y autoconfianza del paciente.

Del mismo modo que es importante encontrar en la vida figuras alentadoras, resulta aconsejable guardar distancia de quienes sistemáticamente lastiman nuestra sensación de autoestima y de autoconfianza, y aprender a reaccionar de manera asertiva y efectiva ante afirmaciones o conductas críticas o condenatorias fuera de lugar. En cierta ocasión, ante mi crítica por la cantidad de comida que se puso mi hijo Ofir en el plato, él me contestó: «Mamá, tengo un trastorno alimentario: cada vez que alguien me señala algo en relación con qué o cuánto como, me trastorno».

Como muchos de mi generación, crecí en un ambiente en el que la comunicación principal entre los padres o maestros y los niños era la crítica. En esa época se pensaba que la mejor manera de lograr que alguien mejorase era señalando todo lo que hacía mal. La crítica incesante hace que los niños duden de su propio valor, que desconfíen de su criterio, que se pregunten si son lo bastante buenos y si es posible que se los ame tal como son.

Recuerdo que en una ocasión, cuando yo estaba en tercer grado, me puse a canturrear la melodía de un anuncio televisivo. Mi padre me reprochó: «Qué lástima que no puedas recordar la teoría de los exámenes igual que esa musiquita». Sentí vergüenza por haber cantado. En aquel momento, el hecho de que tuviera unas notas excelentes y que me encantara estudiar importó poco. Tampoco se me ocurrió pensar que, si compusieran melodías pegadizas para acompañar las lecciones, resultaría mucho más sencillo retener los contenidos.

El remedio contra la crítica es el aliento. Existen infinidad de libros destinados a alentar la autoaceptación de las personas por medio de afirmaciones positivas, entre ellos el de Louise Hay.* Ella se dedicó a ayudar a las personas a aceptarse y quererse a sí mismas tal como son, sobre todo empleando frases confirmatorias. Muchas personas, yo entre ellas, entraron en contacto con la importancia de la concepción positiva del ser humano con respecto a sí mismo con la lectura del libro *Usted puede sanar su vida* y las grabaciones que lo acompañan, que hoy se pueden encontrar en YouTube. Aun así, es importante distinguir entre una mirada positiva sobre nosotros mismos como personas dignas y amables, una mirada que estimula nuestro espíritu y que nos impulsa a actuar, y un pensamiento exageradamente positivo que nos estimula a sobrevalorar nuestras capacidades y que más que otra cosa parece un desvarío.

La autoestima puede desarrollarse a partir de aliento, pero también como consecuencia del progreso en el logro de metas: en un momento específico una persona puede enfocarse en sí misma o en la tarea que tiene enfrente. Cuanto menos tenga uno que ocuparse de su propia valoración, más libre será para crecer, para conseguir lo que se proponga o para realizarse a sí mismo.

* Louise Lynn Hay (1926 - 2017). Escritora y oradora estadounidense, considerada una de las figuras más representativas del movimiento del Nuevo Pensamiento y una precursora de los libros de autoayuda. *(N. del T.)*.

Se sentirá libre de decidir qué tipo de persona desea ser y en qué quiere invertir su tiempo y su esfuerzo. El temor al fracaso se basa en el miedo a ser herido en el aprecio personal y conduce a preguntas del tipo «¿podré tener éxito?», «¿qué pensarán de mí?» o «¿cómo lo habré hecho?». Quien no teme menoscabar su propia valoración se pregunta «¿es necesario?», «¿es conveniente?» o «¿vale la pena intentarlo?».

En su libro *De qué te arrepentirás antes de morir*, Bronnie Ware* descubrió que las personas que ven cercana su muerte se arrepienten de no haber permanecido fieles a sí mismas. En otras palabras: todo aquel que consagre su vida a la preservación de su autoestima sentirá una gran pérdida y arrepentimiento.

Conclusión

La vida es una acción continua en pos de la superación, el desarrollo y la maestría. El ser humano intenta plasmar su potencial mostrando su capacidad para superar los escollos del camino. Pero hay un obstáculo que es muy difícil de superar: el miedo a perder el sentido de pertenencia y la estima. El miedo a perder la estima puede causar desaliento, que es la pérdida del coraje para enfrentarse al riesgo de fracasar. Perder el coraje puede llevar a la cautela excesiva y a reducir las áreas de actividad de una persona de manera que se mantenga en su zona de confort, donde puede ocultar sus carencias. La evitación es, por lo tanto, una estrategia creativa para resguardar la autoestima.

La conexión entre el fracaso y la pérdida del sentido de pertenencia y estima se genera en la primera infancia a raíz de reacciones negativas de la sociedad ante los errores y los fracasos. El niño traduce estas reacciones como pérdida de pertenencia y desamor. El uso de los sistemas de valoración y de calificación

---

* Autora australiana (1967). *(N. del T.)*.

como medida de la capacidad de una persona, en lugar de ser simples descripciones del nivel de ejecución de un acto en un momento dado, refuerza la conexión entre el fracaso y la pérdida de valor.

Concentrarse excesivamente en las sensaciones de valía desvía la atención y las energías de una persona y evita que haga frente a las tareas de la vida, con lo que se enfoca en la conservación permanente y a toda costa de la sensación de autoestima. El aliento y la concentración en una meta pueden devolverle a una persona el coraje necesario para bregar por la consecución de las tareas de la vida y de sus objetivos.

2

Las fuentes sociales
y culturales de la evitación

De acuerdo con la concepción de Adler, no tiene sentido hablar de dolencias psíquicas o problemas personales individuales. Todo estado mental o problema personal tiene significado social, y toda experiencia humana se vive y se valora de acuerdo con la cultura en la que el individuo creció y en la que vive en el presente. Toda sociedad desarrolla una concepción de mundo, que engloba el arte, los valores y las normas, aceptada por sus integrantes y transmitida a las generaciones venideras mediante la socialización. En una sociedad en la que todo ente se concibe como poseedor de un alma, una persona que tenga visiones, que oiga voces o que sea capaz de comunicarse con las piedras no será vista como extraña o delirante. Incluso es probable que gracias a estas capacidades logre una posición social superior. Estas concepciones sociales se aceptan hasta tal punto que los individuos sienten que son del todo lógicas y que reflejan la realidad y la vida. Esta manera social de pensar recibe el nombre de «sentido común»,[7] que, como veremos más adelante, tiene más de común que de sentido.

Todas las funciones mentales, entre ellas pensamientos y sentimientos, están influidas por la cultura en la que crecemos y vivimos, aunque esta impronta no es inexorable y siempre hay opciones. Por eso resulta importante conocer las influencias sociales y culturales, para así expandir nuestra libertad de elección como individuos. De hecho, estamos sometidos a mucha más influencia de la que nos gustaría admitir, porque la cultura occidental también nos convence de que somos libres para elegir qué pensar, sentir y hacer.

En el capítulo anterior hemos visto que en una sociedad en la que se interpreta el fracaso como señal de demérito todos aquellos que fracasen sentirán, en alguna medida, daño en su estima. La medida y la extensión de este daño, y la consecuente decisión de superarlo para reintentarlo o desistir, dependerá de otros factores, además del fracaso en sí, que pasaremos a detallar.

Hay personas a las que les toca en suerte crecer, estudiar o trabajar en un entorno en el que el fracaso se acepta como algo natural e incluso necesario como parte del desarrollo y del aprendizaje de la vida, no como algo que irremediablemente supone humillación, rechazo social o dolor espiritual. Para quien crezca en un entorno tal, un fracaso no tendrá consecuencias negativas en lo emocional o en lo práctico, además de algún efímero sentimiento de decepción, sino que, por el contrario, será incluso un estímulo para el crecimiento. En la escuela infantil a la que asistía mi hija Noa, la maestra le decía al niño que se resbalaba, con un tono amistoso y alentador: «Quien no cae no crece». Los niños aprendían a incorporarse por sí mismos, a sacudirse el polvo de las rodillas heridas y a seguir jugando. Sí, les dolía. Sí, también recibían besos y abrazos. Pero no se trataba de una tragedia, sino de una lección. En retrospectiva, cada uno de nosotros puede ver con facilidad de qué modo los fracasos nos fortalecieron, templaron y nos ayudaron a crecer, cómo influyeron, para bien, en formarnos como somos en el presente, o cómo el cierre de una puerta nos condujo a la apertura de otras.

Una persona que crece, que estudia o que trabaja en un entorno posibilitador y alentador puede deshacerse progresivamente de la cautela excesiva y del miedo a equivocarse para así liberar su energía, su talento, sus conocimientos y experiencia, y canalizarlos en el aprendizaje, la labor y la creatividad. Un ejemplo de la influencia de un entorno como el que se ha descrito es la cultura que primaba en los estudios Disney en la época en la que se produjo *Blancanieves*, considerada hasta el presente como una de las obras más vanguardistas de la historia del cine. *Blancanieves* fue el primer largometraje de dibujos animados y el primero en el que los personajes consiguieron no solo hacer reír al público, sino también que se emocionara hasta las lágrimas. En la serie documental biográfica de Disney, uno de los dibujantes cuenta cuál fue, en su opinión, el secreto del éxito de los estudios Disney: «Walt había creado una cultura en la que uno podía equivocarse sin temer al despido».

Disney les facilitaba a los artistas un espacio de trabajo único que estimulaba la originalidad y lo novedoso. Aun así, solo los artistas gozaron de esas condiciones excepcionales: la misma empresa limitaba y reprimía la acción del resto de sus trabajadores. Solo los hombres podían trabajar en los puestos creativos, los que recibían el mejor sueldo, dado que «era sabido» que las mujeres solo podían ejecutar tareas técnicas. Por lo que puede verse, incluso una persona como Walt Disney, que favorecía la creatividad, limitaba las aspiraciones de otro importante grupo de personas basándose en sus prejuicios sociales. Una opresión social como esta genera sentimientos de inferioridad que pueden derivar en evitación. **La elección por la evitación está enraizada en los sentimientos de inferioridad desarrollados en el choque entre el individuo con la cultura, con valores sociales falsos.** Por eso se puede diferenciar entre inferioridad natural, la que proviene de limitaciones reales, y la inferioridad social, los sentimientos de inferioridad y menosprecio originados por la interiorización de concepciones sociales erróneas. La inferioridad es un concepto central de la teoría adleriana.

Inferioridad natural

Los bebés, al nacer, están indefensos y dependen por completo de los padres o de otras personas responsables de su cuidado y crianza. Esta inferioridad absoluta, que Adler denominó «inferioridad normal», es natural por las condiciones biológicas de diferencia entre la nula capacidad del recién nacido y lo que debe hacer para sobrevivir y prosperar. La sensación de inferioridad «normal» no le genera al niño vergüenza ni ansiedad, sino que, por el contrario, siembra en él la motivación para desarrollar sus aptitudes y habilidades.

Los bebés y los niños pequeños despliegan la voluntad de enfrentarse a los desafíos que los interpelan y de superar las dificultades que encuentran a su paso. Son curiosos, activos y están llenos de energía. A partir del momento en que son capaces de hablar no cesan de repetir, incansables: «¡Yo sola!», «¡Yo puedo!» y «¡Ya soy grande!». En cuanto consiguen superar un obstáculo o dominar alguna nueva destreza, los niños experimentan una sensación de triunfo, orgullo y alegría. Se divierten haciendo cosas, experimentando sus propias fuerzas y capacidades, y, por supuesto, con sus éxitos. Mientras no tengan interiorizado el nexo entre el fracaso y la pérdida de amor o de estima por parte de los padres o de otras figuras significativas, no tener éxito no los desalienta. Mientras no vean en un tropiezo un signo de menoscabo, no solo se sentirán dispuestos, sino entusiasmados por volver a intentarlo.

Incluso en nuestra vida adulta experimentamos esta inferioridad «normal» cuando en ocasiones comprobamos que no está a nuestro alcance resolver un problema o alcanzar un objetivo determinado. Reconocer que no estamos lo bastante cualificados para completar una misión o superar un escollo puede llegar a despertar el sentimiento de ineptitud. Este sentimiento puede resultar poco placentero, pero en general no causa desaliento. Saber que podemos adquirir el conocimiento o el entrenamiento necesario y así mejorar para enfrentarnos a los problemas y superarlos es lo que fortalece nuestro espíritu e insufla en nosotros esperanza y optimismo.

Además de eso, puede animarnos saber que no estamos solos en la senda del crecimiento y la mejora. El conocimiento acumulado por todo el género humano está a nuestra disposición; también la posibilidad de hallar ayuda en otros, en forma de apoyo familiar, educación impartida por maestros y autores o empleando los servicios de expertos. El poder del individuo yace en la vida en sociedad y se expresa en su posibilidad de comunicarse y de colaborar.

En los casos de inferioridad «natural» que no puedan superarse, que incluyen, por ejemplo, ciertas discapacidades físicas o falta total de talento para determinadas actividades, las sensaciones de vergüenza o desesperanza provendrán del nexo mental entre la limitación y el demérito. De no ser por ese nexo, las energías podrían encauzarse en la superación, en el aprovechamiento de lo existente y en la aceptación de lo que no se ha logrado modificar.

Además de la inferioridad «normal» (biológica) y de la que se produce por falta de adecuación, existe una forma adicional de inferioridad «normal» denominada «inferioridad existencial». Esta se origina en nuestra pequeñez metafísica con relación al universo. En comparación con todo lo que existe, con la naturaleza y las galaxias, cada uno de nosotros somos una criatura infinitesimalmente diminuta. Cada uno, y quizá también toda la humanidad, somos una mera aparición pasajera en el eterno infinito del tiempo.

Tal como sucede con la inferioridad biológica, la inferioridad existencial puede despertar sentimientos de invalidez, pero también en este caso se trata de sensaciones saludables, puesto que provienen de la comprensión de nuestro modesto lugar en el universo, del reconocimiento y la aceptación de nuestros límites. La inferioridad existencial despierta nuestro asombro y humildad. Nos maravilla contemplar, absortos, el mar, el atardecer, las estrellas.

Nos enorgullecen los logros del género humano, desde los sistemas de saneamiento hasta las comunicaciones digitales, desde los descubrimientos de la medicina hasta las creaciones artísticas. Sentimos humildad al reconocer que, si bien no somos el centro del universo, sí formamos parte de él y cada uno posee su propio lugar, cada uno tiene algo que aportar.

Inferioridad cultural

Junto con la inferioridad biológica y la inferioridad existencial, que son rasgos comunes a todas las personas, por lo que pueden denominarse «naturales», muchos individuos desarrollan un tipo totalmente diferente de inferioridad, que Adler llamó «anormal»: la inferioridad social.

Los seres humanos son criaturas sociales. La sociedad está compuesta por individuos dispuestos a colaborar en todo lo que resulte necesario para resguardar la vida, la seguridad y la prosperidad del grupo que integran. En cada periodo histórico las sociedades consolidan criterios de valoración que pasan a convertirse en la escala según la cual se alcanzan sus posiciones sociales, honores y recompensas materiales.

En épocas en las que las sociedades luchaban por la subsistencia, cada integrante se valoraba de acuerdo con su talento para cazar, combatir, curar o encender fuego. Zivit Abramson, en su libro *Todavía sin pareja*, escribió que en el mundo occidental contemporáneo, en condiciones de abundancia y de acuerdo con la ideología capitalista, se acostumbra a medir y clasificar a las personas según los éxitos que alcanzan en la vida. Estos éxitos se expresan, sobre todo, a través del atractivo físico, la cantidad de dinero acumulado o la fama obtenida. Por lo tanto, quien no logre exhibir ninguna de estas posesiones, probablemente sienta que vale menos que los «exitosos».

A diferencia de la inferioridad biológica, que nos alerta de la falta de adecuación y que constituye un motor para la acción, o de la inferioridad existencial, que despierta nuestro asombro y humildad y nos equilibra, la inferioridad social causa sensaciones dolorosas, que generan profundas dudas en cuanto a nuestro valor como personas. En el mejor de los casos la inferioridad social despierta nuestra ambición de triunfo y de superar a los demás, pero en general solo hace que la persona desee escapar de toda confrontación en la que pueda llegar a perder. **La inferioridad social es la sensación según la cual el individuo no es lo bastante bueno y vale menos que los demás. La inferioridad social no es natural y puede desarrollarse solo en sociedades con sesgos individualistas y triunfalistas, en las que se evalúa y clasifica a las personas mediante comparaciones.**

«La opinión social mayoritaria» no es el reflejo de hechos objetivos y no debe considerarse una verdad absoluta. En otras palabras, la mayoría suele aceptar estas ideas como verdades, pues está educada por la misma sociedad que las inventó, y es cierto que tienen toda la apariencia de ser «naturales»... hasta el momento en que aparecen nuevas ideas y las antiguas parecen, de pronto, inadecuadas e incluso ridículas. La sensación de inferioridad respecto a los demás es la causa principal del desarrollo de tendencias evitativas en la vida.

Subibaja

Lydia Sicher, médica y psicóloga austriaca que trabajó con Adler, empleó el concepto de «eje vertical» para describir la concepción de mundo imperante en la cultura occidental contemporánea.[8] El eje vertical es una imagen que describe el mundo social como una estructura en capas, una manera de expresar las aspiraciones sociales más extendidas, según las cuales hay que trepar y conseguir el sitio más alto posible para así ser merecedor de honores, prestigio, influencia y un sinfín de otras bondades. Esta concepción aparece en expresiones como «clase alta», «la minoría encumbrada», «ella alcanzó la cima» o «él cayó a lo más profundo del pozo».

Contrariamente a esta concepción, Sicher usa la imagen «planicie» o «eje horizontal» para describir la vida social tal como Adler la visualizaba: un espacio infinito en el que cada uno se concentra en su propio camino y en sus propias metas, con las que se proyecta hacia delante. Una persona no trepa, sino que avanza, mejora, profundiza, experimenta, aprende. Si se equivoca o se detiene, no cae ni se derrumba. En la concepción social vista como una plataforma horizontal no tiene sentido comparar a una persona con otras. Sí lo tiene evaluar su situación y estado en relación con sus propias expectativas y metas.

Sicher explica que mucha gente interpretó de manera errónea esta idea de Adler al considerar la disposición natural del ser humano por mejorar como una tendencia a competir con el fin de escalar posiciones hasta lograr superioridad sobre los demás. El afán de ser mejor, de superar obstáculos y controlar las situaciones está impreso en nuestro ADN y no necesita de la competición para despertar motivación, sino todo lo contrario: los logros se alcanzan de un modo más rápido y eficiente mediante la colaboración. En otras palabras, Adler quiere distinguir entre una falsa lucha por alcanzar superioridad y el esfuerzo natural por lograr el potencial humano y afrontar los desafíos que la realidad les plantea al individuo y a la sociedad.

Abramson, en su libro *Aprendizaje sobre la pareja*, amplió esta metáfora de Sicher y explicó de manera más palpable la concepción según la cual el mundo se ve como un universo escalonado en el que las personas deben trepar: la altura que logran alcanzar es el reflejo de cuánto valen. Abramson definió dos tipos de «verticalistas» (personas que obedecen a la mentalidad del «eje vertical»): quienes se esfuerzan por subir al escalón más alto (vale decir, ambiciosos y diligentes) y quienes renuncian de antemano a todo intento de ascender para no arriesgarse a no alcanzar la cima (o sea: evitadores).

El esfuerzo orientado hacia lo vertical es una empresa individual por la obtención y conservación de la propia superioridad sobre los demás. Está caracterizado por la competición, la suspicacia, la lucha por la autoestima en función del éxito, el temor a las posibles caídas y la consecuente decadencia en la escala social. La competición está siempre acompañada de tensión. Los que logran trepar sienten admiración, envidia e inquina hacia los que se ubican por encima de ellos, y desprecio por los que están en posiciones inferiores, aunque temen que estos escalen posiciones y los desplacen. Por eso, quien se encuentra en un puesto elevado dedica gran parte de sus energías a desalentar a los competidores potenciales. En la concepción vertical nadie se siente seguro nunca, ni un segundo.

Por fortuna, existe una alternativa a esta concepción vertical, un universo paralelo en el que cada persona puede vivir a partir del ahora: la dimensión horizontal. De acuerdo con Abramson, en la dimensión horizontal todas las personas tienen su propio valor, a pesar de sus diferencias. Nadie vale menos o más que otro. En la concepción de mundo «horizontal» el esfuerzo individual por realizarse se encamina a alcanzar las metas que uno mismo se propuso siempre que estas tomen en cuenta las necesidades de otros y de la sociedad en su conjunto. **El trabajo horizontal es una empresa caracterizada por el esfuerzo compartido, la confianza y una autoestima no condicionada.** Los «horizontalistas» sienten aprecio por los que obtuvieron logros extraordinarios y experimentan simpatía y comprensión hacia los que se quedaron en el camino.

A pesar de que el gradiente de valuación según el cual se fija el valor social de las personas no es una escala física material y concreta, se trata de un hecho muy patente en la experiencia y en el espíritu de cada uno: estas escalas existen en una tercera realidad que no es física ni espiritual, sino social. Es una realidad intersubjetiva generada por la creencia convencional, el apoyo y la conservación de determinadas ideas que las sociedades consolidan en cada época y que todos aceptan como si se tratase de realidades concretas y evidentes, como si no hubiera otra posibilidad o «porque así son las cosas». Los grupos y las personas que ocupan una posición «elevada» en la escala social tienen la capacidad de fortalecer las ideas según las cuales ellos y sus pares están en el tope de la escala. Dicho de otro modo, determinados grupos sociales pueden influir en la cultura y en la agenda pública. Lo hacen mediante el control de los nodos de poder social: los medios de comunicación y de publicidad, los centros educativos y, por supuesto, las instituciones políticas, que pueden anclar estas concepciones a través de las leyes. Por regla general, los inventores y defensores de las escalas de valoración intentan defender sus creencias con denuedo, por más decadentes que resulten, apelando a valores fundamentales, mandamientos divinos o pruebas científicas. Por ejemplo, a lo largo de muchos años los hombres de piel blanca intentaron mostrar a las mujeres y a los hombres de color oscuro como seres inferiores. En paralelo, «los de abajo» asumían esta «inferioridad» como si se tratase de un dictamen del destino.

Quien siembre competición cosechará envidia y hostilidad

Hay muchas y diferentes «escalas» a las que se puede trepar para que se considere que uno tiene «éxito social». Sin embargo, estas escalas son solo convenciones de determinadas sociedades y se modifican cada cierto tiempo, cuando las culturas evolucionan. Así, como señaló Abramson, cada uno se compara con los individuos que se desplazan sobre las mismas escalas que él y solo compite contra ellos. Por ejemplo, una persona que elige trepar en el escalafón universitario no se comparará con alguien que se inclina por la carrera deportiva. Por lo tanto, no envidiará los éxitos del campeón olímpico y podrá, incluso, disfrutarlos. Es más fácil congraciarse con alguien que triunfa en un área que no nos compete, dado que sus éxitos no atentan contra nuestra posición.

Muchas personas están convencidas de que los logros y la perfección solo se alcanzan mediante la competición y temen que en su ausencia tanto los individuos como la humanidad se hundan en el «pantano de la mediocridad», puesto que competir infunde en las personas la motivación necesaria para vencer a los rivales. Sin embargo y de acuerdo con Adler, no existe conexión entre la competición y la aspiración al logro. **El esfuerzo por la autorrealización y la excelencia está grabado en nuestra naturaleza y no se origina en la sociedad competitiva.**

Por eso Adler destaca el afán por la superación y no la competitividad. Considera que la vida es un movimiento que se orienta de lo negativo hacia lo positivo y no una subida desde lo bajo hasta lo alto. Cuando los esfuerzos son horizontales, la ambición es la voluntad constante de mejorar las capacidades propias para sobreponerse a los obstáculos, no para superar a los demás. Lo que puede obstruir este deseo de mejorar el potencial propio es el miedo a perder pertenencia y estima; por eso los deseos de mejorar y la aspiración a la excelencia prosperan en ámbitos en los que una persona puede equivocarse sin temor a perder la estimación de los demás o su lugar de trabajo. En un entorno alentador, en el que existe el espíritu de participación, inversión y colaboración, una persona puede sentirse segura de sí misma, valiente y optimista.

Según Adler, la competición aporta a la sociedad más perjuicios que beneficios. En una competición se dan, necesariamente, ganadores y perdedores. Aun cuando el ganador disfruta de su triunfo y de su posición, descubre también que su estima depende de esta victoria y está condicionada por ella y por su supremacía sobre los demás. Por lo tanto, además de los esfuerzos por elevarse a sí mismo, el triunfador debe preocuparse por desalentar a los otros mediante la crítica o el menosprecio. Una amiga mía tiene en su nevera un imán con la siguiente leyenda: «Dios mío, si no puedes hacer que yo adelgace, haz al menos que mis amigas engorden».

Los padres, con frecuencia, estimulan la competición entre los hijos, por ejemplo, para apresurarlos («¿quién llega el primero a la puerta?»), para establecer normas («¿por qué no puedes ser tan ordenada como tu hermana?»), para elogiar («eres una alumna excelente, no como tu hermano») y similares. Estas comparaciones pueden estimular el deseo de triunfo en los niños, pero a largo plazo ejercen una influencia nefasta en el diseño de la personalidad y en la relación entre hermanos.

En lugar de ver la vida como una empresa que requiere la colaboración entre compañeros, los niños aprenden a vivir en competición permanente entre rivales o, lo que es peor, entre enemigos. A menudo estos rivales son sus propios hermanos y hermanas. La sensación de inferioridad ante hermanos o hermanas está en el origen del desaliento de muchas personas. ¿Cuántas veces nos encontramos con alguna persona inteligente que piensa que no lo es solo porque su hermana tiene altas capacidades? ¿Cuántas veces hemos conocido a alguna mujer exitosa que se siente fracasada porque su hermano es millonario?

Los padres que inculcan la competición entre hijos cosecharán celos y hostilidad. En contraposición a eso, los padres interesados en que los hijos tengan una relación buena buscarán atenuar la competición entre ellos, dado que la verdadera amistad no puede existir cuando el valor de cada ser humano se determina por comparación con los demás.

Ejercicio

Piense en alguna área de la existencia en la que le resulte importante triunfar o tener éxito. ¿Quiénes son los otros jugadores en «el campo»? ¿Qué siente usted por ellos? ¿Qué es lo que lo satisface? ¿Qué lo atemoriza?

Piense en alguna área de la existencia en la que le resulta satisfactorio participar y sobre la que no tiene pretensiones de ganar o derrotar a nadie. ¿Quiénes son los otros jugadores? ¿Qué siente usted por ellos? ¿Qué es lo que lo satisface? ¿Qué lo atemoriza?

Compare estos pensamientos, sensaciones y actividades en ambas áreas. ¿Qué ha aprendido?

¿Qué habría cambiado en sus sentimientos si se hubiera cambiado el afán «vertical» por el «horizontal»?

Parámetros de éxito no realistas

A la interpretación del fracaso como pérdida de estima debe añadirse el significado del éxito como fuente de estima. La cultura ofrece ideas respecto de qué resulta aceptable y apreciable, y recompensas para los que logran alcanzar lo que se considere valioso. Vivimos en la era de la riqueza, la felicidad y la imagen, que reemplazó a la edad del significado, el mérito y la contribución. **Vivimos en una cultura que nos impone parámetros no realistas de éxito; peor aún, que no se corresponden con la naturaleza social del ser humano.**

Los parámetros que la sociedad nos impone son de consecución imposible. Por ejemplo, para que un hombre sea considerado valioso debe trabajar y ganar mucho dinero, pero también debe regresar al hogar a las cinco…, debe implicarse como padre, pero no desear tomar decisiones. Debe ser un amante salvaje, con la condición de ser al mismo tiempo considerado y gentil. Debe poder conectarse con su lado femenino sin exhibir debilidad y debe tener un buen estado físico sin ser un adicto al deporte. Una mujer ideal debe combinar alegremente la familia con la carrera, debe ser grácil y fuerte, sensual, aunque también decorosa, delgada o, por lo menos, más delgada. Y debe hacer todo eso con suma facilidad.

Ante este tipo de parámetros ideales tenemos dos opciones: vivir en tensión (*estrés*) para llegar a ser y hacer todo lo que se nos exige para sentirnos valiosos, o desarrollar angustia (*distress*) para desistir de la competición y así justificar nuestra falta de éxito. Vivimos bajo la impresión de que para que algo se considere valioso debe ser especial, maravilloso o perfecto. Estos parámetros están desconectados de una realidad que dista de ser ideal, más allá del hecho de que somos seres imperfectos por naturaleza.

Esta es la situación social «normal» en tanto no aceptemos una concepción de mundo horizontal, según la cual debemos hacer lo mejor que esté a nuestro alcance, aceptar nuestros límites e incluso renunciar a parte de nuestros objetivos en pos del equilibrio. Un desistimiento se considera positivo desde el punto de vista horizontal mientras que en el marco de la concepción verticalista se verá como un fracaso personal o una derrota.

Si todo lo que esté por debajo de extraordinario carece de valor, es fácil que cualquier persona llegue a sentir que su vida no es lo bastante «buena». Todo lo que sea común, normal o promedio será considerado mediocre e irrelevante. Si ustedes le cuentan a un amigo que están leyendo este libro y a la pregunta «¿qué tal es?» responden «interesante», «estimulante» o, Dios no lo permita, «bueno», será el fin de la conversación. Quien hizo la pregunta no querrá saber qué han aprendido ni les pedirá prestado el libro una vez leído. Para transmitir que el libro tiene algún valor, la respuesta debe ser «extraordinario»; solo así despertará interés.

Los niños interiorizan a edad muy temprana la idea de que solo lo extraordinario tiene valor. En nuestros días todo niño o niña es un príncipe o una princesa. A un niño que exprese alguna idea original se le dirá «¡eres un genio!», a una niña que redacta una composición interesante se le dirá «¡eres una gran escritora!» y para quien logre sobrellevar una pequeña herida o una magulladura en la rodilla las palabras serán «¡eres un héroe!» o «¡campeón!». No debería asombrarnos que tantos jóvenes se sientan desalentados cuando al crecer descubren que no son extraordinarios, sino tan solo «muy buenos», cosa que los desespera y les impide bregar en pos de logros «normales».

En su artículo «Extraordinario es anacrónico», Shirley Ram Amit recopiló doscientas diecisiete expresiones utilizadas en el pasado para describir experiencias como consoladoras, útiles, estimulantes, positivas, ricas, variadas, emocionantes o refrescantes y que en los últimos años se han reemplazado por la palabra «extraordinario». La riqueza verbal posibilita la riqueza vivencial al tiempo que también la refleja. Si *todo* es extraordinario, ¿cómo saber cuando algo es de verdad fuera de lo común? Deberemos agregar «esto es realmente extraordinario» o «es lo más extraordinario que he visto».

Valores falsos e inferioridad social

Como ya he señalado, los parámetros de éxito que plantea la sociedad se transforman en la condición para los sentimientos de estima de sus integrantes. Por eso, la mayoría luchamos para alcanzar estos parámetros sin preguntarnos si son algo a lo que vale la pena aspirar. Esta vida que nos proponen ¿es la que de verdad deseamos vivir?

Un ejemplo por excelencia del planteamiento de estos falsos valores como condición para la autoestima es el aprecio social al cuerpo, a la forma en que luce cada persona, en especial en relación con el peso, y la importancia que la sociedad le concede a la acumulación de dinero y propiedades.

En el ámbito de lo real las personas son de distintos tamaños. La cultura, sin embargo, exhibe como modelos en periódicos, anuncios y pantallas a mujeres que están por debajo del promedio en cuanto al peso y por encima del promedio en cuanto a belleza.

Si nos comparamos con estas heroínas de la cultura, las mujeres comunes, esto es, la mayoría de nosotras, nos sentimos inferiores e insuficientemente bellas, femeninas, atractivas o valiosas, y, por supuesto, nunca lo bastante delgadas. La distancia entre cómo se ven la mayoría de las mujeres, prueba de hasta qué punto la naturaleza varía, y ese ideal cultural de belleza es la causa de enormes sufrimientos para muchas mujeres que estarían dispuestas a poner en riesgo la salud, a invertir recursos ingentes y en muchas ocasiones desproporcionados solo para estirarse la piel o bajar de peso.

Cada vez que alguien pronuncia el elogio más encomiado, «¡qué bien, cómo has adelgazado!», está reflejando la interiorización y la aceptación absoluta del dictamen según el cual la apariencia exterior es incomparablemente importante y que estar delgado es bello y valioso. Tras las palabras «has adelgazado» se adivina la frase «te observamos, te medimos y te pesamos; nosotros aceptamos, elogiamos o desdeñamos». ¿Qué pasaría si reemplazáramos el elogio «estás fantástica» por «¡es fantástico verte!»? ¿Qué influencia podría tener este mínimo cambio en individuos y en la sociedad?

La propaganda de un automóvil de lujo proclama «si respiras, no significa que estés vivo». El mensaje es claro: «Adquiere este automóvil —que por supuesto, es carísimo— y muéstrales a todos que posees los medios para ello; solo así quedará claro que tú y tu vida valéis algo. Más aún: para estar realmente vivo debes comprar cosas todo el tiempo, viajar al extranjero y comer en restaurantes de moda».

Todas estas compras y experiencias que he descrito en los párrafos anteriores pueden llegar a ser una gran fuente de placer. Romper con la rutina puede ayudarnos a sobrellevar la rutina, a decorar y condimentar la vida, a agregarle colores, sabores y aromas. En ese caso, ¿por qué afirmo que los valores que la sociedad capitalista les ofrece a sus miembros son falsos? En numerosas investigaciones llevadas a cabo en el marco teórico de la psicología positiva[9] se halló que la búsqueda constante de experiencias placenteras no constituye un aporte significativo al incremento de la felicidad de una persona, por dos razones.

La primera razón es el fenómeno denominado «rutina hedonista». Las personas, al parecer, se acostumbran con rapidez al placer y la novedad, por lo que se ven impelidas a buscar experiencias aún más intensas, a las que también terminarán por acostumbrarse al poco tiempo. No nos emociona una cena en un buen restaurante, por lo que debemos visitar un restaurante de autor. Ya nos resulta insuficiente hospedarnos en un hotel, hay que contratar un hotel *boutique*. No llega con viajar al extranjero, debemos visitar sitios cada vez más exóticos. Aquellos que no pueden afrontar los costes de vivencias tan especiales pueden llegar a sentir que no están realmente vivos, como sugiere la publicidad.

La segunda razón por la que las experiencias placenteras no contribuyen de manera significativa a que nos sintamos felices es porque una gran parte se basan en la obtención de satisfacción inmediata aunque momentánea, cuyo precio pagaremos en poco tiempo. A veces el placer que produce una buena comida en un restaurante de lujo desaparece en pocos minutos, cuando surge la duda: «¿Este plato de nombre tan pretencioso vale el precio que piden por él?».

Para obtener el máximo de satisfacción a partir de una experiencia placentera es necesario que se cumplan dos condiciones: la primera es que se trate de algo que hemos ganado, que sea un descanso que nos tomamos en el trabajo o la celebración por algún éxito o esfuerzo, y la segunda condición es que estas experiencias placenteras no se transformen en el objetivo de nuestra vida. Esto significa que entendemos que no es así como debemos vivir todo el tiempo, sino que se trata de una especie de premio. En el caso contrario, tenderemos a ver todo lo normal como insatisfactorio.

La opción «natural»: victoria o evitación

Los parámetros de éxito que la sociedad plantea se viven como exigencias para sentir una autoestima alta. La sociedad ejerce una enorme presión para asegurarse de que todos actúan de acuerdo con las convenciones. De hecho, la sociedad transmite a través de padres, maestros, medios de comunicación e instituciones un mensaje claro de aceptación sujeta a condiciones: «Aceptaremos / aprobaremos / valoraremos / apreciaremos / amaremos / compensaremos solo a aquellos que se comportan de acuerdo con nuestras exigencias y expectativas». Dado que el sentido de pertenencia es una necesidad esencial y que las personas necesitan aprobación, amor y valoración, es muy difícil oponerse a lo que resulta socialmente aceptable o siquiera preguntarse si acaso vale la pena esforzarse por los parámetros y valores que la sociedad propone.

Así, todo aquel que suponga que puede tener éxito, de acuerdo con estos parámetros, hará un gran esfuerzo para alcanzarlos y será considerado un triunfador, y aquel que no crea tener oportunidades preferirá abandonar la carrera y transformarse en un evitador. Existe, sin embargo, una tercera posibilidad: inventar un juego nuevo.

Quien logre liberarse de los valores falsos que la sociedad propone tiene mucho que ganar. Al que se rebela contra estos parámetros se lo ve, a menudo, como alguien interesante o especial, y con más frecuencia aún, como estrafalario, delirante, irrelevante, desconectado de la «realidad» y, por supuesto, carente de valor. Sin embargo, obtiene a cambio libertad. Quien renuncia a la aprobación social abre para sí nuevos senderos, aunque esto signifique que debe desviarse de las autopistas «oficiales». Él será quien decida qué es lo que importa y qué es lo valedero.

Asimismo, si los que se rebelan contra el orden establecido poseen una conciencia social desarrollada, no solo conquistarán libertad individual para experimentar sin temor a perder la autoestima, sino que también contribuirán, en definitiva, al cambio social. Gracias a ellos puede llegar a ampliarse la receptividad y la tolerancia hacia personas diferentes y, en definitiva, ensancharse el *mainstream*, el camino por el que la sociedad desea que marchemos, de modo que incluya gente y grupos que hoy se relegan a los márgenes.

La mayoría aceptamos y adoptamos la cultura dominante e intentamos tener éxito de acuerdo con los parámetros que hemos interiorizado en la niñez. Pero esto es solo la punta del iceberg. Mucho menos grato nos resulta admitir que somos «colaboracionistas» activos con esa cultura dominante. No solo obedecemos al pie de la letra los mandatos sociales, sino que también funcionamos como difusores, embajadores, vendedores y, lo peor de todo, como soldados, como guardia de defensa de estos mandatos.

Reconocer que asimilamos acríticamente todo lo que la cultura pone en nuestros platos, sin discernir con independencia, puede llegar a causarnos cierta incomodidad, pues nos gusta pensarnos como individuos conscientes y libres que poseen la capacidad de decidir qué es correcto, qué es importante y qué es válido. Una libertad de ese tipo solo es posible cuando se despierta la consciencia de que lo que se nos ofrece no es la verdad, sino una idea subjetiva en línea con la agenda y los intereses de determinados círculos sociales. Todo nuestro marco de pensamientos y creencias está influido por la cultura en la que nacemos. Aun así, la comprensión de la naturaleza de estas creencias nos hace posible poner en duda las convenciones sociales y rechazar las ideas que no nos convenzan, en lugar de entregarnos sin más a ellas.

El movimiento feminista es el ejemplo por excelencia del no-conformismo como fuente de enormes cambios en la vida de las mujeres. Mujeres que decidieron no aceptar la inferioridad social dictada por supuestas leyes biológicas y luchar por la igualdad de derechos y de valor. Es un ejemplo de una revolución entre muchas, cuyo objetivo es conseguir igualdad plena para todos los seres humanos, sin distinciones de raza, origen, grupo étnico, edad, salud, peso, tendencia sexual, etc. Todo el que lucha a favor de la inclusión, del aprecio y de la completa igualdad de derechos de toda minoría humana es un soldado en esta revolución. El que desprecia, insulta, discrimina, humilla o se aprovecha de los demás basándose en sus diferencias es alguien que probablemente disfruta de una posición preferente en cuanto a género, el color de su piel, su origen, su edad, sus capacidades físicas, su peso o su tendencia sexual, por lo que intentará conservar su superioridad y la de su grupo.

Por eso los que se rebelan por responsabilidad colectiva contra el orden social existente siempre tendrán energía para actuar: saben que son necesarios y que sus metas son importantes.

Valores auténticos

De acuerdo con las enseñanzas de Adler, el bienestar personal es consecuencia de encarar activamente las tareas vitales, la consecución de amor y significación. Lo que asegura la existencia y la prosperidad de una sociedad es la colaboración y el aporte. La amistad y el amor exigen un interés en los demás profundo y consecuente, así como devoción. La creación de significado implica el conocimiento de nuestras preferencias, deseos y capacidades, y un compromiso a largo plazo para así poder alcanzar metas significativas. Para que una persona logre realizarse a sí misma debe descubrir qué es lo que quiere, qué es lo que le importa y fijárselo como objetivo.

Quien sienta pasión por algo en especial y sepa a qué grupo desea dedicar su trabajo, sentirá que ha hallado su meta en la vida. Para realizarse a sí misma, una persona debe desarrollar sus capacidades innatas y adquirir nuevas, debe expresar su capacidad creativa y debe asegurar que su actividad producirá frutos para los demás. De acuerdo con esta concepción, el éxito verdadero es el que se caracteriza por su responsabilidad social. **El éxito individual que daña a otros, a la sociedad o al planeta, no es una realización personal, sino una forma egoísta de supervivencia.**

En el pasado la sociedad rechazaba conductas fatuas, agresivas, pasivas o hedonistas, al tiempo que premiaba el esfuerzo, la entrega y el sacrificio. En el presente se santifica la despreocupación y el centrarse en uno mismo, y se prefieren estos valores sobre el equilibrio entre vivir el presente y preocuparse por el futuro, antes que la consideración por los demás o siquiera por nuestra casa, el planeta Tierra.

En el pasado, cuando se le preguntaba a un niño «¿qué quieres ser de mayor?», la respuesta en general era «policía», «bombero» o «médica». Hoy en día muchos niños responden, sin dudarlo, «famoso» o «millonario». Si indagamos un poco más y les preguntamos de qué manera desearían enriquecerse o por qué razón habrían de volverse famosos, ni siquiera comprenderán la pregunta. «¿Qué más da?», me preguntó una vez una joven paciente. Desde su punto de vista no importaba el modo o el proceso, sino solo los resultados. Únicamente el éxito y el placer valen.

Margaret Thatcher, en una ocasión, señaló que en el pasado la gente deseaba «hacer» algo, mientras que en el presente solo quiere «ser» alguien. Cuando comencé mi carrera como terapeuta, hace veinticinco años, eran muchas las personas que acudían en busca de ayuda por una crisis existencial. En los últimos tiempos he llegado a notar que muchos jóvenes llegan a terapia a raíz de la frustración que les provoca el no haber obtenido el éxito y la felicidad por la vía fácil y rápida.

Así, una joven y brillante muchacha llega a mi consultorio debido a su preocupación por no haber tenido aún éxito al tratar de reunir su primer millón. Cuando le pregunté cuáles eran sus intereses, me contestó «ganar dinero». Cuando le pregunté a qué grupo social le gustaría contribuir y qué le gustaría cambiar del mundo actual, no entendió a qué me refería. Me explicó, como lo haría a alguien con poca capacidad de comprensión, que lo único que le interesaba era el *exit*, «la salida». «Eso lo entendí —le dije—, solo quería saber si te interesa antes "la entrada"».

Le dije que hasta hacía no demasiado tiempo, cuando alguien fundaba una empresa, lo hacía con la esperanza de dirigirla y desarrollarla hasta el fin de sus días. Lo hacía con la intención de emplear y ofrecerles sustento a la mayor cantidad de familias, de asegurar el bienestar de su propia familia durante generaciones y de contribuir con la sociedad. Mi paciente se mostró bastante sorprendida por todas estas ideas.

No estoy afirmando que debamos desentendernos del progreso y de las posibilidades que esta época les ofrece a los emprendedores, solo quiero destacar el hecho de que el alma humana no ha cambiado. La necesidad de sentir pertenencia y aprecio sigue siendo la misma, y el camino para obtenerlos no es la obsesión por el placer y el éxito, sino afrontar los problemas, superar los obstáculos, llegar a las metas y contribuir. Por encima de todo, es importante el esfuerzo por generar y mantener buenas relaciones. La felicidad a largo plazo es el efecto secundario de un hacer significativo.

¿Existen, acaso, los valores universales «correctos»? Adler veía al ser humano como un ente social cuya preferencia principal, aquello que lo motiva, es la superación y experimentar sensación de pertenencia. Analizando la vida social, Adler comprendió que lo que provoca la mayor falta de armonía, las injusticias y las miserias de la sociedad (tales como odio, discriminación, explotación, racismo y guerras) es la violación del concepto de igualdad de valor entre los seres humanos.

Al contemplar los sistemas sociales, desde la pareja y la familia hasta la nación y las relaciones internacionales, Adler pudo identificar **la lógica de hierro de la vida comunitaria**. Su conclusión fue que, para que exista armonía (esto es, para que haya paz, seguridad y resulten posibles el crecimiento y el desarrollo), la humanidad debe vivir según la idea de que todos los seres humanos poseen el mismo valor.

La igualdad de valor es el principio fundamental de toda relación interpersonal y de toda sociedad. **La lógica de hierro de la vida social incluye cuatro componentes: igualdad de valor, respeto, colaboración y prohibición de controlar las vidas de otros. Solo los que se sienten iguales, que valen ni menos ni más que los demás, podrán sentir pertenencia a la sociedad.** La igualdad asegura un trato respetuoso hacia el resto, puesto que las personas respetan a aquellos a quienes consideran sus iguales. Las personas respetadas y consideradas como iguales sentirán deseos de colaborar con los demás. Es innecesario agregar que, si las personas son iguales, nadie tiene el derecho de dominar a otra persona u otro grupo de personas. Abramson definió este principio lógico de la vida social como la «teoría moral» de Adler.

Pocos ganadores, muchos desesperanzados

En un ambiente de competición, solo aquellos que creen que tienen alguna oportunidad de ganar aceptarán participar en la carrera, y así es como perdemos a la mayoría de los participantes. En otras palabras, la competición ofrece una escena desafiante y emocionante para todo el que se siente capaz de lograr el triunfo, pero terrible y desesperanzadora para quien sienta que no tiene esa posibilidad. El ejemplo que expondré describe hasta qué punto la competición afecta a los participantes y al grupo.

Descripción de un caso

Dean, orgulloso subgerente de ventas de una gran empresa, me cuenta que está pensando expandir las ventas de su empresa de manera significativa. Ante la pregunta «¿Cómo piensa hacerlo?» su respuesta fue: «Tengo ciento veinte vendedores. Este año he organizado una competición: los veinte mejores vendedores ganarán un paseo en todoterreno por el Lejano Oriente, un viaje único».

Le contesté: «Creo que las ventas no aumentarán por la competición; incluso es posible que bajen». «Explíquese», me pidió. Le dije que solo aquellos que consideraran que tienen posibilidad de ganar redoblarían sus esfuerzos para obtener el premio; esto es: solo alrededor de quince de sus vendedores, que, por otra parte, ya son los mejores, competirían entre ellos. El resto no solo no se esforzaría más de lo habitual, sino que bajaría la guardia por carecer de un objetivo realista al cual aspirar.

«¿Qué me sugiere?», preguntó.

Le propuse que ofreciera premios considerables a todo aquel que superase sus propias marcas. De ese modo, todos tendrían las mismas posibilidades de ganar. Además, un incentivo tal favorecería la colaboración entre pares, dado que el premio de uno no iría en detrimento del de su colega. De cualquier modo, las investigaciones señalan que la motivación y la productividad laboral dependen más de la sensación de pertenencia de los empleados que del reparto de premios.

Los programas de *realities* que se transmiten hoy en día reflejan este espíritu competitivo según el cual todo puede compararse: cantantes, parejas, chefs. Puede haber en el mundo una cantidad innumerable de cantantes y cada uno elegirá a cuál desea oír. Si se diera el caso de que mucha gente admirara a determinado cantante, esto se vería reflejado en la multiplicación de sus recitales y grabaciones, en su grado de fama y en su éxito económico. Aun así, resultaría ridículo decir que tal cantante «vale» más que tal otro. Comparar entre cantantes o entre chefs es ridículo, es como comparar naranjas con destornilladores: son distintos.

Cuando paseamos por un bosque no se nos ocurre comparar un árbol con otro ni mucho menos someterlos a críticas del tipo «este árbol es demasiado ancho, este otro está torcido por completo». A todos los árboles les damos el mismo valor e idéntica importancia. No hay modo de decir que un árbol «está mal», cada uno tiene su lugar como parte de un todo: el bosque, la naturaleza, el universo. Sin embargo, aunque cada ser humano es una expresión única de la creación, lo juzgamos y no dejamos de compararlo con otros para definir qué sitio ocupa en la escala social.

La profesora Talma Bar-Ab acostumbraba a decir que un estudiante no tiene modo de saber si un ocho es una nota alta o baja, excepto por comparación con las notas que recibieron sus compañeros. Si la mayoría ha obtenido un diez, entonces un ocho es una nota baja. Si la mayoría suspendió, un ocho es una nota excelente.

La competición y la evaluación comienzan desde la lactancia. Ana, una de mis pacientes, me contó que estaba en la sala de espera del consultorio de una pediatra, junto con su hija de ocho meses, cuando otra madre, sentada a su lado, comenzó a hablar con ella. «¿Cuándo fue capaz de darse la vuelta por primera vez? La mía lo hizo a los dos meses. ¿Ya gatea? La mía empezó a los seis meses y ya quiere caminar. ¿Qué? ¿La tuya no? Bueno, esos son los resultados cuando una se esfuerza…».[10]

A medida que la charla proseguía, Ana comenzó a pensar que quizá su hija tenía algún problema, lo cual probablemente fuera un indicio de su mal trabajo como madre. Con una sonrisa, me contó que por lo menos les ganaban en cuanto a la cantidad de dientes. Le contesté: «Bueno, esos son los resultados cuando una se esfuerza…». Por suerte, la pediatra tranquilizó a Ana al explicarle que cada bebé tiene su propio ritmo de desarrollo y que lo importante es vigilar este crecimiento solo en relación con el progreso del propio niño. El uso de la evaluación o de exámenes está destinado a la descripción de un estado determinado: si se descubre algún problema, se pondrán en marcha las medidas para solucionarlo.

Por desgracia, el valor de las personas se establece comparando entre ellas. En su libro *Aprendizaje sobre la pareja*, Abramson indicó que, si le planteamos a una persona las preguntas «¿En comparación con quién se siente usted en inferioridad?» y «¿Comparado con quién se siente usted superior?», no le resultará difícil responder. Intenten responderlas ustedes mismos. Nuestra capacidad de respuesta inmediata a estas preguntas hace patente nuestra labor constante de medición, por la que conocemos nuestro lugar en la sociedad en comparación con los demás. La mayoría de nosotros sabe lo frustrante que resulta la sensación de ser inferior.

Tú y yo cambiaremos el mundo

Dado que los traumas en la sensación de estima son traumas sociales, la curación deberá producirse también entre personas. Evitar herir la estima debería ser una prioridad en cualquier sociedad. Todo grupo, incluyendo parejas, familias o clases escolares, debería aspirar a que sus integrantes sientan pertenencia y aliento. Solo entonces, en un entorno de aceptación y estímulo, todos querrán contribuir a la supervivencia y el crecimiento del grupo, podrán hacerlo y se alegrarán cuando ocurra. El valor de una persona viene dado por su propia existencia. Cada persona es una creación única e irrepetible. No hay, nunca hubo ni habrá otra persona igual. Todas son necesarias y cada una puede aportar algo.

Sin embargo, no nos resulta fácil sentir que somos necesarios o merecedores de estima por el simple hecho de existir, pues la cultura verticalista en la que vivimos pone demasiadas condiciones para el desarrollo de la autoestima. Además, la narrativa dominante en la sociedad es sutil y casi por completo obvia, por lo que resulta muy difícil oponerse a ella: debemos distinguir el discurso social y comprender que se trata «solo» de una ficción.

Según la concepción social «horizontalista», resulta ridículo comparar a las personas. La única comparación lógica posible es la que puede hacerse entre el punto presente de un individuo en relación con sus metas. Una persona puede encontrar sumamente útil reflexionar acerca del camino por el que ha optado y preguntarse «dónde estaba, qué fue lo que hice, dónde estoy hoy, hacia dónde me dirijo y cómo haré para llegar hasta allí». De este modo podrá evaluar su progreso y continuar, mejorar sus capacidades y contribuir con los demás sin que esto tenga nada que ver con el progreso de otros y sin estrés para alcanzar sus propias metas.

La concepción horizontalista no niega que existan diferencias entre las personas. No desconoce el hecho de que existen individuos que se desenvuelven mejor que otros en tareas determinadas, que deciden esforzarse más, que tienen más talento u otras condiciones, como una red de amistades, dinero o suerte que le facilitan el éxito. Pero en esta visión de mundo no competimos contra los demás, sino contra nosotros mismos. Quien obtenga un logro se transforma en una fuente de inspiración y esperanza para los otros, incluso de envidia sana o de deseos de esforzarse para intentar llegar a logros similares. Cuando la meta es más importante que el ego, el hecho de que una persona fracase no hace que pierda la fe en sí misma, el entusiasmo, la energía y la esperanza.

Quien se empeña en un avance «horizontal» no niega la existencia de las comparaciones sociales. También aspira a progresar, en lugar de a trepar, y mejorar su situación, a incrementar sus ingresos o a cualquier otra cosa que mejore su sensación de pertenencia y estima, éxito, satisfacción y placer. Es bastante excepcional encontrar personas que operen según esta lógica horizontal. Al mismo tiempo, tener conocimiento de la existencia de esta visión alternativa y adoptarla como propia, incluso de manera parcial, puede influir de manera considerable en las sensaciones, decisiones y acciones de una persona: no se sentirá humillada por haber cometido un error. Podrá disfrutar de la marcha y apreciar logros parciales. Se propondrá metas de acuerdo con lo que le resulte importante y atrayente, y no según qué resulte más seguro u otorgue una posición más elevada. Podrá experimentar mayor intimidad y cercanía, podrá confiar en los demás, apoyarse en ellos y ayudarlos.

Una persona con visión «horizontalista» es capaz de ver en un fracaso una oportunidad para aprender. A pesar de que puede resultar doloroso, es ante todo una circunstancia instructiva, estimulante y fortalecedora. Abramson explica que estas personas pueden resignificar el que alguien intente humillarlas como una señal de que el otro se siente inseguro de su propio valor y que trata así de acrecentarlo. Una persona horizontalista tiene la capacidad de identificarse con el otro, de ser empático. **La aceptación de la idea de la igualdad entre las personas parte de la comprensión de que uno podría estar en el lugar del prójimo. Por eso se comporta con los demás del mismo modo en que desearía que los demás lo hicieran con él, si estuviera en su lugar.**

Abramson destaca que una de las características de las personas que intentan progresar en sentido horizontal es la simpatía. La simpatía o la amabilidad son rasgos que la sociedad no valora lo suficiente, dada su naturaleza «horizontal». La simpatía es la expresión por excelencia del sentimiento de comunidad, del respeto y de la sensibilidad por la gente. El buen trato nos hace sentir bien. Es poco frecuente conocer a un «verticalista» exitoso y a la vez simpático, pues la visión verticalista nos empuja a ser presumidos. Las personas que consultan a un experto, al «número uno» en un campo determinado, se muestran muy sorprendidas si este experto los trata con simpatía o simplemente con respeto.

Otras características de los horizontalistas son la capacidad de enfocarse en lo positivo, la de brindar apoyo y aliento como fundamento de la comunicación con los demás, y la humildad. Además, los horizontalistas se caracterizan por su vitalidad y su grado de actividad. Quien les dé más importancia a los objetivos de la vida que al estatus social posee energía, fuerza, interés y deseos permanentes de crecer, mejorar y superarse. Para un horizontalista dar es lo natural y no un sacrificio. Establecer límites y preocuparse por uno mismo lo es en la misma medida.

Estimular el desarrollo de una visión horizontalista es uno de los objetivos de la terapia adleriana, en especial en aquellos pacientes muy orientados a obtener logros o en los evitadores. En ocasiones, cuando un paciente describe una situación de competición o de evaluación competitiva, de sentimientos de inferioridad o celos, suelo detenerlo para decirle «acabo de recibir una noticia de último momento: la competición se ha cancelado».

Sería bueno que las personas puedan vivir la vida con libertad de ir, con entusiasmo y tranquilidad, al encuentro de los objetivos que se han planteado para sí mismas en respuesta a preguntas del tipo «¿qué deseo?», «¿qué es importante para mí?», «¿qué es necesario y productivo?».

Incluso una liberación parcial de la preocupación constante por la valoración propia generará un cambio notable en la experiencia cotidiana. La diferencia radica en la reducción del estrés por conseguir hacer más y la disminución del temor al fracaso o la pérdida. No se pierde tiempo en cuidar la posición propia y se recupera lo malgastado en sensaciones de humillación o duelo por la caída de la autoestima. Cuando la valoración personal no se siente amenazada, las personas se tranquilizan y sienten más satisfacción y alegría.

Mientras intentamos crear una sociedad más igualitaria, podemos influir sobre grupos más reducidos. Podemos, por ejemplo, esforzarnos por vivir una vida de pareja más igualitaria. Con el fin de minimizar los sentimientos de inferioridad en la infancia, los padres y los maestros pueden reducir el nivel de competición y comparación entre los niños. Pueden hacer que cada niño descubra sus propios gustos y capacidades, que se plantee metas para sí mismo y se entusiasme para alcanzarlas, con independencia de lo que hagan los demás.

Podemos tratar respetuosamente a todas las personas, incluidos nosotros mismos, y así contribuir a una revolución que hará que todos se sientan valiosos e iguales. Es muy difícil cambiar una concepción social completa, pero podemos empezar por reducir los niveles de competición en la familia, en las clases, en el trabajo o en cualquier otro entorno en el que participemos. La educación para la paz, afirmó Maria Montessori, es la educación para la colaboración. Su creencia era que la raíz de todas las guerras estribaba en la educación para la competición.

En cierta ocasión contactó conmigo un médico que había decidido su especialidad de acuerdo con el criterio «vertical» y así pasó su vida inyectando bótox y haciendo cirugías estéticas, la mayoría de las cuales consideraba innecesarias. En una ocasión vio por televisión un reportaje en el que se mostraba el trabajo de un médico, el director del departamento de trauma de un hospital local, y recordó el sueño de su infancia: estudiar medicina para curar, no para embellecer. Después de un largo proceso en el que contestó con gran coraje a preguntas horizontales del tipo: «¿Qué es lo que me conmueve?», «¿Qué puedo cambiar en el mundo?», ¿Qué es lo que más se necesita?», «¿A quién puedo ayudar?», comenzó a prestar servicio en una organización de médicos voluntarios, realizando un par de viajes anuales a países golpeados por la guerra o por enfermedades. En esos sitios, entre otras cosas, hizo cirugías plásticas en niños con deformaciones faciales graves.

Es importante destacar que las decisiones «horizontales» favorecen tanto a quien decide emprenderlas como al entorno. Los intereses personales y las elecciones altruistas pueden, de hecho, combinarse y crear una sinergia. Pero la decisión final de una persona horizontalista no se orientará hacia la obtención de lujo o renombre, sino que se tomará de acuerdo con su pasión y el aporte a la sociedad. Quien decide actuar en un área que le resulta emocionante puede seguramente hallar el modo de hacer de ese su medio de vida.

Horizontal es lo más

Se le atribuye a Albert Einstein la afirmación de que todas las formas de vida son exitosas, pero, si juzgamos a un pez de acuerdo con su capacidad para trepar a un árbol o a un mono según su capacidad para nadar, siempre pensaremos que son fracasos. En una sociedad vertical, ser diferente es, con frecuencia, una fuente de sentimientos de inferioridad. Un niño con alguna incapacidad física o cognitiva, o siquiera distinto en cuanto al color de piel, peso u origen puede desarrollar un profundo complejo de inferioridad. En una sociedad en la que se lucha por el mejor puesto, hasta los niños se implican en la evaluación de su jerarquía y estima. Muchos de ellos optan por ensalzarse por medio de la denigración de los demás, en especial de los más débiles o diferentes.

Ser *cool*, una de las primeras escalas a las que los niños deben enfrentarse, es una muestra de hasta qué punto la mirada vertical se asimila desde temprano. Muchos padres me consultan preocupados porque sus hijos no son populares. Para sorpresa de todos ellos, les explico que lo que importa no es ser popular, sino sociable. De ese modo promuevo la «mirada existencial horizontalista». Les enseño a los padres cómo ayudar a que los hijos desarrollen interés por los demás y ejerciten capacidades sociales para que ellos mismos puedan generar un pequeño grupo de buenos amigos que se aprecien mutuamente, que se acepten los unos a los otros tal como son y que no se evalúen según la escala de cuán «*cool*» sean o cualquier otra cosa que la moda les imponga.

En cierta ocasión un estudiante discutió conmigo acerca de la concepción verticalista, afirmando que es claramente preferible ser cola de león que cabeza de ratón. Le contesté que en lo personal prefiero ser mano de mono, y, ahora que lo pienso, mejor creo que prefiero ser espiráculo de ballena. Quien crea una escala de medición que posiciona a los leones por encima de los ratones, en lugar de ubicarlos en la misma línea horizontal, seguramente pertenece a los grupos privilegiados de la sociedad, interesados en conservar sus puestos elevados mediante la difusión de ideas según las cuales resulta natural pensar que hay quienes valen más que otros. El león representa el paradigma masculino, blanco, rico y heterosexual, cuya consolidación se considera la cumbre del éxito. Cuánta sabiduría, conocimiento, fuerza y belleza se expulsan del sistema simplemente porque no coinciden con estos criterios.

Conclusión

El ser humano es un ser en inferioridad de condiciones respecto de las exigencias vitales y respecto del universo. Esta sensación de inferioridad biológica y existencial lo impulsan a desarrollarse para superar los obstáculos que se presentan a su paso y para materializar el potencial que hay en él. Además de la inferioridad natural de todo ser humano, en las sociedades competitivas se genera una inferioridad social basada en concepciones culturales aceptadas y no en la realidad objetiva como tal. En otras palabras, la sensación de inferioridad se gesta a partir de la evaluación y la medición de los seres humanos según parámetros que la sociedad fija, sin importar si son lógicos o eficaces.

La sensación de inferioridad social favorece que quienes tengan confianza en sí mismos se arriesguen y triunfen, y que quienes dudan de sus posibilidades huyan de cualquier confrontación que pueda hacer peligrar la estima propia. Una sociedad igualitaria logrará disminuir los sentimientos de inferioridad de sus miembros e incrementará la medida de salud mental. Los terapeutas adlerianos se consideran a sí mismos como los agentes de cambio social en pos de la igualdad, más allá del papel curativo respecto del sufrimiento personal de cada paciente.

Los sentimientos de inferioridad social son la condición inicial para el desarrollo de una línea existencial evitativa. Descubrir la visión horizontal como alternativa es la condición inicial para retornar a un esfuerzo activo. En un escenario horizontal, el valor de un ser humano no depende del éxito, sino que es un hecho dado y de por sí obvio. Las sensaciones de bienestar y los logros son el efecto colateral de un enfoque positivo y optimista, de la confrontación activa con la vida, de la participación y del aporte a los demás.

3

Conexión entre la evitación y las metas irreales

De la sensación de inferioridad a la de superioridad, y de vuelta

Al resolver problemas o alcanzar metas suelen cometerse errores. De acuerdo con la visión horizontalista, el error es una señal de falta de práctica, carencia de conocimientos o de claridad. Nos indica la necesidad de dilucidar qué se ha hecho mal o no ha funcionado para enmendarlo, mejorarlo o superarlo. Por otra parte, puede estar señalando que determinada persona no es la más indicada para llevar a cabo una tarea en particular.

Cuando una persona que ha adoptado para sí la visión horizontalista ve que no es capaz de ejecutar una tarea determinada, mide la distancia existente entre lo dado y lo deseado, y calcula los pasos que debe dar para acortar esta distancia. Por ejemplo, un estudiante que quiere subir el promedio de sus notas dejará de lado el ocio, se concentrará en el estudio y buscará ayuda en los maestros o en sus compañeros para mejorar el dominio de las materias. Un músico practicará incesantemente la pieza que desea ejecutar hasta lograr la maestría. Si después de haber invertido tiempo y esfuerzos en el estudio y la práctica no se han alcanzado los resultados deseados, se podría inferir que es conveniente redefinir las metas o buscar otras áreas de desarrollo. En el mundo horizontal, reconocer que uno no es muy bueno en un ámbito no equivale a decir «no sirvo para nada».

Por el contrario, cuando una persona con visión verticalista se siente en inferioridad respecto a otras, en lugar de evaluar la distancia entre lo que desea y lo que obtiene, y actuar en consecuencia para acortarla, lo que hace es generar una meta de superioridad compensatoria. El deseo de mejorar o superarse es sustituido por la aspiración de ser el mejor. **Adler sostiene que quien se siente inferior a otros no desea igualarlos, sino estar por encima de ellos.** De hecho, aspira a la perfección. A partir del momento en que se fija como objetivo ser perfecta, la persona comienza a medirse en relación con ese horizonte.

Dado que por definición la perfección es inalcanzable, elegirla como objetivo le asegura a la persona una situación permanente e inevitable de inferioridad. Este sentimiento, que aquí denominaremos como la «cuarta inferioridad», además de las ya mencionadas biológica, cósmica y social, es el que siente una persona que no consigue alcanzar sus metas exageradas. Esta cuarta inferioridad es una consecuencia de la inferioridad social y ambas son perjudiciales por ser productos de una cultura verticalista, al contrario de la inferioridad biológica o la cósmica, que son comunes a todo el género humano e imposibles de eludir.

En otras palabras, **a partir del momento en que una persona aspira a lograr superioridad, no experimentará inferioridad cuando sus resultados sean insuficientes, sino cuando estén por debajo de lo «extraordinario».** Por ejemplo, para un autor que desee alcanzar fama internacional, el reconocimiento local ni siquiera se tomará en cuenta. Para él constituirá un fracaso, una pérdida de tiempo, nada. Para un estudiante que quiere obtener un diez, recibir una calificación de nueve es una decepción. Para un investigador que pretenda recibir el Premio Nobel, un avance que beneficie a miles de pacientes no es suficiente motivo de orgullo. Quizá hayan notado que no tiene sentido alentar a alguien que sostiene una visión verticalista y cometió un error diciéndole cosas como «Le puede pasar a cualquiera» o «A todo el mundo le ocurre»; se sentirá humillado: «¿Soy como todos los demás?». Normalizar, o sea, reflejar la situación como normal y aceptable, es visto por quien aspira a la perfección como un desprecio, como una insinuación a que baje expectativas; o sea, una invitación a la derrota, a la quiebra.

Abramson destacó que el mayor miedo de una persona que tiene aspiraciones exageradas es ser común, «alguien del montón, un cualquiera». Cuando alguien que siente que debe ser especial o magnífico para ser valorado fracasa, es posible alentarlo diciéndole que las biografías de las personas extraordinarias son historias de superación de fracasos en la ascensión hacia la cima. Solo así se sentirá comprendido: al certificarle que él no es como los demás y que en su caso sí es posible un éxito fabuloso.

Es probable que todo aquel que se ha criado en la visión verticalista se haya planteado en el curso de su vida alguna meta irreal como condición previa para ser valorado. Para muchos, esa sensación de malestar que experimentamos en el estómago a causa de algún error es índice de esto mismo, aun cuando no necesariamente nos conduzca a la evitación.

Por otra parte, la aspiración a la perfección, por su propia naturaleza, engloba una contradicción: es una señal de altanería, y una persona perfecta debería también ser humilde. Así, además del fracaso inevitable, el aspirante a la perfección será consciente de su vanidad y esto conspirará contra su autoestima. Por eso se sentirá obligado a ocultarse a sí mismo su propia vanidad, que es inherente a la búsqueda de superioridad.

Ejercicio

Pregúntese mientras lee cómodamente estas líneas: «¿Creo que es necesario ser perfecto para sentirme valioso?». Es probable que la respuesta sea «Por supuesto que no». Si la pregunta fuera «¿Puede alguien ser perfecto?», la respuesta sería seguramente

---

negativa. Ahora le pediré que recuerde algún error, tropiezo o despropósito en el que haya incurrido a lo largo de la última semana.

Conteste, por favor, la siguiente pregunta: ¿qué fue lo primero que pensó acerca de usted mismo cuando descubrió el error? ¿Le resultan familiares las expresiones «¡Qué imbécil!» o «¡Qué idiota!»? ¿Se puede decir que en ese momento sintió vergüenza o embarazo?

Una pregunta más: ¿Se ha resbalado alguna vez y se ha caído de manera atroz y a la vez ridícula en algún sitio lleno de gente? ¿Podemos inferir que lo primero que hizo fue mirar a su alrededor para comprobar si alguien lo había visto? ¿Qué fue lo que más le dolió en ese momento, el golpe en el cuerpo o en el ego, esto es, la vergüenza? La sensación de vergüenza indica que la caída o el error, tan naturalmente humanos, se registran como humillaciones, dado que exponen nuestra imperfección.

Si nadie necesita ser perfecto ni puede serlo, ¿cómo puede ser que la imperfección nos avergüence y haga que nos sintamos humillados social y personalmente? La respuesta a esta pregunta es que en una sociedad con mirada verticalista la reacción de los demás ante cualquier tipo de error es en general la decepción, la crítica, el enfado o el rechazo. Estas reacciones despiertan miedo al abandono o al aislamiento en quienes se han equivocado o han caído en sensaciones de humillación.

Ante un error, la reacción de la sociedad nos transmite un mensaje claro: se supone que los errores no deberían existir, que está mal que ocurran. En otras palabras, la sociedad nos enseña a ver los errores como falta de talento, inteligencia o capacidad, o que los errores son la consecuencia de una dejadez intencionada, es decir, que hubieran podido evitarse pensando un poco y concentrándose. **De este modo, el mensaje es que deberíamos actuar perfectamente en todo momento y en todo lugar; si se producen errores es por culpa nuestra, en algo hemos fallado, no valemos lo suficiente y somos despreciables.**

Muchos niños desarrollan a muy temprana edad la idea de que lo que no es perfecto no vale. Juan se pone nervioso cuando un dibujo no sale exactamente como él desea, y lo rompe en mil pedazos. A Maya le sobreviene un ataque de furia porque no la han puesto en primera fila en la exhibición de ballet de fin de año. Los padres dicen, orgullosos y tal vez algo preocupados: «Sí... él / ella es tremendamente perfeccionista».

Perfeccionismo

El perfeccionismo es una de las formas más conocidas que pueden adoptar los objetivos inalcanzables. Se define como el ansia de ser perfecto, de llevar a cabo una tarea o producir objetos carentes de fallo o error. Para el perfeccionista, solo los logros perfectos tienen valor o son significativos, y todo lo imperfecto es inválido e insignificante. Diferentes investigaciones han identificado formas positivas y negativas del perfeccionismo.[11]

El perfeccionismo positivo es la aspiración a hacer el mejor trabajo posible y experimentar placer por completar una tarea del mejor modo posible, sabiendo que también un resultado imperfecto es valioso. Las definiciones del perfeccionismo negativo incluyen la postulación de ideales absolutos rígidos, la fijación de metas irreales,[12] la autocrítica y la excesiva preocupación por las equivocaciones. Este tipo de perfeccionismo despierta sensaciones de carencia de valor o de fracaso en situaciones en las que no se logra alcanzar el objetivo de perfección. Asimismo, el perfeccionismo despierta tendencias a la evitación, postergación, indecisión, estrés emocional, problemas en las relaciones y obsesión con los detalles y el orden.[13] Además de eso, se ha encontrado relación entre el perfeccionismo y los desórdenes mentales comunes.[14]

Distintas investigaciones han descubierto que el perfeccionismo es una característica generalmente presente en personas con un amplio espectro de problemas psicológicos tales como depresión, desórdenes de la alimentación, trastornos obsesivo-compulsivos, tendencia al suicidio y fobias.[15] En las próximas páginas veremos que a menudo los pacientes evitativos rechazan la idea de abandonar las metas irreales, y eso a pesar de que no han podido concretarlas y de que son fuente de mucho sufrimiento.[16]

Puede decirse que una parte importante de la investigación apoya la idea de Adler: las ambiciones desmedidas constituyen la base de los desórdenes mentales más difundidos. Por lo tanto, una caracterización temprana y una terapia centrada en estas aspiraciones desproporcionadas son fundamentales en cualquier tipo de terapia. Adler supuso que un sentimiento de inferioridad social agudizado genera mecanismos de compensación en forma de ideales de perfección exagerada. Los sentimientos de inferioridad se transforman en un complejo cuando le dificultan a una persona manejar las tareas de la vida.[17]

El perfeccionismo es una de las formas que asume el planteamiento de metas irrealizables, pero no abarca por completo el concepto de sobrecompensación, que es más amplio y complejo. Los objetivos irreales pueden adoptar muchas formas, como el ansia de ser especial, distinto a los demás, el respeto a normas éticas no realistas, ser querido y apreciado por todo el mundo, e incluso ser el peor de todos. Todo vale, excepto ser alguien común o mediocre.

I just want to be GOoD enough* [18]

Adler explica que el evitador no puede adaptarse a la realidad porque intenta alcanzar objetivos irrealizables. Traemos aquí al-

---

* En inglés en el original, juego de palabras: «Solo quiero ser lo bastante bueno» en donde se juega con la similitud entre God (Dios) y good (bueno). Así, el sentido irónico de la frase sería: «Solo quiero ser lo bastante Dios». (N. del T.).

gunos ejemplos: Eduardo, de cuarenta y siete años, es un carpintero que no consigue que su negocio prospere. Cuando los clientes le consultan, se demora en enviar los presupuestos y, una vez terminado el trabajo, se retrasa en la entrega porque siempre hay algún detalle que quiere perfeccionar. A pesar de que sus clientes quedan satisfechos con la calidad de sus trabajos y los precios solicitados, jamás lo recomiendan ni hacen pedidos nuevos, pues la interacción con él resulta sumamente frustrante. Elena, de treinta y cinco años, es una gerente especializada en tecnología y quiere encontrar pareja para formar una familia. Halla defectos en todos los hombres con los que tiene citas y, de acuerdo con sus propias palabras, no está dispuesta a conformarse. Andrés, de dieciocho años, abandonó el curso de capacitación en una unidad militar de élite. Dos meses después lo dieron de baja en el ejército, por problemas mentales.

¿Qué tienen en común Eduardo, Elena y Andrés? Según ellos ven las cosas, un logro dentro del rango de lo aceptable carece por completo de valor. Objetivamente, sus trabajos son buenos y valiosos, pero ellos los viven como insuficientes en relación con las metas que se han planteado. Para Eduardo, que aspira a ser un eximio ebanista, realizar un trabajo satisfactorio por un precio medio resulta inaceptable. Sus clientes están felices con sus muebles, pero él no; su pensamiento es «¿Qué sabrá esta gente de carpintería?». Se compara con los carpinteros más famosos y se siente inferior.

Comparado con el hombre ideal, el joven con el que Elena acaba de encontrarse resulta una traición inaceptable a sus aspiraciones. Elena no compara a los hombres que halla a su paso con otros hombres reales, sino con el ideal de sus sueños, una entidad que ella ha creado a partir de historias de princesas.

Andrés no percibe que todas las unidades del ejército contribuyan a la seguridad nacional. Él piensa que, en comparación a una unidad de élite, formar parte de una unidad regular es una humillación. Se ve a sí mismo como un soldado común, alguien que está de más.

Como ya se ha dicho, Adler estimaba que el sufrimiento de la persona evitativa no proviene de la sensación de ser inferior a los demás, sino de no sentirse superior a ellos. Se podría decir que su sufrimiento es producto de sentir que no cumple con los criterios de superioridad o perfección que se ha planteado a sí mismo de manera inconsciente. Por lo tanto, a pesar de que en apariencia el evitador experimenta sentimientos de inferioridad, tras esa apariencia se esconde la arrogancia, la idea de que ser común o regular es descalificativo, esto es: la aspiración oculta es, de hecho, ser sobrehumano.

Así como hay una corta distancia entre la sensación de inferioridad y el planteamiento de objetivos de superioridad, hay también poca distancia entre la aspiración a ser superior y la evitación. Cuando una persona sospecha que no va a conseguir los objetivos de superioridad que se ha planteado, abstenerse de actuar es una vía creativa para eludir el fracaso, que vive como una terrible humillación y le ocasiona un enorme dolor. Es posible que la palabra «creativa» en este contexto de evitación le resulte extraña al lector, dado que «creatividad» es un concepto que en general se asocia a consecuencias positivas. Según Adler, todo el mundo posee una fuerza creativa innata, y esta es la que definirá en mayor o menor medida cómo será su vida. Todo lo demás (la herencia, el ambiente, la cultura y las circunstancias) influyen, a menudo, en gran medida, pero no son determinantes. Lo determinante es lo que cada ser humano elige hacer con lo que está a su disposición mediante el empleo de su fuerza creativa. Pensar que «todo lo común es insignificante» es una construcción mental. La evitación es una estrategia para no enfrentarse a la pérdida de valor y esquivar posibles fracasos, reales o imaginarios.

Adler consideraba que una persona puede interpretar datos objetivos o circunstancias vitales como un signo de inferioridad, pero también puede elegir no hacerlo, incluso en el caso de tratarse de la concepción social aceptada. Esto es así incluso en casos de minusvalía física, exceso de peso, situación económica difícil, etc. Si una persona interpreta que una circunstancia determinada la pone en situación de inferioridad, esta necesariamente implicará un sufrimiento difícil de sobrellevar, por lo que siempre buscará un modo inmediato de evitarlo. Según Abramson, todo dolor emocional que lleva a que alguien requiera terapia implica una caída en la autoestima de ese paciente. Ya en la infancia es posible discernir la relación entre la decepción por un comportamiento imperfecto o inexacto y la impronta evitativa: Ana no quiere responder preguntas en clase porque no está segura de que sus respuestas sean las correctas; Pedro no está dispuesto a intentar cosas nuevas; Daniel no le propone amistad a Roberto porque teme un rechazo; Sandra deja un taller de arte dado que entiende que no será la mejor de todas, pero les dice a sus padres que «el taller la aburre».

La primera condición para el desarrollo de una línea evitativa es la sensación de inferioridad respecto a los demás. La segunda es la imposición de metas de perfección compensatorias. Como sustrato de la evitación hallaremos siempre la búsqueda de una meta de perfección imposible. Esta búsqueda, en la mayoría de los casos, es inconsciente y suele ocurrir que ni siquiera se expresa de un modo formal. El reconocimiento de esta ambición desmedida y la atenuación de las expectativas son los pasos imprescindibles para retomar la acción. Ambos pasos son difíciles de dar. El reconocimiento de los deseos de ser superior al resto se vive como una humillación porque el paciente se revela como una persona presumida en lugar de ser alguien «especial», pues para él la consecución de objetivos «comunes» es irrelevante. La idea de atenuar ambiciones irreales se interpreta como una invitación a la mediocridad, como un insulto.

¿Es tanto lo que pido, después de todo?

A muchos evitadores, también a sus familiares y hasta a sus terapeutas, se les dificulta identificar en qué consiste lo irrealizable de sus objetivos. «¿Es tanto lo que pido?», dicen una y otra vez; «Lo único que quiero es que me vaya bien» o «Solo quiero sentirme bien». De manera inconsciente, ella quiere que **siempre** le vaya fantástico y él busca estar **siempre** perfecto. Es cierto que no todo evitador busca ser profesor de universidad, astronauta, millonario o una celebridad. La ambición irreal no siempre asume un rostro identificable.

A veces las ansias de perfección simplemente adquieren la forma de un deseo nebuloso según el cual debemos ser especiales o distintos, ser «los más» en algún sentido: el más exacto, el más humilde, el más conectado consigo mismo, el que más escucha a su propio niño interior, el más amado o apreciado. Otras veces estas ansias se expresan en la creencia de que sufrimos y somos más miserables que los demás y por lo tanto somos especiales. Por momentos, esta falta de disposición para invertir recursos está acompañada por la ingenua expectativa de que las cosas ocurrirán de forma sencilla y rápida.

En ocasiones resulta más fácil identificar la naturaleza exagerada de una meta si la comparamos con alguna meta realista. Lo que las personas normales hacen, aquello que el dramaturgo Hanoch Levin denominó con genial sencillez «la tarea vital», quien aspira a ser superior lo percibe como algo deleznable.

Lo que me llevó a trabajar durante tantos años en el tema de la evitación y a intentar ayudar a personas evitativas para que recobrasen la capacidad de actuar fue un caso terapéutico, un encuentro especialmente frustrante con una paciente por quien sentía un aprecio especial. Me resulta difícil reconocerlo, pero a partir de este caso pude entender por qué las metas de los evitadores no son realistas.

Descripción de un caso

En aquella época Gala, una exitosa escritora, sufría a causa de pensamientos obsesivos en cuanto a su imagen personal y hablaba acerca de una profunda depresión y una sensible disminución en su capacidad de acción cotidiana. Ella transitaba, con naturalidad y tristeza, el final de la cuarta década, una etapa en la que las marcas del tiempo se reconocen con claridad en todos nosotros. Se trata del modelo de belleza femenina, como me dije a mí misma con humor. Se resume en cuatro sentencias: «es hermosa», «se ve muy bien para su edad», «está bien conservada» y finalmente «seguro que fue una bella mujer en su momento». Amargo, pero inevitable.

Gala se negaba a aceptar el hecho de que ahora era menos bella que en el pasado, y que el futuro no prometía mejorar. Guardaba en su corazón la ilusión de que a ella no le sucedería, pensaba que se trataba de algo temporal, reversible o que en verdad no estaba sucediendo. Se aferraba a la idea, por más exagerada que fuera, porque la alternativa resultaba demasiado dolorosa para ella.

Está de más decir que no fui de gran ayuda para que Gala lograra regresar a sus años juveniles o para detener el proceso de envejecimiento. Pero mi creencia es que el valor de una mujer no se reduce a su aspecto exterior y que la madurez o la vejez no significan necesariamente la pérdida absoluta de la belleza, dado que también a esas edades es posible ser bella, aunque no de acuerdo con el modelo que ensalza la publicidad.

Le propuse a Gala que recibiera estos cambios corporales como parte de la vida. Quería que pudiera sentir el pesar por la pérdida y al mismo tiempo aceptar con resignación lo inevitable. Le propuse también que se enfocara en otros aspectos bellos de su ser y de su vida, y que agradeciera la belleza que la había acompañado en su juventud. Nada de esto despertaba su interés: prefería seguir sufriendo antes de aceptarse a sí misma y reconocer las imperfecciones vitales.

Si Gala hubiera sido capaz de aceptarse a sí misma tal y como era, habría liberado toda la energía que empleaba en pensamientos obsesivos para derivarla a usos más útiles y placenteros, en lugar de gastar ingentes sumas en tratamientos peligrosos e insalubres, cuyos resultados eran, a menudo, patéticos. En tanto se obsesionaba en vanos intentos por verse joven y bella, desatendía a sus hijos, a su pareja, a sus amigos y su profesión, lo que al final devino en una situación trágica. Solo por medio del esfuerzo progresivo en lo importante y posible podremos vivir una vida mejor y más satisfactoria.

El caso de Gala me hizo comprender pormenorizadamente cuál es, en definitiva, la ganancia más sofisticada de la evitación: la meta no realista de superioridad que se cumple en nuestra imaginación. También me fascinaron las formas creativas necesarias para conservar esta ficción. Me pregunté cómo podría ayudar a pacientes evitativos a que se acepten a sí mismos, a aspirar a logros posibles, a conducirse con responsabilidad y a enfrentarse a metas vitales con decisión y coraje, y cómo hacerlo cuando las palabras no resultan suficientes.

En su libro *Psicodinámica, Psicoterapia y asesoramiento*, Dreikurs señaló las limitaciones inherentes al uso de medios intelectuales para lograr cambios en una terapia. «Las palabras tienen límites por su propia naturaleza… —afirmó—. Ningún intento pedagógico resultará eficaz si solo permanece en el nivel del lenguaje. La exposición de ideas y el fundamento lógico deben estar acompañados por vivencias intensas». Dreikurs pensaba que en casos en los que las palabras no resultan suficientes la terapia está obligada a ser drástica «para conmover al paciente de la cómoda seguridad que le brinda su enfermedad como defensa ante la vida».[19] En la búsqueda de una técnica efectiva para tratar la evitación, ideé un protocolo de intervención terapéutica con psicodrama, que fue el objeto de investigación de mi tesis de doctorado.[20] El psicodrama es una forma de terapia expresiva y creativa en la que los pacientes dramatizan escenas de su vida en lugar de hablar acerca de ellas. En el curso de la investigación, mediante intervenciones drásticas de mi autoría, se les solicitó a cuarenta pacientes evitadores, que seguían una terapia adleriana, que recrearan tres escenas representativas: de un futuro ideal, del presente y de alguna acción posible que mediara entre ambos. Después de que el paciente dramatizara cada una de estas escenas, la terapeuta las representaba de nuevo para que el paciente pudiera observar cómo se veían. Esta técnica se denomina *play back* y en ella la terapeuta «escenifica» la historia del paciente, que entretanto observa.

Al iniciar la intervención se les pide a los pacientes que se imaginen a sí mismos en el futuro, en el tiempo y lugar en el que se hace realidad todo lo que ellos desean ser o hacer y poseen todo aquello que siempre desearon. A esta estación futura de la vida de los pacientes la denominé «cómo debería ser la vida».

Los pacientes representaron cómo se vería una escena diaria de ese futuro ideal.

En todos los casos, a diferencia de decenas de pacientes no evitativos que pasaron por esta intervención, la escena imaginada era algo fuera de lo común. Aun en los casos en los que los pacientes tenían metas «normales», tales como aprender un oficio, prosperar en el trabajo o formar una familia, las escenas representadas no eran las esperables en un proceso normal o en una familia real. En esos cuadros la vida laboral se describía siempre como un éxito arrollador que se produce de la noche a la mañana. En las escenas familiares imaginadas, todos los integrantes de la familia colaboraban en perfecta armonía.

Así, por ejemplo, una mujer soltera describió una vida familiar idílica, plena de amor y felicidad. En la escena que había imaginado, la casa estaba en orden y limpia, había en el aire aromas de saludable comida casera, sus hijos futuros llevaban a cabo sus tareas en un reconcentrado silencio y todos los habitantes de ese hogar estaban felices por no tener televisión. Está de más aclarar que no existen familias reales que correspondan a esa descripción.

El título de la segunda escena era «Cómo es la vida hoy». Se les pedía a los participantes que describieran una escena cotidiana que representara fielmente su vida presente. Excepto una mujer que describió una realidad muy lamentable en la que vivía sola y cenaba sobre el fregadero porque ya ni siquiera tenía fuerzas para lavar los platos, mientras se preguntaba si acaso existía alguna persona en el mundo que se interesara por ella, todos los participantes describieron escenas comunes: urgencias cotidianas, crianza de los hijos, trabajo, estudios, trámites…

Lo curioso es que, cuando se les preguntó a los pacientes cómo era la vida cotidiana y qué es lo que ellos pensaban, todos respondieron «es un horror». Desde ese punto de vista, «normal» equivale a «horrible». Comprobamos de nuevo que las dolorosas sensaciones de vacío e insipidez vital se producen al comparar una imagen de perfección ideal y la realidad común. Las consecuencias negativas de las expectativas no realistas son, por un lado, una sensación permanente de que «esto no es suficiente» o «no es esto lo que deseaba», y por el otro, la tendencia a abandonar cualquier esfuerzo que a lo sumo reportará resultados parciales, lo que, por supuesto, «no sirve para nada».

¿Cómo podemos saber si nuestras aspiraciones no son realistas?

Existen distintas vías para responder a esa pregunta. Las que prefiero consisten en preguntarle a la persona cuál es el recuerdo infantil más positivo que conserva, pedirle que describa un día especialmente feliz de su vida o que imagine un día así en el futuro, en el que todo transcurre tal como ella desea y ella misma es tal como querría ser. Al examinar ese recuerdo que ha quedado grabado de la infancia, ese día en especial agradable o esa imaginaria jornada placentera, se pueden reconocer cuáles son las condiciones que deben conjugarse para que esta persona sienta que pertenece y que tiene valor.

Se puede comprobar entonces si estas condiciones son lógicas, aceptables y posibles, o si no lo son. He podido escuchar en mi clínica, en repetidas ocasiones, descripciones de «un día exitoso en mi vida». En las personas exitosas activas, tales días son aquellos en los que se producen logros y éxitos fuera de lo común, días en los que se ven reconocidos por su capacidad o sus aportes, o por su influencia en la vida de los demás. En las personas evitativas, en cambio, un día exitoso se describe como un día en el que no existen exigencias del exterior y en el que se reciben elogios por cuán importantes y maravillosos son. Cuando se le pide a la persona evitativa que describa un día ideal del futuro lo hace situándose en un momento de éxito imaginario que poco o nada tiene que ver con su presente.

Ejercicio

Rememoren el recuerdo infantil más feliz que hayan vivido y analicen las condiciones que se cumplieron: cariño, amor, aprecio, consentimiento, admiración, libertad, gracia, comodidad, logro, éxito, coraje, acción, amistad, apoyo, etc. Presten atención: ¿podrían esas mismas condiciones existir en el día a día?, ¿acaso ese aprecio que recuerdan dependía de ustedes o de los demás?, ¿eran ustedes personas activas o pasivas?, ¿independientes o dependientes? Es posible realizar el mismo ejercicio respecto de cualquier día o acontecimiento «perfecto» que haya ocurrido en el transcurso de sus vidas, o respecto de cualquier día perfecto del futuro.

La buena vida

Como sustrato de la evitación existen, en general, ansias por una vida no solo agradable, sino extraordinaria. Si se les pide a los evitadores que contesten a la pregunta «¿Cómo debería ser la vida?», tienden a describir una realidad que es a la vez perfecta y que se alcanza con rapidez, sin esfuerzo alguno.

Las expectativas personales exageradas provienen de la necesidad de compensación por sentimientos de inferioridad, pero también de modelos sociales distorsionados. Las revistas del corazón y los *realities* están repletos de personas bellas y felices que viven en edificios de lujo, hacen lo que se les ocurre y a las que todo les sale perfecto. Podemos ver, constantemente en Facebook, cómo transcurren sus maravillosas vidas.

No hace mucho me encontré con una conocida que había publicado en Facebook unas hermosas fotografías de un seminario especial en el extranjero en el que había participado. Con una sonrisa le pregunté «¿Qué tal te fue?», a lo que ella contestó «No fue gran cosa...». Le pregunté a otra amiga, que había subido unas fotos espectaculares de un viaje a la India, cómo podría resumir su vivencia. Su respuesta fue: «La India es un país primitivo y sucio». Una bendición de actualidad podría ser: «Que tu vida se parezca a las fotos que publicas en Facebook».

Lo que nos muestra la publicidad no representa la vida real de nadie. La modelo despampanante, que tanta felicidad parece irradiar, muy probablemente se somete a dietas extremas y aun así se siente gorda; y además estuvo esperando horas, en la nieve o bajo el sol, hasta que el fotógrafo logró el enfoque buscado. Después de eso, la imagen se retocó con Photoshop. Cuando pase la veintena la considerarán vieja y, por ende, la reemplazarán por nuevas modelos de catorce años. Los actores de cine trabajan duramente a lo largo de un día entero para filmar una escena de tan solo dos minutos.

Una persona puede ser exitosa en términos objetivos: ser

rica, culta, agradable a la vista, famosa y otras bondades por el estilo, y aun así sentir que no es lo bastante buena o que «no era esto lo que ansiaba», si tiene en su mente la imagen de una vida distinta, mejor. Un famoso cantante israelí dijo alguna vez, en un reportaje, que no podía escuchar sus propias grabaciones porque solo oía sus errores y se obsesionaba con que podría haber cantado mejor si hubiera hecho esto o aquello.

Cuando lo que se ansía es una vida esplendorosa, emocionante y grata, los días normales resultan insípidos. Si uno aspira a lograr un éxito arrollador, un logro común carece de valor. He oído decir a muchos pacientes la frase «no he hecho nada en mi vida», que debe entenderse como «no he hecho nada que pueda diferenciarme del resto de los seres humanos que viven sus agradables y laboriosas vidas sin grandes sobresaltos».

Sienten que, si tuvieran que renunciar a sus fantasías, deberían aceptar no solo una derrota, sino también una vida opaca. La fantasía de una vida distinta les permite mantener la ilusión de que lo que ocurre en el presente no es lo real, sino un estado temporal, y que en cualquier momento comenzará la vida verdadera. Las grandes ambiciones, no la realidad, son las que originan la sensación de inferioridad y la pasividad. Aunque en realidad son los evitadores quienes se conforman con una vida pequeña, reducida y carente de sentido.

Renunciar a las ilusiones de «una vida maravillosa» o a las aspiraciones grandiosas (reconocer que el valor de la vida es el que es) supone una sensación de pérdida, de renuncia y duelo; sentimientos difíciles pero necesarios para poder pasar de la evitación a la actividad.

Para los evitadores que se encuentran «en el extremo», es decir, los que no responden ni siquiera a una tarea importante en su vida, el regreso al campo «activo» impone reconocer sus metas no realistas. Luego se le pedirá al evitador que renuncie a deseos imposibles de concretar. Si esta petición (renunciar, dejar de lado ciertas expectativas o conformarse) les parece a ustedes una injusticia o una maldición, quizá podamos pensar que también ustedes se han contagiado de esa visión según la cual lo que queda por debajo de «lo más» o «lo perfecto» no tiene valor.

Cambiar la evitación por la acción depende de que la persona acepte a renunciar a la idea de que su valor depende de ser extraordinario o perfecto. El evitador debe aceptar que él tiene valor aunque no sea perfecto. Solo así podrá encontrar sentido a hacer algo, a dar pequeños pasos en pos de logros posibles. Por ejemplo, aspirará a mejorar y a perfeccionarse en su trabajo, a practicar comunicación empática, a adquirir la información o las habilidades necesarias para solucionar problemas, a crear y conservar vínculos gratificantes, ser útil, prosperar, etc.

A favor y en contra de las grandes ambiciones

En Occidente las grandes ambiciones se consideran una virtud.[21] Las sociedades verticalistas estimulan la iniciativa, la creatividad, el coraje (generadores de progreso) y admiran a quien escala posiciones en la pendiente del estatus social y la riqueza, aunque sea sin escrúpulos. Las grandes ambiciones no constituyen en sí mismas un problema, excepto cuando una persona condiciona su propio valor según haya podido o no alcanzarlas. Mientras la búsqueda de la excelencia e incluso de la perfección es la senda por la cual marchamos, y no la meta, una persona puede progresar libremente hacia el logro de sus objetivos, perfeccionándose de manera permanente. Podrá disfrutar de actividades y conquistas a medida que avanza, y dispondrá de la suficiente flexibilidad para modificar sus planes sin derrumbarse ante demoras u obstáculos.

Me gusta imaginar la aspiración a la perfección como un viaje hacia el horizonte. Sabemos hacia dónde nos dirigimos y sabemos también que nunca llegaremos. Aspirar a la perfección tiene sentido porque genera una razón para la actividad, la mejora, el perfeccionamiento y el desarrollo; y porque en general es fuente de mejores resultados. Pero si la aspiración a lo perfecto se transforma en exigencia, en lugar de orientación, cualquier cosa que caiga por debajo de perfecto se percibirá y se considerará como no válida y decepcionante.

Cuando la perfección condiciona el sentido de valía, los errores o los fracasos se viven como una humillación. Muchas personas, incluso aquellas que han tenido éxitos impresionantes, viven con un temor constante a que llegue el día en el que el gran secreto sea revelado: ellos no valen lo suficiente y en realidad son solo impostores imperfectos.

En otras palabras, si la búsqueda de la perfección tiene como objetivo la creación de un punto en la distancia que nos sirva de faro hacia el cual dirigirnos, se trata de un esfuerzo horizontal. En esta circunstancia, la persona no está obsesionada por su propia valía, pues su meta es el camino en sí. Tampoco las «derrotas» harán que se desaliente, y tendrá el coraje necesario para arriesgarse, hacer un nuevo intento y la motivación de esforzase aún más. Pero si la aspiración a la perfección no se concentra en el camino, sino que deviene ella misma en objetivo, conducirá a todos aquellos que se piensan capaces de triunfar hacia una competición feroz por el éxito y la fama en tanto que obligará a desistir a los que consideran tener pocas oportunidades, esto es: a la evitación. Quienes adoptan la mirada horizontalista también sufren por las derrotas, pero en lugar de sentir el torturante dolor de la vergüenza, experimentan el sinsabor natural de la decepción.

Es posible, por lo tanto, hablar de dos tipos de personas que adoptan la mirada vertical con respecto de las grandes ambiciones: los «exitistas»* y los evitadores. Los exitistas, o adictos al

* En beneficio de la síntesis y de la brevedad, hemos elegido esta palabra para reflejar lo que en el texto original hebreo figura como הישגיים y que en inglés se denominaría *overachiever*. Para aclarar aún más el concepto, apelamos en algunos momentos a variantes y eufemismos para expresar la misma idea. (*N. del T.*).

éxito, son quienes se remangan y trabajan con denuedo para lograr sus objetivos. Los evitadores son los que se retraen, los que no se esfuerzan por alcanzar metas, pero conservan la sensación de superioridad mediante la ilusión de que, si se esforzaran, seguramente llegarían a resultados sin precedentes.

El evitador es quien sigue aspirando a alcanzar lo más alto de la escala, pero piensa que no lo logrará, por lo que concluye que no tiene sentido intentarlo. Aun así, no desiste de su fantasía de establecerse sobre los demás, de ser superior. Si dejara su pasividad, se arriesgaría al fracaso; es decir, a obtener resultados normales. La evitación le permite conservar la ilusión de superioridad sin esforzarse de forma activa.

A lo largo de los años pude notar que las personas de alto rendimiento y los evitadores se diferencian en cuanto a la naturaleza de sus objetivos y a la flexibilidad. Los objetivos que se proponen las personas triunfadoras, incluso si se trata de objetivos grandiosos, son por lo general de alcance posible. Esta posibilidad depende de la existencia de los talentos innatos y en especial de la disposición para realizar todos los esfuerzos necesarios. Por ejemplo: ser excelente en un oficio determinado es posible; ser perfecto no lo es. Además, las personas de alto rendimiento no dejan de trabajar, de crear y de contribuir cuando no logran por completo sus objetivos.

El consagrado escritor argentino Jorge Luis Borges es un buen ejemplo de alguien capaz de obtener grandes logros. En sus últimos años se sintió afectado por no haber recibido el Premio Nobel de Literatura. Sus declaraciones en ese sentido despertaron la sorna del público y del periodismo, a pesar de que no faltaron las opiniones fundadas que se manifestaron a favor de otorgárselo. Él mismo bromeaba acerca del asunto cuando dijo que se trataba de «una antigua tradición escandinava: me nominan para el premio y se lo dan a otro»; y agregó: «Desde que nací, nunca me lo han concedido». Sin embargo, a pesar de las desilusiones, no dejó de escribir. Los poemas que siguió publicando hasta el fin de sus días no solo se tradujeron a decenas de idiomas y se editaron en todo el mundo, sino que constituyen una fuente de inspiración para el pensamiento y los sentimientos, para todo aquel que se pregunta por el sentido de la vida y por la importancia de las cosas.

Los evitadores, en cambio, aspiran a metas no realistas. Una meta deja de ser realista cuando nadie puede alcanzarla (por ejemplo, ser como Dios) o cuando las posibilidades son pocas o casi inexistentes (ser presidente o el mejor del mundo en alguna disciplina). Una meta es irreal cuando existe una distancia insalvable entre el logro y el talento que este logro requiere. Además de la imposibilidad de lograr sus objetivos, en los evitadores puede advertirse con claridad la típica disyuntiva de «todo o nada», como puede verse en el siguiente caso.

Descripción de un caso

Ben acudió a mí en busca de terapia una vez finalizados, con notas sobresalientes, sus estudios de contabilidad. Lo habían aceptado en uno de los estudios contables más prestigiosos del país, en donde advirtieron de inmediato su brillantez; le pusieron como apodo «la estrella en ascenso». Tenía una única aspiración en la vida: llegar a ser el director general del Ministerio de Economía. Ben desarrollaba su trabajo de forma exitosa en tanto se proponía metas que él mismo consideraba factibles, y se transformó en un evitador ante la posibilidad de un fracaso concreto. Cuando por fin comprendió que no sería el director general del Ministerio de Economía durante los próximos años, se hundió en pensamientos obsesivos tratando de entender «dónde se había equivocado», qué debería haber hecho en cada momento decisivo de su vida.

Ningún otro puesto, por importante que fuera, despertaba su interés, a pesar de que en esos puestos él habría podido llevar a cabo grandes cambios, haberse enfrentado a asuntos de suma importancia, haber aprovechar posibilidades de crecimiento y realización personal e incluso podría haber logrado gran prestigio o altas remuneraciones. En cierta ocasión me dijo: «¿Sabes por qué esta terapia no me ayuda? Porque tenemos un problema de coordinación de expectativas. Tú quieres que yo me acepte a mí mismo tal cual soy y yo quiero que me ayudes a ser perfecto».

Es innecesario aclarar que no logré ayudarlo y que la terapia fracasó. Ben se hundió progresivamente en la desesperación y la inoperancia, en tanto que sus pensamientos obsesivos acerca del pasado se recrudecían. También yo sentí una profunda desesperación. Pude comprobar una vez más que, lamentablemente, tampoco soy perfecta.

Los problemas de los ricos — exitistas y verticalistas

Dejaremos por un momento la cuestión de los evitadores en favor del análisis de las personas activas y de alto rendimiento que interiorizaron la concepción de mundo verticalista y competitiva. Así, explicaremos que dicha mirada perjudica incluso a quien tiene éxito en esta competición, aunque no conlleve tanto peligro como en el caso de los evitadores crónicos.

Surge la pregunta: si hablamos de personas exitosas que han interiorizado la mirada verticalista y la han adoptado como modo de vida, ¿por qué deberían adoptar el punto de vista horizontal? ¿Cuál sería el problema? Viven escalando posiciones con energía y coraje, y en muchas ocasiones se recompensan sus esfuerzos. Alcanzan la mayoría de las metas que se proponen y conocen el éxito y la satisfacción. Sin embargo, en paralelo, deben pagar un alto precio por su lucha competitiva. No solo ellos, también la sociedad debe pagarlo, dado que el ascenso de estos individuos implica la obstaculización o la degradación de los otros, y además porque las contribuciones sociales de los exitosos dependen y demandan honores o prestigio a cambio.

Las personas exitosas de mirada verticalista viven en una tensión constante. Cuando el éxito es la condición para una sensación de valor positiva, no hay descanso. Uno «debe» trepar más y más. Por eso tantas personas exitosas pierden el equilibrio en la vida. El éxito y el prestigio toman un lugar preponderante a costa de otros factores no competitivos, tales como la pareja, la crianza de los hijos, los vínculos sociales y las actividades de recreo u ocio.

No tienen el tiempo ni las energías para vivir una vida saludable. Estos «triunfalistas-verticalistas» tienden a invertir demasiado en sus proyectos y, bajo una apariencia de «responsabilidad» o «entrega», suelen ocultar una adicción al trabajo.[22] Siguen disponibles tras largas horas de trabajo, incluso cuando no se trata de urgencias médicas o de seguridad nacional. Vivir en una situación de continuo estrés daña la salud y el estado de ánimo. La sobrecarga afecta a la capacidad de disfrutar, en especial a la de disfrutar el camino. Todo esfuerzo dirigido hacia áreas horizontales se ve como un derroche y una pérdida de tiempo. Por lo tanto: se es exitoso y se obtienen logros, pero no hay paz ni descanso ni tranquilidad.

Un fenómeno muy difundido entre las personas de alto rendimiento es que no valoran ninguna actividad que no sea «monumental». Dado que los logros «comunes» (completar un proyecto, obtener un título o progresar en el trabajo) no se valoran, los exitosos no se detienen para celebrar, gozar o descansar. Hay momentos, incluso, en los que ni siquiera se valoran a sí mismos: «No he hecho nada significativo en toda mi vida», me confesó Ziv, un paciente de treinta y seis años que había formado una familia, registrado algunos inventos y construido una empresa en la que empleaba a decenas de personas. Así, Ziv no apreciaba nada de lo que había logrado, que para él era obvio e irrelevante, sino que se exigía alcanzar logros futuros. Si alguien felicitara a una de estas personas exitistas un mes después de que hubieran obtenido el premio o el diploma, la respuesta sería: «¿Por qué me felicita?». El éxito pasado se olvida y solo importa el próximo objetivo.

Además de las presiones, estos exitistas-verticalistas experimentan también el temor permanente por la amenaza de perder el estatus actual y, en consecuencia, la autoestima, que se mide, como ya hemos dicho, a través de los logros. Quien ya haya alcanzado la cima puede precipitarse y la caída desde lo alto puede resultar peligrosa y dolorosa. La palabra «caída» es una metáfora exacta de la concepción de vida verticalista, pues hace patente la sensación de que quien tropieza, yerra o es reemplazado por alguien más joven o talentoso cae desde una posición superior, a gran altura. En casos extremos, estas personas «caídas» (por ejemplo, aquel a quien rechazan sentimentalmente o alguien en un puesto importante, despedido por cometer un error) deciden poner fin a su vida, lo que refleja de manera absoluta la concepción según la cual lo que esté por debajo de «lo máximo» no vale nada.

Muchas veces un fracaso o una serie de fracasos puede también afectarles al producirles una depresión que los haga desistir de la competición, transformándose así en evitadores. Es probable, también, que se vean arrastrados a zonas improductivas de la vida: conductas negativas tales como el sabotaje o la violencia, actitudes pasivas como desistir o dejar de actuar, desarrollo de fobias, depresión o adicciones.

Otro precio que deben pagar los adictos al éxito es el deterioro de las relaciones interpersonales. Cuando la otra persona es, en el mejor de los casos, un competidor, o, en el peor, un enemigo, es muy difícil establecer amistades verdaderas. Se ve a los otros, mayormente, como una amenaza potencial a la que se debe evaluar y ante la que hay que estar preparado. A estas personas les resulta difícil colaborar o pedir ayuda, así como también celebrar los éxitos y la felicidad ajena sin sentir al mismo tiempo envidia o amargura, y en general no pueden dejar de festejar los fracasos y errores de los demás.

La sociedad paga, asimismo, un precio, dado que las acciones de estos individuos exitosos están destinadas, sobre todo, a exhibirlos en la cúspide de la escala social. Como sus esfuerzos están encaminados, ante todo, hacia el éxito individual, deben concentrarse especialmente en el prestigio y la posición social. Por lo tanto, tenderán a no colaborar en las tareas sociales necesarias si no encuentran en ello un incremento de prestigio, fama o dinero. Se ven tentados, también, a manipular la economía nacional en su propio beneficio. Pueden llegar a poner trabas al progreso o conspirar contra el éxito de personas talentosas a las que perciben como rivales. En la lucha por escalar posiciones tenderán a «bajar» a los demás o a humillarlos mediante críticas o burlas. Con frecuencia se ven impedidos a resolver crisis o solucionar conflictos debido a asuntos de «honor».

Así, por ejemplo, mientras escribo estas líneas se ha producido una grave crisis en un importante hospital jerosolimitano, entre los médicos pediatras oncólogos y la administración. Queda claro para todo el mundo, excepto para los encumbrados funcionarios envueltos en el incidente, tanto por parte del Ministerio de Salud como del hospital, que el motivo que impide alcanzar una salida al conflicto es solo un asunto de prestigio. En uno de los muchos reportajes televisivos sobre el conflicto, se dijo que el Ministerio de Salud podría llegar a «vengarse» de los médicos que habían renunciado, impidiéndoles trabajar en su especialidad. Por supuesto, esto no solo afectaría a los médicos, sino también a los niños que requirieran tratamiento en esta especialidad.

Con la intención de atenuar el daño que le genera a la sociedad esta carrera competitiva por el éxito, una persona puede preguntarse lo siguiente: «¿Qué haría de otro modo y cuál sería mi contribución para el mundo si no temiera perder mi estatus o mi prestigio?».

Debido a los altos costes que los exitistas-verticalistas deben pagar, la adopción de una mirada horizontal puede contribuir significativamente a la mejora de su calidad de vida. No hay peligro por que el cambio de dirección de su afán, de vertical a horizontal, afecte a su capacidad de actuar, dado que lo que los impulsa son sus anhelos y esperanzas, y poseen la disciplina suficiente para alcanzar metas a largo plazo.

Como señaló Abramson, no hay límites para las escalas comparativas. Expondré un ejemplo de esto con una historia de mi propia experiencia como terapeuta.

Descripción de un caso

Marta llega a mi consulta; tiene un poco menos de cuarenta años. De acuerdo con los estándares sociales, su vida parecía perfecta, solo podía ser causa de orgullo y satisfacción: había completado dos carreras universitarias; trabajaba en el oficio que había elegido y que aún despertaba su interés, en un puesto importante y muy bien remunerado; estaba casada con un hombre a quien respetaba y amaba; en su matrimonio había entendimiento mutuo y era madre de tres hijos perfectamente sanos. Marta vivía en una casa de su propiedad, en una zona pintoresca, y también trabajaba como voluntaria en una organización de ayuda a niños con pocos recursos. A pesar de todo eso, Marta no era en absoluto feliz. Sufría depresiones constantes, la acompañaba una sensación de decepción por su vida y no podía comprender qué le faltaba.

Le señalé cuánta distancia había entre la postal de familia feliz que ella y su esposo exhibían y su verdadera vivencia emocional, dado que para ella todo lo logrado y lo que tenía era insignificante y sobreentendido. La historia de Marta me apenaba profundamente. Me pregunté si acaso existía algún objetivo capaz de satisfacerla.

En una de nuestras sesiones me dijo que quizá, si aprendiera algún oficio nuevo —por ejemplo, trabajadora social—, sentiría que había logrado algo satisfactorio e importante. Sin embargo, yo, que ya había llegado a conocerla lo suficiente para saber que un cambio tal no le serviría, le dije: «Si estudiaras Asistencia Social, pensarías que solo sería suficiente llegar a ser ministra de Salud Pública, y si estudiaras Pedagogía, querrías ser ministra de Educación para diseñar los programas educativos del futuro». Su respuesta fue una carcajada. Una noche, viendo la televisión, vi una propaganda en la que una actriz pedía todo el tiempo «más»: «¿Puede ser más oscuro? ¿Puede ser más alto?», preguntaba una y otra vez. En ese instante tuve una revelación: eso es lo que quieren Marta y todos los exitistas, los que luchan por ascender: más. Solo llegar allí, otro metro más, y lo habrán logrado. Solo allí estará el éxito prometido, la felicidad.

Trabajé con Marta para que comprendiera la relación entre su depresión e infelicidad y el objetivo incumplible: siempre más. Pudo ver frente a sí cómo ella misma diluía lo existente en el oscuro mar de las ansias incumplibles. Pudo comprender que, en lugar de celebrar el estar trabajando en una tarea interesante y significativa, amorosa y colaborativa, su mente se enfocaba solo en medirse. A partir del momento en que se le reveló la posibilidad de una concepción horizontal del mundo, aprendió a valorar más, a disfrutar lo que poseía y a concentrarse en su propia contribución al mundo.

Estas personas exitosas parecen ser las ganadoras en el juego que la sociedad competitiva propone: escalar hacia lo alto en busca del triunfo. Logran resultados, alcanzan las expectativas de la sociedad. Pagan el precio que supone la lucha verticalista, aunque la mayoría no es consciente de la cuantía y el alcance de ese precio. En consecuencia, estos exitistas acudirán a terapia en dos situaciones: cuando no consigan alcanzar sus metas o cuando el coste de esta lucha (tensión, miedo, deterioro de sus relaciones) se torne insufrible.

La terapia suele ser muy beneficiosa para los exitosos. Les resulta relativamente sencillo reencaminar las cualidades, destrezas y métodos que los llevaron al éxito: el compromiso, la responsabilidad, la tenacidad y las energías, hacia nuevas actividades. Es posible reducir en gran parte los sufrimientos de los exitistas verticalistas mediante la horizontalización de sus esfuerzos.

De manera similar a lo que sucede con los esfuerzos verticalistas, el esfuerzo horizontalista se caracteriza por una actividad coherente dirigida a la consecución de objetivos, aunque, a diferencia de aquella, implica también aceptación de uno mismo, la apreciación del camino y de lo que se logra, la alegría y la colaboración con los demás. En lugar de trepar hacia la cima, la persona avanza respondiendo a los requerimientos de la realidad y teniendo en cuenta las necesidades del resto, así como también las suyas propias. En ocasiones logro inducir cierto equilibrio en la vida de estos exitosos mediante la adopción de nuevas ambiciones: tener éxitos inusitados en objetivos horizontalistas: mejorar las relaciones en general y en la pareja en particular, mejorar el modo en que contribuyen a la comunidad, aumentar y disfrutar los momentos de ocio, cuidar la salud. He llegado a sugerirles que también pueden sobresalir siendo humildes.

De regreso a los evitadores

Como ocurre con los exitistas, los evitadores también han interiorizado la concepción verticalista del mundo y ansían escalar hasta la cima. Sin embargo, y a diferencia de ellos, no bregan activamente por el logro de ningún objetivo específico, sino que su esfuerzo está dedicado a conservar la ilusión de superioridad evitando cualquier situación que pueda poner en evidencia su capacidad, o incapacidad, real. Más allá de la tendencia a proponer objetivos exagerados, Abramson pudo distinguir en este comportamiento de fuga dos características adicionales: una es la falta de voluntad para hacer esfuerzos y avanzar lentamente hacia una meta; la otra es la falta de confianza en sí mismos y en su capacidad para alcanzar esos logros. Basándose en la teoría adleriana, Abramson diseñó un esquema descriptivo del desarrollo y de las características de los evitadores «duros», aquellos a los que Adler denominó «neuróticos».

Los evitadores se abstienen de emplear sus energías y recursos. La zona de confort que prefieren no es solo un espacio emocional que no supone riesgo a fracasar, sino también un espacio físico concreto. Para un evitador, todo esfuerzo representa dolor y dificultad. Por último, los evitadores se preocupan excesivamente por su estatus y su prestigio, y el modo en que se obsesionan por ellos mismos es tan extremo que dejan de ocuparse de las necesidades de los demás o de las exigencias de la realidad.

Superar la evitación implica reconocer las metas exageradas y renunciar a ellas en favor de objetivos alcanzables. En otras palabras, requiere adoptar una visión de mundo horizontal. En la dimensión horizontal cada paso cuenta y los otros no constituyen rivales, sino compañeros de viaje. No es necesario acumular grandes energías para escalar, simplemente hay que contemplar a nuestro alrededor para apreciar qué es lo que hace falta. El siguiente caso ejemplifica cómo la renuncia a una aspiración verticalista pudo impulsar a una paciente evitadora hacia la acción.

Descripción de un caso

A los treinta y ocho, Irene decidió retomar sus estudios universitarios. Al final de cada semestre, cuando se acercaban los exámenes, caía en una depresión que, según manifestaba, le impedía prepararse de la forma adecuada, por lo que no le encontraba sentido a presentarse. Le pregunté si se consideraba a sí misma menos inteligente o dotada que el resto de sus compañeros de estudios, a lo que contestó con una negativa. Le pregunté si se creía capaz de obtener una nota de seis puntos, el mínimo indispensable para aprobar un examen. Me contestó: «Por supuesto que puedo sacar un seis, pero eso sería humillante». Le contesté: «Entiendo que diez te parezca mejor que seis. Pero ¿puedes por favor explicarme por qué un cero es preferible a un seis?».

Debo destacar que mi pregunta no tenía la intención de predisponerla a favor de la mediocridad ni mucho menos estimularla para que no estudiara lo suficiente. Mi objetivo era ayudarla a ponerse en marcha y así pasar de cero a seis. Para el evitativo absoluto, el mero hecho de presentarse a rendir el examen es un éxito, y como tal, incluso si se trata de un éxito parcial, estimulante, lo cual genera una carga positiva de optimismo. Cuando nuestro nivel de energía crece, estamos dispuestos a arriesgarnos más y a obtener logros mayores. A partir de la actividad se refuerza la seguridad personal y de ese modo una persona puede aprender a confiar en sí misma.

Le pregunté a Irene si la última vez que había solicitado la ayuda de algún profesional (médico, contable, abogado, etc.) le había pedido las calificaciones universitarias. Quise demostrarle que la importancia tan decisiva que ella les atribuía a las calificaciones era ilusoria, y que en lugar de enfocarse en demostrar cuánto vale, debía darle mayor importancia a la adquisición de los conocimientos y la experiencia que le permitirían brindarles a sus futuros clientes el servicio profesional requerido.

La conducta de Irene, de evitación, ejemplifica una forma de pensamiento absurda, aunque ampliamente difundida: la que afirma que nada es mejor que algo. Es probable que ustedes se pregunten: ¿cómo es eso posible? Abramson lo explicó de manera sencilla: la evitación permite que una persona crea que no es «una más» que se conforma con poco o que renuncia a sí misma. El evitador siente que, si no puede ser el mejor, ni siquiera tiene sentido intentarlo, porque, si lo hiciera y los resultados fueran mediocres, significaría, según esa visión, que carece de valor, que él es «solo» ordinario, común y corriente.

La evitación, junto con el síntoma psíquico que la acompaña, fortalece y preserva el abismo que se abre entre las expectativas personales y lo que en definitiva se hace o se logra. De este modo, y a pesar del dolor generado por la evitación, se preserva también la vana esperanza de alcanzar esa perfección a la que el evitador no está dispuesto a renunciar, pues de ella depende su autoestima. Si obtuviera y aceptara un resultado mediocre, no podría seguir creyendo en su capacidad para alcanzar metas extraordinarias, si mediaran las condiciones necesarias. Solo entonces se habrían hecho evidentes sus dotes singulares y su talento inusual.

Es importante destacar que el evitador no es consciente de este mecanismo que él mismo ha creado, sino que siente que existe un problema objetivo que le impide actuar y que por esa razón no alcanza los resultados que habría deseado.

Conclusión

A partir de experiencias de inferioridad social, los evitadores se plantean metas de superioridad compensatorias y aspiran a ser especiales e incluso perfectos. Desde el momento en que se fija una meta desproporcionada, se abre paso a más sentimientos de inferioridad. El evitador no se siente inferior por verse a sí mismo por debajo de los demás, sino porque no está por encima de ellos; es decir: por ser menos que perfecto.

Según Abramson, existen dos formas de actuar en pos de estas metas exageradas, una activa y la otra pasiva. El esfuerzo activo es característico de las personas exitosas que poseen la fe, el coraje y las fuerzas para intentar alcanzar sus metas, cosa que hacen de forma enérgica y coherente. Lo que obtienen es crecimiento y éxito, y pagan el precio con tensión, temor por la caída, deterioro del equilibrio propio y de las relaciones interpersonales. Además, pueden llegar a dar más importancia a los asuntos de prestigio personal que a las necesidades de la realidad y de la sociedad.

La evitación, que también puede recibir el nombre de «búsqueda pasiva», se produce porque los evitadores quieren alcanzar la perfección, pero no dan un solo paso para ello. Esta búsqueda pasiva caracteriza a personas que no confían en poder alcanzar sus metas, que no tienen la disciplina necesaria para invertir esfuerzos o postergar satisfacciones, y que no sienten suficiente interés por los demás. Es decir: el compromiso y la responsabilidad que podrían ayudarlos a superar las dificultades e incomodidades del esfuerzo activo están ausentes.

Por el contrario, en la mirada horizontalista las ansias de perfección señalan una dirección hacia la que vale la pena dirigirse, aunque de ningún modo es una meta de alcance posible. La vida es un viaje hacia la realización; lo importante y lo valioso es el camino, avanzar y disfrutar de las vivencias y de las buenas relaciones. Al adoptar una concepción horizontalista, los exitosos ganan paz espiritual, goce y equilibrio, y los evitadores, la posibilidad de comenzar a formar parte de la vida, en lugar de ocultarse a un lado.

4

Factores adicionales de la evitación

La evitación es una estrategia para la preservación de la autoestima. La necesidad de crear este tipo de estrategias surge cuando la persona se aferra a una concepción de mundo verticalista que le hace creer que su valor depende de alcanzar un lugar en lo alto de la pirámide en comparación con los demás. Cuando una persona experimenta sentimientos de inferioridad crea para sí metas de superioridad, que a partir de ese momento se transforman en la vara según la cual se mide. Si esa persona no confía en su capacidad para lograr sus propias metas de superioridad, es posible que opte por eludir todo intento o desafío para lograrlas. Considerará que no participar en esta lucha es preferible a la derrota o al éxito parcial (que se percibe como un fracaso mayúsculo).

En los capítulos anteriores pudimos presentar dos de estos factores: la sensación de inferioridad con respecto a los demás y el desarrollo de ambiciones no realistas, que ocasiona la búsqueda de metas compensatorias de superioridad como condición para la autoestima y la pertenencia. En el presente capítulo ahondaremos en tres factores adicionales que sostienen la elección evitativa, tal como los describió Abramson en su artículo «Significado de la neurosis según Adler»: «La falta de voluntad o de capacidad para invertir esfuerzos, la falta del suficiente interés en los demás o en las exigencias de la realidad, y la creación de excusas o coartadas destinadas a justificar la no participación en las obligaciones de la vida».

El consentimiento, tercer factor de la evitación

Adler escribió que consentir a los niños en la primera infancia es la base fértil sobre la que florecerá la evitación y el gran sufrimiento psíquico que la acompaña. El aspecto positivo del consentimiento es mimar, que expresa una forma especial de afecto que incluye abrazos, besos y pequeños regalos, atenciones que se hacen cada cierto tiempo de manera mutua con el objetivo de alegrar al otro y demostrar interés, amor y cercanía. Este tipo de consentimiento hace que quien lo reciba se sienta amado, importante y especial.

El consentimiento en el sentido negativo, por el contrario, aparece en la sobreactuación de una de las partes, lo cual permite que la contraparte, el consentido, adopte una actitud de pasividad. Cuando este tipo de consentimiento se produce en la infancia, sus consecuencias negativas pueden observarse a largo plazo. ¿En qué consiste este consentimiento negativo? Los padres hacen lo que los hijos podrían hacer por ellos mismos: prestan servicios innecesarios. Este consentimiento implica, además, aceptar cualquier exigencia o capricho en el instante mismo en que aparezca, sin que el niño tenga que tomar en cuenta las necesidades o los deseos del otro, los valores u otro tipo de razones, como el tiempo, el presupuesto o la salud.

El consentimiento atenta contra el desarrollo del autocontrol y la capacidad de postergar recompensas. Consentir equivale a absolver al niño de toda responsabilidad en áreas sobre las que debería asumirla: la tarea escolar, el orden en su habitación o su higiene personal. En inglés, el verbo *to spoil* expresa con certeza el significado de la acepción negativa: arruinar. En español, disponemos de una variante igualmente ilustrativa: malcriar.

El consentimiento negativo resulta sumamente perjudicial para los niños, y más aún para los adultos que en el futuro llegarán a ser. Un niño consentido desarrolla un modo de ver el mundo según el cual sus deseos deben cumplirse de inmediato y sin objeciones, en tanto que los padres son los responsables de su felicidad y los culpables de su infelicidad. Un niño al que se le impide la participación en las tareas de la vida, que recibe todo «en bandeja» y al que todo se le perdona, aprende a ser pasivo y demandante. Adler explicó que la evitación expone la incapacidad de una persona para colaborar, pues «fue entrenado en la utilización de los demás para la resolución de sus problemas».[23]

Facilitar la vida de los hijos no hace que sean más felices. La razón es que para estos niños las tareas que no resulten gratificantes y sencillas, como despertar temprano o hacer la tarea escolar, resulta difícil, aburrida y frustrante. Las obligaciones se ven como una molestia. Las experiencias que no son especialmente placenteras para nadie, como esperar en una fila, les provocan grandes sufrimientos. En otras palabras, los niños consentidos están mal preparados para la vida. ¿En qué mundo las personas hacen solo lo que desean y nadie las contradice?

En el pasado los niños hacían su parte de las tareas del hogar, caminaban hasta la escuela e incluso llevaban ellos mismos su mochila. Las familias no estaban divididas entre trabajadores y *disfrutadores*. Dreikurs propuso una dura aunque precisa metáfora para destacar lo que el consentimiento hace a los niños: afirmó que es como romperles las piernas y ofrecerles, en su lugar, una silla de ruedas. El consentimiento, según Dreikurs, es una falta de respeto hacia el niño.

La niñez es una etapa muy breve, es solo el quince por ciento de la vida humana. En la práctica, es el entrenamiento para la adultez. Los niños a los que no se entrenó para que se enfrentaran a las dificultades y las superaran serán incapaces de vérselas con los futuros desafíos de la vida adulta. Son como soldados recién incorporados que pasan la etapa de entrenamiento en una especie de campamento de verano y luego se les dice: «Mira, esa es la guerra, que tengas mucha suerte».

La vida es un desafío y quienes no desarrollen musculaturas psicológicas la sufrirán como un deterioro constante: la ruptura de las promesas de la infancia. Los evitadores son, a menudo, personas carentes de entrenamiento adecuado para la vida, por lo que les resulta sumamente difícil esforzarse, pagar los precios necesarios para conseguir lo que desean o colaborar con los demás. En consecuencia, **la posibilidad de que un niño consentido desarrolle características evitativas es muy alto.**

El drama del niño consentido es que cualquier tarea en la vida que requiera perseverancia, esfuerzo, paciencia, postergar recompensas o colaboración se vive como difícil y frustrante. ¿Qué meta importante no requiere todo eso? Por eso, muchas veces los niños consentidos se sienten estafados y desgraciados. Se enfrentan a dificultades y problemas cuya resolución exige fuerzas o capacidades que no poseen y no hallan personas que los traten como lo hacían los padres, es decir, personas carentes de expectativas o exigencias y que renuncian a sus propias necesidades para facilitarles la vida a los evitadores.

El drama de los padres consentidores es que, tras años de esfuerzos, entrega y llevados por las mejores intenciones, descubren que los hijos no solo no son ilimitadamente felices, sino que son personas demandantes y críticas que dan todo por sentado y cuya memoria se enfoca, sobre todo, en lo que no recibieron. Esos niños que ahora han crecido los culpan, no los tienen en cuenta y no se preocupan por cuidar de sus padres ancianos.

La vida es una etapa difícil

La vida requiere que nos enfrentemos a tareas y desafíos incesantemente. En repetidas ocasiones, como explicó Adler, la evitación surge cuando una persona debe afrontar una nueva meta en su vida. Un nuevo desafío puede despertar el temor de que no se superará debido a las altas exigencias. Así, por ejemplo, los estudiantes universitarios o los egresados de escuelas terciarias pueden sentirse intimidados ante el inminente ingreso en el mundo laboral, donde se verán forzados a demostrar capacidades profesionales. Algunos se inscribirán en cursos de formación complementaria o buscarán obtener un segundo o tercer título para así continuar en el papel de alumno, en el que no tendrán que cumplir obligaciones, como corresponde a todo profesional.

Asimismo, recurrir a trabajos temporales o a pasantías es un ejemplo de evitación, una forma de no arrojarse a las aguas profesionales. La evitación de relaciones de pareja puede aparecer en una edad en la que resulta esperable casarse y formar una familia. Además de la evitación de las tareas vitales fundamentales, existen evitaciones parciales, como evitar enfrentamientos que podrían producirse a raíz de una solicitud asertiva, eludir el acercamiento espiritual o sexual en el marco de una pareja o similares.

Una de las características centrales de los evitadores es la falta crónica de energía, que se expresa en forma de cansancio, aburrimiento y en la escasa motivación para esforzarse, en especial cuando no hay oportunidad de lograr resultados positivos de manera inmediata. Muchos de ellos comienzan el día con la sensación de «no tengo fuerza». ¿No tienen fuerza para qué? Para la atención de las tareas cotidianas, la mayoría de las cuales son comunes y no demasiado excitantes. En la experiencia de los evitadores, la falta de energía es la razón para eludir las cosas. Sin embargo, de acuerdo con lo que hemos visto hasta ahora, es posible conjeturar que el orden es justo el inverso: la evitación debilita la voluntad, la capacidad y la destreza para atender tanto lo que resulta necesario como lo que resulta apetecible.

Se genera de este modo un círculo vicioso en el que la pasividad conduce a la falta de energía y la inseguridad personal, factores que desembocan en más evitación. Aunque en apariencia resulte simplista, es también una descripción exacta de lo que ocurre en muchos casos.

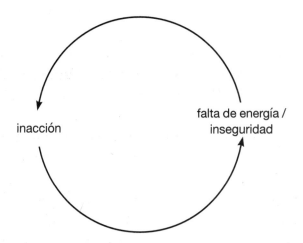

inacción

falta de energía / inseguridad

Además de la falta crónica de energía y el derrumbe de la seguridad personal, la evitación produce otros daños, como la pérdida del aprecio de los otros, dado que la sociedad considera la pasividad como algo negativo. Padres, parejas, jefes, amigos y quienes dependen de nosotros esperan nuestro aporte y participación en los desafíos y trabajos de la vida.

Para la sociedad, el evitador es un holgazán indisciplinado, desconsiderado, abúlico, pasivo e incapaz de hacer esfuerzos consecuentes. Ni siquiera quienes sienten afecto profundo por el evitador podrán evitar la decepción, el desprecio y la desesperación tras el fracaso de todos sus esfuerzos, como por ejemplo proponerle ideas creativas para llevar adelante, o proferir frases del tipo «¡Levántate!», «No está bien posponer cosas», «Tú duermes y yo traigo el sustento» o «Nada bueno saldrá de ti» cuando la paciencia se acaba. Todo esto lastima más aún la pobre imagen que de sí mismo tiene el evitador. Él sabe perfectamente que no está bien eludir la responsabilidad social o familiar; solo que no logra hacerlo de otro modo. Carece de la voluntad y la fuerza necesaria, y no halla sentido suficiente a atender las tareas cotidianas.

Retroceso no táctico

Hay ocasiones en las que los evitadores toman la iniciativa. Así, por ejemplo, al comienzo de una terapia, estimulados por la comprensión y la empatía que los terapeutas exhiben hacia ellos, pueden llegar a concluir que deben efectuar algún cambio y se sienten muy motivados. Abramson notó que el cambio preferido de los evitadores es... la retirada. Esta motivación los estimula, paradójicamente, al abandono de los marcos de trabajo o estudios, lo cual se percibe como el primer paso hacia un progreso que, como se verá más adelante, no se produce.

Los evitadores deciden renunciar a trabajos, divorciarse o cortar lazos. Los terapeutas y familiares pueden llegar a caer en la trampa de creer que la terapia funciona, puesto que se produce un movimiento. Muchas veces dejar de lado causas perdidas, relaciones insanas o trabajos insatisfactorios resulta una vía coherente para enfrentarse a los problemas, pero no siempre. En el caso de los evitadores, no conviene interpretar estos abandonos como necesariamente positivos, excepto en casos extremos, al apartarse de relaciones tóxicas y abusivas.

De acuerdo con el modelo de manejo de una realidad no deseada, de Talma Bar-Ab, desistir es una buena opción para quien comprende que no puede cambiar la realidad y planea hallar lo antes posible otras alternativas. Desistir no es una buena opción para los evitadores. Los terapeutas no deberían entusiasmarse cuando un evitador decida abandonar un sitio, antes de los cambios de comportamiento prometidos, que se producirán, supuestamente, en un nuevo sitio, que, además, le resultará difícil encontrar.

Otra «iniciativa» que caracteriza a los evitadores es el uso de drogas y el consumo excesivo de alcohol. En especial en la adolescencia, el uso de estas sustancias les da una sensación de adultez imaginaria y de valor, aunque sea temporal. Además, los evitadores jóvenes pueden llegar a mostrarse activos en apariencia por medio del rechazo y el desprecio del modo de vida «burgués» de sus padres. Sin embargo, este rechazo por valores «antiguos» no se transforma en la construcción de una ideología alternativa y madura ni los lleva a tomar decisiones como dejar el hogar paterno para vivir una vida más modesta, por ejemplo.

El cuarto factor de la evitación: carencia de sentimiento de comunidad

Hemos visto hasta ahora tres factores que ocasionan evitación, de acuerdo con Adler y tal como se exponen en el esquema de Abramson: 1) Una profunda sensación de inferioridad en relación con los otros. 2) Plantearse objetivos compensatorios irrealistas: ser «el más», ser perfecto. Como resultado de la incapacidad de hacerlos más flexibles, ocasionan más sensaciones de inferioridad. 3) Consentir o malcriar, que conduce a la incapacidad de enfrentarse a las frustraciones y dificultades, lo cual produce evitación. **Un factor adicional para la elección de la evitación como motor central de la vida es la despreocupación por los demás y por la sociedad,** que en el glosario psicológico adleriano recibe la denominación de «falta de sentimiento de comunidad». Según Adler, la evitación refleja la oposición a entender y a asumir la lógica de la vida comunitaria, que exige participar y colaborar de acuerdo con nuestras capacidades y afinidades.

El ser humano es una criatura social. Su mera existencia física está determinada por la pertenencia a un grupo, a la sociedad en la que vive. Adler supuso que, dado que la pertenencia social es determinante para la supervivencia y el desarrollo físico y espiritual del individuo, la persona debe estar equipada con potencial congénito para el apego y la sociabilidad, similar al que utilizamos cuando aprendemos a hablar. Adler llamó a ese potencial «interés social» o «sentimiento de comunidad» (*gemeinschaftsgefhül*), un concepto que pasó a ser uno de los pilares de la teoría adleriana.

Adler observó la interacción y dependencia mutua entre el individuo y la sociedad. **El sentimiento de comunidad es la sensación de unidad y de interdependencia entre el individuo y la sociedad;** es decir, el reconocimiento por parte del individuo de formar parte de una comunidad. Esta conciencia se expresa en su identificación con el grupo, la preocupación por el bienestar de la sociedad, el deseo y la capacidad de establecer vínculos, de sentir empatía y de colaborar con el prójimo.

De acuerdo con Adler, el sentimiento de comunidad es el componente central de la salud mental, por lo que la ampliación de esta conciencia es una de las metas declaradas de la terapia adleriana. Según Eva Dreikurs Ferguson, el sentimiento de comunidad es «el proceso por el cual el individuo puede realizar por completo su potencial humano». El sentimiento de comunidad es importante para el desarrollo de coraje, seguridad personal y sensación de valor, dado que, como dijo Adler, «todas las neurosis provienen de la tensión espiritual de un ser humano que no ha sido debidamente preparado para enfrentarse a objetivos que demandan más sentimientos de comunidad que los que posee».[24]

Adler opinaba que el sentimiento de comunidad es un potencial que debe entrenarse desde la lactancia. Cuanto más pertenencia al grupo familiar y confianza en él sienta el niño, mayor y mejor desarrollado estará su sentimiento de comunidad. De todos modos, uno puede desarrollarlo a cualquier edad.

Un sentimiento de comunidad no desarrollado constituye el componente central en la elección de la evitación. La evitación agrava el ensimismamiento de un ser humano. Para explicarlo de modo más evidente, imaginemos una situación de enfermedad: cuando enfermamos, nos sumimos dentro de nosotros mismos. Nos cerraremos más y seremos menos empáticos hasta que la salud se restablezca. El dolor nos aleja de las personas y de la actividad, hace que posterguemos metas y obligaciones, y que perdamos interés en experimentar y aprender. Pensemos ahora en una situación de dolor agudo y crónico ocasionado por sensaciones de inferioridad y falta de adaptación. Quien no siente pertenencia o no se siente valorado se ocupa sobre todo de sí mismo, de su dolor, y muy poco de la vida misma y de los demás. **La tragedia del evitador es que, a consecuencia de la flaqueza de su sentimiento de comunidad, pierde oportunidades de acrecentar su autoestima, dado que el aporte a los demás, la actividad y la colaboración traen como resultado sensaciones de adaptación y de éxito, además del aprecio y la valoración social.**

Un sentimiento de comunidad fuerte puede ayudarnos a superar el miedo al fracaso o a la pérdida de aprecio, pues, cuando damos preferencia al deseo de ayudar sobre el interés en la autoestima, podemos superar el miedo. Entonces, a pesar de haber dejado de ocuparnos de nosotros mismos, pues nos abocamos a tareas útiles para la sociedad, nuestra autoestima sube. Por ejemplo, un investigador logrará superar el pánico escénico para dar una conferencia ante sus pares, pues sabe que la información que comparte es vital para el avance de su especialidad. Un padre podrá defender a su hijo ante un peligro o una amenaza a pesar de su timidez.

A mayor preocupación por uno mismo, menos salud mental, y viceversa. Paradójicamente, ocuparse de uno mismo no conduce a la cura o al alivio de las sensaciones de inferioridad, sino que las intensifica, pues la persona, a lo largo del tiempo, no desarrolla la voluntad, fuerza o capacidad necesarias para hacer algo que restituya la sensación de pertenencia y valor. Martin Seligman, uno de los pioneros en el área de la psicología positiva, presentó estudios que mostraban que el nivel de felicidad de una persona crece proporcionalmente conforme a su interés por los demás y a sus aportaciones.

Seligman señaló que se sintió sorprendido al descubrir que las personas que sufren trastornos mentales, de las cuales uno podría esperar mayor empatía hacia los padecimientos de otros, son las menos interesadas en los demás, en comparación con personas que no han padecido jamás tales sufrimientos. Si Seligman hubiera conocido la teoría de Adler, no se habría sorprendido.

Ejercicio

Lleve a cabo hoy alguna acción que le resulte placentera y otra que ayude a otra persona. Preste atención a los sentimientos que aparecen después de estas acciones y regístrelos. Programe, para dentro de una semana, una alarma en su teléfono móvil: debe recordar y repensar ambas acciones. Preste atención, de nuevo, a los sentimientos que evoca lo hecho pasada una semana. ¿Qué acción le produce todavía satisfacción?

El sentimiento de comunidad de los niños

Los bebés y los niños, por naturaleza, son muy activos en establecer vínculos con el entorno y se esfuerzan por participar en cuanto sucede. A veces, un bebé de meses intenta alimentar a su madre con su papilla. Cuando sus intentos son bien recibidos, el niño se siente capaz y por lo tanto aprende que él también es necesario. Estimulado por la reacción positiva ante su gesto, el niño continúa desarrollando esa capacidad. Pone atención a las necesidades de la situación y de los otros, e intenta en consecuencia hacer su propio aporte. Si se le pide a una niña de tres años que colabore en la limpieza de los cubiertos, preguntará entusiasmada: «¿De verdad me permites hacerlo?», y se dispondrá de inmediato a la tarea.

En vez de estimular a los hijos a ayudar, en la sociedad moderna se da, en general, lo opuesto. Los intentos colaborativos del niño se reciben como molestias y, por lo tanto, se rechazan. La madre le contesta al niño que intenta alimentarla que ella no tiene hambre, en lugar de decirle «muchas gracias por pensar en mí». A la niña que se aproxima al lavavajillas se la echa, «vete, que molestas», en lugar de explicarle «ven, que te enseño cómo se hace». Estas reacciones vienen acompañadas de advertencias y anuncios: «Cuidado, que no se caiga, no lo estropees, no lo rompas ni lo ensucies». En otras palabras, el mensaje que se le envía al niño es: «Siéntate y no molestes; ponte a ver la tele y déjame terminar, luego jugaremos».

En nuestra acelerada vida moderna, los padres no disponen de tiempo para entrenar a los hijos en las tareas adultas. Los padres no tienen de energía ni paciencia para esperar a que los niños aprendan, dado que al principio la ayuda que los niños ofrecen es más una molestia que un beneficio. Achi Yotam afirma que los niños comprenden a edad muy temprana que están fuera del grupo activo y, por lo tanto, se alejan de ese circuito. En lugar de desarrollar sentimientos de pertenencia mediante la colaboración y la eficiencia, los niños la obtienen llamando la atención, «mamá, mira esto», o mediante exigencias, «quiero una bebida».

Si esto no da resultado, pueden llegar a abrumar a los padres con conductas negativas: pintarrajear las paredes o molestar a los hermanos. Esto puede transformarse en un conflicto abierto. El tiempo que los padres se «ahorran» haciendo todo solos deberán emplearlo, en definitiva, en resolver problemas y conflictos con los hijos. En su libro *Niños: el desafío*, Dreikurs denominó «metas erróneas» a las vías negativas para lograr sensación de pertenencia.

Otro comportamiento parental que impide el interés de los niños por los demás es el de darles demasiada centralidad. En muchas familias la agenda diaria se acomoda a las necesidades y deseos de los niños y no de acuerdo con los del resto o según las exigencias de la realidad. Es lo que sucede, por ejemplo, con padres que se rinden a las súplicas de los niños y aceptan prolongar el paseo en el parque: «Mamá, por favor, por favor, por favor, otro ratito, otro ratito más y nos vamos». Regresar tarde a casa estropea la rutina diaria, con lo que luego todo debe hacerse corriendo y a gritos. Es el caso, también, de estar obligados a escuchar, mientras conducimos, solo la música que los niños prefieren. O que se acepten todos los caprichos en cuanto a comidas.

En su libro *Comprenderte a ti mismo, a tu familia y a tus hijos*, Yotam identificó otro fenómeno frecuente que retrasa el desarrollo del sentimiento infantil de comunidad: el interés unidireccional en sus asuntos. Cuando una niña vuelve de la escuela infantil, solemos preguntarle: «¿Cómo estás? ¿Cómo te ha ido en el cole, lo has pasado bien?». Los niños aprenden que lo que les sucede, lo que sienten y lo que desean son cosas importantes, lo cual es cierto. Pero ¿significa esto que lo que les ocurre a los demás, sus necesidades o sentimientos son de menor importancia?

Prestar atención al niño hace que se sienta amado y querido, refuerza sus lazos de pertenencia y lo estimula para que se exprese. Sin embargo, los niños necesitan nuestra empatía en la misma medida en que deben desarrollar sus propias capacidades empáticas hacia los demás. Si los padres hacen que el niño sea partícipe de cuanto les ocurre, aprenderá a desarrollar interés en los demás y en las historias de los otros. Solo quien se interesa por los demás y pone en funcionamiento su sensibilidad, su tiempo y su atención puede tejer lazos sociales y relaciones profundas, como las que requiere una pareja, dado que una relación de pareja es la expresión más íntima del sentimiento de comunidad.

Quinto factor para la evitación: justificación

El quinto factor de la evitación, de acuerdo con la teoría adleriana, es la creación de excusas que permiten la falta de acción y proporcionan al evitador «permisos de excepción» socialmente reconocidos. El evitador sabe que su actitud es contraria al sentimiento de comunidad, por lo que debe hallar una justificación aceptable desde el punto de vista social, una «coartada» que le permita rehusar su aporte al esfuerzo común.

¿Por qué sería necesaria una coartada para la falta de acción? ¿No es verdad que el daño que el evitador causa cae sobre todo sobre sí mismo? No. Adler tenía una visión pragmática acerca de la vida humana. Se preguntó cuáles eran los problemas y los desafíos que se levantan ante las personas, en tanto criaturas sociales. Distinguió tres tareas u objetivos principales que es preciso cumplir para sobrevivir, prosperar y contribuir a la continuidad y el desarrollo del género humano.

El primer objetivo es el de ganar el pan con el sudor de la frente, o, en palabras modernas: trabajar. El trabajo es el medio para la subsistencia, imprescindible para la existencia humana. Además de subsistencia, el trabajo permite también la expresión de capacidades, preferencias y creatividad, facilita el desarrollo y crecimiento del mundo interior y proporciona condiciones mejores y más cómodas, más allá de cubrir las necesidades básicas.

Por supuesto, no todo trabajo está atado a la subsistencia. El buen funcionamiento general es parte del objetivo de trabajar.

El segundo objetivo al que debe enfrentarse el ser humano en este mundo es el amor, o, más convencionalmente, pareja y matrimonio. El amor es el modo en el que los seres humanos resuelven su naturaleza sexual y expresan las ansias, tanto físicas como espirituales, de pertenencia profunda y comunicación. El amor y la pareja son el medio por el que el género humano se asegura la generación y crianza de descendientes, su continuidad.

En la naturaleza, el ser humano es una criatura débil. Su supervivencia está garantizada solo en grupos. Dado que su existencia depende de otros, deberá aprender a adaptarse y congeniar con ellos para así poder aunar esfuerzos. Ese es el tercer objetivo: amistad, socialización, desarrollo de la comunicación interpersonal y de las relaciones de mutua conveniencia en diferentes niveles de proximidad, desde extraños con los que nos topamos en nuestro camino, pasando por colegas, vecinos, socios, hasta llegar a nuestros amigos del alma. Estos objetivos que surgen ante las personas requieren acción, un alto nivel de empatía para con los demás (las personas cercanas, la sociedad y la humanidad) y tanto disposición como capacidad para colaborar.

Todos sabemos que debemos completar los objetivos vitales y que se espera que lo hagamos del mejor modo posible, atendiendo a nuestros deseos y necesidades e integrándolos con los de la sociedad. Adler consideraba que el significado de la vida de una persona reside en su respuesta personal y específica ante las metas de la vida, en el modo en que elige llevarlas a cabo.[25]

La supervivencia, el bienestar y la continuidad de la sociedad dependen, por lo tanto, de que sus miembros acuerden colaborar bajo la lógica de la vida comunitaria, que dicta que cada uno contribuye según su capacidad. Por ello, la sociedad se asegura de que todos aporten al esfuerzo común mediante el proceso de socialización. La sociedad no puede permitirse tener integrantes que rehúyan aportar y juzga con severidad esta falta de participación. La maestra de la escuela infantil se enfada con la niña que no participa en el orden del aula después de haber jugado, el profesor amonesta al alumno que no hace sus tareas, los padres amenazan con caries y bacterias a la niña que se niega a cepillarse los dientes.

Todos los grupos humanos tienen exigencias perfectamente lógicas para con sus integrantes: participar en las tareas, asumir responsabilidad en la subsistencia, y algún nivel de contribución con los demás, por ejemplo, mediante el pago de impuestos. Estas son exigencias comunes a todas las sociedades de todos los tiempos y, a diferencia de las leyes y de las modas, no son modificables, pues la supervivencia de la sociedad depende de ellas.

Por eso la reacción social ante la falta de colaboración es tan severa y reviste formas de enfado, decepción, crítica, rechazo, castigo, expulsión o humillación. El precio que se paga por escoger la evitación va en detrimento del sentido de pertenencia o de la valoración. Es un precio demasiado alto y por eso la evitación debe estar acompañada por alguna excusa extremadamente convincente.

En su artículo «Significado de la neurosis según Adler», Abramson describió la situación de profundo sufrimiento del evitador: elige la evitación como estrategia para preservar su autoestima, pero al mismo tiempo el incumplimiento de sus deberes atenta contra ella, dado que sabe que está mal rehuir la responsabilidad y ser una carga para los demás. Es desagradable cuando los otros se sienten decepcionados, furiosos o heridos. Tampoco tiene una vida de la que pueda sentir orgullo. Se produce una brecha entre lo que sabe que se espera que haga y lo que efectivamente elige hacer o, mejor dicho, no hacer. Esta brecha puede, por supuesto, obturarse mediante la acción, que no es la opción preferida de los evitadores.

¿Qué se puede hacer? ¿Cómo optar por la inacción y al mismo tiempo conservar la dignidad evitando el rechazo y la crítica? Aportando una justificación. Alguien que se despierta desganado por la mañana no llamará a la oficina para decir «hoy no tengo ningunas ganas de trabajar, nos vemos mañana, si es que cambia el panorama», sino que dirá «no me encuentro bien, nos vemos mañana, lo lamento mucho».

Todos usamos justificaciones y excusas para reducir la distancia entre lo que deberíamos hacer y lo que realmente hacemos. Justificamos las pequeñas evitaciones con explicaciones o excusas, y las más notorias y evidentes mediante síntomas.

A quien esté interesado en comprender pormenorizadamente el importante papel de la justificación en la preservación de la autoestima y de la valoración de los demás hacia nosotros, le sugiero que intente el siguiente ejercicio: a lo largo de las próximas veinticuatro horas, absténganse de explicar por qué ha actuado de un modo u otro y evite por completo pedir disculpas. Está prohibido decir «siento el retraso» o explicar «ha habido un accidente y han bloqueado el carril», aun cuando sea verdad. Se prohíbe el uso de la palabra «porque» especialmente en combinación con las formas verbales «necesito», «debo» o «tengo que». Tampoco digan nada malo acerca de ustedes mismos; pueden pensarlo, pero no decirlo, como por ejemplo «qué tonto, lo olvidé».

Descubrirá muy rápidamente que resulta casi imposible cumplir estas exigencias, ni siquiera durante un rato. La inacción, cuando afecta a otras personas y no está acompañada por ninguna justificación, nos deja en una situación precaria y expuesta, como si nos hubiéramos quitado la ropa y los demás pudieran vernos desnudos. Explicaciones y disculpas forman un puente entre lo que creemos que es nuestro deber y lo que en definitiva hacemos, entre las expectativas, nuestras y ajenas, y la realidad. Aconsejo no prolongar el ejercicio más allá de las cuarenta y ocho horas, a riesgo de perder las amistades.

A través de la justificación logramos tres objetivos simultáneos: podemos hacer lo que se nos ocurra y no lo que debemos hacer, evitamos el enfado de los demás y podemos sentir que no hemos hecho nada malo. Cuando se nos niega la posibilidad de establecer ese puente entre lo que deberíamos hacer y lo que en efecto hacemos, nos vemos dolorosamente forzados a admitir, ante nosotros mismos y ante los demás, que en realidad no somos tan buenas personas. No estoy afirmando, por supuesto, que siempre sea posible hacer lo que corresponde o comportarse a la perfección, pero estaría bien que pudiéramos ser sinceros con nosotros mismos y con los demás, en el sentido de ver y aceptar nuestras imperfecciones sin experimentar por ello una bajada de la autoestima.

¿Por qué resulta tan difícil aceptar y admitir que no somos perfectos? La respuesta (según lo hemos explicado en el primer capítulo) es que sentimos que los errores y los fracasos disminuyen nuestro valor como personas y atentan, por lo tanto, contra nuestro sentido de pertenencia. Puede afirmarse que la sensación de estima es el núcleo de nuestra personalidad, por lo que posee una enorme fuerza de tracción. Cuando nuestra autoestima se ve amenazada o herida, haremos todo cuanto esté a nuestro alcance para protegerla y restaurarla. En la revista «Padres, hijos y lo que media entre ellos», editada por Zivit Abramson, Achi Yotam comparó la necesidad de pertenencia a la necesidad de aire respirable. Esta comparación relaciona la sensación de pertenencia a lo vital y su desaparición con la muerte. Si nos obturan las vías de respiración, haremos todo lo posible para liberarlas.

Justificaciones sofisticadas: la racionalización y la autocrítica exageradas

Si experimentamos una bajada de la autoestima, *debemos* restaurarla. Muchas veces lo hacemos mediante la elaboración de explicaciones o «racionalización». El analista Daniel Wile escribió en su libro *Después de la pelea* que la vida mental es un esfuerzo continuo en pos de la autojustificación.

La autojustificación hace que nos veamos bajo una luz más positiva que la que nos «corresponde» y permite embellecer u ocultar nuestros flancos menos presentables. Al justificarnos podemos sentirnos mejor con nosotros mismos y conservar la autoestima. Esta tergiversación de la propia imagen es un mecanismo que sostiene la salud mental y el bienestar personal, aunque verse a uno mismo mejor de lo que en realidad es también requiere pagar un precio. Las justificaciones alivian, pero impiden mejorar, corregir y compensar. Este dulce autoengaño limita el crecimiento. Además, cuando estamos inmersos en la defensa de nuestra valoración, resulta difícil percibir el dolor ajeno y sentir empatía hacia los demás. En su artículo «¡Excusas, excusas!», Bill Linden escribió que una de las formas más comunes de deformación del pensamiento en beneficio de la valoración personal es restarles gravedad a las consecuencias de nuestros actos.

Por ejemplo, en la vida de pareja, cuando un integrante evita colaborar en las tareas de la casa o elude comunicarse o establecer lazos de intimidad o acercamiento físico, y pone como explicación que él o ella es una persona cerrada por naturaleza o que necesita tranquilizarse, mientras que su pareja se siente desesperada, frustrada o sola. Bill Linden señaló otro tipo de defensa de la sensación de autoestima, capaz de conseguir resultados similares a la racionalización: la autocrítica desmedida o autoflagelación. **La autoflagelación expone, supuestamente, una baja autoestima. Pero, si observamos el fenómeno más de cerca, veremos que su razón de ser es preservar una sensación de superioridad.**

Cuando una persona se critica a sí misma lo que está diciendo es que no está satisfecha consigo misma, que siente que existe una distancia entre quien es en realidad y lo que espera de sí misma. Esta distancia aparece entre lo que la persona hace, por un lado, y las conductas dictadas por sus estándares personales o morales. Es por eso por lo que experimenta una bajada de la autoestima. Siente y proclama, para sí y para los demás, que hay algo mal en él.

Cuando la autocrítica es puntual, constituye un testimonio de modestia: se reconoce un error o un nivel de realización inferior a lo deseado, se siente vergüenza o decepción y se intenta indemnizar a los perjudicados, reparar errores y corregir lo que fuera necesario. El beneficio de este tipo de autocrítica es la autenticidad, la consciencia de uno mismo, la humildad, la tendencia al crecimiento y desarrollo y la ampliación de miras de interés hacia los demás, amén de la mejora en las relaciones con el entorno.

Pero la autoflagelación no es una autocrítica enfocada o constructiva, sino una crítica generalizada y desmedida: «Nada me sale bien», «Soy un desastre», «Me odio a mí mismo», en lugar de buscar una razón específica, como por ejemplo «Obré con impulsividad». La autoflagelación genera vergüenza, desesperación y tristeza. Estos sentimientos dirigen la atención de una persona hacia sí misma y no la impulsan a acciones constructivas como reparar, compensar o mejorar.

¿Cuál puede ser el objetivo de una conducta tan cruel? Para poder responder, nos servirá de ayuda preguntar antes qué es lo opuesto a la autocrítica. La respuesta, por supuesto, es la autoaceptación, el reconocimiento de que somos quienes somos, con todas nuestras limitaciones. Obramos como obramos y lo aceptamos. La autoaceptación es el reconocimiento de que no somos perfectos, de que jamás lo seremos y de que nos hemos reconciliado con esta idea.

En contraposición, si una persona no se acepta a sí misma, niega sus defectos humanos y personales. En ese caso, autoaceptarse equivale a reconocer que se es común: lo que un evitador más teme descubrir. **Mediante la autoflagelación el evitador puede seguir pensando que él es más, o, por lo menos, que está destinado a serlo, y de ningún modo común, humano o imperfecto.**

Así, puede experimentar sensaciones de superioridad sin esforzarse en mejorar. Es comodísimo. Así lo expresó Linden: «No hay que hacer nada, excepto sentirse mal». Es importante recordar que el verdadero objetivo de la autoflagelación permanece inconsciente, mientras que el sufrimiento es mucho y es real.

Del mismo modo que existe la autocrítica exagerada, existe también la autoaceptación desmedida. Es la aceptación de todo cuanto hacemos, sin ningún tipo de juicio o consciencia. No hay un reconocimiento de los límites propios o los defectos, sino un autoconvencimiento exagerado de que todo cuanto hacemos está bien, es correcto y no necesita revisión. En la autoaceptación desmedida no hay sufrimiento, no hay necesidad de confesar nada ni de aceptar que no somos perfectos. Los que sufren son las personas de alrededor, pues convivir con alguien que acepta absolutamente todo de sí mismo es como hablar con una pared. En la autoaceptación desmedida hay también un grado de altivez, pero menos sofisticada que en el caso de la autoflagelación, dado que se hace abiertamente, sin tapujos. Quienes se aceptan a sí mismos sin hacer autocrítica no tienen demasiados amigos. Si son personas activas y talentosas, pueden llegar a tener admiradores o seguidores.

Ojalá pudiéramos descubrir quién es el culpable…

Una excusa es una historia que una persona se cuenta a sí misma y a los demás para explicar por qué no hace lo que «debería» hacer o lo que querría «realmente» hacer; una historia en la que él mismo cree. Abramson señaló que quienes se excusan mediante narrativas repiten la misma historia, una y otra vez, para sí mismos y para quien quiera oírla. La repetición de esta historia termina transformándose en su tarjeta de visita y evidencia que en realidad no la creen del todo y que sea verdadera por completo.

La conclusión de la historia del evitador es que lo que ocurrió no dependía de él y que no tuvo alternativas. La excusa está destinada a justificar hechos que resultan contrarios a las expectativas de los demás o de la persona misma: «no logré progresar en mi trabajo porque mi esposa no me apoyó», «no pude estudiar porque los niños eran pequeños y carecía de ayuda». La excusa tiende a acercar la distancia entre lo existente y lo ansiado.

El mensaje que con la excusa se desea enviar es «podría haber triunfado espectacularmente en _____ de no ser porque _____». El lector completará lo que falta. Sin la excusa, lo único que queda es lo que no se ha hecho: «no progresé en mi trabajo» o «no estudié». En general, este tipo de afirmaciones va en detrimento de la autoestima del evitador. Pero si alguien o algo, no nosotros, es el culpable de que no hayamos logrado lo que ansiábamos, o de que no hayamos cumplido con lo que los demás esperaban de nosotros, es mucho más fácil aceptarlo.

Por eso se comprende la necesidad, tan característicamente humana, de buscar culpables. Hallar al culpable no modifica en absoluto la realidad, al contrario, pues nadie asumirá entonces ninguna responsabilidad y no habrá aprendizaje ni cambios, pero aliviará sensaciones que dependen de nuestra estima. A veces la culpa es de las circunstancias: guerra, carestía de la vida; aunque con mayor frecuencia es de las personas. Ante todo, los padres, luego nuestras parejas y después el resto del mundo: colegas, jefes, el Gobierno y una larga lista.

La sensación de que no somos lo suficientemente buenos en algo también puede proporcionar una explicación aceptable para el evitador. Por ejemplo, si una mujer declara que ella no es buena para aprender idiomas, no podrá estudiar determinadas carreras o trabajar en cualquier puesto que exija conocimiento de idiomas ni podrá salir del país a riesgo de sentirse perdida. Esta afirmación, «no sirvo para esto» o «no soy lo bastante bueno en esto», es conmovedora, pero no convincente, pues se puede suponer que la persona no ha invertido años de esfuerzos continuos en el estudio de una lengua extranjera, ni tampoco ha intentado métodos alternativos para el estudio de idiomas, sino que simplemente lo intentó durante un breve periodo o ni siquiera eso. ¿Recuerdan ustedes cuántas veces se cayeron hasta que aprendieron a caminar?

En la mayoría de los casos, la capacidad no es una característica fija e inmutable. La capacidad de hacer algo proviene del entrenamiento. Cuando alguien desea hacer algo, la pregunta no es si «es bueno para eso», sino si realmente desea hacerlo hasta el punto de que está dispuesto a hacer cuanto sea necesario para ejecutarlo del mejor modo posible.

Los casos en los que las personas desean con toda pasión

hacer algo pero carecen por completo del talento necesario son extremadamente infrecuentes, en especial si la persona tiene ambiciones coherentes y es capaz de sentirse satisfecha con un resultado bueno o parcial.

Al contrario de aquellos que esgrimen excusas, las personas que están a gusto en su lugar en el mundo y que se sienten valiosas no buscarán descargar culpas sobre los demás, sobre las circunstancias que les impidieron llevar adelante sus planes ni tampoco prepararán coartadas («lo que pasó es que tuve que criar a mis hijos»).

La próxima vez que utilicen las palabras «porque», «por culpa de» o «lo que pasó fue que…» para explicar los motivos por los que desisten o las razones de un fracaso, repitan la frase y deténganse antes de aplicar estas fórmulas. Por ejemplo, la frase «no completé mi doctorado porque tuve que seguir trabajando en un empleo a jornada completa» se transformará en «no completé mi doctorado». ¿Cómo se sienten ahora? ¿Qué ganan y qué pierden?

Las megaexcusas: el síntoma como coartada

Cuando la evitación es continua y general, cuando el evitador huye del enfrentamiento activo de las principales tareas vitales y en especial de las que procuran el mantenimiento económico, las excusas ya no son suficientes. En estos casos, la justificación del evitador asume la forma de síntoma psíquico o psicosomático. El síntoma proporciona una coartada general para la inactividad. Es tan efectivo como una excusa, dado que nadie podría esperar que una persona enferma o que sufre desarrolle su tarea con normalidad. Un síntoma que en el pasado se denominaba «neurosis» se llama hoy «trastorno mental común» y se define como un trastorno nervioso sin causas físicas reconocibles (cf. *Manual diagnóstico y estadístico de los trastornos mentales*).

Uno de los principios básicos de la teoría adleriana es el «principio teleológico».* A diferencia de otros enfoques psicológicos, esta visión considera que todo movimiento en la vida, esto es, todo pensamiento, sentimiento o acto, está dirigido a la consecución de un *objetivo*. Los adlerianos no inquieren los motivos que causan los sentimientos o las conductas de una persona, sino los objetivos que buscan.

Cuando sentimos, por ejemplo, melancolía o miedo, lo vivimos como algo que nos sucede o que se nos impone e intentamos comprender las causas de estas sensaciones. No así los adlerianos, que se preguntan cuál es el objetivo de ese sentimiento. Asimismo, **el principio teleológico considera que las personas pueden generar en sí mismas síntomas físicos y psíquicos en pos de un objetivo, como por ejemplo justificar la evitación.** Los terapeutas que siguen esta teoría intentan identificar la forma específica que asumen los sentimientos de inferioridad de un paciente determinado para comprender a qué le teme, de qué intenta huir.

Para definir si el síntoma sirve a un objetivo o si es consecuencia de un estado de salud, Dreikurs solía hacer una sola pregunta: «¿Qué harías diferente si la enfermedad o el síntoma desapareciera sin más?». Si la respuesta era «no haría nada distinto, seguiría haciendo las mismas cosas, solo que sin este malestar», Dreikurs daba por supuesto que se trataba de una condición médica y no psiquiátrica. En personas evitadoras, la respuesta a esta pregunta revela que el síntoma los absuelve de tener que actuar. Si a la pregunta «¿actuaría distinto si no sufriera de depresión?» la respuesta fuera «saldría a trabajar» o «me dedicaría a mis

---

* La teleología (del griego τέλος, «fin», y λογία, «discurso, tratado o ciencia») es la rama de la metafísica que se refiere al estudio de los fines o propósitos de algún objeto o algún ser, o bien literalmente, a la doctrina filosófica de las causas finales. Usos más recientes lo definen tan solo como «la *atribución de una finalidad, u objetivo, a procesos concretos*». (Wikipedia). *(N. del T.).*

hijos», podemos considerar que la depresión es una justificación creada para evitar esa acción.

En todos los casos, tanto si el síntoma surge desde lo físico, desde lo psíquico o es una combinación de ambos, es posible recurrir a medicamentos o terapias para aliviar el sufrimiento. Cuando el síntoma responde a un objetivo, cuando está destinado a justificar la evitación, es posible que el evitador rechace los medicamentos, pues pueden llegar a arrebatarle su coartada.

Las excusas para no medicarse, como por ejemplo «no es saludable», o el rechazo a asistir a una terapia, «yo no estoy loco», son, en general, inconscientes. En otros casos en los que los evitadores acuden a terapia o toman medicación, la afirmación será que no los ayuda. En ocasiones, la búsqueda constante del tipo de terapia más adecuado reemplaza la acción efectiva.

Adler denominó «neurosis» a la tendencia a evitar metas vitales. Una persona neurótica es la que escoge la inacción como vía de escape del fracaso que hiere su autoestima. Sin embargo, para justificar su pasividad, debe «fabricar» síntomas que le otorguen un «permiso de excepción». Adler consideraba que en los casos de neurosis toda la personalidad está construida para proteger a la persona de las sensaciones de inferioridad. El significado que Adler le dio a la palabra «neurosis» es significativamente distinto al de Freud.

Según Freud, la neurosis es un síntoma o un trastorno psíquico ocasionado por conflictos internos entre distintos componentes (ego, superego, ello) o debido a la represión de deseos e impulsos prohibidos, recuerdos traumáticos o problemas de apego. **De acuerdo con Adler, la neurosis es la tensión que una persona genera entre ella misma y las metas de su vida, y el síntoma psíquico actúa como explicación o justificación para su falta de acción.** Sabemos que de nosotros se espera que participemos y contribuyamos, por lo que estamos imposibilitados de pensar o decirles a los demás «no deseo hacerlo». En lugar de eso, lo que diremos es «quiero hacerlo, pero no puedo». Adler afirmó que la base de todo trastorno mental es la imposibilidad de comprender y aceptar las demandas sociales y cósmicas. La medida de la negativa a participar es la que determina la gravedad del trastorno.[26]

Objetivo en lugar de causa

La idea del síntoma teleológico no solo es de difícil comprensión, sino también difícil de digerir, en especial en una época en la que la cultura psicológica se muestra muy impresionada por los síntomas y busca explicar sus causas. Para Adler las razones no están en el pasado, sino en la teleología: cuál es el objetivo hacia el cual se tiende, en el futuro. En los casos de neurosis, Adler busca devolverle al ser humano la responsabilidad, incluso por sus síntomas, y esto en una era en la que impera el enfoque diagnóstico-farmacológico de la salud mental, que se especializa en diagnosticar y en aliviar los síntomas asumiendo «la responsabilidad» de encontrar una píldora para todo.[27]

Por eso, es perfectamente natural que la idea según la cual una persona «crea» para sí un síntoma despierte el rechazo y resulte de difícil comprensión, a pesar de que lleva implícito un gran optimismo, dado que uno puede cambiar sus objetivos, a diferencia de las causas o las circunstancias del pasado, que no son modificables. Lo que explica el principio teleológico es que el ser humano escoge y decide, y es por lo tanto responsable por sus elecciones. Sin embargo, aquellos cuyas elecciones son contrarias al sentimiento de comunidad y al sentido común ven la responsabilidad como algo indeseable.

Un ejemplo del uso de síntomas para lograr objetivos es el miedo a los exámenes. Este miedo le impide al alumno prepararse de manera adecuada, dado que está inmerso, «a su pesar», en pensamientos negativos acerca de sus posibilidades de fracasar. En el momento mismo del examen el miedo puede ocasionar falta de concentración e incluso amnesia (*blackout*). Todo esto perjudica al comportamiento del alumno y por supuesto repercute en su calificación.

La reacción de la familia o de los maestros ante un alumno temeroso es de apoyo, comprensiva y empática: son intentos de calmarlo. En general se le ofrece ayuda y se le facilitan las cosas. Además, y esto es lo más importante, la sociedad admite el miedo como una explicación aceptable para la evitación de los exámenes y de las notas mediocres o bajas. Todos los que intervienen en el proceso aceptarán que al alumno no le fue tan bien debido al miedo, en otras palabras: que posee un potencial mayor al que fue capaz de exhibir.

Consideremos ahora el miedo como un mecanismo de justificación para una actuación imperfecta. Si le preguntamos a un estudiante que sufre pánico ante los exámenes si se considera menos dotado que el resto de sus compañeros, lo más seguro es que nos diga que no. Es muy posible, incluso, que piense que es más talentoso que ellos. Si le preguntamos por sus posibilidades de obtener un aprobado, es también muy probable que nos diga que sus posibilidades son altas, aunque sentirá que nuestra pregunta es insultante, puesto que implica que él debería conformarse con un resultado mediocre. En general, quienes sienten pánico ante los exámenes no temen un fracaso total, sino la posibilidad de no obtener una nota alta.

Si un estudiante con altas aspiraciones cree que peligra la posibilidad de recibir una nota sobresaliente, se creará para sí, de forma inconsciente, una justificación para el fracaso: cualquier escenario en el que reciba menos de un diez. El cuadro neurótico configura este mensaje: «Me habría ido fantástico si no hubiera sido por este problema que tengo».

Es muy importante destacar que todo lo que estamos afirmando en relación con el papel de los trastornos mentales frecuentes como justificación de la evitación se refiere solo a los grados relativamente leves del fenómeno y no a cuadros clínicos como la depresión mayor y otras enfermedades mentales. Muchas investigaciones señalan la conexión entre trastornos psíquicos frecuentes (fobias, depresión, trastornos de la alimentación, pensamientos obsesivo-compulsivos e incluso suicidas) y las aspiraciones desmedidas.[28]

En mis encuentros con profesionales de diversas tendencias he podido percibir que solo los especializados en perfeccionistas y los terapeutas adlerianos eran conscientes de la conexión clave entre aspiraciones desmedidas y la evitación. Se trata, en mi opinión, de una conexión clave, porque tanto la salida de la evitación como la cura de la ansiedad o de las depresiones requiere, entre otras cosas, la renuncia a las aspiraciones exageradas y la adopción de metas alcanzables.

Los dos trastornos mentales más difundidos de nuestro tiempo, la ansiedad y la depresión, no son en general reacciones ante condiciones de vida horrorosas o decepcionantes. El empeoramiento del estado de ánimo en reacción a condiciones adversas o la sensación de miedo en respuesta a una experiencia atemorizante, a la incertidumbre o frente a un nuevo desafío son reacciones naturales en tanto sean limitadas, temporales y no atenten contra el desenvolvimiento normal de la persona. Cuando un estado de depresión o de temor se prolonga e impide hacer vida normal, ya no puede verse como una reacción a una situación específica y se debe preguntar por sus objetivos.

Los objetivos principales del síntoma son dos: otorgar permiso para no tener que enfrentarse a las metas y obtener una coartada que justifique el fracaso o el mal funcionamiento. El síntoma permite exhibir una apariencia de bien intencionado. Si los evitadores pudieran tener un lema, este sería: «Sí, pero». Dado que los mecanismos de evitación sintomáticos son inconscientes, permiten evitar lo que no se desea hacer, ser una carga para los demás y no tener que reconocer que se está haciendo algo injusto.

El evitador cree que realmente quiere, pero no puede. Este mecanismo le permite pensar, como señaló Adler, «sé lo que debo hacer, quiero hacer lo necesario, *pero* no lo hago porque me resulta imposible». Si tuviera que decir «no quiero hacerlo» en lugar de «no puedo hacerlo», le resultaría sumamente difícil conservar la autoestima, pues sabe que su elección daña a los otros. Además, el evitador comprende que, si no fuera por los síntomas, la gente no estaría tan dispuesta a cumplir con las tareas que él decide no hacer. En su libro *Comprenderte a ti mismo, a tu familia y a tus hijos*, Yotam señaló que el síntoma defiende a la persona del fracaso, dado que la libera de la acción y de la culpa.

Dreikurs, en su libro *Igualdad social: El desafío*, escribió que los niños descubren a una edad muy temprana que no hay nada que enfade tanto a los adultos como confesar malas intenciones. Todos hemos aprendido a ocultar nuestras verdaderas intenciones para evitar el rechazo o la reprimenda, y seguimos haciéndolo hasta el presente. Pero no solo ocultamos nuestras intenciones egoístas a los demás, sino que también nos las ocultamos a nosotros mismos. Así, por ejemplo, si en el transcurso de una terapia un paciente admite que no desea trabajar y que asiste a las entrevistas laborales con el único propósito de arruinarlas, esta admisión debe considerarse un progreso real más allá del cinismo, pues el cese del autoengaño, y del engaño a los demás, es una parte importante del proceso terapéutico.

Entonces ¿cómo podemos conocer cuáles son nuestras verdaderas intenciones? Técnicamente es muy sencillo, aunque en lo emocional resulte desafiante. Todo lo que hace falta es observar nuestras acciones. Adler lo sintetizó con agudeza: «Confíen solo en el movimiento».

Es difícil aceptar una teoría en la que la persona genera un síntoma para justificar la evitación. Pero, aun si logramos comprenderla, existe en ella el peligro de dirigir la culpa hacia el evitador «sintomático». Si ha hecho su elección, es que es culpable. Recordé en párrafos anteriores que esa elección no es consciente, sino que constituye una estrategia creativa que funcionó en algún momento del pasado y por lo tanto la persona persiste en ella. Los invito a ver el lado positivo de la teoría: si el síntoma psíquico y el sufrimiento que genera fueran un dictado del destino, las personas estarían condenadas a vivir así hasta el fin de sus días, lamentando todo lo que no pudieron hacer o experimentar. Sin embargo, si existe un marco de elección, es posible terminar con el sufrimiento y generar un cambio. Solo si la persona comprende que ella es parte del problema será también capaz de ser parte de la solución.

Ansiedad, un síntoma útil para la evitación

El miedo básico de todos nosotros, en el supuesto de que no estemos enfrentándonos a un peligro real para nuestra vida, es la pérdida de la autoestima, en especial si salimos al encuentro de nuevos desafíos o situaciones en las que tememos fracasar. En el caso de las personas activas, el miedo perturba, pero no paraliza. En muchas ocasiones el miedo ante la posibilidad de fracasar los impulsa a prepararse más ante el desafío que los aguarda, y en otros casos los lleva, como un paso táctico, a ocultarles a los otros sus expectativas.

Entre los evitadores, la concepción dominante no es que la evitación sea el resultado de una elección que hayan hecho, sino que es la ansiedad lo que les impide actuar. La ansiedad funciona como una coartada, tanto para la inacción como para el fracaso, dado que es, en apariencia, la causa que les impide actuar. La ansiedad refleja una visión de mundo en la que a los otros se los percibe como fiscales, jueces y verdugos potenciales, no como compañeros de ruta. El miedo hace que las personas se alejen de las relaciones y los desafíos. En la evitación, la defensa consiste en la precaución y la retirada. El precio, a largo plazo, es altísimo.

Muchas veces la evitación y la consecuente ansiedad son, como hemos dicho, una pantalla tras la que se ocultan expectativas desmedidas. En la película de Talya Keinan Peled *La píldora de* *la felicidad*, que trata del uso del medicamento Cifralex* para la cura de la depresión y la ansiedad, se puede ver esta relación con claridad. En la película, una guionista de veintiocho años comparte con nosotros sus miedos: «debes ser creativa todo el tiempo, ser siempre capaz de "cumplir con la demanda"; si un día no aportas una idea nueva y al siguiente no entregas un trabajo perfecto, estás acabada». Ante la pregunta «¿la cantidad de "me gusta" es lo que determina si sigues o caes?» la joven contesta, como si se tratara de algo sobreentendido. «Por supuesto».

El pensamiento obsesivo de los pacientes ansiosos vuelve una y otra vez sobre el mantra «no eres lo suficientemente bueno». Las expectativas desmedidas pueden aparecer en cualquier ámbito y a partir del momento en que se han fijado el objetivo de la persona es alcanzarlas o, en todo caso, esquivar el fracaso mediante la evitación. En la película oímos el relato de otra mujer: «No era necesario que se tratara de algo traumático, como la muerte de algún ser querido… Era suficiente con que de pronto alguna prenda no me quedara bien. Puedo abrir el armario, elegir "la camisa que más me gusta", vestirla, y entonces sentir que ya no me va, que he engordado demasiado. A partir de ese momento no puedo salir. Todos los planes que tenía y para los que vestí aquella camisa se cancelan». Atención: una camisa que cierto día no luce bien es la causa de la misma reacción que provocaría un peligro o una tragedia: el ensimismamiento.

Todos los entrevistados en la película son personas talentosas e inteligentes. Todos poseen la capacidad de tener vidas agradables y felices y disponen de las condiciones necesarias para ello, pero

---

* Se refiere a la droga Escitalopram, fármaco antidepresivo que se utiliza para el tratamiento de la depresión y los trastornos de ansiedad, tales como el trastorno de pánico, trastorno de ansiedad generalizada, los ataques de angustia y la fobia social. También puede utilizarse para tratar el trastorno obsesivo-compulsivo, el síndrome disfórico premenstrual y el trastorno por estrés postraumático. (Wikipedia). *(N. del T.)*.

experimentan depresión y pánico cuando «fracasan» en lograr sus metas desproporcionadas. Eitan, uno de los entrevistados, explica que «uno llega a una cierta cúspide, a partir de la cual ya nunca podrás sentarte a descansar o decirte a ti mismo: "Soy feliz por nada en especial"». Todos los entrevistados recurrieron a Cifralex, la píldora mágica para reducir el nivel de pánico y continuar activo. Más adelante hablaremos de otra «píldora».

Adler *versus* el trastorno psíquico de evitación

De acuerdo con el *Manual diagnóstico y estadístico de los trastornos mentales*, el DSM-5,[29] la evitación extrema debe considerarse un desorden de la personalidad. Las características de este desorden, tal como las describe el manual, se asemejan a lo que Adler denominó «neurosis» y que en este libro llamamos «evitación».

Según el manual, el trastorno mental de evitación se caracteriza por un molde repetitivo de conducta de evitación social a largo plazo, sensación de inadaptación e hipersensibilidad ante la valoración negativa. Este cuadro describe a personas que evitan verse envueltas en actividades sociales o laborales y que eluden exponerse a riesgos personales debido al miedo a las críticas, la vergüenza, la burla, situaciones embarazosas o rechazo. Quienes sufren este desorden se ven a sí mismos como no merecedores desde el punto de vista social, poco atractivos e inferiores. Tienden a ser cautelosos en cuanto a exponerse, experimentan una gran sensibilidad ante las críticas y en general ante ellos mismos. Tienden a sobreestimar los riesgos y a sentirse impresionados ante síntomas físicos. Utilizan los síntomas como justificación de una conducta evitativa.

La meta principal de las personas diagnosticadas con trastorno de personalidad evitativo es eludir la humillación. Lo logran limitando sus actividades a espacios en los que sienten seguridad y certeza. Según el DSM, las personas con trastornos de personalidad evitativa solo buscan relaciones ideales con los demás. Desde el punto de vista de ellos, solo pueden actuar en un entorno que les asegure una aceptación incondicional.

El diagnóstico de una personalidad evitativa debe identificar sentimientos de inferioridad, expectativas irreales respecto a las relaciones, preocupación exagerada en cuanto a la autoestima y una fuerte conexión entre la evitación y los desórdenes mentales más difundidos. Como hemos podido ver, todas estas características son factores de la evitación.

La comprensión de la evitación y de su nexo con los trastornos psíquicos más comunes, como la ansiedad o la depresión, según la teoría adleriana, implica un enfoque práctico y a la vez optimista. Al considerar la evitación como una estrategia y los trastornos psíquicos como parte de ella, se está indicando la posibilidad de elegir una estrategia de relación mejor. Esa elección es posible mediante la creación de condiciones de entorno adecuadas, por un lado, y por el otro mediante la disposición, por parte del evitador, a comprender sus propias elecciones y modificarlas.

Conclusión

La evitación comienza, por lo general, cuando una persona se ve frente a un objetivo que considera imposible de alcanzar con los resultados sobresalientes que se había fijado. En este capítulo hemos visto tres componentes de la evitación, tal como se describen en el esquema de Abramson, además de las sensaciones de inferioridad y las metas compensatorias de superioridad. Estos tres componentes son: la falta de voluntad para invertir esfuerzos, que es la consecuencia del consentimiento; el sentimiento de comunidad subdesarrollado; y la justificación de la falta de participación en forma de excusa o de síntoma neurótico.

En un tiempo como el nuestro, en el que se piensa que el papel paterno es brindar a los hijos una niñez feliz, sin dificultades ni frustraciones, el consentimiento es un método pedagógico muy popular. Los niños que crecen siendo el centro de atención y no como miembros de familia, en igualdad de condiciones, experimentan dificultad para enfrentarse a metas o desafíos que no sean sencillos, placenteros o divertidos. El consentimiento se convierte en un obstáculo para el comportamiento normal, que exige voluntad, energía y capacidad de afrontar la vida, resolver problemas y luchar activamente por el logro de objetivos.

El sentimiento de comunidad es la identificación del individuo con la sociedad. Se expresa a través de la empatía hacia los demás y de la predisposición a participar en el toma y daca de la vida. El sentimiento de comunidad es una dimensión de la salud mental, la felicidad y la autorrealización. Es el antígeno contra la sensación de inferioridad.

Dado que la sociedad no aprueba a quienes rehúyen la participación y la colaboración, la evitación necesariamente está acompañada de justificaciones, que pueden ser más o menos conscientes e incluyen la invención de excusas o la creación de síntomas psíquicos como coartadas para la inactividad.

En su artículo «Significado de la neurosis según Adler», Abramson describió el marco terapéutico para evitadores. Para ayudarlos a retomar la acción hay que atender a todos los componentes o causas de la evitación. Se debe hacer que crezca la autoestima del evitador, hay que asistirlo en el desarrollo de una concepción «horizontalista» y hay que ayudarlo a renunciar a metas no realistas y a que en su lugar se plantee objetivos alcanzables. Debe recibir entrenamiento en cómo invertir esfuerzos e impulsar el desarrollo del sentimiento de comunidad. Los síntomas psíquicos se debilitan y desaparecen como consecuencia del trabajo sobre los componentes de la evitación. Si los síntomas son muy fuertes, es posible recurrir a medicamentos que alivien el sufrimiento y permitan la labor terapéutica.

En el próximo capítulo conoceremos las distintas formas que adopta la evitación.

5

Formas de la evitación

En todos los casos de evitación extendida o prolongada es posible identificar la mayoría de los factores constitutivos de la evitación ya detallados o prácticamente todos ellos: la sensación de inferioridad respecto de los demás, el planteamiento de objetivos compensatorios de superioridad como condición para el sentimiento de pertenencia y valor, sentimientos de inferioridad en relación con las metas exageradas, falta de preparación y voluntad de invertir esfuerzos, sentimiento de comunidad insuficientemente desarrollado y una justificación, que en evitaciones extremas puede asumir la forma de síntomas neuróticos.

Tanto la evitación como sus diferentes factores pueden expresarse de muchas formas, las más difundidas de ellas, la deliberación y la procrastinación, las expondré de inmediato. Adler compiló estas formas de la evitación en cuatro grupos, cada uno con sus propias características.

Las cuatro formas de la evitación son: **detención, movimiento hacia delante y hacia atrás, generación de obstáculos** ante un posible avance y **retirada**.[30] La detención, como su nombre indica, señala la situación de una persona activa en el cumplimiento de sus metas vitales y que se detiene, como el caso de alguien abandonado por su pareja que no intenta establecer un nuevo vínculo amoroso. El movimiento hacia delante y hacia atrás produce una apariencia de actividad sin el compromiso que se requiere para alcanzar una meta y, en consecuencia, sin progresos. Un ejemplo común es el caso de alguien que salta de un trabajo a otro porque «lo capta todo muy rápidamente y pierde el interés». El tercer modo de evitación, la generación de obstáculos y los intentos para superarlos, está también destinada a obstruir y retrasar, pues siempre hay algún problema por sobrellevar antes de ocuparse de lo que realmente importa, como, por ejemplo, los artistas que «no pueden» dedicarse a su obra porque no disponen del espacio, el equipamiento o el ambiente adecuados para iniciar la tarea. Por último, los que optan por la retirada son personas que dan la espalda a la participación activa en cualquier campo y se blindan ante las tareas vitales mediante la generación de síntomas psíquicos graves, como las adicciones o la ideación del suicidio.

Es muy probable que puedan reconocerse a ustedes mismos en algunos de los modos de evitación que pasaremos a describir. De hecho, Adler consideraba que todos, en alguna medida, somos evitadores. Si concluyen que la propia evitación no perjudica a nadie, no les ocasiona a ustedes grandes sufrimientos ni les impide vivir una vida digna, es posible aceptarla y conformarse, entendiendo que nunca podremos serlo todo o hacerlo todo. En ese caso, uno puede concentrarse en las prioridades, enfocarse en lo positivo y sentir gratitud por lo existente. Por el contrario, si comprueban que se trata de una evitación grave, quizá consideren la posibilidad de superarla mediante, por ejemplo, una terapia.

Cada uno de nosotros rehúye, de tanto en tanto, el cumplimiento de tareas, la solución de problemas, la toma de decisiones o la realización de objetivos. Todos podemos elaborar con relativa facilidad una lista de cosas que en teoría deberíamos hacer y que no hacemos. Los ejemplos más probables son las inconstancias con el gimnasio, a pesar de pagar las cuotas, o el poco apego a un estilo de vida sano. Por supuesto, todos somos capaces de inventar excusas creativas y convincentes para justificar nuestras incoherencias. Entonces ¿cuándo debe considerarse la evitación como un problema sistémico, severo o, como suele decirse en contextos orientados al diagnóstico, como un fenómeno patológico?

Como hemos dicho, y de acuerdo con la concepción adleriana, el criterio central según el cual se reconoce la salud mental de una persona es el grado de sentimiento de comunidad: la medida de interés, empatía, compromiso y colaboración con los demás y con la sociedad. Los niveles de energía y cumplimiento de una persona crecen a medida que sus sentimientos de comunidad son más elevados. Así, es posible que desistamos de hacer aeróbic en solitario, pero cumpliremos si acordamos hacerlo con una amiga; o prepararemos comida sana si uno de los miembros de la familia padece una enfermedad que lo fuerce a seguir una dieta especial.

A partir de esto, la conclusión es que, para evaluar el grado de gravedad de la evitación en una persona determinada, hay que comprobar hasta qué punto escatima a su familia o a la sociedad la colaboración necesaria y si ha pasado a ser una carga para los demás. La no participación en el mundo laboral, la ausencia de ingresos o de participación en las tareas de la casa y en la crianza de los niños, o en el caso de adolescentes o jóvenes no estudiar ni trabajar, y el depender de otros para subsistir se consideran evitaciones graves. En otras palabras, **la evitación se considera más grave en la medida en que afecta más a los demás, pues pone de manifiesto un deterioro progresivo del sentimiento de comunidad.** Sin embargo, es importante destacar que los evitadores poseen algún grado de sentimiento de comunidad. Conocen las reglas de la vida y saben que tienen obligaciones, pues, si no lo supieran, no tendrían necesidad de crear excusas y síntomas.

Además de la dimensión de la participación y el aporte, se debe tomar en consideración el grado de sufrimiento del evitador. La medida de este sufrimiento guarda relación con el alcance de sus expectativas no realistas y su sensación de pérdida de valor en relación con ellos. A medida que se acentúa la distancia entre la realidad de una persona y sus ambiciones, las excusas y coartadas que debe construir como justificación se harán más complejas, es decir, el síntoma se volverá más grave aún y causará más padecimiento.

Por ejemplo, entre aquellos que evitan el trabajo y se desentienden de la responsabilidad de manutención están las personas que «se buscan a ellas mismas» y que pasan de un curso de capacitación profesional al siguiente solo para descubrir que no era lo que ellos pensaban, que el mercado está saturado, que el marketing resulta muy difícil y demás subterfugios. Las excusas son «aún no he encontrado mi vocación» y «sufro por la impaciencia que muestra mi pareja, a quien le resulta fácil hablar porque tiene muy buen puesto». Los evitadores tienden a pensar que todo es fácil para las personas activas porque aman lo que hacen.

Quien no quiere trabajar debe «generar» síntomas que justifiquen su invalidez, como, por ejemplo, ansiedad, pues de otro modo sería considerado un haragán, un irresponsable y un egoísta. Por supuesto, el síntoma ocasiona sufrimiento. Negarse a colaborar también genera sufrimiento. La sensación de ser una carga para otros y la pérdida del valor propio son experiencias desagradables. Sin embargo, la sola idea de hacer cualquier cosa que no satisfaga sus expectativas sobredimensionadas es aún más dolorosa. Con el paso del tiempo el sufrimiento personal, tanto si se origina en la evitación como si proviene de los síntomas, solo aumentará. La amenaza permanente de desastre genera temor y el temor refuerza la evitación.

La inacción deteriora la autoestima y la confianza personal del evitador, y debilita sus relaciones interpersonales. La pasividad hace que nos sintamos vacíos. Una vida carente de relaciones, actividad y aportes es una vida pobre. Con el tiempo se desarrollan sensaciones de pérdida que se expresan en amargura, arrepentimiento, aprensión y miedo constante ante la muerte, dado que comprendemos que no hemos vivido la vida que podríamos haber vivido.

Primera forma de evitación: la detención

Los momentos de detención son parte de la vida y revisten gran importancia. Los alpinistas alzan campamentos en distintas etapas de la ascensión con el propósito de descansar y recobrar fuerzas, evaluar avances, disfrutar de la vista, acostumbrarse al cambio de densidad del aire, sacar conclusiones y organizarse para continuar. Como ellos, todos necesitamos tomarnos un tiempo después de haber alcanzado total o parcialmente un objetivo y antes de continuar hacia el próximo. Una de las instrucciones más sorprendentes que recibí de mi tutora de doctorado, en un momento en el que estaba especialmente estancada, fue: «Deja eso ahora, vete al cine y llámame mañana». Hay momentos en los que debemos esperar hasta que las cosas se hagan posibles o maduren, y a veces debemos abandonar por completo la dirección improductiva por la que vamos, para considerar vías alternativas. Pero si la detención se prolonga demasiado y no se traduce en descanso, placer o señales de movimiento, se trata de un estancamiento. Algo que al principio ofrece una sensación de seguridad, estabilidad y calma se transforma en descomposición, aburrimiento e incluso podredumbre.

Adler explicó que muchas veces la evitación comienza en el momento en que una persona se enfrenta a un nuevo desafío. Este desafío, por ejemplo, pasar de estudiar a trabajar, se percibe como un test del propio valor, y al descreer de las posibilidades de superarlo con éxito, la persona se detiene y lo esquiva. Una detención puede producirse también en alguien que fracasa en la consecución de una meta y que no está dispuesto a retomar la actividad a menos que se le garantice el éxito; por ejemplo, alguien que ha sido abandonado por una pareja y que ya no lo intentará con nadie más si no tiene la plena certeza del interés de la otra persona.

Una detención prolongada es la señal de que se ha pasado a lo que suele denominarse la «zona de confort». Es el espacio en el que no hay exámenes que rendir ni se exige coraje o grandes esfuerzos. La zona de confort no resulta amenazante, pero tampoco demasiado gratificante. Es lo que se llama «una trampa de miel». Con el tiempo la dulzura desaparece, pero la trampa persiste: mantenerse en ella nos hiere y debilita, pero abandonarla resulta aterrador.

Algunos ejemplos de detención: Rosa cursó tres años en la escuela de magisterio; sin embargo, no presentó su trabajo final y por lo tanto no obtuvo su diploma. Marcos comenzó a trabajar como mensajero en una gran empresa y logró que lo promocionaran a cargos más importantes, pero en un momento dejó de esforzarse para desarrollarse o progresar, no quiso aceptar más responsabilidades y decidió no seguir formándose para ascender. Tomás se dio de baja del ejército por sus estados de ánimo después de que lo expulsaran de un curso de oficiales de élite. Sara no encuentra pareja desde que su mítico ex la abandonó, hace ya muchos años.

Los que se detienen sienten estancamiento, desesperanza y depresión, sensaciones que terminan vaciándolos de toda energía. Pueden aducir que lo que les impide dejar el trabajo actual es el estado del mercado laboral, en lugar de siquiera intentarlo. El estancamiento se manifiesta en que no son capaces de salir, pero tampoco hacen ningún esfuerzo por mejorar la situación. Las personas en estado de detención se sienten bloqueadas, como si algo les impidiera avanzar. Otros síntomas característicos, generados con el objetivo de no avanzar, aunque las personas sientan que debido a esos síntomas no pueden comportarse normalmente, son el insomnio, la falta de memoria o comportamientos compulsivos, como invertir tiempo y energías en cosas superfluas.

La palabra detención denota la existencia de un movimiento previo: hablamos de una persona que era activa y que en un momento determinado se detuvo. Por eso la detención se considera como una forma relativamente leve de la evitación, dado que, si alguna vez hubo actividad, sería posible recobrarla.

Segunda forma de evitación: el movimiento hacia delante y hacia atrás

Otra forma de evitación señalada por Adler es el movimiento progresivo-retrógrado, en el que se produce mucho movimiento, a diferencia de lo que ocurre en la detención. Movimiento sin avances. Ejemplos de este tipo de evitación son la pérdida de tiempo y el ocuparse de asuntos irrelevantes: el arreglo compulsivo de la casa antes de la ejecución de alguna tarea importante «porque de otro modo no puedo concentrarme» u ocuparse en hallar, no necesariamente en el mundo real, el equipamiento perfecto para ejecutar una tarea. Esta forma puede expresarse en la atención a detalles secundarios, como preocuparse de más en el diseño gráfico de un trabajo académico que se debe entregar y que todavía no se ha terminado, o en posibles retrasos, como el contratista de la remodelación que promete venir a solucionar algo, pero nunca llega. Esta forma se caracteriza por exhibir apariencia de actividad: no se puede afirmar que la persona no se esfuerza. Mientras tanto, el tiempo pasa.

La estrategia más común de esta forma de evitación es la deliberación. La deliberación, naturalmente, es una actividad muy importante. Es una pausa momentánea cuyo objetivo es examinarnos a nosotros mismos, examinar la realidad y nuestros objetivos para evaluar las ventajas y desventajas de distintas alternativas y así tomar buenas decisiones. Pero cuando la razón de ser de la duda es la evitación, se transforma en una evaluación de posibilidades, exhaustiva al extremo de no terminar nunca, por lo que no permite llegar a ninguna decisión. **La deliberación prolongada refleja la férrea decisión de permanecer en el mismo sitio; su razón de ser es eludir la acción.**

La familia y las amistades de estas personas dubitativas, e incluso sus terapeutas, suelen caer en la trampa. Después de todo, es sabida la importancia de las decisiones sopesadas y las elecciones razonadas; considerar todas las opciones es legítimo y positivo. El círculo íntimo cree que hay que darle tiempo, que si lo ayudan a evaluar pros y contras de una situación, analizándola desde todos los ángulos posibles, el dubitativo podrá tomar una decisión y comenzar a actuar. Aun cuando el tiempo de la duda se prolonga y se suman, permanentemente, nuevos datos que «le dificultan» decidir, a los demás les toma bastante tiempo comprender que la intención es no decidir: siempre habrá un «por otro lado...».

En una de sus conferencias, Betty Lou Bettner presentó una metáfora que ayuda a comprender una de las reglas de Adler: «Confíen solo en el movimiento». El ser humano tiene dos lenguas, una en la boca y otra en el zapato. Si queremos saber qué es lo que una persona realmente desea, debemos observar sus zapatos, es decir, lo que hace. Si queremos saber cuál es la decisión de una persona, analicemos sus acciones. Quien quiere decidir, decide; quien no, duda.

La deliberación ofrece algunas ventajas, entre ellas eludir las tareas y el miedo a fracasar, mediante el «permiso» que la sociedad otorga para dudar. Además, la duda permite estar en misa y repicando: es una estrategia muy útil si se busca rehuir el compromiso y la acción, puesto que incluye la justificación: «No puedo hacer X *porque* aún no he decidido qué es lo más conveniente».

Pablo y Laura son novios desde hace ya cuatro años y en los últimos dos han estado alquilando juntos un apartamento. Laura, de veintinueve años, quiere casarse. Pablo dice que la ama muchísimo, pero que aún no se ha decidido. Según la concepción que pone foco en las acciones de un individuo y no en sus afirmaciones, «necesito un poco más de tiempo» o «no me veo a mí mismo con ninguna otra mujer» indican lo que Pablo quiere realmente: no desea casarse. ¿Cómo lo sabemos a ciencia cierta? Es muy simple: **porque no se casa**, aunque tampoco desea separarse de Laura. Si le dijera la verdad, que quiere seguir conviviendo con ella sin asumir la responsabilidad del matrimonio y de la formación de una familia, ella podría tal vez dejarlo. Pablo desea conservar el control de la situación.

Vean cuántas ventajas obtiene Pablo al no decidir: no necesita comprometerse ni formar una familia, no precisa renunciar a la pareja con Laura y además queda bien ante los demás y ante sí mismo, puesto que todo el mundo sabe que se trata de una decisión importante que no debe tomarse a la ligera, por lo que no conviene apresurarse. Como explicó Abramson en su libro *Todavía sin pareja*, si Laura sigue con él a pesar de la prolongada indecisión de Pablo, es una señal de que tampoco ella quiere casarse. Se dice a sí misma que desea casarse, pero solo con Pablo, y por eso espera hasta que él se decida. De este modo, Laura puede eludir el compromiso del matrimonio sin la necesidad de confesarse a sí misma o confesarles a los demás que ese es su deseo. ¿Cómo lo sabemos con tanta certeza? Si Laura quisiera casarse, abandonaría al hombre que no quiere casarse con ella y buscaría alguien que sí lo deseara.

Nos enfrentamos de nuevo a la pregunta: ¿por qué Pablo, como cualquier otro evitador, debe «montar» una estrategia que le permita quedar bien? La razón es que el evitador sabe qué se espera de él, conoce a la perfección las exigencias del sentimiento de comunidad y por lo tanto debe justificar su inacción. Si dijera la verdad, «quiero seguir contigo sin casarme», se lo vería como un egoísta, porque el sentimiento de comunidad requiere que los integrantes de una pareja tengan en cuenta las necesidades de la otra parte y no que se aprovechen de ella.

En los últimos tiempos la psicología ha confeccionado un

nuevo diagnóstico para la situación de Pablo: se denomina desorden relacional obsesivo-compulsivo (ROCD).[31] Se entiende que a los individuos que sufren este desorden se les hace muy complicado asumir compromisos en relaciones y se torturan con pensamientos repetitivos sobre el tema.

La psicología individual rechaza por completo esta mirada. Los adlerianos creemos que Pablo duda **para** no tener que casarse. Sin embargo, ahora que existe un diagnóstico oficial para la indecisión, lo único que el dubitativo tiene que hacer es adoptarlo como la excusa social reconocida que le permite evadirse sin recibir críticas.

Si Pablo hubiera acudido a una terapia adleriana, le habríamos mostrado su falta de deseo de casarse y su temor de perder a Laura. Se le habría propuesto que tuviera en cuenta las necesidades de su prometida y que no le generara falsas expectativas. Si Laura asistiera a una terapia adleriana, con tristeza le diríamos que Pablo no desea casarse y la invitaríamos a reflexionar acerca de las razones por las que ella no ha sido capaz de desarrollar autoestima y amor propio suficientes para creer que merece vivir con alguien que la ame lo suficiente para comprometerse. ¿Piensan acaso que estas intervenciones carecen de empatía? Tranquilícense: nosotros transmitimos estos mensajes con suma sensibilidad, con pleno reconocimiento de las elecciones creativas del paciente y con la creencia de que todo ser humano tiene la posibilidad de generar nuevas opciones.

Una estrategia adicional de esta forma de movimiento pendular, similar a la indecisión, es la confusión. A veces, tras una sesión especialmente clara, ante la pregunta «¿qué te llevas de esta sesión?», los pacientes responden «no lo sé…, estoy confundido». Así como con la duda, una confusión prolongada sirve al objetivo de la indecisión y la inmovilidad. La próxima vez que experimenten confusión, les propongo que respondan a esta pregunta: ¿Qué debería hacer si no estuviera confundido?

Si responden con sinceridad, descubrirán cuál es la razón de ser de la confusión: la evitación de alguna actividad necesaria. Quien se confunde y desea mayor claridad analiza los datos, define los deseos propios, sopesa ventajas y desventajas de una situación determinada, atiende los dictados de su mente y de su corazón, y, teniendo también en cuenta a los demás, llega a conclusiones y toma decisiones, consolida un plan de acción y lo lleva a cabo. No existen elecciones perfectas o gratuitas, ni tampoco acciones o logros que no impliquen riesgos y esfuerzos. No existen elecciones en las que no haya dolor, ni siquiera el dolor de renunciar a las otras alternativas y también el dolor del esfuerzo para llevarlas a cabo.

Enseguida

Otra variación de esta forma pendular de evitación, además de la duda y la confusión, es la procrastinación. Adler veía la procrastinación como una estrategia de evitación que consiste en postergar la acción hasta que el logro del objetivo se torna imposible o irrelevante. Se dirá entonces «qué lástima, ya es demasiado tarde». Ejemplos: postergar la matriculación en estudios superiores hasta que se haya cerrado la inscripción, posponer el envío del currículum hasta que el puesto de trabajo haya sido cubierto o aplazar la compra del billete de avión hasta que el vuelo esté ya completo. Es también el caso de los que llegan tarde a un evento, aun cuando esta tardanza podría considerarse insultante. En una ocasión vi un imán decorativo en el que se leía esta frase: «Perdón por llegar tarde, en realidad no quería venir». La expresión más grave de este tipo de evitación es la de las mujeres que posponen la concepción hasta un momento en el que ya no es fisiológicamente posible. Tuve una vez una paciente de cuarenta y un años que en la primera entrevista dijo, entre otras cosas: «Quizá alguna vez desee tener hijos».

Al terminar mis estudios superiores pospuse durante muchos

meses la entrega de la documentación necesaria para que el Ministerio de Salud reconociera mi título de especialista en terapia expresiva. Hasta que por fin lo hice se modificaron las reglas para la certificación y, como consecuencia, me vi obligada a hacer un año más de especialización y cientos de horas de cursos artísticos. Esa postergación me curó de una vez y para siempre de mi fobia al papeleo, que es una más de las formas de fobia que las personas adoptan para justificar su evitación. La fobia «fue la causa» que me hizo postergar, una y otra vez, que me ocupara de aquellos trámites.

No todas las postergaciones tienen consecuencias tan graves; en ocasiones retrasar parte de las tareas es la única manera de sobrellevar la presión dándole preferencia a lo importante o lo más urgente. De todas las estrategias de evitación, la procrastinación es la conducta más común entre quienes quieren evitar la confrontación con expectativas desproporcionadas. Por otra parte, la procrastinación está relacionada con el consentimiento.

Una de las conferencias TED más cómicas que he visto se llama «Dentro de la mente de un maestro procrastinador», de Tim Urban. Urban explica en su charla que los procrastinadores están manipulados por «el mono de la satisfacción inmediata», que reside en su cerebro junto con el «ser racional que toma las decisiones». Cada vez que el ser racional resuelve hacer algo productivo, el mono de la satisfacción inmediata lo tienta para que haga algo sencillo y gratificante. En la mente de Tim Urban, suena así: «... entonces vayamos hasta el frigorífico, veamos si ha cambiado algo en los últimos diez minutos. Entremos después a una lista de reproducción de YouTube que comienza con una charla de Richard Feynman y finaliza mucho, mucho tiempo después con las entrevistas a la madre de Justin Bieber. Todo eso consume no poco tiempo, de modo que no queda demasiado espacio en nuestro horario de actividades para hacer algún trabajo. ¡Una pena!». Junto con el humor y la permisividad hacia sí mismo, Urban explica muy bien los dos componentes de la procrastinación: el primero es el **gusto amargo de la postergación**, y el segundo, el fenómeno del **último minuto**.

El gusto amargo de la postergación proviene de entrar en la zona de confort, que Urban con gran inteligencia denomina «el oscuro jardín de los juegos, (…) el lugar en el que las actividades recreativas ocurren en momentos indebidos. El placer que ustedes (los procrastinadores) experimentan en el oscuro jardín de los juegos no es verdadero porque corresponde al mérito; el aire allí está cargado de culpa, terror, angustia, odio hacia uno mismo; en resumen, todas las buenas y conocidas sensaciones procrastinadoras». De nuevo, podemos ver que el sufrimiento es el compañero fiel de todo evitador. El caso del procrastinador es el de quien reconoce las exigencias de la realidad y elige decirle «no» a lo que debería hacer.

El fenómeno del «último minuto» es la tendencia a realizar cosas solo en última instancia, tras repetidas postergaciones y solo cuando se despierta «el monstruo de la urgencia», como lo llama Urban. Cuando se acerca el último plazo para completar el trabajo y las consecuencias de la postergación se agravan, el procrastinador entra en pánico e intenta completarlo como sea.

Urban, por lo visto, no es consciente de la elección de procrastinar como un objetivo en sí mismo, como una justificación; es decir, como una estrategia destinada a evitar la confrontación de expectativas sobredimensionadas cuya base es el autoengaño, articulado en esta justificación: si se actúa en el último momento (por ejemplo, si se redacta un trabajo académico o un informe en el último minuto), se podrá aceptar un resultado insuficiente dado que el tiempo no llegó para hacer algo en condiciones. En caso de que no exista un «último plazo de presentación», como pasa con las ilusiones irrealizadas de una persona, se podrá seguir postergando siempre, con lo que aparece el peligro de perderse definitivamente en el «oscuro jardín de los juegos».

Hay investigaciones que muestran una correlación estrecha

entre la procrastinación y las ambiciones exageradas o el perfeccionismo.[32] Como en todo esquema evitativo, la postergación del enfrentamiento debilita la capacidad de acción y la propia seguridad, por lo que aumentan los temores ante el futuro. Existen en la vida situaciones que deben encararse y postergarlas no las hace más fáciles.

Los procrastinadores retrasan la acción, mientras que las personas activas retrasan... las gratificaciones. La postergación de gratificaciones es la capacidad de actuar con la atención puesta en el panorama general de nuestra vida, en nuestro «yo futuro». **La postergación de las gratificaciones es la capacidad de renunciar a la satisfacción inmediata en función de obtener satisfacciones futuras más importantes, duraderas y también reales.**

Tercera forma de evitación: generación de obstáculos

De acuerdo con la descripción de Adler, una tercera forma de evitación es la colocación de obstáculos contra uno mismo con el fin de justificar la falta de acción o una actuación deficiente, o para resaltar el valor de acciones realizadas «a pesar de los obstáculos». Esta forma de evitación es relativamente leve, puesto que supone cierto grado de actividad. Vamos a conocer algunas variantes de la puesta de obstáculos y los modos de superarlas.

Una de estas variantes consiste en plantarse tentaciones para emplear, en consecuencia, energía en resistirlas. Por ejemplo, una persona puede afirmar que desea dejar el azúcar, pero es incapaz de limpiar su casa de golosinas porque «los niños no están obligados a sufrir por mi culpa» o porque «quizá tengamos visitas». Una persona religiosa insiste en pasear a diario por la playa por las tardes y, por lo tanto, debe dominar el impulso de mirar a las jóvenes en traje de baño. En lugar de alejarse de las tentaciones, se exponen a ellas. Si fracasan, no se los puede culpar: es imposible resistir todo el tiempo. Para citar a Oscar Wilde, en *El abanico de Lady Windermere*: «Puedo resistir cualquier cosa excepto la tentación». Luchan: si logran resistir la tentación, son héroes. Lo principal es, como señala Abramson, no ser «comunes».

Una segunda variante consiste en potenciar síntomas físicos. Se trata de personas que nunca se sienten bien, que siempre sufren por algún motivo. A veces es debilidad, otras veces es cansancio, problemas de digestión, sensibilidad, nervios, estados de ánimo…, pero, a pesar de eso, son funcionales. Se quejan, pero combaten los síntomas con todas las fuerzas, excepto en cuanto a hacer lo necesario para eliminarlos, como tomar medicamentos o recurrir a alguna forma de terapia. Estas dificultades pueden provenir de enfermedades reales, pero en el caso de los evitadores surgen una tras otra.

Además, generan mucho ruido alrededor de los síntomas. Todos están obligados a saber, todo el tiempo, qué difícil resultó «aunque, a pesar de todo, hice lo que tenía que hacer». Quien sufre espera ser valorado, comprendido y perdonado: cosas que pueden obtenerse de los padres, pero que una pareja o los hijos no pueden mantener durante un tiempo prolongado. Como consecuencia de ello, el quejica siente que a los demás no les importa su sufrimiento y que no lo quieren, lo que se transforma en un nuevo obstáculo.

Disponer obstáculos contra uno mismo puede manifestarse también en poner el foco en pequeños detalles, en detrimento de la mirada abarcadora. No se trata de detalles que contribuyan al perfecto acabado de un trabajo, sino a la obsesión por las minucias: la insistencia excesiva en la agenda diaria, en el orden, los pensamientos reiterativos acerca de obligaciones futuras, la obstinación por realizar las tareas de acuerdo con un orden determinado o la preocupación exagerada: pérdida de tiempo y energías que podrían haberse empleado en luchar por objetivos deseados o necesarios. Generar obstáculos y dificultades para luego superarlos permite que uno se sienta un «héroe», alguien excepcional, o justifica resultados «mediocres».

Cuarta forma de evitación: el repliegue total

La forma más grave de la evitación es el repliegue total o la retirada, solo posible si está acompañado de algún síntoma extremadamente grave que hace que la persona se encierre y evite toda participación en las tareas vitales. Adler registra una extensa lista de síntomas de huida: desde desmayos, compulsiones graves, adicciones, mudez selectiva, ataques de pánico, fobias (en especial agorafobia, el miedo a los espacios públicos) hasta la peor forma de repliegue: el suicidio.[33]

La retirada de la participación del mundo laboral se considera la más grave. Las actividades laborales incluyen tareas de mantenimiento domésticas, actividades familiares y crianza, así como también tareas de voluntariado o contribuciones a la sociedad. Con el objetivo de escapar a la obligación de efectuar aportes económicos o de mantenerse, han de producirse fuertes justificaciones: enfermedades enmarcadas en lo psicosomático o síntomas neuróticos graves.

Hay investigaciones que señalan una correlación entre las aspiraciones personales irreales y el riesgo de suicidio.[34] Muchos suicidas fueron personas particularmente talentosas, aunque evitadoras. Pensar en resultados que caen por debajo de «perfecto» o no ser reconocidos como «seres especiales» puede causarles una frustración insoportable. En estos casos, el círculo cercano no comprende las razones del malestar y por qué, tratándose de personas tan dotadas, renunciaron al talento y a la vida.

Quienes optan por la retirada pueden llegar a sentir que la vida «común» carece de sentido y que la muerte, la mayor de las evitaciones, puede ser una salida honorable, dado que no haber logrado aquellos grandes objetivos se les hace insoportable. Adler propugnaba que todos los síntomas tienen un único propósito: el de constituir una defensa para la autoestima alejándonos de las metas de la vida. Cuanto más grave sea un síntoma, más liberado estará quien lo sufre de toda exigencia o imposición externa o interna. Puede rechazar cualquier obligación personal o social y dedicarse a sus propias emociones. Por lo tanto, el diagnóstico específico del síntoma es irrelevante. El diagnóstico puede ayudar a hallar una medicación acorde, pero no resolverá el problema. **De acuerdo con Adler, lo importante es comprender con qué objetivo se creó el síntoma, esto es: qué pretende evitar quien lo padece.**

Cuando ante situaciones negativas una reacción psíquica grave se prolonga más allá de lo razonable e influye en el comportamiento de la persona, el análisis adleriano buscará entender cuál es el objetivo de esta reacción. Si el fallecimiento de un familiar lleva a un duelo que se extiende mucho más allá del año, cabe preguntarse el porqué. Una de las razones del fracaso de una terapia o de la negativa a recibir medicación para disminuir el sufrimiento es que el síntoma, incluso aunque sea grave, no es el origen del problema, sino, valga la redundancia, solo un síntoma. El verdadero problema es el sentimiento de inferioridad en relación con las aspiraciones desmedidas, el consentimiento y el sentimiento de comunidad subdesarrollado.

La terapia de evitadores en situación de retirada es sumamente desafiante. Resulta sencillo aliviar sus sufrimientos por medio de la empatía, pero es casi imposible llevarlos a algún tipo de actividad, siquiera la más leve. Los terapeutas que fallan en percibir que el problema del paciente es la evitación y no el sufrimiento ocasionado por los síntomas mentales solo le proporcionarán al evitador el más mullido de los colchones para su continua inacción: la comprensión, la empatía y la aceptación incondicional, que no irán acompañados por una perspectiva de actividad y aportación. Los evitadores tienden a abandonar la terapia cuando se les exige actuar o cuando el terapeuta no acepta por completo que ellos no realizarán ningún movimiento o solo el menor movimiento posible. Veamos un ejemplo:

Descripción de un caso

Marcos, de veintiocho años, llegó a mi consulta por recomendación de su madre; para decirlo con mayor precisión, ante la presión de su madre, que había asistido a una de mis conferencias. Él pensaba abandonar los estudios de medicina china (estaba a punto de terminar el tercer año de la carrera) y de hecho había dejado de asistir a clases y a cumplir con sus obligaciones universitarias hacía ya tres meses.

Consiguió un trabajo como terapeuta de *shiatsu** en un spa, aunque había comenzado a rechazar turnos con la excusa de que estaba «agotado» y de que, además, «es una vergüenza lo que pagan». Marcos vivía en la casa de sus padres, que no le exigían colaborar con los gastos de la casa, y no cargaba con ninguna responsabilidad en las tareas domésticas. «Gracias» al alivio económico y moral que le proporcionaban los padres, Marcos no tenía necesidad de justificar su inacción mediante la creación de síntomas.

Cuando las esperanzas de sus padres («madurará y pondrá en orden sus asuntos») se desvanecieron, junto con la gran inversión económica en su educación, que ahora debían dar por perdida, comenzaron a mostrar algo de impaciencia y enfado: «Al menos termina la carrera, así tienes una profesión». Fue entonces

* Técnica terapéutica de origen japonés (*shiatsu* significa «presión digital»). Las técnicas de *shiatsu* incluyen masajes con los dedos, los pulgares, los pies y las palmas, así como también estiramientos y manipulación de articulaciones. *(N. del T.)*.

cuando Marcos comenzó a sentirse deprimido. Su depresión hizo que sus padres pasaran del enfado a la preocupación, a la indulgencia y a buscar alguna solución para sus estados de ánimo, por lo que le plantearon que hiciera alguna terapia. Ante mi pregunta a Marcos, «¿qué desearías que ocurriese en esta terapia?», su respuesta fue «hallar el oficio correcto para mí», con lo que en realidad aludía a alguna solución fantástica e irreal: hacer solo lo que le gustara y recibir por ello la comprensión, el apoyo y el dinero de los demás, en el caso de que su «vocación» no le reportara ingresos.

Conclusión

A medida que la evitación se prolonga y coloniza más aspectos de la vida, se considera más grave y por lo tanto más difícil de tratar. Eludir el mundo laboral se considera la forma más grave de evitación, pues coloca sobre los hombros de los demás el peso de la propia existencia. Además, la evitación se contempla como más grave en tanto mayor sea el sufrimiento del evitador y de los que lo rodean.

Hay distintas formas de evitación. La detención y la puesta de obstáculos para luego sobreponerse a ellos son formas de evitación relativamente leves, puesto que implican cierto grado de actividad reciente o actual. En contraste, el movimiento adelante y atrás o pendular impide cualquier actividad productiva, mientras que la retirada es la más grave de todas las evitaciones y pone, en ciertos casos, la vida en riesgo.

6

Ventajas de la evitación

En general es necesaria una cuota de dificultad o de sufrimiento para que alguien efectúe un cambio. **El proceso de cambio se inicia cuando el precio de la situación presente comienza a sobrepasar sus ventajas.**[35] Cuando una persona insiste en una determinada vía de acción, aun cuando ese camino no sea sano o feliz, significa que las ventajas por seguirla superan el precio por pagar. Así como hay ganancias en la acción, también las hay en la evitación. Resulta extraño emplear un concepto positivo como «ganancia» en relación con un fenómeno negativo como la evitación o los síntomas neuróticos. En ciertas ramas de la psicología esta contradicción se resuelve mediante un concepto mediador denominado «ganancia secundaria». La ganancia secundaria es el resultado positivo o ventajoso de una situación negativa, como por ejemplo los cuidados y mimos que acompañan a una enfermedad. De acuerdo con la teoría adleriana, la ganancia no debe considerarse como secundaria, sino como un componente esencial de la elección, es decir: lo primario es la ganancia y el precio a pagar es lo secundario. Dos hechos dificultan entender la idea de que toda elección, incluso la más irracional y destructiva, ha de rendir más ganancias que pérdidas.

El primero de estos hechos es que estamos entrenados para analizar los costes de las vivencias negativas y no vemos las ganancias que suponen, así como también acostumbramos a ver solo las ganancias que arrojan las experiencias positivas y no vemos sus costes. Por eso tomar consciencia de las ganancias en lo negativo y de los costes en lo positivo puede resultar de gran ayuda. La segunda cuestión que dificulta la comprensión de la «economía psíquica» es que la palabra «ganancia» está asociada a sentimientos positivos, como satisfacción, sensación de logros, orgullo y alegría, en tanto que los evitadores no perciben los beneficios de la evitación como fuentes de placer. Como mucho, pueden experimentar seguridad y alivio. Sin embargo, la ganancia psicológica, como veremos en este capítulo, no se traduce en sentimientos agradables, sino en otro tipo de experiencias.

Las personas activas son más conscientes de las ganancias de sus elecciones y menos conscientes de los costes, mientras que los evitadores tienen más consciencia del precio de sus elecciones. Esta consciencia se expresa en la experiencia subjetiva. Al elegir ser activo, la ganancia está en la creatividad, la satisfacción y el orgullo, mientras que el precio está en el esfuerzo, por ejemplo, en el cansancio y en el estrés, como veremos en el siguiente ejemplo.

Una mujer activa y ambiciosa decide organizar una fiesta «perfecta». Su ganancia está en el logro mismo: la experiencia del éxito y la sensación de capacidad, la obtención del título de «anfitriona del año», el hecho de que continuarían comentando el evento durante varias semanas y la alegría por compartir. El precio que ella paga, además del tiempo, las energías y el dinero, se mide también en tensión y cansancio. ¿Qué tendría que suceder para que eligiera bajar el nivel del evento de perfecto a muy bueno o solicitar ayuda? La respuesta es, siempre, que el precio supere los beneficios; que, como hemos visto, son muy grandes. Así, por ejemplo, si al finalizar el evento, más allá de haber salido todo a la perfección y de haber recibido elogios unánimes, siente un agotamiento que no se desvanece en días, reconocerá que no pudo disfrutar el momento debido a la preocupación y el trajín, y quizá decida cambiar su actitud.

¿Cuáles son las ganancias de los evitadores? Como ya se ha dicho, el objetivo de la evitación es defender el sentimiento de autoestima: aquel que nada hace no se expone, y quien no se arriesga no resulta herido. Esta vez ofreceré un ejemplo personal de evitación. En una ocasión participé en un congreso que trataba de una intervención llamada «confrontación empática». En ella el terapeuta desafía al paciente mediante una devolución muy directa, pero lo hace de una manera sensible y alentadora. Mi colega Hagit Hauzer la describe como «envolver la bomba con papel de seda». El conferenciante describió un caso terapéutico e invitó a la audiencia de terapeutas a que elaborase un mensaje que fuera a la vez empático y desafiante. Este tipo de intervención constituye una de mis áreas de especialización y el caso que el docente presentó no era demasiado complejo. Podría haber intervenido fácilmente, pero permanecí en silencio. No me atreví a alzar la mano. Dado que me considero buena en ese tema, pensé: «¿Para qué arriesgar mi reputación frente a mis respetables colegas?».

Para querer y poder cambiar es necesario ante todo tener consciencia de las ganancias que proporcionan las elecciones realizadas hasta el momento. **Una persona acude a un tratamiento por el precio que paga por sus elecciones, pero el éxito del tratamiento depende, paradójicamente, de su disposición a renunciar a las ganancias.** En este capítulo describiré cuáles son las ganancias de la evitación: la defensa ante el fracaso, la preservación de una fantasía de superioridad, la comodidad y la venganza.

Los próximos párrafos pueden llegar a suscitar en el lector incomodidad o enfado. En la mayoría de los casos, la autoconsciencia es, en principio, dolorosa y solo después puede resultar un alivio. Me gusta llamarlo «la buena dificultad»: el dolor que conduce al nacimiento de algo nuevo, por contraste con «la mala dificultad», que es solo dolor constante e inconducente.

La fantasía de superioridad - ganancia última de la evitación

La defensa ante el fracaso es la ganancia obvia de la evitación, y aun así es una ganancia menor comparada con la verdadera ganancia de la evitación, sin la cual todo este esquema carece de sentido: mantener la ilusión de superioridad. Es decir, la posibilidad de seguir creyendo que podría haber sido extraordinario, superior e incluso perfecto.

La evitación ayuda a conservar la creencia de que la vida actual no es la que se debería haber vivido. Por medio de la retirada hacia la evitación, la persona declara que no está dispuesta a una vida que le ofrece menos de «lo que se merece». Todo o nada, sin medias tintas, dado que solo ceden los conformistas que aceptan ser «normales»: que ellos se conformen con una vida de mediocridad; no yo. En otras palabras, el conservar ese ideal pone al evitador, imaginariamente, en una situación de superioridad respecto a los demás. Intentaré ilustrar, mediante un ejemplo, cómo la evitación preserva el sentimiento de superioridad.

Descripción de un caso

Nora, una brillante abogada de treinta y nueve años, llegó a mi consulta con el objetivo de hallar un novio y formar una familia. Cuando le pregunté acerca de sus parejas anteriores, me contestó que «no habían sido lo que ella necesitaba». Nora contó con todo lujo de detalles los motivos por los cuales había roto con sus cuatro novios y por qué había rechazado y seguía rechazando a posibles candidatos. Como muchas otras mujeres, Nora tenía en mente una imagen ideal de hombre. Sabía con exactitud cómo debía verse y cómo debía sentirse una mujer al encontrar al hombre de su vida. No sorprende que ninguno de los hombres que conoció respondiera a sus expectativas. «¿Por qué debería conformarme?», se preguntaba una y otra vez con un gesto de asco, como si le hubiese ofrecido tragar un sapo.

Nora no era consciente de que en realidad estaba conformándose con muchísimo menos: estar sola es «menos» que tener una pareja que no responda al ideal. Lo que la llevó a buscar terapia fue una experiencia de gran desamparo: sentía envidia de sus amigas casadas, de sus embarazos y oía aterrada el tictac del reloj biológico. Ante un sufrimiento de este tipo, una persona quizá sienta que debe cambiar, pero para comprender por qué no lo hace, en especial si siente tanto dolor y displacer, se debe entender cuál es la ganancia, que necesariamente tiene que superar al coste.

Esta es la ganancia: mientras Nora no elija un candidato, podrá seguir creyendo que su destino no es tener una pareja «común», sino una extraordinaria. Si contrajera matrimonio estaría «aceptando y admitiendo» que es como los demás y que debe conformarse con una vida normal. En tanto no renuncie a sus estándares, podrá conservar sus fantasías y en lo profundo de su alma podrá seguir despreciando a todos aquellos que se han conformado con buenas parejas, lo que para ella constituye el summum de la mediocridad.

¿Cómo es que conservar la ilusión de superioridad es la ganancia última de la evitación? Cuando los evitadores comparan su propia vida con la de los demás, pueden llegar a experimentar sentimientos de inferioridad. Saben que hacen y tienen menos que los demás, pero (y este es el truco) en lo profundo de su ser se sienten superiores. Se ven por encima de cualquiera que se haya conformado, que haya aceptado una vida común: un trabajo normal, una familia normal, niños normales, relaciones normales.

La clave para la cura de la evitación es renunciar a la fantasía, a la idea de que se necesita ser «más» para ser valioso. El evitador ve una renuncia de ese tipo como una rendición, una derrota y una humillación; por lo tanto, como algo imposible de hacer. La dificultad de renunciar a la fantasía es equiparable a la dificultad de aceptarse a uno mismo. ¿Por qué una sensación positiva como la autoaceptación es tan difícil para tantos? Porque por detrás de una palabra tan bella como «aceptación» se oculta una renuncia, una concesión y un duelo al conformarse, así como también pérdida, tristeza y dolor. Aceptarnos a nosotros mismos tal como somos y disfrutar de lo que está a nuestro alcance nos exige cerrar la brecha entre el deseo y la realidad mediante la disminución de las expectativas, en lugar de concretarlas.

La brecha entre la realidad y lo deseado puede cerrarse de dos maneras: esforzándose en conseguir lo que se desea o conformándose con la realidad. Los evitadores no están interesados en ninguna de las dos. La primera exige invertir muchísima energía sin la seguridad de un éxito rápido y abrumador. La segunda implica concesiones dolorosas, renunciar a los objetivos irracionales y adoptar en su lugar metas racionales y posibles. Por eso los evitadores prefieren seguir viviendo en una fantasía, sin tomar consciencia de que están renunciando a la única vida disponible.

La vida, tal como debiera ser

Antes de enumerar algunos beneficios adicionales de la evitación y de conocer sus verdaderos costes, nos detendremos para explicar en qué consiste la irrealidad de las expectativas a las que los evitadores aspiran. Si les preguntáramos a los evitadores qué desean ser o hacer, qué desearían que ocurriera en su vida, la mayoría de las respuestas no expresarían aspiraciones fuera de lo común: tener pareja, familia, un trabajo interesante y bien remunerado... Entonces ¿de qué aspiración imaginaria estoy hablando? ¿Cómo es que aspiran a la realización de metas no realistas?

En el transcurso de mi trabajo como terapeuta he percibido que las metas de los evitadores, a pesar de que a veces son alcanzables, siempre incluyen un componente de irrealidad. Por ejemplo, una vez le pregunté a una paciente qué le gustaba hacer. Me contestó que disfrutaba mucho de cocinar y luego, extrañamente, agregó a modo de disculpa: «No es que haya llegado al nivel de *MasterChef*». De pronto, y fuera de contexto, aparece un punto de comparación desmedido para la evaluación de un deseo aparentemente sencillo de lograr. Si a una persona le gusta cocinar y no ha hecho de eso su profesión, no es necesario sobresalir o impresionar a nadie. Es suficiente con que sus platos les resulten sabrosos a la familia o a los invitados, los cuales, además, deberían agradecer el que alguien invierta en ellos tiempo y esfuerzo. El próximo ejercicio puede servir como guía para diferenciar las metas realistas de las delirantes e irreales.

Ejercicio

Fórmense en la mente una imagen del futuro ideal. Vuelen con la imaginación hasta ese momento del futuro en el que todo es tal como ustedes deseaban. ¿Qué es lo que ocurre allí? ¿Qué es lo que hacen? ¿Quiénes son ustedes?

Una vez consolidada esta imagen, comprueben si implica una mejora respecto de su vida actual o si se trata de una vida totalmente diferente. ¿Han comenzado ya a actuar en pos del logro de estas metas o ni siquiera han dado el primer paso en esa dirección?

Es posible, también, hacer el ejercicio inverso: retroceder mentalmente en el tiempo para verse a uno mismo hace cinco o diez años. Les propongo que recuerden cuáles eran sus deseos y expectativas en aquel momento. ¿Con qué soñaban, qué ansiaban, qué esperaban? Y, de regreso al presente, contemplen su vida actual... ¿Qué lograron concretar de todos esos sueños? ¿En qué son ustedes ahora distintos? ¿Han invertido esfuerzos en conseguir lo que anhelaban? ¿Mejoraron su vida, al menos en aquellos aspectos que dependían de ustedes?

Si existe una gran diferencia entre lo que deseaban y lo que al final lograron o no se sienten satisfechos a pesar de lo conseguido, aun si es distinto de lo que imaginaban, hay una alta posibilidad de que sus ambiciones sean desmedidas.

El ser humano, por naturaleza, se encuentra en la constante búsqueda de mejoras. Incluso las situaciones positivas producen cierta inestabilidad y la necesidad de centrarse en lo faltante. Esta búsqueda se origina, por un lado, en el inconformismo, y por el otro, en la curiosidad y el deseo de renovación y desarrollo. Nuestra naturaleza nos impele a buscar la realización de cuanto somos en potencia. Por eso un cierto grado de insatisfacción es natural e incluso deseable.

Siempre habrá una distancia entre lo deseable y lo posible en la vida de las personas.[36] **Así es como somos: vivimos para alcanzar la meta siguiente, luchando sin cesar por desarrollar nuestro potencial. La pregunta no es si existe distancia entre lo deseable y lo posible, sino cuán grande es y si esta brecha despierta entusiasmo o desesperación.** En otras palabras, la pregunta es si nuestros objetivos son realistas y si lucharemos por alcanzarlos, sabiendo que jamás lograremos la perfección, o si esas metas son irracionales y nos conformaremos con contemplarlas con ansias a lo lejos mientras seguimos anclados en un mismo lugar.

La evitación es una adicción a la comodidad

He señalado dos de las principales ganancias de la evitación: la defensa ante el fracaso, lo que llamo la «ganancia evidente» de la evitación, y conservar la ilusión de superioridad, que es la «ganancia última» de la evitación. Un tercer beneficio es la comodidad. Alcanzar metas es trabajoso e implica incomodidad. Para alcanzar las metas es necesario transformar los deseos en voluntad y la voluntad en objetivos. Luego se debe concebir toda una serie de pasos, o al menos identificar el primero de ellos, en pos del objetivo y, por fin, es necesario actuar.

Por ejemplo, todos deseamos estar sanos, llenos de energía, más delgados y, si fuera posible, con mejores físicos. Por suerte, estas son metas de fácil concreción, excepto en casos de enfermedades graves. Es muy sencillo: *solo* se necesita llevar un estilo de vida saludable. Hablamos de unas pocas acciones asombrosamente simples: comer cada tres horas, limitarse a comidas saludables, mejor si son orgánicas. No es una gran proeza: consiste en comer pequeñas raciones cada vez. Se debe beber gran cantidad de agua y se suma, además, un pequeño detalle adicional: hay que hacer actividad física, lo cual tampoco constituye un problema, porque uno puede elegir la actividad que más le atraiga, a condición de que incluya ejercicio aeróbico y entrenamiento de fuerza. No es necesario hacerlo diariamente; es suficiente con tres o cuatro veces por semana. Por último, seguimiento médico: es conveniente hacer una revisión anual, visitar al dentista cada seis meses; además, las mujeres deben pasar por el consultorio ginecológico y hacerse mamografías con regularidad. También están las consultas específicas según la edad y la carga genética. Olvidaba otro apartado: evitar el estrés. Es verdaderamente fácil y beneficioso. Y beber té verde una vez al día en lugar de café. Eso es todo.

Aflojar la disciplina resulta cómodo, y lo cómodo es también agradable. Y al contrario: lo incómodo es desagradable. En cualquier situación, a cada momento, tenemos dos opciones posibles: la cómoda o la incómoda. Si contemplamos las encrucijadas cotidianas, cuando tomamos decisiones y elegimos actuar de una u otra manera, podremos comprobar que en la mayoría de los casos la elección se produce entre la opción más cómoda y la *op-*

ción correcta. La opción por la comodidad es fácil y sus beneficios, placer y tranquilidad, son inmediatos. La elección por la incomodidad es trabajosa y supone esfuerzos y renuncias, en especial para personas mimadas, de sufrimiento inmediato.

Es más fácil comer una tarta exquisita que no comerla; es más fácil quedarse en la cama que salir a caminar. A largo plazo, el balance de ganancias y pérdidas por elecciones cómodas o incómodas se invierte. Se paga un alto precio por la elección cómoda de corto plazo. Si salimos a divertirnos con amigos en lugar de preparar un examen; si nos quedamos hasta altas horas de la noche viendo una serie en lugar de ir a dormir, o si permitimos que los niños hagan lo que se les ocurre porque no tenemos energía para poner límites y soportar estallidos de ira, pagaremos los costes en algún momento. Pero si aplazamos la diversión, resistimos la curiosidad por saber qué será de la heroína de la serie o aguantamos la escena de los chicos en el supermercado sin ceder a caprichos, nuestros beneficios serán mayores, aunque los veamos algún tiempo después.

La medida del éxito por elegir decisiones incómodas depende de la «capacidad de postergar la gratificación». Sin embargo, correspondería llamarla «capacidad de intercambiar gratificaciones» o «capacidad para establecer prioridades en las gratificaciones». Por ejemplo, si en una fiesta nos abstenemos de probar un bocado más de ese manjar exquisito, no estamos posponiendo el placer para un momento posterior, sino que lo descartamos por completo, dado que ese plato ya no estará disponible en el futuro. En esta situación hemos renunciado a un placer para obtener a cambio otras satisfacciones: un buen sueño sin dolor de estómago ni acidez; y también salud y orgullo.

En la gran mayoría de los casos la postergación del placer es permanente, no momentánea: dejamos de lado una satisfacción para obtener otras. La satisfacción momentánea es placentera; las posteriores, significativas e importantes. Una es breve e inmediata, la otra más duradera pero futura.

Lo contrario de comodidad es incomodidad, que en la práctica se traduce en contención, esfuerzo, trabajo, concesiones y, en especial, renuncias. Dado que en la vida todo es cuestión de equilibrio, es aconsejable mantenerlo en cuanto a placeres o logros. Importa dejarlo claro para no sentirse mal por cada bocado extra que nos permitamos... Hay una escena extraordinaria en la película *Chocolate*,* en la que el alcalde del pueblo llega hasta la tienda con la intención de destruirla porque teme a la sensualidad y las pasiones que el chocolate despierta en los habitantes del pueblo, que según él deberían ser, en tanto creyentes fervorosos, asexuales. De pronto cae en su boca un trocito de chocolate y entonces enloquece de placer. Si bien una persona que aspira a hacer siempre lo correcto no sería, necesariamente, un evitador, tampoco experimentaría jamás ningún placer. ¿Por qué, entonces, se decidiría nadie por opciones insatisfactorias? Una pista: hay que buscar dónde está la ganancia.

¿Alguien?

Toda persona tiene necesidades, deseos y obligaciones. En cada momento de la vida hay algo por hacer. La vida es actividad. Entonces ¿cómo es que los evitadores pueden continuar con sus cómodas elecciones? La explicación es que en la mayoría de los casos tienen en su vida a alguien cercano y responsable que acepta con resignación e incluso con agrado la incomodidad inherente a la actividad normal y productiva. Gran parte de los evitadores descubren, ya a temprana edad, que, si no ejecutan una tarea determinada, alguien vendrá y lo hará por ellos.

En general serán los padres, otros familiares o las parejas: personas que, al sobrecargarse de tareas y responsabilidades, se

* Película del año 2000, dirigida por Lasse Hallström y protagonizada por Juliette Binoche y Johnny Depp. *(N. del T.)*.

sentirán más valoradas. Responsables, comedidas, con capacidad de entrega, constantes, activas y eficaces; gentes que asumen sobre sí las responsabilidades de la vida. Lo que ganan es la sensación de productividad, de habilidad y de obtención de logros, de superioridad... La excelencia y la capacidad de éxito de quienes asumen estas cargas aparece a menudo entrelazada con la victimización, que es la sensación de estima que generan la dificultad y el sufrimiento, y que se expresa en frases como «no puedo más» o «¿por qué todo siempre recae en mí?».

La evitación es un fenómeno que solo puede ocurrir porque hay quienes aceptan mantener o servir a los evitadores. Los adlerianos catalogan la comodidad y la obtención de «servicios especiales» bajo un único rótulo: consentimiento. Como sabemos, el consentimiento puede resultar, a la vez que placentero, paralizante. Es adictivo y, como toda adicción, difícil de abandonar. **El consentimiento es, en la práctica, el mayor problema de los evitadores y se expresa en postergaciones, holgazanería y pasividad.** Hacer algo no placentero es incómodo y dificultoso; una persona consentida no soporta la dificultad, por lo que hacer algo difícil o a disgusto no cabe en su mente.

En casos extremos, los pacientes describen cuadros de una realidad decadente, de inactividad que llega incluso a las tareas básicas de la vida, como el empleo, y la desaparición de relaciones sociales significativas. Suelo exponer estos estados a través de metáforas que muestran, simultáneamente, la triste situación en la que se hallan y la posibilidad de crecimiento y cambio. Estas afirmaciones pueden provocar dolor, pero se expresan con empatía, la «confrontación empática» que ya hemos mencionado.

Lo que suelo decir es algo así: «Veo tu situación como una enfermedad que causa una degeneración total de los músculos. Me refiero a los "músculos psicológicos", a la fortaleza espiritual. No tienes fuerzas, ganas ni capacidad de hacer nada. Por fortuna, resulta que esta degeneración, si bien es grave, es también reversible. Para fortalecer los "músculos" deberás internarte un tiempo prolongado en un "hospital de rehabilitación" y aprender, lentamente y paso a paso, cómo realizar todas aquellas acciones que a los demás les resultan sencillas y cotidianas. Por ejemplo, deberás aprender a renunciar a cosas que quieres hacer porque tienen consecuencias negativas. Tendrás que acostumbrarte a hacer lo que resulte necesario a pesar de que no sea placentero, cómodo o interesante. ¿Quieres comenzar tu rehabilitación o prefieres vivir así e ir buscando la mejor silla de ruedas disponible?».

Permítame hablar con el responsable

Un viejo chiste habla acerca de tres obreros que construían un rascacielos. Al mediodía se sentaron a comer y cada uno de ellos abrió su tartera. Apenas la abrió, uno de ellos exclamó enfadado: «¡Otra vez queso! ¡Ya no lo soporto más!», y se arrojó al vacío. En el funeral, sus amigos se acercaron a la viuda para darle el pésame y contarle cómo fueron los momentos previos a la muerte de su esposo. La reacción de la mujer fue de confusión. Con tristeza, les dijo: «No lo comprendo… ¡Él mismo había preparado el almuerzo!».

El evitador no vive la vida que cree merecer y en consecuencia sufre enormemente. Pero no es consciente de que él es el principal responsable de su estado, pues reconocer y aceptar esto le acarrearía vergüenza y un gran dolor. Debido a eso, es frecuente que los evitadores culpen a los demás de la situación. En mi trabajo como terapeuta a lo largo de los últimos treinta años he comprobado que las personas están dispuestas a sufrir muchísimo, con una condición: que puedan culpar a otros por este sufrimiento. En general, en la primera línea de «culpables» se ubican la madre, el padre o ambos; el segundo puesto es para la pareja. Si alguien fuera culpable o responsable, él es quien debe pagar el precio por los daños que, en definitiva, hicieron que el evitador sea como es.

Si una persona no es responsable de lo que le ocurre, ¿quién lo es, entonces? ¿Quién fue el que le impidió acceder a una vida distinta y mejor, como era su justo derecho? ¿Conocen la pregunta «quién dejó la mayonesa fuera de la nevera»? Se trata, por supuesto, de una pregunta retórica cuyo enunciado real es «Yo no fui; nunca hago ese tipo de cosas». ¿Han pensado alguna vez qué extraño resulta que la mayoría de la gente, ante un suceso indeseado, esté más interesada en hallar al culpable que en encontrar una solución? Puede resultar menos extraño si comprendemos que vivimos en guardia permanente para la defensa de nuestra autoestima. Desmerecer al otro por medio de acusaciones es un modo sencillo y rápido para subir la propia estima.

El medio: la evitación. El objetivo: la venganza

El cuarto beneficio que arroja la evitación, además de la defensa ante el fracaso, la conservación de las ilusiones de superioridad y la comodidad, es la venganza. Adler afirmó que la evitación, como toda otra acción humana, surge en el contexto social. Por eso debemos preguntarnos contra quién apunta. Para responder a esta pregunta debemos investigar quién sufre por la evitación, además del evitador mismo.

En ocasiones, los evitadores están dispuestos a causarse dolor a sí mismos, si con ello logran herir a las personas que los rodean, a quienes acusan de ser responsables de la situación que los aqueja. Así, por ejemplo, a los padres les resultará doloroso si a los hijos, incluso ya crecidos, no les va bien o no logran concretar sus potencialidades. Las personas que rodean a los evitadores sufren, debido a que «se lo merecen». Supuestamente, se ha hecho justicia. Esa es la ganancia menos reconocida de la evitación: la venganza. Adler sostuvo que la evitación acompañada de síntomas neuróticos tiene siempre un destinatario. Como torturar adrede a otra persona se considera una pésima acción y algo socialmente inaceptable, el evitador suele no ser consciente de este objetivo. Yo denomino a esta ganancia de la evitación «el beneficio oculto de la evitación».

Quizá se pregunten, y con razón, dónde está aquí la venganza, dado que el evitador se hiere, en especial, a sí mismo. **Muchas personas transforman su vida en monumentos al fracaso de los padres.** A veces, el evitador siente que los padres fueron los que cargaron sobre su espalda el peso de las elevadas expectativas y que el amor paternal estaba condicionado al éxito o a determinadas conductas de obediencia. Así, el joven y talentoso hijo de un famoso profesor universitario decidió suspender todas las materias solo para herir a su padre. Cuando su terapeuta, mi amigo Herzel Kajlon, le preguntó cómo era posible que una persona tan sobresaliente como él fracasara en todas las asignaturas, el joven contestó con una mueca sardónica: «Fue muy difícil».

El amor por los seres queridos es mucho, y mucha, en especial, la preocupación por el otro. En consecuencia, también al prójimo le duele el sufrimiento del evitador. En un apartado anterior hemos descrito a los que asumen la responsabilidad por los evitadores como gente que, por hacerlo, se siente valiosa e incluso superior. Sin embargo, también ellos sufren. Sienten una enorme tristeza por el dolor del evitador y pesadumbre por sus malos momentos. Es difícil estar a gusto con quien se siente mal. Rona Ramón afirmó que una madre no puede ser más feliz que el más triste de sus hijos. Además, los padres y las parejas sufren porque deben compensar la falta de aportes económicos del evitador y porque muchas veces se ven actuando en contra de sus valores más básicos al permitir que el evitador eluda sus responsabilidades.

Una vez, una joven paciente me contó, con absoluta sinceridad, que cuando le sucedía algo bueno o estaba feliz no se lo comunicaba a su madre. ¿Para qué estropear algo que funciona? Esta es la razón por la que los padres de evitadores reciben solo en ocasiones y a través de terceros las buenas nuevas en referencia a sus hijos. Por ejemplo, los padres de un muchacho quieren expresar su alegría: «Nos han dicho que te vieron paseando con una chica», pero el evitador buscará «enfriar» de inmediato el entusiasmo: «Qué va, es solo una persona con la que me encontré por casualidad… no tenemos ninguna relación». Mientras el hijo siga siendo desgraciado, los padres no podrán sentirse bien. Si el hijo se desenvolviera bien, triunfara o se sintiera feliz y satisfecho, los padres podrían pensar que han hecho un buen trabajo.

La venganza tiene una ganancia adicional, también importante: la obtención de «indemnizaciones» por parte de los «culpables» de la situación en la que se hallan.

Los bienes con los que el círculo de personas cercanas le paga al evitador pueden ser dinero o servicios. Muchas concepciones psicológicas afirman que el origen de todo trauma del presente está en los errores que cometieron los padres en la infancia de una persona. Quienes acuden a terapias de este tipo descubren, con gran alegría, que los padres son los culpables de todo. Todo cuanto les ocurre se debe a que los padres tenían demasiadas expectativas, fueron demasiado críticos, no los amaron lo suficiente, no los escucharon, no alentaban la expresión de las emociones y sobre todo no supieron verlos.

En lo personal, me gustaban mucho estas concepciones hasta el momento en que yo misma me convertí en madre. He aquí un ejemplo de lo que un joven puede echarles en cara a sus padres: «Como vosotros teníais para mí expectativas demasiado altas e imposibles de alcanzar, me hundí en la depresión. Por vuestra culpa soy incapaz de hacer nada, por lo que también vosotros debéis pagar por ello». Los padres que aprueban esta acusación tienden a resarcir a los hijos evitadores, financiarlos y prestarles todo tipo de servicios. Las parejas pueden llegar a convertirse en «enemigos» si se niegan a aceptar el sufrimiento del evitador y a asumir todos los costes, preferentemente sin caras largas ni críticas.

El evitador espera de su pareja el mismo comportamiento que tuvieron para con él los padres: que lo ame y lo acepte de manera incondicional, sin exigirle nada a cambio. Las parejas pueden mostrar comprensión y asumir sobre sí todo el peso de la relación en tanto crean que la evitación no es la elección del otro, sino una consecuencia del síntoma emocional: «No trabaja porque está deprimida». Les sorprende que el evitador no haga esfuerzos para solucionar el problema, como lo haría si se tratara de una enfermedad física, pero es posible entender esto como parte del síntoma.

Si los padres del evitador ayudan económicamente, puede bajar el nivel de frustración del integrante de la pareja que sí trabaja. Pero la evitación no se limita al área laboral: existen evitadores que no se hacen cargo de ninguna tarea del hogar ni participan del cuidado de los niños. Miguel le había pedido a su esposa, que se niega a realizar cualquier tarea, ya sea del hogar o laboral, que le comprara una medicación que él necesitaba con urgencia. «No lo he hecho», le respondió. «¿Cómo que no lo has hecho?», dijo él. «No he tenido tiempo porque me he encontrado con una amiga», contestó ella. «Para eso sí tienes fuerzas». «No entiendo tu reacción —contestó ella—. Por una vez que me siento bien y logro salir para verme con alguien, ¿eso también está mal? ¿No puedes alegrarte un poco por mí?».

Además de los padres, siempre resulta posible culpar a la situación económica, a la carestía de la vida, al país, a la jefa, a la sociedad e incluso a Dios.

En el análisis de la conducta humana, los adlerianos destacan la creatividad y la capacidad de elección: resulta fácil identificarse con ambas características. Solo que tras estas bellas palabras se oculta una menos simpática: responsabilidad. El filósofo francés Paul Ricœur afirmó que la libertad es la habilidad de responder, es decir, la capacidad de dar nuestra respuesta personal ante la realidad y las circunstancias. La libertad implica responsabilidad.

Esta es la razón por la que resulta tan difícil admitir que hemos elegido libremente opciones que generaron la realidad en la que vivimos, si esta no es lo bastante agradable, bella, confortable o exitosa. Cuando sentimos que nuestra vida va bien, es fácil afirmar «lo he conseguido yo». Pero cuando esta imagen no es lo bastante buena o no nos satisface, es mucho más difícil aceptar que también en este caso somos uno de los factores centrales para su formación. Adler dijo: «Somos el artista y la obra de arte». Por supuesto, existen también situaciones negativas que no dependen de la persona o que dependen en una mínima medida: accidentes, enfermedades, crisis económicas, guerras, la desaparición de un oficio, desastres naturales y similares.

Tuve un paciente de treinta años, un evitador que vivía con los padres. Él los consideraba culpables de su inseguridad debido a que ellos, según él, siempre habían preferido a su hermana, dos años menor. En el momento en que a ella le propusieron matrimonio, él sintió que debía contarle a su futuro cuñado la «verdad» acerca de su hermana y su familia, «para que supiera dónde estaba metiéndose». Le pregunté: «¿Te sientes herido hasta tal punto que planeas arruinarles esta alegría?». «Creo que él tiene derecho a saber la verdad», me contestó. En este caso puede verse claramente que responsabiliza a los demás de la situación propia y las ideas de venganza como única salida del dolor, en nombre de «la sinceridad y la justicia».

Cuando uno de mis pacientes evitadores se concentra en las acusaciones y la venganza, lo intento con esta metáfora: «Desde mi punto de vista, tu vida se asemeja a una aldea que sufrió un terremoto. Quedó destruida por completo. Todo se perdió y lamentablemente esta es la situación actual, con independencia de lo que hubiera en el pasado. ¿Qué vamos a hacer? Tienes dos posibilidades: una difícil y la otra mala. La difícil es juntar poco a poco y con cuidado las piedras que quedaron y comenzar a reconstruir de cero, con paciencia y con esfuerzo, una nueva casa entre los escombros. La segunda opción, la mala, es sentarte sobre las ruinas y llorar hasta morir o, peor aún, apedrear a cualquiera que pase a tu lado».

Conclusión

El primer beneficio de la evitación es la defensa ante el fracaso o, para mayor precisión, ante la mediocridad. Quien nada hace, nada arriesga. El beneficio final de la evitación consiste en conservar la ilusión de superioridad. La falta de disposición para bajar las expectativas y no aceptarse a uno mismo son indicadores de una ambición desmedida, solo alcanzable de forma imaginaria. La tercera ganancia es la comodidad, y la última es el alivio del sufrimiento mediante acusaciones y venganzas.

La comprensión de estas ganancias ocultas tiende a arruinar el arreglo de la opción evitativa. ¿Es posible mantener una ilusión imposible en lugar de vivir una vida plena y real? ¿Podemos aceptarnos a nosotros mismos sin perder nuestra autoestima, sabiéndonos altaneros, despreciativos, haraganes, aprovechados y vengativos? Hasta ahora hemos pensado que teníamos razón, que éramos víctimas, que nos habían hecho daño en la niñez o en el presente, que tenemos problemas objetivos que nos impiden alcanzar nuestro potencial y aportar a la sociedad. Al mostrar el beneficio central de la evitación, queda expuesta su verdadera naturaleza: se trata solo de una falsa ilusión. Ha llegado el momento de revelar los exagerados precios que pagan los evitadores para conservar esa fantasía.

7

El precio de la evitación

Podríamos resumir el contrato que ofrece la evitación de este modo: en realidad no viviré la vida que hubiera querido, pero la conservaré en la imaginación porque sé que soy excepcional y que merezco más que los demás. Nadie sabe, ni siquiera yo, de qué cosas soy capaz ni cuánto valgo en realidad. No hago nada que me resulte incómodo. Si yo no soy feliz, que los demás también sufran.

Es fácil pensar que con tantos beneficios el contrato vale la pena. No es el caso.

El precio cotidiano de la evitación

El precio cotidiano de la evitación es el sufrimiento psíquico, cuya medida está en relación directa con su extensión y duración. El sufrimiento psíquico se expresa de diversos modos: sentimiento de culpa, autocrítica, preocupación y temores, envidia, aburrimiento, sensación de estar varado, depresión y sentimiento de inferioridad. Los evitadores también sufren por el trato que reciben de los otros, pues además de ser objeto de comprensión y cuidados también lo serán de decepción, desprecio o enfado. Los evitadores pueden tener un padre comprensivo y piadoso y otro irascible; y también los hijos o las parejas oscilan entre la compasión y la desesperanza.

La culpa y la autocrítica surgen de no hacer lo que sabemos que debe hacerse, aun cuando queremos mantener una buena opinión de nosotros mismos. Solo una persona despreciable se abstendría de cumplir con su deber y al mismo tiempo se sentiría satisfecha. La culpa y la autocrítica sirven para zanjar la diferencia entre lo que creemos que debemos hacer y lo que en verdad hacemos, como veremos más adelante.

A la evitación también la acompaña la preocupación por las consecuencias prácticas de la inacción, como un cheque rechazado por el banco o causar daños a una persona querida, con su consecuente enfado. La preocupación del evitador no se transforma en acciones destinadas a paliar las consecuencias negativas, aunque no puede desentenderse por completo de la situación.

El evitador suele sentirse aburrido, dado que es muy difícil que pueda llenar su día después de haber renunciado a las tareas cotidianas, así como a toda meta u objetivo. Otra razón del aburrimiento es que el evitador supone que el entretenimiento se le proporcionará desde fuera, de su entorno, sin necesidad de que genere algo de interés por sí mismo. El aburrimiento es una sensación desagradable y muchos evitadores la «resuelven» aumentando las horas de sueño o mediante adicciones: pantallas, drogas, etc.

Los evitadores a veces sufren por sentirse insignificantes. Las expectativas están por las nubes y las energías bajo tierra. A veces los entristece poseer capacidades que imploran ser puestas en práctica y observan cómo sus coetáneos avanzan mientras ellos siguen varados. La mayoría de los evitadores no envidiará la vida «mediocre» de sus amigos, dado que están convencidos de que los aguarda una vida excepcional, aunque de cualquier manera los logros ajenos valen más que la nada que los evitadores han construido. Además, la confianza en sí mismo del que no hace nada se debilita al tiempo que su dependencia de los otros aumenta, con lo que crece la vergüenza de ser un «mantenido». Por otra parte, si bien los «asistentes» del evitador lo suplen en las tareas cotidianas, no podrán evitar cierto grado de enfado, desprecio o decepción, con lo que comenzarán a criticar o presionar al evitador.

Por desgracia, las crecientes sensaciones negativas no impulsan el deseo de actuar para calmarlas de algún modo, sino que refuerzan el síntoma, a su vez una fuente adicional de sufrimiento. Este es el sufrimiento principal del evitador y también la fuente de las justificaciones evitativas.

Si una persona elude las obligaciones centrales de la vida, si no trabaja durante un largo tiempo, si ni siquiera se esfuerza por buscar trabajo o si no está dispuesto a aceptar cualquier posición en lugar de «el mejor puesto posible», el resultado es que deberá pagar por ello un precio psíquico adicional. Adler creía que la persona genera síntomas neuróticos con el objetivo de justificar la inactividad y la falta de colaboración con los demás y así resguardar su autoestima. El enorme sufrimiento espiritual que experimenta es subproducto de esta creación de síntomas; proviene del síntoma como justificativo y de cuanto lo acompaña: pensamientos negativos y malas sensaciones: tristeza, desesperación, temor, vacío, vergüenza y soledad.

Según la postura adleriana, la neurosis es evitación acompañada de síntomas, y no un síntoma que cause evitación. El síntoma no es algo «que le sucede» a la persona y que le impide cumplir, sino algo que la persona genera de manera inconsciente para justificar su inacción frente a los deberes vitales.

El precio principal de la evitación: una vida desperdiciada

Se podría pensar que el sufrimiento espiritual que acompaña al síntoma o al trastorno psicológico es el coste más pesado de la evitación. Sin duda alguna, se trata de un precio terrible, aunque no es el mayor. Cuando una persona sufre, su atención se centra en el dolor y en los intentos por aplacarlo, con lo cual no puede ver su entorno: la luz del sol, las posibilidades que se abren ante él y la belleza que lo rodea. Así, el dolor oculta el hecho de que está desperdiciando su vida, lo que constituye el más alto coste de la evitación. Lo que ocurre mientras la persona está ocupada en preservar su autoestima es que la vida pasa. El evitador cambia algo muy valioso, su única vida, por algo mucho menos preciado: la preservación de la autoestima por medio de ilusiones.

El principal precio de la evitación es el desperdicio de la propia vida, algo mucho peor que el fracaso, aquello que tanto tememos. Esto no es un ensayo general, la vida es lo que sucede ahora. Adler dijo que el evitador se encuentra fuera de la vida, lejos del aire puro y de la luz del sol. La vida es lo que sucede mientras esperamos que suceda algo distinto. La vida es una experiencia única y toda persona es una expresión irrepetible, especial, creativa y completa. El tiempo pasa, o, mejor dicho somos nosotros los que pasamos, y lo único que en verdad poseemos es el instante presente. El tiempo de vivir es ahora. Si al llegar a la tercera edad, al extender una mirada sincera sobre la vida, una persona comprende que malgastó el tiempo, que no tuvo coraje, que no consiguió nada, que no amó ni fue amado… es posible que sienta un profundo arrepentimiento. Todo ser humano es una expresión única que busca revelarse y descubrirse por medio de la experiencia. En definitiva, no se lamentará por lo que intentó y no logró, sino por lo que no se atrevió a vivir o hacer.

En la escena final de la obra *Jacobi y Lidenthal*, del dramaturgo Janoj Levin, se describe con gran inteligencia la tragedia del desaprovechamiento: «… y así pasa el tiempo: primavera, verano, otoño e invierno… La flor que se abre, las hojas que caen: y vale la pena vivir en cada estación, como si alguien hubiera preparado una hermosa escenografía para tu felicidad y ahora solo ve y sé feliz. Pero estás petrificado, no haces nada; sumergido en tu tristeza, dejas todo para mañana… y entretanto el tiempo pasa y tú sabes que lo estás perdiendo, y con esta amarga sensación de derroche y arrepentimiento te detienes a mirar. Miras, miras y miras… y no haces nada».

Aconsejo a mis lectores temer con todas sus fuerzas el desperdicio de la vida. Quizá eso los ayude a dejar de temer algo tan nimio como el fracaso. Ejemplificaré esto con una historia que describe una vida desaprovechada.

Descripción de un caso

En una ocasión llegó a mi consulta un paciente evitador de alrededor de setenta años. Nunca había estudiado, no tenía ningún oficio, casi no había trabajado, no había formado una familia y sobrevivía gracias a un fondo que habían creado sus padres como parte de su herencia. Acudió a terapia por su sensación de soledad y solo buscaba que alguien lo escuchara. Es difícil describir el nivel de desesperación y sufrimiento que atravesaba. Sentí una profunda tristeza e hice cuanto estuvo a mi alcance para brindarle atención y consuelo.

Más tarde, ese mismo día, me encontré con una paciente evitadora de treinta y cinco años que atravesaba una situación similar. Jamás había tenido una pareja importante y no tenía amistades cercanas. A pesar de haber estudiado una profesión considerada creativa e interesante, ella no se avenía a trabajar en su oficio porque «a los principiantes les pagan muy poco». Conseguía empleos ocasionales, vivía en la casa de los padres y dependía económicamente de ellos casi por completo. Ese mismo día también había hablado, como mi otro paciente, de desesperación y soledad.

Volví a sentir esa profunda tristeza, pero en este caso también un fuerte deseo de advertirle, de impulsarla a crear para sí misma una vida significativa. Pude ver su futuro, a los setenta, en las mismas condiciones que mi paciente anterior e imaginé los cambios que él podría haber efectuado de haber acudido antes a una terapia que entendiera la evitación. Al final de la sesión, cuando la acompañé hasta la salida, junto al ascensor, que es el sitio que reservo para mensajes terapéuticos especiales, le dije: «Esto puede continuar así hasta los setenta años...».

En el encuentro siguiente me confesó hasta qué punto la habían conmocionado mis palabras, tal como yo esperaba. Comprender eso, que no cambiaría nada a menos que ella misma cambiara, al final la impulsó a actuar en consecuencia en pos de objetivos realistas: un trabajo en la profesión que había estudiado, búsqueda de relaciones de amistad y de pareja; eso en reemplazo de metas imposibles: tener éxito instantáneo y sin ningún esfuerzo, casarse con un príncipe encantado montado en un descapotable, que aparece de pronto en su puerta... Fue, por supuesto, un proceso largo y difícil, pero se trataba de la única vía que conozco para tener una buena vida.

La acusación ha sido anulada

En el mejor de los casos, la gente toma a los evitadores como individuos desafortunados, «pobrecitos», y en el peor como haraganes. La diferencia entre ambas posturas depende de la siguiente evaluación: ¿se trata de una persona incapaz de actuar o de alguien que, si quisiera, podría hacerlo? En ocasiones, por ejemplo, los padres se compadecen de un hijo en tanto que el hermano piensa que finge y que podría hacer cualquier cosa si solo se lo propusiera. El evitador sale perdiendo en ambos casos: los padres lo ven como alguien débil e incapaz mientras que para el hermano es un holgazán y un aprovechado. Unos sienten por él compasión o lástima; otros, frustración y enfado.

El evitador cree que no puede hacer las cosas de otro modo. Tiene necesidades, deseos y sueños, pero no consigue ponerse en pie. Está en lo cierto: no puede hacer las cosas de otro modo aunque la depresión o la ansiedad sean síntomas que él mismo ha generado. **Elegir la evitación y generar síntomas para justificarla no hace que una persona sea culpable. Es una elección inconsciente.**

Quien haya optado por la evitación no conoce un mejor camino para resguardar su autoestima, que es tan esencial como el aire. No solo debemos ser comprensivos con esta elección, sino que debemos ver en ella una solución creativa para los sentimientos de inferioridad. Una persona que se sienta amenazada se defenderá de todos los modos posibles, incluso pagando un precio así de alto.

Abramson suele utilizar una metáfora que describe esta dificultad para practicar la libertad de elección: una persona está en una habitación y piensa que solo hay una puerta. A su entender, si desea salir tiene solo una opción: la puerta cuya existencia conoce. Mientras sea incapaz de percibir las otras puertas de la habitación, que permanecen ocultas tras un velo (la puerta camuflada con el mismo color de las paredes o la abertura hacia el altillo) no podrá abrirlas. En otras palabras, mientras el evitador desconozca la existencia de otras posibilidades a su alcance, no podrá optar por ellas, y por eso no debemos culparlo por sus elecciones erróneas.

Conclusión

Las cláusulas del contrato de evitación son las siguientes: «Se le proporcionará defensa ante el fracaso (se entiende por «fracaso» todo lo que caiga por debajo de extraordinario, perfecto o especial) junto con el resguardo de la ilusión de superioridad. Como beneficios adicionales, obtendrá comodidad y venganza. Todo eso a cambio de sufrimiento psíquico continuo y el desperdicio de su vida».

Cuando el contrato se explicita de este modo, creo que todos llegan a la misma conclusión: que no se trata de un negocio conveniente, que está por demás claro que el precio es excesivo y escandaloso, y que se debe hallar un modo de ponerle fin. ¿Por qué aceptaría alguien un trato tal? Debemos suponer que era la mejor opción que tenía en ese momento y que no encontró un modo mejor de defender su autoestima. Además, como ocurre con el resto de los contratos importantes de nuestra vida, uno no podía pararse a pensar en la letra pequeña. Pero ahora que somos conscientes de los costes y los beneficios, lo importante es comprender cómo podemos romper con ese contrato draconiano para tratar de conseguir términos mejores y más justos. En adelante, aprenderemos qué es lo que los evitadores pueden hacer para retomar un camino que los conduzca hacia una vida satisfactoria y a la consecución de objetivos significativos.

Resumen de la primera parte

Según Adler, la vida es movimiento, orientado hacia el desarrollo y la superación. Cuando una persona duda de su propio valor y pertenencia, este movimiento natural puede verse interrumpido o desviado hacia una dirección improductiva. Si esto sucede, la persona se centra en sí misma, su autoestima se convierte en el eje de su mundo y todos sus recursos psíquicos y físicos se orientan hacia la preocupación por su estima y comodidad. La elección por la evitación como estrategia de vida se origina en una profunda sensación de inferioridad, producto de la concepción social verticalista, que asume que el valor de las personas se mide de acuerdo con su posición en una escala imaginaria que nos compara permanentemente con los demás, y el fracaso es una señal de la desvalorización de la persona. Quien se sienta inferior en relación con los demás tenderá a desarrollar metas compensatorias de superioridad y aspirará a estar por encima de los otros, a ser perfecto. Desde el momento en que se fija ese objetivo, la persona sentirá inferioridad en cuanto a esta meta y ya no en relación con la realidad. Es decir: siente que carece de valor en tanto que cae por debajo de la perfección.

La concepción verticalista contribuye a la generación de dos tipos de acción destinados al logro de objetivos inalcanzables: uno activo y exitoso, el otro pasivo evitativo. La elección por las acciones activas o pasivas dependerá, de acuerdo con Adler, de tres componentes: el primero es en qué medida la persona cree en su propia capacidad de triunfo o de lograr sus objetivos, el segundo es su disposición para hacer esfuerzos y el tercero es la intensidad de su sentimiento de comunidad.

Quienes optan por la actividad creen que pueden alcanzar un lugar destacado, comprenden que para triunfar deberán esforzarse y están dispuestos a invertir las energías y los recursos necesarios. Sienten, asimismo, que las acciones que llevan a cabo son importantes y necesarias, y que el potencial de contribución social que implican despierta en ellos la motivación para superar los temores. Además de los beneficios, las personas exitosas verticalistas deben afrontar muchos y altos costes, entre los que se encuentran vivir estresados y bajo presión continua por ser exitosos, aunque ningún éxito logrará satisfacerlos durante demasiado tiempo. Sus vidas se desequilibran y a la larga sobreviene el desgaste y el cansancio. Muy a menudo, darle prioridad al trabajo perjudica a las relaciones interpersonales, y el exitoso encuentra menos placer en cultivarlas, dado que sus preferencias apuntan a los resultados y no al proceso. Las personas activas y exitosas viven con el temor constante de «caer», esto es: perder su estatus.

Los que optan por no afrontar las responsabilidades son aquellos que se piensan incapaces de alcanzar sus propias metas de superioridad y que no están dispuestos a esforzarse. Adler creía que la fuente principal de esta falta de disposición para el esfuerzo está en el consentimiento con el que se los trató en la niñez. El consentimiento como método educativo impide que el niño desarrolle la capacidad de posponer gratificaciones, de enfrentarse a las dificultades y resolver los problemas. Las personas a las que se les consintió en la infancia eluden establecer metas a largo plazo y planificar los pasos necesarios para lograrlas. La opción de la evitación es debilitante y adictiva. Con el tiempo, la evitación se transforma en una forma de invalidez.

Para los evitadores se vuelve más y más difícil actuar, invertir, perseverar, dar y amar. Una característica crítica adicional de los evitadores es que su sentimiento de comunidad no está lo bastante desarrollado y que su objeto de atención principal son ellos mismos. Más allá de las implicaciones en el rendimiento, a las personas que tienen poco sentimiento de comunidad les cuesta desarrollar amistades en las que exista reciprocidad, y también les resulta difícil amar y experimentar intimidad.

La evitación es una elección contraria a las necesidades sociales y a los valores universales. La gente no ve con buenos ojos a quienes se desentienden de las obligaciones y obligan a los demás a asumir el peso adicional de la manutención, de las tareas cotidianas. Además, la convivencia con alguien pasivo, pesimista, deprimido, dependiente y demandante no resulta para nada sencilla. Por eso el evitador debe idear algo que justifique su no participación. Esta justificación puede asumir la forma de explicación o excusa, o aparecer como síntomas psíquicos, tales como ansiedad o depresión. Evitar el cumplimiento de las obligaciones y producir síntomas para justificar esta evitación recibe, en la psicología adleriana, la denominación de neurosis.

Dado que el síntoma se genera para justificar la evitación, los medicamentos y las distintas terapias destinadas a mitigarlo y que no indagan en su origen resultan inefectivas a largo plazo. El origen del síntoma radica en los sentimientos de inferioridad en relación con metas inalcanzables. En una terapia adleriana se intentará aclarar al paciente de dónde provienen sus asunciones básicas, como por ejemplo que él no vale lo suficiente o que ser imperfecto es sinónimo de insuficiencia. Luego recibirá asistencia para comprender que estas suposiciones son erróneas y totalmente absurdas: se trabaja en pos de un cambio de paradigma, un cambio de concepción que modifica el modo de sentir y permite elegir nuevas estrategias de reacción. A los que desconocen el enfoque adleriano les resulta difícil creer que la persona misma es la que genera síntomas, hasta el momento en que comprueban con qué rapidez desaparecen en cuanto el paciente modifica sus objetivos. Los síntomas se debilitan a medida que la autoestima y el nivel de sentimiento de comunidad del paciente aumentan. Se produce entonces un movimiento: se pasa de la actitud defensiva a la participación y de la evitación al acercamiento.

Las ganancias de la evitación son la defensa frente el fracaso, la conservación de la ilusión de superioridad, la comodidad y la venganza. Los costes son el sufrimiento psíquico y el desperdicio de la propia vida. El núcleo de la evitación es la sensación de inferioridad en relación con metas erróneas y el núcleo de la curación está en comprender que la vida no es como creíamos que debía ser, y aun así aceptar ser parte de ella con energía y coraje.

¿Cuán difícil puede ser? Descubriremos eso en la segunda parte de este libro.

Segunda parte

... «y elegiste la vida»: el puente que une evitación con acción

Hoja de ruta para la segunda parte

La primera parte de este libro se ha enfocado en la comprensión de la opción evitativa: sus objetivos, raíces, componentes y el balance de costes y ganancias. Comprender cuál es el propósito de la evitación y tomar consciencia de sus costes puede despertar en el evitador la motivación de emprender un camino nuevo, de afrontar aquellos retos de los que antes huía y de generar para sí mismo una vida mejor y más satisfactoria. En esta parte señalaremos un camino de regreso al juego de la vida, a la aceptación afirmativa de objetivos y desafíos, a una conexión significativa con los otros y a la adopción de sueños de posible cumplimiento.

Aunque hayamos tomado la decisión de pasar de la evitación a la acción, esta solo será realizable si resolvemos los factores problemáticos: bajada de la autoestima, lucha por la obtención de objetivos de imposible cumplimiento, falta de entrenamiento en el esfuerzo y escaso sentimiento de comunidad. El proceso que permitirá el retorno a la actividad combina **un cambio cognitivo, es decir, en la forma de pensar, con el entrenamiento en una nueva actuación; esto es: un cambio de conducta**. Estas son las dos llaves para pasar de la evitación a la acción.

El cambio cognitivo es un proceso en el que se descubren alternativas. Los cambios de mentalidad abren la posibilidad de experimentar la realidad de diferentes formas. Por ejemplo, si no sentimos que nuestra estima esté en riesgo, no temeremos hacer frente a los desafíos. ¿Cuáles son los cambios mentales imprescindibles?

En principio, dado que la evitación comienza con una bajada de la autoestima, es necesario reconstruirla. Para lograrlo, deberemos adoptar la concepción horizontalista, que nos permite valorarnos tal y como somos. Dreikurs denominó a este proceso «corrección de valores sociales equivocados», es decir: renunciar a creer en ideas que hacen depender el valor de una persona de estándares al mismo tiempo erróneos e inasequibles; por ejemplo, alcanzar la perfección. Adoptar la concepción horizontalista es condición necesaria para cambiar objetivos no realistas por objetivos alcanzables, dado que mientras que una persona crea que debe ser «especial» para ser valorada, no halla sentido en aspirar a objetivos no extraordinarios y mucho menos encarar las cargas comunes y corrientes de la vida.

Al tiempo que adoptamos la visión horizontalista, debemos ejercitarnos en la aceptación de nosotros mismos. Aceptarse a uno mismo libera a la persona del condicionamiento que relaciona su valor como individuo con el logro de objetivos desproporcionados y estimula la respuesta activa a las tareas de la vida. Este cambio mental que se produce en el abandono de la evitación se evidencia en el reemplazo de metas desproporcionadas por otras alcanzables y en considerar a estas últimas como valiosas y emocionantes. Asimismo, este cambio de ideas incluirá el desarrollo de una visión más positiva centrada en lo existente, en lo posible y real.

La segunda llave para el inicio de este proceso de cambio es la **modificación del comportamiento, esto es: actuar de forma que se refuercen la capacidad personal y el sentimiento de comunidad**. Ambas cualidades contribuyen a la consolidación de la autoestima, al aumento de la confianza en uno mismo y al grado de actividad. Las dos acciones principales son el incremento de la consideración (la generosidad hacia los demás) y la asunción de las tareas cotidianas. Los adlerianos no creen en los cambios «intrapsíquicos», sino en los que se expresan en actos que contribuyen a la sociedad y al entorno. Tomando como referencia un conocimiento de larga trayectoria con el fenómeno de la evitación, estoy familiarizada con la dificultad de los evitadores para actuar. Por eso he diseñado breves ejercicios que pueden generar en ellos cambios considerables. Pero debo advertirles: si no realizan estos ejercicios, no ocurrirá nada.

Este capítulo los guiará en la modificación de matrices mentales erróneas y en el emprendimiento de pequeñas acciones cuyo potencial de cambio puede ser mayúsculo. Por último, guiaré a los evitadores para que puedan hallar la ayuda que exige este recorrido; un camino que cambiará la dependencia de otros por vínculos valiosos para todas las partes.

8

El movimiento hacia la realización

Cada uno puede hacer todo lo necesario.

ALFRED ADLER

Según Adler, la vida es movimiento desde estados de inferioridad a otros de superación y maestría. En ocasiones, lo que se percibe como inferioridad responde a un hecho objetivo, como por ejemplo el hambre. La sensación de hambre se expresa en la incomodidad o el dolor que nos impulsan a buscar alimentos para aplacarla. En ocasiones, también se siente hambre de reconocimiento, de interés, de logros o de amor, pero en estos casos la necesidad es más difusa y menos sensorial. El psicólogo Abraham Maslow centró sus investigaciones en la salud mental y en el potencial humano. Maslow advirtió que cuando una necesidad se satisface, surge en su reemplazo una nueva. Esto significa que siempre existirá una distancia entre lo real y lo deseado, dado que en el momento en que lo que se desea se transforma en realidad aparece otro deseo: el de algo más, el de algo distinto.

En su artículo «Una teoría sobre la motivación humana», Maslow determina una escala de necesidades. Mediante la imagen de una pirámide, exhibe una jerarquía de necesidades: solo si las necesidades sensoriales básicas se satisfacen pueden aparecer las más elevadas, que son, en general, más abstractas.

Así, por ejemplo, resulta difícil concentrarse en la lectura de un libro si se está hambriento o fatigado. Según Maslow, cuando una persona se siente satisfecha y segura, surge la necesidad de pertenencia, de consciencia y de aprecio. Cuando estas necesidades están satisfechas, se despiertan necesidades más elevadas: vivencias estéticas y realización personal. Por encima de ellas, en la cresta de la pirámide, se ubica la necesidad de imprimir la huella propia; esto es, la necesidad de asegurar la continuidad y la permanencia del legado de la persona más allá de la muerte.

En su libro *El hombre autorrealizado. Hacia una psicología del Ser*, Maslow amplió este modelo y sostuvo que las necesidades pueden aparecer en dos niveles: a partir de la carencia o a partir de la vivencia (*being*). En el nivel de la carencia, por ejemplo, la necesidad de aprecio es externa. El ser humano desea el reconocimiento, la fama y el estatus social. En el nivel de la vivencia, la necesidad es de aprecio de uno hacia sí mismo: autoconfianza, sensación de capacidad y de control, orgullo, libertad e independencia. A diferencia de Maslow, **Dreikurs consideraba que la necesidad de pertenencia es la más básica e importante y que solo mediante su contribución al mundo puede una persona asegurar tanto su subsistencia como su autorrealización y la posibilidad de dejar su huella personal.** Solo el interés por los demás hará que una persona pueda dirigir sus esfuerzos hacia la colaboración y la contribución. Nuestro legado es todo lo que queda de nosotros una vez transcurrido nuestro paso por este mundo.

Así, resulta claro que jamás estaremos mucho tiempo satisfechos. Siempre desearemos algo que no tenemos; siempre buscaremos desarrollarnos, conseguir y concretar más y más cosas. Por otro lado, cuando comprendemos y aceptamos que la vida es movimiento *hacia* la realización, un viaje en el que jamás se alcanza el punto de llegada, podemos agradecer, disfrutar y aprovechar cada una de nuestras experiencias. Cuando comprendemos que la vida consiste en el camino recorrido, ya no experimentamos insatisfacciones continuas y dejamos de pensar que esto no es como debería ser y que no estamos donde deberíamos haber llegado. Cuanto más horizontales, activos y valiosos sean nuestros esfuerzos por mejorar y realizarnos, más rica y provechosa será nuestra experiencia de vida, sin relación con la cantidad de «éxitos».

Quiero, pero no hago

El ser humano se desarrolla y avanza a lo largo de su vida en función de cerrar distancias entre deseo y realidad. En el camino, incorpora experiencias y lecciones, revelando así, cada vez más, su propio potencial. Descubre quién es y lo que puede llegar a ser, y mejora poco a poco sus capacidades. Lo impulsan, como se ha señalado, las necesidades o las faltas que se traducen, en su interior, en «una llamada que lo convoca a actuar» y un sinnúmero de sensaciones. En algunas ocasiones, estas necesidades se experimentan como agradables, tales como la expectativa, la esperanza, la curiosidad o la búsqueda (*seeking*). En otras son mucho menos placenteras y se expresan como aburrimiento e inmovilidad, frustración, amargura y enfado. Todos estos sentimientos tienen un único origen: la distancia entre el deseo y la realidad, en lo tocante a cuestiones significativas para la persona.

En ocasiones la distancia entre lo deseado y lo real aparece a partir de situaciones o sucesos que escapan al control humano y que son por lo tanto inmodificables, como la pérdida de alguien querido. En un caso así, por el proceso de duelo, la persona en situación de pérdida puede aceptar lo irreparable y hallar un nuevo significado para su vida.

Aun cuando es imposible recuperar lo perdido, es posible expandir lo existente por medio de la ampliación de los círculos de actividad y contribución. En otras palabras, el dolor por la pérdida no disminuirá, sino que la sensación de significado crecerá y hará soportable el dolor. En última instancia, el ser humano es capaz de sobreponerse a la pérdida. La aceptará y podrá disfrutar de su vida, recuperará su actividad productiva para así realizarse y completarse, aunque esté inmerso en tristeza y añoranza.

En casos menos extremos, el ser humano tiene la capacidad de acortar, al menos en parte, la distancia entre el deseo y la realidad por medio de esfuerzos y empleando recursos. Por ejemplo, una persona aburrida buscará nuevos intereses: leer libros o artículos, mirar películas, iniciar charlas, pasear, inscribirse en cursos o estudios, etc.

No obstante, existen situaciones en las que los evitadores se abstienen de cualquier esfuerzo, incluso a costa de no cerrar la distancia entre sus deseos y la realidad. Así sucede en los casos de personas que se sienten solas y ansían relaciones e intimidad. Este deseo debería motorizar un acercamiento a los demás: intentos de hallar pareja, de reanudar amistades pasadas o de crear nuevos vínculos. Sin embargo, aunque la persona conoce los motivos de su sufrimiento, sabe qué es lo que desea y qué debe hacer para conseguirlo, no hará nada. Si le preguntáramos por su inactividad, dirá «estoy demasiado cansado para salir a divertirme», «no tengo ganas, estoy deprimido», «de cualquier modo, nadie se interesa en mí» o «no tengo fuerzas para escuchar problemas ajenos».

La pasividad constituye la línea de acción de muchas personas. Es una actitud contraria a la natural tendencia humana a la superación y la realización. Es el modo de actuar que denominamos «evitación» y en consecuencia llamamos «evitadores» a las personas que no operan activamente para cerrar la brecha entre sus deseos y la realidad. La evitación es resultado del desánimo que aparece como consecuencia de la autoestima baja, junto con la autocomplacencia y el redireccionamiento de las energías hacia uno mismo, en lugar de dirigirlas hacia los demás y a la resolución de problemas y desafíos vitales.

Esta sección del libro está destinada a todo aquel que busque concretar sus deseos. Hay personas que experimentan una total falta de relación entre lo que ansían y la realidad, como si su vida necesitara un reinicio. Otras experimentan esta brecha solo en áreas específicas. Por ejemplo, muchas personas se sienten realizadas o al menos contentas en lo que respecta a su empleo, aunque no logren formar una pareja o constituir una familia. Otras se sienten satisfechas en sus relaciones sentimentales, pero no consiguen concretar sus ambiciones profesionales.

Existen, por supuesto, otras áreas menos cruciales que el trabajo, el amor o la familia, y aun así relevantes en lo vivencial. Una persona puede sentir deseos y no realizarlos, así sean deseos de profundizar en una relación, una amistad, de viajar y conocer sitios, de llevar adelante un modo de vida saludable, conservar su hogar limpio y ordenado, disponer de recursos, o deseos de realizar sueños artísticos como dibujar, cantar o bailar. Las ideas y herramientas que encontrarán en esta sección están destinadas a gente que ansía concretar objetivos significativos.

Advertencia al viajero: no hay soluciones simples

Hay tres situaciones que pueden llevar a que una persona decida comprometerse con un proyecto de recuperación de su vida evitativa. La primera es que el dolor se ha vuelto insoportable. La segunda es que el evitador comprende el precio final de la evitación, de desperdiciar su vida, como puede ser el caso de una mujer de alrededor de cuarenta años que comprende que sus oportunidades de concebir se esfumarán si no hace algo en breve. La tercera situación que puede hacer que un evitador decida actuar es que quienes le posibilitaron vivir y subsistir sin esfuerzos dejen de hacerlo.

Si ustedes sienten que su vida no se acerca a lo que habían imaginado o que no logran concretar lo que ansiaban desde el punto de vista profesional, de pareja, familiar o social, es posible concluir que ustedes sufren: desearían que la situación cambiara y querrían descubrir el camino que los conduzca a la vida que anhelaban.

Un gran sufrimiento engendra el deseo de ponerle fin, genera la motivación para un cambio. En ocasiones, hay que «tocar fondo» solo para descubrir que aún no nos hemos dado por vencidos y que podemos, con las últimas energías, salir adelante. La mayoría de las experiencias edificantes se dan en momentos de crisis, cuando al parecer ya no hay salida y estamos «condenados» a vivir una y otra vez el mismo doloroso y frustrante guion.

No es mi intención afirmar que todo evitador se halla en una situación tan desesperante. Por el contrario, creo que no hay necesidad de «llegar al extremo» para impulsar cambios. A veces basta con sentirnos insatisfechos o varados en nuestra vida. Sin embargo, existen casos en los que solo un gran sufrimiento logrará despertar el impulso de cambio, la fuerza para ponerse de pie y actuar y la disposición para la búsqueda de soluciones. Es posible que ustedes ya lo hayan intentado con otro tipo de soluciones: terapia, *coaching*, medicación o talleres, que pudieron ser, en una u otra medida, de ayuda. Quizá algunas, como sucede con las dietas, produjeron mejorías parciales o un alivio pasajero del sufrimiento, pero ninguna les reveló la «fórmula mágica para una vida mejor». La razón para ello es que esa fórmula no existe.

Quien haya leído libros motivadores sabrá, seguramente, que no hay secreto, código, gran magia o lista que garantice la realización de los sueños por la sola acción del pensamiento, sin esfuerzos ni riesgos. No estoy diciendo que estos libros carezcan de valor, sino que hay puntos que merecen ser repensados antes de sucumbir a las promesas de éxito rápido y completo. Lo primero que se debe considerar es que no todo el mundo puede adoptar los métodos propuestos y lograr así el resultado esperado. Las personas que escriben ese tipo de libros, en los que se anuncia riqueza y felicidad, son individuos activos y ambiciosos. Naturalmente, no todos somos así.

Además, estos libros suelen referirse a un mundo competitivo, verticalista, según lo hemos descrito antes. En consecuencia, los objetivos planteados en los libros de motivación responden a esa visión: «vencer», «triunfar a lo grande», «alcanzar la cima», «conseguir todos tus sueños». En los sistemas de enriquecimiento rápido suelen mencionarse, de manera bastante hipócrita, los valores de la consciencia social. En un momento determinado, inevitablemente se menciona «el bien de la humanidad». El foco, sin embargo, está puesto en el éxito personal. Los objetivos son la celebridad y la riqueza, aunque no como resultado de una actuación significativa. Hemos visto que alcanzar estos objetivos, por muy placentero que resulte, no satisface la necesidad real del ser humano: sentir pertenencia. Se le presta excesiva atención al aspecto exterior y a la imagen, en detrimento de las relaciones y el contenido.

El último punto es que muchos de estos libros incitan a que el lector se proponga objetivos inalcanzables o que se redefinen permanentemente y amplían cada vez más. Este objetivo huidizo tiene un nombre: «más». Es decir; en muchas ocasiones este tipo de literatura consiste tan solo en recetas para sufrir más.

Dejar de lado antiguas defensas

El cambio es un proceso de construcción continua. La base de esta construcción son ideas y creencias positivas y productivas respecto de uno mismo y del mundo. Las ideas básicas de un cambio son: 1) la evitación fue una estrategia para enfrentarse al mundo, útil en su momento, pero ya no; y 2) en tanto seres humanos, ustedes son valiosos y la estima que merecen no depende de ninguna condición; en otras palabras: deben adoptar la visión horizontalista. Los pisos que se construyen sobre la base de estas ideas son las acciones. Pueden ser mínimas, pero deben ser constantes y están destinadas a desarrollar la confianza en nosotros mismos y a fortalecer los músculos de la actividad y la contribución. Es importante destacar que un proceso de cambio no es una marcha lineal. Es importante no asustarse ante las caídas y más importante aún es no desanimarse. Las caídas forman parte del proceso. No importa lo duro que sea el camino: el retroceso es la peor opción.

La evitación es, como ya hemos dicho, una estrategia para la defensa de la autoestima. En su libro *El arte del alma* (*Soulcraft*), Bill Plotkin imagina la estrategia de defensa exagerada, que se consolida en la primera infancia, como un batallón de combatientes de una guerra que ya finalizó. Plotkin se inspiró en historias de soldados japoneses que se salvaron de naufragios y de accidentes de aviación, soldados que se localizaron en islas remotas muchos años después de terminada la Segunda Guerra Mundial. No sabían que la guerra había terminado y mucho menos que Japón había sido derrotado. Mostraban una lealtad obsesiva hacia la misión militar que se les había encomendado. Esta lealtad fue lo que les permitió subsistir en condiciones de aislamiento social y cultural, y sobreponerse ante dificultades materiales extremas. Por eso mismo, les resultó muy difícil aceptar el hecho de que la guerra, en efecto, había terminado, que sus esfuerzos habían sido en vano y que ya no eran necesarios. ¿Qué sería de ellos ahora? Según Plotkin, el Gobierno japonés los trató con mucha sabiduría y sensibilidad. Recibió a los soldados perdidos como héroes, les concedió medallas y les organizó ceremonias de honor y reconocimiento. Con el tiempo, la imagen del «soldado fiel» se empleó como metáfora de las estrategias adoptadas en la niñez y que se conservan obcecadamente, incluso cuando son innecesarias.

Plotkin explica que muchos nos comportamos como soldados que luchan por sobrevivir y que prefieren la escasez antes que ser heridos o humillados. Muchos nos hemos visto forzados a suprimir parte de nuestra riqueza espiritual, sentimientos, deseos y pasiones para defender nuestra autoestima. Cada merma en la autoestima, debido a la interiorización de la mirada verticalista que sostiene que el fracaso es señal de pérdida de valor, puede derivar en prudencia excesiva y retracción. La concepción verticalista se expresa mediante comparaciones, críticas o decepción por parte de las figuras relevantes y por la subsecuente consolidación de ideales perfeccionistas y el lógico fracaso al intentar alcanzarlos.

Conforme a lo que ya hemos visto, los costes de la evitación son elevados, por lo que con el tiempo esta defensa resulta más dañina que la amenaza original a la autoestima. El precio aumenta: comienza la sensación de «oportunidad perdida», que se vive como amargura y frustración, para luego transformar nuestra vida en un vacío interminable. Así, una persona amargada no se siente dispuesta a actuar, a desarrollarse, a conectarse ni a mantener lazos de intimidad. Ansía con desesperación el contacto, pero no puede ofrecer nada de sí mismo. Tampoco cree poseer nada que valga la pena.

Debemos aceptar que aquella guerra, la lucha infantil por la supervivencia y la pertenencia, finalizó. Ya no necesitamos el visto bueno de nuestros padres para sobrevivir. Propongo comprender la evitación como un soldado fiel cuya tarea concluyó e imitar lo que Japón hizo con sus combatientes: les diremos, con mucha delicadeza, que la guerra terminó y los liberaremos. Nuestra misión actual es hallar nuevos papeles que se adapten a nuestros deseos y talentos. Hoy, como personas adultas, podemos elegir quiénes queremos ser y qué hacer, a quién acercarnos y de qué cuidarnos, sin necesidad de empequeñecer nuestro mundo o a nosotros mismos para ello.

Ejercicio

Piensen en la palabra «evitación» o en sus sinónimos, huida o retracción, y traten de hallar una imagen que la represente. ¿Qué forma puede adoptar, para ustedes, la evitación? Traten de formarse

---

una imagen, algo vivo y en desarrollo o un objeto real o imaginario, que pueda representar la evitación. Contemplen la imagen y piensen o anoten cómo fue útil hasta hoy y en qué los ayudó. Agradézcanle a la evitación que los protegiera y ayudara, díganle que ya no la necesitan y que la liberan para que siga por su propio camino. Traten de visualizar cómo esa imagen se diluye y desaparece. Podrán repetir este ejercicio tantas veces sientan que volvieron a utilizar la evitación como una estrategia para afrontar la vida.

Conclusión

La lucha natural por pasar de estados de carencia a estados de abundancia nos «asegura» que jamás nos sentiremos satisfechos y que siempre ansiaremos más. Ver la vida como acciones en función de la realización y no como una carrera hacia el éxito nos libera de la sensación de no valer lo suficiente o de estar incompletos. Cuanto más horizontales sean nuestros esfuerzos, más oportunidades tendremos de que sean más activos y útiles y que nos posibiliten vivir una vida rica y satisfactoria.

La brecha entre lo que deseamos y lo que tenemos puede producir tanto ansiedad y miseria como emoción y pasión: de todos modos, nuestra misión es intentar cerrarla. La evitación es la línea de acción contraria al esfuerzo natural del ser humano por crecer y realizarse.

La salida de la evitación se vuelve posible una vez que el dolor se hace intolerable, cuando la persona comprende hasta qué punto ha desaprovechado su vida, pues este es el precio final de la evitación, o por no tener ya más opciones: se interrumpen el subsidio y los servicios necesarios para la vida. La comprensión permite renunciar a las asfixiantes defensas que provee la evitación, para avanzar hacia mejores soluciones. El cambio es un proceso largo que conjuga una mirada mental y cognitiva y un enfoque conductual.

9

Un cambio de pensamiento: adaptar nuestras interpretaciones a la realidad

Un cambio de pensamiento aparece cuando actualizamos un supuesto o una idea acerca del mundo. En cada instante de la vida hay acontecimientos que interpretamos, hechos a los que otorgamos significación. Según Adler, comenzamos a consolidar patrones de pensamiento acerca del mundo, de la vida y de nuestro propio ser desde el momento mismo del nacimiento. Estos juicios, la mayoría de los cuales se consolida hasta los cinco años, pasan a ser «las lentes» a través de las cuales miramos el mundo, de manera que, a partir de ese momento, tal como lo enunciara Epicteto, no vemos las cosas tal como son, sino tal como somos. Dado que estos patrones de pensamiento se consolidan en la primera infancia, no están formulados en palabras, es decir, que no tienen una representación literal. Además de que en su mayoría se trata de juicios erróneos, son ideas que no aparecen en nuestra consciencia.

La suma de los patrones de pensamiento que tenemos acerca del mundo y de nosotros mismos conforma lo que podríamos denominar una «lógica privada». Esta lógica propia y personal es el marco de pensamiento de cada uno, nuestra forma particular de interpretar la realidad sin que seamos conscientes de que se trata de una interpretación subjetiva. Experimentamos nuestra visión de la realidad como si se tratara de la verdad objetiva y aceptada por todos. Por ejemplo, si una niña concluye que no es buena en matemáticas, creerá que no aprobará y que, por lo tanto, no tiene sentido estudiar. Cada fracaso refuerza el juicio previo: «¿Ven?, yo tenía razón». Estamos seguros de que nuestra lógica privada se corresponde con la general. Por eso, si alguien está en desacuerdo con nosotros, pensamos que carece de sentido común.

En contra de la percepción subjetiva, lo que define la experiencia respecto de tal o cual suceso no son los hechos en sí, sino nuestra interpretación de ellos. Diferentes personas tendrán distintas percepciones del suceso «rechazo de la postulación para el puesto que ansiaba»: alguien podrá interpretarlo como una prueba más de que él carece de valor, otro como la comprobación de su mala suerte y un tercero como la prueba de que el mundo es injusto. Habrá quien imagine que se presentaron postulantes con mucho más conocimiento y experiencia, y otro, que acaba de regresar de un viaje a la India, puede pensar que ese es su *karma* y que todo resultará, en definitiva, bien. Tomando como referencia la interpretación de un suceso, surgirá un sentimiento. En el ejemplo citado, esta interpretación puede generar, de acuerdo con el orden expuesto, vergüenza, humillación, desesperanza, enfado, decepción, alivio y agradecimiento al universo.

La lógica personal de los evitadores incluye los siguientes juicios erróneos: «No soy lo bastante bueno», «Para ser valiosa debo ser perfecta (o asombrosa, especial, la mejor, etc.)», «Se supone que la vida no debería ser tan difícil», «Esforzarse es sinónimo de sufrir», «No puedo», «Si no sufriera este síntoma, ya habría…», «No puedo pensar en los demás antes de sanarme».

Un cambio mental es un cambio de patrones de pensamiento. Un cambio así demanda una disposición para ver las cosas de manera diferente y admitir que estábamos equivocados. En otras palabras, reconocer que en muchas ocasiones nuestros juicios son la causa de la pérdida de autoestima. Apegarnos a patrones de pensamiento erróneos nos permite sentir que tenemos razón y que estamos en lo cierto.

En áreas no relevantes, no relacionadas con las escalas por

las que debemos ascender, nos resulta relativamente fácil actualizar patrones de pensamiento. Por ejemplo, cuando alguien nos muestra una forma más efectiva de ejecutar una tarea determinada. Frente a esto, nuestra reacción podría ser «qué interesante, desconocía eso». Pero cuando se trata de algo que nos toca más de cerca se nos dificulta, para usar un eufemismo, reconocer nuestros errores.

Intentaremos aclarar el concepto mediante un pequeño ejercicio. Completen la siguiente frase: «Yo no puedo…». Una vez escrita la palabra faltante, cambien «no puedo…» por «no quiero…». Ahora, con la mano en el corazón, contesten: ¿sigue teniendo validez la frase? En la mayoría de los casos, la respuesta es sí, excepto si eligieron alguna meta exagerada, como «yo no puedo volar por mis propios medios» o si existe alguna limitación objetiva, como una invalidez limitante.

Tendemos a decir «yo no puedo» en relación con decisiones sobre las que no deseamos asumir responsabilidad. «Yo no puedo» significa, casi siempre, «yo no quiero pagar el precio de esta decisión». El cambio mental, del «no puedo» al «no quiero pagar el precio» cambia la perspectiva en relación con la acción. La buena noticia es que uno no es impotente ni incapaz, sino alguien que elige y decide; la mala noticia es que ya no es posible esconderse tras excusas: se es responsable de las decisiones y acciones o de su falta.

Un cambio de patrón de pensamiento acarrea una nueva posibilidad: por ejemplo, una persona que piense que no tiene posibilidades de hacer una cosa determinada sentirá desesperanza, pesimismo y evitará hacerla. Si logra cambiar su modo de pensar y pasa del «no puedo» al «aún no sé lo bastante de esto», puede sentir el optimismo y la esperanza suficientes para intentarlo. En cierta ocasión le dije a una paciente que dudaba sobre presentar sus obras para que las seleccionaran para una exposición: «Dentro de unos años… ¿qué te parecerá peor, que no las hayan aceptado o no haberlo intentado?». Su respuesta fue: «No lo había pensado así». Desde el momento en que su pensamiento cambió, es decir, que no presentarse es peor que no ser elegida, se abrió otra posibilidad. Cuando cambia el pensamiento, se modifica el sentimiento. Los sentimientos son la energía de las acciones y, por lo tanto, cuando cambian, cambian también nuestras reacciones, y así también nuestra vida.

El cambio en los patrones de pensamiento es fundamental: conduce a nuevas posibilidades. El éxito no está asegurado, pero tener experiencias sí.

Ejercicio

Los invito a intentar el siguiente ejercicio mental: piensen en algún suceso que haya despertado en ustedes ira, frustración o enfado. Recuerden la cadena de acontecimientos con el mayor detalle posible. Ahora recuerden cómo interpretaron esos sucesos, qué pensaron acerca de lo que ocurría. ¿Qué hicieron o decidieron hacer a raíz de ese evento? ¿Cómo se sienten hoy en relación con lo ocurrido? Intenten ahora pensar en alguna interpretación alternativa a la de aquel momento. Por ejemplo, si entendieron como una falta de consideración el retraso de un colega, piensen en otras explicaciones posibles para ese retraso; por ejemplo, que la demora se debió a circunstancias que no podía controlar. ¿Es posible que se haya retrasado adrede debido a que se habían citado en un día que para él resultaba inconveniente o pensaba que la cita podía resultar estresante o desagradable? Si no se les ocurre ninguna explicación alternativa, cuéntenle el suceso a otra persona y pídanle que lo haga por ustedes. Ahora pregúntense a ustedes mismos: ¿es posible que alguna de las explicaciones alternativas imaginadas por ustedes o por terceros sea tan factibles como la interpretación original o incluso más? Si cambian la interpretación, ¿qué sienten ahora? ¿Reaccionan de manera diferente?

Expondré un ejemplo de cambio en cuanto a la interpretación que condujo a un cambio en la realidad. Una de mis pacientes, conmocionada, me contó en la consulta que estaba muy enfadada con su esposo porque estaba en desacuerdo con ella en cuanto a concebir otro hijo. Según ella, y lo afirmó con profunda convicción, era una señal de que las opiniones de ella no tenían valor para él. «Él no me ve», dijo, con enormes ansias por tener otro hijo. Charlamos un poco de su problema. Le mostré que ella veía en la maternidad una razón para vivir y que tras cada parto se dedicaba por completo al niño. Su orgullosa respuesta fue que así era.

«¿Sería acaso posible —pregunté— que, desde el punto de vista de tu esposo, cada nuevo embarazo te alejara de él y pusiera en pausa, durante algunos años, la relación de pareja? Me parece que él te ama, desea estar contigo y te necesita». Su rostro denotó sorpresa. Ella no había considerado esa posibilidad. Al volver a casa, escuchó los recelos de él. Comprendió que era ella quien no lo había considerado ni había tenido en cuenta sus necesidades. No solo se había desentendido de sus reclamos para que le dedicara a él y a la pareja más tiempo y atención, sino que también lo criticó y lo acusó de egoísmo. En los encuentros siguientes se concentró en la pregunta de si lograría equilibrar la maternidad con la pareja. Pasado un tiempo, en un encuentro fortuito, pude ver que estaba embarazada.

Cuando modificamos nuestra interpretación de la realidad, se modifican los sentimientos y aparece la posibilidad de nuevas reacciones. Observen que no es necesario que la realidad cambie para que nosotros sintamos o actuemos de un modo diferente. Cambiamos nosotros y cambia nuestra vida cuando aceptamos ver las cosas bajo una nueva luz.

La capacidad de actualizar y modificar los patrones de pensamiento requiere flexibilidad. La flexibilidad es la disposición a aceptar lo inesperado y poner en tela de juicio nuestras propias afirmaciones. La flexibilidad es la disposición a aceptar que no sabemos, a dudar, a permitir que nos convenzan e influyan en nosotros. La flexibilidad mental no es una debilidad. Por el contrario, el apego excesivo a las propias ideas y opiniones, sin examinarlas, es una señal de inseguridad, puesto que no creemos que nuestras ideas puedan superar con éxito el examen de la crítica, la confrontación con otras ideas o siquiera el test de la realidad. La flexibilidad exige que examinemos críticamente nuevas ideas y al mismo tiempo que estemos dispuestos a cambiar nuestro punto de vista sobre tal o cual asunto. Los cambios mentales necesarios para dejar la evitación y comenzar a activarnos son: la adopción de una visión de mundo horizontalista, la renuncia a ambiciones irreales y el desarrollo de una actitud positiva.

El primer cambio mental: de la visión verticalista a la horizontalista

Un cambio en los esquemas de pensamiento no solo se centra en nuestras interpretaciones erróneas de la realidad, en la desesperación que conduce a la evitación. Supone también la comprensión del esquema de expectativas sociales que hemos interiorizado, de la competición que hace que nos rindamos, en lugar de avanzar a nuestro ritmo y según nuestras metas. En una sociedad en la que cada uno se sintiera valioso, con independencia de las condiciones, nadie tendría necesidad de huir. En la primera parte de este libro hemos explicado que los sentimientos de inferioridad sociales, en relación con objetivos exagerados, son resultado de la visión de mundo verticalista, que ve el mundo como una construcción escalonada en la que los seres humanos deben ascender con el fin de probar que son valiosos. La visión verticalista es la que predomina en la sociedad occidental, por lo que nos resulta natural y, para aquellos encaramados en la cima, correcta y justa. Quien adopta la visión verticalista tiene dos opciones: trepar denodadamente para tener éxito y triunfar o huir para evitar la derrota y la humillación.

Adler propuso una visión alternativa, una concepción de mundo en la que no hay escalas, sino un plano infinito en el que estamos todos, con aprecio y espacio para cada uno de nosotros. En contra de lo que se suele pensar en nuestra sociedad occidental, la adopción de la mirada horizontalista aporta tanto a la sociedad como al individuo y mejora el estado de ánimo y la productividad de todos, incluso de los más competitivos y exitosos. En el caso de los evitadores, la adopción de la cosmovisión horizontal es indispensable para un regreso a la acción, porque anula el peligro de la caída. Este peligro desaparece dado que, en una sociedad en la que no hay superiores ni inferiores, no existe sitio donde trepar y por lo tanto es imposible aumentar la propia valía o perderla. Se siente satisfacción por las acciones y los aportes propios, porque el desarrollo es el sentido hacia el cual avanzar.

Por la adopción de la concepción de mundo horizontalista el ser humano se libera de la preocupación constante por el estatus, con lo que puede dedicar su tiempo a hacer lo que desea y lo que resulte necesario. Liberarse de la preocupación por uno mismo fortalece la paz espiritual, la productividad y la armonía en las relaciones.

Aplanar el afán

Una modificación de nuestro modo de pensar supone el cambio de las metáforas que utilizamos para describir mundo, la sociedad y nuestro progreso en ese marco. En lugar de entender el mundo como escalas por las que intentamos trepar de forma competitiva, debemos comprender el concepto de avance en un plano horizontal.

Yo llamo a este proceso «horizontalización»: el cambio a un pensamiento más horizontal. En su libro *Metáforas de la vida cotidiana*, Lakoff y Johnson explicaron que no solo comprendemos el mundo mediante las metáforas que empleamos para representarlo, sino que estas metáforas influyen de manera significativa en nuestro pensamiento. El miedo a la caída y la sensación de vértigo a consecuencia de la pérdida de la autoestima son testimonio de la influencia del lenguaje sobre la experiencia.

Oscar, un paciente de casi cuarenta años, casado, padre de tres hijos, ingeniero con un trabajo respetable y bien remunerado en una especialidad que favorece las energías «verdes», llega a la consulta debido a una sensación de desorientación y vacío. «No logro encontrar mi norte», dijo. Cuando le pregunté a qué se refería, contestó: «Lo que quisiera es hacer algo extraordinario». Oscar es un esforzado verticalista, es decir, alguien que entiende el mundo según la metáfora de las escalas y la competición vertical. A pesar de todos sus logros, experimenta una sensación de inferioridad basada en una concepción que favorece la competición permanente, dado que siempre se puede aspirar a logros más encumbrados, a objetivos cada vez más grandilocuentes, que anulen los logros ya obtenidos.

La mirada horizontalista, por el contrario, tiende a modificar el idioma que utilizamos para describir nuestras vivencias y expectativas. «¿Cómo te sentirías —le pregunté—, si en lugar de buscar hacer algo extraordinario buscaras hacer algo beneficioso?». El esfuerzo horizontal es la disposición para hacer lo que resulte necesario y beneficioso para la sociedad y el planeta, en concordancia con nuestras preferencias y posibilidades. Dado que ser activos y dinámicos está en nuestra naturaleza, no debemos temer una parálisis, excepto si esta actividad se ve obstruida por el miedo a la pérdida de pertenencia y estima. Cuando ese temor no existe, en una situación que asegura el valor de cada individuo, somos libres y por eso capaces de dirigir esfuerzos a la realización del máximo de nuestro potencial junto a nuestros iguales, en lugar de hacerlo contra nuestros competidores y rivales, disfrutando del camino.

Breve glosario alternativo

Mirada verticalista	Mirada horizontalista
Superior	Diferente e igual
Fracaso, inferioridad	Error, falta de preparación
Más, menos	Otra cosa, distinto
Trepar	Avance, superación, mejora, sofisticación
Alto, llegar lejos	Hacia delante, largo trecho
Caída	Pausa, descanso
Vergüenza y humillación	Decepción y tristeza
Victoria, logro, triunfo	Aporte y beneficio
Prestigio	Satisfacción, valoración
Altivez, arrogancia	Simpatía, empatía, buena disposición
Competición	Reparto de tareas, colaboración
Excelente, perfecto, asombroso	Bueno, necesario, significativo, emocionante…
El cielo es el límite	Viaje hacia el horizonte

Para finalizar, este avance horizontal es parte de un proceso que choca con la visión socialmente aceptada, como se hace evidente en cualquier anuncio callejero. Podrán comprobar que la horizontalización de las ideas, incluso parcial o transitoria, modifica nuestras experiencias y acciones.

Por lo tanto, la primera expresión que debemos adoptar es el cambio de las metáforas según las que vivimos. La segunda expresión es la autoaceptación.

Autoaceptación, un cambio fundamental

La salida de la situación evitativa y del sufrimiento psíquico que la acompaña comienza cuando se acepta que la situación existente es el punto de partida. En su conferencia «La recuperación como un viaje del corazón», Patricia Deegan afirma que a cada ser humano le corresponde un viaje de curación inherente y particular. Deegan es doctora en psicología y le diagnosticaron esquizofrenia en la adolescencia. Pasó por un proceso personal de curación que le permitió eludir el círculo de las hospitalizaciones recurrentes, adquirir conocimientos y activar el cambio del sistema de salud mental. Al mismo tiempo, se empeñó en modificar la postura pasiva que caracteriza a muchos pacientes diagnosticados por los psiquiatras como «enfermos». Esto es lo que escribe acerca de este tema:

> La curación es un proceso de cambio en el que un ser humano reconoce sus limitaciones y descubre un mundo de nuevas posibilidades. Mediante la aceptación de lo que no está en nuestras manos ser o hacer, podemos descubrir qué es lo que sí podemos. Es un proceso, una forma de transitar la vida. Es una concepción y un camino para relacionarse con los desafíos de hoy. No es un proceso lineal, sino uno largo, escabroso, lento y difícil, cuyos resultados asombran por su belleza.[37]

La autoaceptación es, ante todo, la renuncia a la ilusión de que podemos ser más que lo que somos y la admisión de nuestra imperfecta humanidad o, para decirlo de modo más prosaico, de nuestros defectos, fallos, irrelevancia y carencia de centralidad. Paradójicamente, **se necesita mucha valentía para renunciar a las ambiciones exageradas y los ideales imposibles, y aceptar que somos valiosos tal como somos.** Se requiere mucho coraje para ser humilde.

Al mismo tiempo, se abre la posibilidad para una ambición de otro orden: aspirar, en principio, a ser «lo más horizontalista posible», es decir, a destacar por el desarrollo y el aporte, en lugar del esfuerzo por ser superior.

En *El coraje de ser imperfecto*, la biografía de Rudolf Dreikurs, las autoras del libro, Janet R. Terner y W. L. Pew, citan un pasaje de una conferencia de Dreikurs, donde dice:

> (…) somos suficientemente buenos tal como somos. No seremos mejores; no importa cuánto conocimiento, destreza, dinero o prestigio adquiramos (…). Si no somos capaces de convivir en paz con quienes somos hoy, jamás lo seremos. Debemos tener el coraje de ser imperfectos.[38]

Reconocer y aceptar nuestra imperfección es un proceso que exige renunciar a la ilusión y a los deseos de ser el mejor o de estar por encima de los demás. En otras palabras, para abandonar la evitación es indispensable dejar de lado las ambiciones desmedidas. A diferencia de la aceptación de nuestra imperfección, que constituye un proceso personal, el reconocimiento de la imperfección es público. Por supuesto, esto no significa que debamos enviarles comunicaciones a los medios o salir al balcón para proclamar «no soy perfecto». El reconocimiento de que no somos perfectos se expresa por medio de la acción, toda vez que nos enfrentamos a tareas en nuestra vida del mejor modo posible. **La autoaceptación nos ayuda a dejar la evitación y comen-**

zar a cambiar porque quita del camino el obstáculo central que impide la motivación natural para el desarrollo: el miedo a la pérdida de la estima. Recuerden que en tanto no nos aceptemos tal como somos, hacemos real la ilusión de ser «los mejores», para la que no es necesario hacer nada, excepto el pequeño detalle de autocriticarnos u odiarnos para cerrar la brecha entre lo real y lo deseado. En su libro *Usted puede sanar su vida*, la autora Louise Hay escribió que cambiar es más fácil a partir de la autoaceptación que de la autocrítica, y que estos cambios son más rápidos y positivos.

Cada vez que incurrimos en evitaciones le damos preferencia a la seguridad en detrimento del crecimiento, dado que con cada acción nos exponemos a la posibilidad del fracaso y es esta exposición la que nos pone en situación de debilidad. El precio de la seguridad es desaprovechar oportunidades y el deterioro. Al elegir crecer pagamos el precio de poner en riesgo nuestra estima. Pero las ventajas (experiencia, aprendizaje y contribución, que refuerzan la confianza en nosotros mismos) son muchas más.

Para quitarle peligrosidad al riesgo de fracasar, todos podemos aportar en la generación de una atmósfera más receptiva en los distintos ámbitos en los que actuamos: pareja, familia, trabajo y la sociedad en general. Un aporte tal al surgimiento de un clima en el que uno pueda cometer errores sin sentir por ello pérdida de pertenencia o estima es posible gracias a la aceptación de lo imperfecto. En la práctica, significaría dejar de criticar y quejarse, y expresar más reconocimiento, agradecimiento y valoración.

Durante un seminario que ofrecí hace un tiempo en Buenos Aires, una persona de mantenimiento del edificio en donde se llevó a cabo este evento se había mostrado muy disgustada porque el nombre de la productora era diferente al que le habían transmitido (Lurdes en lugar de Laura). Con gran frustración pronunció una frase que, a pesar de ser muy usual, resultaba increíble: «Esto no tenía que pasar». En otras palabras: «Los errores no deberían existir». Al parecer, los errores sí existen. Lo que no debería ocurrir es que sintamos temor ante ellos o que permitamos que nos influyan hasta tal punto.

De la autoaceptación al amor a uno mismo

Aceptarse a uno mismo supone un largo recorrido. Al principio experimentaremos dolor y pérdida, y solo con el tiempo se revelará la naturaleza sanadora de la aceptación. La autoaceptación conduce al amor a uno mismo. El «amor a uno mismo» no significa aceptarse de manera absoluta incluyendo todos nuestros defectos, sino enfocarse en el desarrollo de lo positivo en nosotros, junto con el esfuerzo para limitar el daño que nuestros defectos les ocasionan a los demás. Si bien la autoaceptación implica una conducta bondadosa hacia nosotros mismos, una actitud de cuidado, receptiva, piadosa y dispuesta al perdón debe al mismo tiempo considerar y tener en cuenta a los otros para lograr un equilibrio entre las necesidades y los deseos de todas las partes. Dado que la pertenencia es una necesidad básica, crear y conservar una red de relaciones positivas y significantes es el regalo más preciado que una persona puede hacerse a sí misma.

El verdadero amor hacia uno mismo implica por un lado reconocer nuestra imperfección y por el otro querer crecer y superarse. El amor hacia uno mismo, carente de autocrítica y de empatía hacia el otro, es narcisismo.

¿Por qué, para abandonar la evitación, son tan cruciales el amor hacia uno mismo y la autoaceptación? Porque el núcleo central de la evitación es el daño en la autoestima y su objetivo es evitar daños mayores. Quien se ama a sí mismo se siente bien y quien se siente bien tiende a hacer lo mejor por sí mismo y por los demás. **La autoaceptación libera los recursos necesarios para enfocarnos en lo importante, en lo posible y en lo bene-**

ficioso. Asimismo, es el mejor sustituto para la autocrítica y el sentimiento de culpa, dado que hace innecesarias las excusas, las justificaciones y cualquier otra forma de autoengaño.[39]

Los desafíos, las desilusiones, la frustración y la pérdida son parte integral de la vida del ser humano. Todos evolucionamos en el eje que va de afrontar y superar los problemas a la aceptación y la resignación. Debemos distinguir de manera permanente entre lo que está bajo nuestro control y lo que no, entre lo posible y lo imposible, entre lo reversible y lo irreversible. Una sensación de bienestar perdurable es resultado de la combinación de superación y aceptación. La superación es la puesta en juego de energías en función de modificar lo posible y la aceptación es conformarse con lo inmodificable y renunciar a lo imposible, a lo inasequible.

Autoaceptarnos y perdonarnos a nosotros mismos ayuda a que nos liberemos del apego a lo que no existe ni existirá y a centrarnos en lo que está a nuestro alcance en el único tiempo disponible: el presente. La evitación exime a la persona de tener que afrontar desafíos y aceptarse a sí misma y la deja en la zona neutra en la que no ocurre nada importante y nadie puede culparla por ello.

Para practicar la autoaceptación aconsejo escuchar las grabaciones para meditar de Louise Hay o contenidos similares. Recomiendo escuchar esas grabaciones una y otra vez antes de dormir. La audición de esos contenidos de autoayuda es un buen camino para interiorizar un nuevo tipo de mensaje que reemplace nuestro monólogo crítico interior. Es mejor alejarse de contenidos de «autopotenciamiento» del tipo de los que les prometen ser maravillosos, extraordinariamente eficaces, famosos y millonarios a la velocidad de la luz. Además, pueden hacer el siguiente ejercicio, que aprendí de mi colega suiza Yvonne Schürer. Los terapeutas adlerianos suelen usarlo con frecuencia.

Ejercicio

Antes de dormir deben escribir, o pensar, diez acciones positivas que hayan hecho a lo largo del día. Deben centrarse en acciones productivas, tanto grandes como pequeñas; por ejemplo, buenas decisiones, superar dificultades, entrega, consideración o cualquier cosa que sintamos como positiva, incluso de forma parcial. En cuanto surjan pensamientos negativos o críticos, debemos gentilmente hacer volver el foco a lo positivo y proseguir con el proceso.

Es difícil exagerar la importancia y efectividad de este ejercicio. Para la mayoría de nosotros, al principio, es difícil hallar diez cosas positivas porque estamos acostumbrados a enumerar lo negativo y lo que no alcanzamos a hacer. Si resulta complicado encontrar diez cosas positivas, se debe «bajar la resolución» hasta hechos como «esta noche también me he cepillado los dientes». Tendemos a considerar positivo solo lo excepcional, especial, admirable o perfecto. Después, cuando estemos más entrenados en captar y reconocer lo positivo en nuestras acciones, podemos sentirnos un poco tontos: «¿Esto merece ser destacado?», «Esto es una tontería» o «Esto se sobreentiende». Aconsejo sobreponerse a la sensación de ridículo o desconfianza y perseverar. Quien practique este ejercicio a lo largo del tiempo logrará apreciar muchos cambios en su vida. Ejercitándonos, comenzamos a comprender que lo bueno y lo positivo, en general, no se basa en actos o características extraordinarios. La vida está hecha de detalles mínimos. Para llegar a las diez acciones diarias, «deberemos» tomar en cuenta también las que en un primer repaso descartamos como carentes de importancia. Por ejemplo, supongamos que nos excedimos mirando una serie apasionante y por eso perdimos valiosas horas de sueño nocturno. Antes de dormir y para poder reunir diez acciones positivas, deberemos contemplar el lado bueno y decir «disfruté durante un par de horas, me divertí» o «me dejé llevar; la serie me fascinó».

A diferencia de una situación de autoengaño, en este caso no se niega la pérdida o el que esta decisión haya sido quizá irresponsable. Es un acuerdo por el cual aceptamos ver, en retrospectiva, un aspecto positivo, aun en una decisión tal. Comenzamos a comprender que las cosas no poseen un único significado y aprendemos a apreciar su complejidad. Además, nos volvemos más receptivos respecto a nuestras necesidades y decisiones, asumiendo sobre ellas responsabilidad. Del ejemplo anterior, una persona podrá concluir que existe en ella una necesidad de diversión desatendida, necesidad que deberá considerar en su planificación diaria. Como hemos visto antes, la autoaceptación nos ayuda a mejorar y a cambiar más que las críticas o la autoflagelación.

Un beneficio adicional de este ejercicio es que comenzamos a prestar atención a los pensamientos y las acciones positivas a lo largo del día y no solo antes de dormir. Comprobaremos que nuestro estado de ánimo mejora en el transcurso de la jornada y que nos resulta más fácil conciliar el sueño o volver a él si despertamos por la noche. Además, desarrollamos mayor atención respecto de nuestras decisiones y actos diarios, de manera que fortalece la efectividad. En encrucijadas en las que debemos elegir entre hacer algo o dejar de hacerlo optaremos, en la mayoría de los casos, por la alternativa activa, y aun en el caso de que elijamos la pasividad estaremos conscientes de ella y de sus costes; es decir: sabremos que esa fue nuestra elección en lugar de sentir que no teníamos otra alternativa.

Entre mis pacientes y estudiantes, quienes experimentaron con este ejercicio informaron de una mejoría notable en su vida, tanto en lo emotivo como en lo productivo. Muchas de las personas a las que les recomendé este ejercicio no lo ejecutaron. Alegaron un olvido o fueron incapaces de aceptar que algo tan simple pudiera ayudarlos. ¿Por qué razón alguien rechazaría una acción tan modesta, capaz de tantos beneficios?

Por el precio, por supuesto. El precio de este ejercicio no es el mínimo esfuerzo que acarrea. El precio es la autoaceptación. Cuando decidimos poner el foco en nuestros aspectos positivos, o en los de nuestro entorno, estamos renunciando a la ilusión de una vida excepcional, asombrosa o perfecta. La disposición para reconocer lo positivo y perdonarnos a nosotros mismos por no ser perfectos desarrolla y ejercita una nueva forma de pensamiento: la que afirma que somos valiosos y merecedores aun sin ser extraordinarios. Ya lo hemos dicho: la autoaceptación es una cuestión de humildad.

Límites de la autoaceptación

Además de reconocer nuestra imperfección, la autoaceptación supone comprender que nuestro comportamiento no siempre es el correcto. Más aún, a veces nuestras acciones son perjudiciales y no se debe a que se desvirtuaran nuestras buenas intenciones. Debemos advertir, no obstante, que la autoaceptación sincera no extiende un permiso automático ni retrospectivo para cualquier comportamiento. Más de una vez le he oído a alguien que está «practicando la autoaceptación» decir frases como esta: «Sé que lo hice mal, pero yo me acepto a mí mismo tal como soy». Un enunciado de este tipo revela incomprensión del concepto «autoaceptación». No debemos aceptar nuestros malos comportamientos, incluso aunque sean inevitables. En tal caso lo necesario es la autosuperación.

Tampoco debemos aceptar otros tipos de actitudes negativas, como por ejemplo esfuerzos por restar valor a otras personas con el fin de ensalzarnos, dejar trabajos a medio hacer o ejecutarlos de manera superficial, mentir para nuestro beneficio, no respetar el turno de los demás, etc. Somos a veces demasiado egoístas y ponemos nuestro interés por encima de las demandas de la realidad, del bienestar general o del sentido común. Una elección *demasiado* egoísta es la que no tiene en cuenta las necesidades o los derechos de los demás. Las decisiones de este tipo denotan un sentimiento de comunidad pobre y no deben ser objeto de autoaceptación, pues son muestras de conducta antisocial e incorrecta: de acuerdo con Adler, las decisiones correctas son las que articulan los sentimientos personales y los sociales.

Por lo tanto, **la autoaceptación ilimitada es contraproducente, dado que justifica conductas negativas y perjudiciales en lugar de mejorarlas.** El desarrollo individual se produce cuando reconocemos que parte de nuestras acciones son erróneas (no delitos ni pecados o pruebas de nuestra falta de mérito) y deben corregirse. Al reconocer una característica o una conducta inadecuada aspiramos a modificarla, en lugar de defendernos y justificarnos.

Un ejemplo de conducta responsable: un gerente que increpó a un empleado en el transcurso de una reunión reconsiderará el incidente. Deberá evitar la tendencia a flagelarse, «soy una mala persona», o justificarse a sí mismo, cosa que ocurre con mayor frecuencia, «¿cuántas veces puede uno explicar lo mismo y, además, amablemente?» y reemplazarlas por una simple confesión. Podrá decirse «no estuve bien al gritarle, seguramente lo herí». Al repasar lo ocurrido, podrá concluir que desea mantener el mensaje que intentó transmitirle al empleado, pero no el modo en que lo hizo.

Es posible que se plantee el siguiente objetivo: defender sus ideas, derechos o principios de manera asertiva pero no agresiva, y de ningún modo, por supuesto, humillante. En este caso deberá hacer dos cosas: la primera será expresar su pesar o disculparse ante la persona por el modo en que la trató. Si fue una situación pública, las disculpas también deberán serlo. La segunda será ejercitarse para reaccionar de manera más acorde en el futuro, con firmeza y amabilidad a la vez. Sin la debida corrección, las disculpas carecen de valor.

Para resumir, la autoaceptación tras incurrir en un comportamiento indeseable significa analizar nuestras acciones sin juzgarnos y sin sentimientos de culpa. En su lugar, debemos canalizar todas las energías y recursos por corregir, compensar y mejorar. Incluso después de reconocer errores y de esforzarnos por superarlos estaremos lejos de ser perfectos. Seguiremos equivocándonos y no siempre seremos altruistas o exitosos.

La autoaceptación es el valor de verse a uno mismo con sinceridad, la humildad de renunciar a la ilusión de ser mejor que los demás. **Una visión perspicaz de nosotros mismos exige renunciar al mayor autoengaño: creer que somos mejores que nuestras acciones.** La humildad es la combinación del reconocimiento de la verdad acerca de nosotros y la empatía en cuanto a esto. Adler afirmó en alguna ocasión que para evitar que su teoría se considerara demasiado simplista, lo que sucede de todos modos, se abstuvo de afirmar que la neurosis, la evitación acompañada de síntomas psíquicos, es simple soberbia.

Autocrítica como una forma de soberbia; sentimientos de culpa como excusas

La autoaceptación exagerada puede llevar a la evitación y obstaculizar el crecimiento, pues si una persona piensa que está por completo en lo correcto no sentirá necesidad de cambiar nada. Lo mismo ocurre con la autocrítica, que es, como ya hemos dicho, importante por ser una retroalimentación existencial, pero que resulta peligrosa si se lleva más allá de lo razonable, punto en que deja de ser un humilde y auténtico examen de nuestras acciones y pasa a transformarse en una inquisición persecutoria que intenta mostrarse como un supuesto acto positivo de consciencia. ¿Por qué «supuesto»? Porque elegimos actuar en contra de nuestros estándares y de las demandas sociales y todo lo que hacemos es criticarnos y odiarnos, en lugar de cambiar nuestras conductas insatisfactorias.

Por otra parte, una crítica acendrada eleva nuestra autoestima porque permite que nos sintamos más «éticos». No solo somos mejores que los mediocres y débiles que se aceptan a sí mismos tal como son, sino que somos, también, moralmente superiores. «No nos aceptaremos hasta que no seamos perfectos. Si nos aceptáramos, estaríamos reconociendo que no somos extraordinarios». De este modo, la autocrítica «cierra» en nuestra mente la distancia entre lo existente y lo deseado, y proporciona una excusa para no intentar mejorar.

De la misma manera que una autocrítica desproporcionada ayuda a mantener la evitación, también pueden hacerlo los sentimientos de culpa que surgen cuando una persona actúa contrariamente al sentimiento de comunidad.

Los sentimientos de culpa no son sensaciones naturales surgidas de la empatía o de una preocupación sincera por el otro. Son una excusa, tal como lo demuestra la expresión misma: sentimientos de culpa, que «explica» que la culpa es un sentimiento, en tanto que otros sentimientos no precisan esta «introducción aclaratoria».

Los sentimientos de culpa permiten que nos sintamos bien en tanto que sabemos y reconocemos que hemos actuado mal. Dreikurs puntualizó que los sentimientos de culpa, sensaciones torturantes que experimentamos por algo que sabemos que debimos haber hecho y no hicimos, son siempre retrospectivos. Quienes tienen aventuras amorosas experimentan sentimientos de culpa respecto de sus parejas y sus hijos por haberles mentido y negado atención y tiempo después de la infidelidad. Si hubieran tenido sentimientos de culpa antes les habría sido muy difícil cometerla.

Tal como lo escribió Dreikurs en su artículo «Sentimientos de culpa como excusa», estos dan cuenta, supuestamente, de las buenas intenciones que no tuvimos. Carecen de utilidad alguna excepto para quien los siente. Nietzsche dijo, por esa razón, que los sentimientos de culpa son inmorales. El miedo a los sentimientos de culpa, por el contrario, es muy productivo porque nos ayuda a tomar mejores decisiones, es decir, anticipando los probables resultados negativos de nuestras acciones. Por lo dicho, tanto la autocrítica desproporcionada como los sentimientos de culpa son caminos tortuosos, aunque extremadamente creativos, para justificar conductas egoístas y mediar las distancias entre nuestras acciones y lo que pensamos que debíamos haber sido o hecho.

La autoaceptación implica consciencia y reconocimiento de nuestros límites, debilidades, defectos y errores, y por eso implica sacrificio y dolor. Las personas que se aceptan a sí mismas de forma acrítica piensan y afirman siempre «yo lo hago todo perfectamente bien». Estas personas se piensan dueñas de la verdad, es decir, son los demás quienes están equivocados y quienes deberían reconocerlas como superiores y adaptarse a ellas. En patología esto se considera una actitud, o personalidad, narcisista.

Este tipo de autoaceptación no parte de un examen correcto de la realidad y carece de sentimiento de comunidad, dado que los otros aparecen como inferiores e inútiles en tanto que no acatan las directrices de quien se acepta sin límites. En este tipo de autoaceptación no hay sufrimiento, pues en lugar de renunciar a la superioridad ilusoria se piensan simplemente superiores. La gente razonable se aparta de las personas que jamás dudan de sí mismas y experimentan en relación con ellas una mezcla de impotencia, disgusto y piedad. Con un grado menor de sofisticación se puede pensar que se trata de grandes líderes a los que hay que seguir ciega y acríticamente, renunciando a ejercer el criterio propio o el sentido común, a donde vayan o conduzcan su país.

En lugar de criticarnos de manera exagerada o de sentir culpa, resulta más útil evaluar con sinceridad nuestras acciones y decidir qué querremos hacer en el futuro. Aceptarnos tal como somos incluye desistir de toda ilusión desmesurada como condición de estima y aportar a lo existente con las personas y las posibilidades de la realidad. **La evitación se arraiga en profundos sentimientos de inferioridad; la aceptación y el amor hacia uno** mismo, junto con el refuerzo del sentimiento de comunidad, constituyen el camino efectivo para superarla.

El segundo cambio mental: expectativas realistas como condición de la acción

Para dejar la evitación debemos renunciar a metas imposibles y recuperar el afán activo de alcanzar metas realistas. Las metas imposibles son las que ninguna persona puede alcanzar, como ser perfecto o triunfar siempre. Las metas realizables son las que representan un avance respecto a la situación existente y las que podemos alcanzar si empleamos la energía y los recursos necesarios, aunque sea de forma parcial.

Tras diferenciar entre metas irrealizables y alcanzables, se le pedirá al evitador que renuncie a las primeras para centrarse en las segundas. Desistir de objetivos imposibles es un paso difícil de dar para el evitador. En el curso «La patología según Adler», en el marco del programa de capacitación en psicoterapia del Instituto Adler de Israel, Zivit Abramson trajo a colación un ejemplo de conversación con un paciente evitador, que había acudido a su consultorio y se mostró dispuesto a contribuir, mediante la exposición de su caso, a la enseñanza de los alumnos: David, de cuarenta años, era un artista autónomo. A pesar de ser una persona creativa y talentosa, capaz de sacar adelante su trabajo con profesionalidad y eficiencia, David apenas trabajaba y subsistía. El perfeccionismo y el temor a fracasar lo llevaban a postergar la entrega de trabajos. Esto estaba acompañado de autoflagelación y sentimientos de culpa, hasta el punto de que sus clientes perdían la paciencia. Solo en ese momento comenzaba a trabajar y se decía a sí mismo que los resultados imperfectos se debían a la falta de tiempo para prepararlos.

Abramson le explicó a David que la postergación era la estrategia que él había elegido para conservar su ilusión de perfección; si dispusiera del tiempo necesario, sería seguramente capaz de entregar un trabajo perfecto. Él pensó un momento para luego replicar: «Si existiera una píldora para bajar las expectativas...». Abramson contestó con creatividad: «¡Existe! Acaban de descubrirla... ¡Aquí está, tómala!». David, un hombre brillante, comprendió de inmediato que en verdad no existía tal medicamento y que Abramson utilizaba una metáfora para verificar si él estaba dispuesto a bajar sus expectativas. La respuesta de David fue sincera y causó el asombro de los estudiantes. A pesar del sufrimiento, la frustración y las dificultades económicas, su respuesta fue: «Tendré que pensarlo».

En la sesión siguiente y en pleno uso de sus facultades creativas, David ya había bautizado al medicamento. Había usado un frasco de medicina vacío y lo etiquetó: «Expectin». Según decía, a partir del momento en que aceptó «ingerirla», metafóricamente, Expectin le había permitido avanzar en sus tareas diarias, su estado de ánimo había mejorado y se sentía mucho más optimista.

Con una dosis matutina, los efectos beneficiosos se sienten de inmediato: eliminación del sufrimiento por no alcanzar metas imposibles. Gracias a la acción de Expectin, todo está bien tal como es. Mejora el estado de ánimo, hay más energía, más actividad y por lo tanto la sensación de pertenencia y de autoestima sube.

Cuando les propongo a mis pacientes tomar esta «píldora mágica», la mayoría reaccionan sin demasiado entusiasmo, con una mueca que combina el asco, el desconcierto y la desconfianza: «¿Qué dices? ¿Que debo conformarme con poco?». Esta reacción se origina en la relación automática que se establece entre expectativas realistas y mediocridad. Desde ese punto de vista, algo que es «solo» bueno, agradable, significativo, interesante o satisfactorio no vale nada. Según lo entienden aquellos que persiguen metas sobredimensionadas, los logros «comunes» no deben considerarse triunfos ni ser ocasión de orgullo o alegría. Gabriel, un paciente evitativo, me lo explica de este modo: «Todo lo común amenaza mi sensación de ser especial».

Esta es una concepción profundamente arraigada en la sociedad. Presten atención, por ejemplo, a este extraño saludo, «que tengas un magnífico día», como si lo magnífico fuera el estado deseado, natural y, por supuesto, el único que vale algo. Si nos saludáramos por las mañanas con un deseo de «que tengas un día normal», sonaría casi como una maldición. ¿Por qué normal? Solo en situaciones extremas acordamos bajar un poco las expectativas para augurarnos «que tengas un día tranquilo». El resto del tiempo, solo esperamos lo magnífico.

Si todo lo que cae por debajo de perfecto o extraordinario resulta poco, entonces sí, les pido que se conformen con poco. Hay quienes dicen que la expresión «OK» proviene de los reportes militares y su significado era «sin bajas»: *0* («cero») *Killed*. En mi opinión, son buenas noticias: ¡estamos vivos, estamos bien!

Si temen el estancamiento que podría aparecer cuando uno se conforma con poco, pueden dejar esa preocupación de lado: no corremos peligro de paralizarnos o de congelarnos porque, como ya hemos dicho, la inconformidad forma parte de nuestra naturaleza y nuestras ansias de crecimiento nos conducirán siempre hacia más y más desafíos, dado que la exploración es uno de los instintos básicos del ser humano.

Ejercicio

Tomen un frasco de medicamentos vacío y rotúlenlo con el nombre Expectin. Colóquenlo junto a la pasta de dientes, para verlo bien por las mañanas. Este ejercicio está destinado a recordarles que pueden renunciar, aunque solo sea hoy, a las expectativas exageradas de un día perfecto, y reemplazarlas por ver, aceptar y disfrutar de lo que surja. Un consejo: no busquen un frasco perfecto, una etiqueta maravillosa o un marcador extraordinario.

Cuando deseamos cambiar algo en nuestra vida, el entorno puede ayudar a este cambio y contribuir con su avance. Por ejemplo, podemos colgar en las paredes imágenes que reflejen lo que queremos hacer o sentir. Tuve en cierta ocasión una paciente que buscaba pareja y notó que en todos los cuadros de su casa aparecían mujeres solas. Decidió cambiar algunos por otros en los que aparecían parejas, intimidad y entrega. Es también posible reemplazar las imágenes que aparecen en las pantallas de nuestro ordenador y teléfono por otras que despierten sentimientos positivos, como calma, alegría, entusiasmo, amor o inspiración. Podemos poner en los móviles tonos de canciones que nos hagan sonreír; o cantar melodías que nos impulsen a actuar, del mismo modo que las aplicaciones que nos recuerdan que debemos caminar o beber agua.

El futuro es el presente

Todo viaje, por ambicioso que sea, tiene un punto de partida: si despiertan por la mañana preguntándose qué acción puede hacer que se sientan conectados o valiosos, aunque sea solo una, ya es bastante. Ese único acto será motivo de satisfacción y orgullo; fuente de significación, inspiración, regocijo, triunfo y seguridad personal. Sensaciones que alimentan las ganas y las fuerzas para dar el próximo paso.

En el capítulo tercero, que trata de la relación existente entre la evitación y los objetivos irreales, hablé de una intervención terapéutica de psicodrama en la que los pacientes dramatizan tres escenas: «Cómo debería ser la vida», «Cómo es la vida hoy» y, por último, «¿Qué hago ahora?».

Se les pide a los pacientes que imaginen una escena en la que viven una vida futura tal como ellos desearían y otra en la que representan cómo es su vida cotidiana presente. En esta intervención, los pacientes evitadores comprobaron que la primera escena representa aspiraciones irracionales y hasta qué punto estas aspiraciones infravaloran sus vidas actuales, «comunes».

En la última escena la terapeuta dispone dos sillas enfrentadas y dice: «Esta silla representa el futuro y esta otra el presente, ¿qué pasa ahora?».

En la mayoría de los casos, los pacientes deambularon entre las sillas, por momentos se sentaron en alguna y comenzaron a pensar cuál sería el primer paso que debían dar de cara al futuro. Un solo paso. Solo eso se les pedía y era todo lo que se podía hacer.

En ocasiones se sentaban en la silla del «yo futuro» y le ofrecían un consejo al yo del presente. Estos consejos estaban siempre relacionados con la autoaceptación y el amor por uno mismo, y apuntaban a fortalecer la fe en sí mismos y a avanzar. El «yo futuro» era siempre apreciativo, empático y alentador. Esta escena mostró con claridad **que no importa cuál sea la aspiración futura de una persona: todo lo que se puede hacer ahora es dar un solo y pequeño paso en esa dirección. Todos podemos dar un paso.**

La vida está hecha de instantes. ¿Cómo es este instante en el que ustedes leen estas líneas? ¿Interesante? ¿Significativo? ¿Doloroso? Presten atención: la pregunta no es si lo están pasando bien, sino si vale la pena vivir este instante. Maslow afirmó que la felicidad no es un estado en el que el dolor ha desaparecido, sino una situación que justifica haber sufrido. Por ejemplo, cuando una creación artística justifica los dolores de su parto. La ampliación de nuestra consciencia es algo beneficioso desde el punto de vista mental, espiritual y también práctico. Sin embargo, antes de disfrutar de estos beneficios, experimentamos dolor. En este caso, el dolor por reconocer que no somos tan geniales como nos gustaría ser. Evitar el dolor o la dificultad impide disfrutar la profunda felicidad de lo verdadero, la vivencia de lo satisfactorio, la autoestima, lo significativo y necesario.

El tercer cambio mental: desarrollo de la positividad

El tercer cambio mental necesario para dejar de evitar, además de adoptar el punto de vista horizontalista y plantearse metas realistas, es el desarrollo de positividad. La positividad es una manera de encarar la vida que se expresa en la elección y en la capacidad de ver lo bueno, lo existente y lo posible en cada cosa, situación o persona. La positividad no es una mirada utópica que se desentiende o ignora lo negativo, sino que elige no centrarse en ello.

Las personas con mirada positiva perciben lo negativo como parte de la vida, pero no como lo principal. Consideran que los aspectos menos positivos o agradables de la vida son un coste de sus elecciones. Así, por ejemplo, una persona acepta el estrés como la consecuencia de su deseo de avanzar rápidamente. No desea sentir tensión constante, pero la acepta como precio del logro. Si la presión se torna insoportable o enfermiza, modificará el orden de sus prioridades. Como lo explica Talma Bar-Ab en su libro *Tocar la vida*, cuando una persona con mirada positiva se ve frente a una realidad no deseada, busca modificarla o alejarse de ella. Si ambas opciones resultan imposibles, o pésimas opciones, aceptará la situación tal como es y tratará de enfocarse en los aspectos positivos.

A la positividad se la suele relacionar con cierto infantilismo, negación o superficialidad: al ser parte de la visión horizontalista la mirada verticalista la considera inferior. Así, la negatividad se ve como sinónimo de profundidad, y la crítica, de agudeza de pensamiento.

Por eso los evitadores se abstienen de desarrollar positividad, como si se tratara de algo aborrecible de tan empalagoso. Pero esa es solo una forma de ver las cosas y no la verdad. La misma agudeza del crítico es la que se necesita para distinguir lo positivo.

No existe casi situación en la vida, en especial en lo cotidiano, que sea solo negativa. En general, y a excepción de algunos casos especialmente arduos, las malas sensaciones provienen de centrarse en lo faltante, en la debilidad y en los defectos: nuestros, ajenos y del mundo en general. El foco puesto en lo negativo refuerza la mirada pesimista y causa decepción, sufrimiento, ira y desesperación. Sin que importe lo que hagamos, los faltantes y los defectos no disminuirán.

¿Han tenido alguna vez la oportunidad de ver feliz a un estudiante porque logró superar un examen tras haber estado a punto de ser suspendido y a otro que se sentía desdichado porque obtuvo una calificación de nueve sobre diez? En la mayoría de los casos, las malas sensaciones no provienen de las cuestiones objetivas, sino de nuestro modo de interpretar las cosas.

En general, la sensación negativa relacionada con la decepción no proviene de una evaluación objetiva de la realidad, sino de la comparación con un ideal de realidad «tal como debería ser». Las ansias de logros, de mejoras, de triunfos o incluso de perfección son testimonios de positividad y optimismo solo si no aparecen como condicionantes de la estima o de la felicidad y no causan el abandono efectivo de la acción. La visión positiva consiste en una combinación de la voluntad de lograr más (que puede entusiasmarnos e impulsarnos a investigar y actuar) sumada a la gratitud y la aceptación de lo existente.

Es posible entrenar la positividad mediante la educación. En las escuelas infantiles, antes de repartir algo, como globos o instrumentos musicales, las maestras enseñan a los niños a decir: «Lo que salga, vale», es decir «Estaré contento con lo que reciba». Con esto, intentan que los niños aprendan a aceptar que quizá no van a recibir el objeto preferido. Este es, en mi opinión, un modo encantador de cultivar una postura espiritual positiva que facilitará que los niños acepten situaciones que se aparten de lo deseado sin caer en la desesperación o en la ira. Porque la felicidad no depende de recibir lo que uno quiere, sino de querer lo que uno recibe. Antes del reparto de los objetos o los regalos, los niños repiten en voz alta la frase «Lo que salga, vale», con lo que no solo se predisponen espiritualmente para soportar la frustración, sino también para apreciar lo que sea que reciban.

La flexibilidad es una cualidad fundamental para el bienestar psíquico. La maestra de la escuela infantil no anula la voluntad del niño, sino que lo entrena para afrontar situaciones en las que no todo sale según lo deseado. De este modo, los niños logran ampliar la gama de situaciones que pueden resultarles satisfactorias: de condición (quiero el caramelo rojo y si no lo recibo me enfadaré) a preferencia (quiero el caramelo rojo, pero también disfrutaré con caramelos de otros colores). Una parte importante de la felicidad depende de convertir condiciones en preferencias. Si lo único aceptable son los caramelos rojos, estoy reduciendo las posibilidades de satisfacción y bienestar: es eso o nada.

Las personas felices son las que no hacen demasiados aspavientos cuando las cosas no se dan justo como lo deseaban, las que poseen la fuerza y resistencia para soportar frustraciones, la sabiduría para buscar una solución conciliadora y la madurez para renunciar a lo imposible.

Cada uno de nosotros consolida, a lo largo de la vida, una serie de condiciones deseables para el bienestar propio; es decir, sensación de pertenencia y estima. Estas condiciones pueden ser estrechas y rígidas o amplias y flexibles, que permiten disfrutar de más momentos de felicidad. Las personas positivas comprenden que la inflexibilidad no es sinónimo de fidelidad a uno mismo, sino una expresión de falta de voluntad o capacidad para aceptar la realidad tal como es. Ampliar las condiciones y transformarlas en preferencias nos permite sentirnos mejor en una variada gama de situaciones.

La decepción es el sentimiento que experimentamos cuando las cosas no ocurren como esperábamos. Cuanto más precisas y definidas sean nuestras expectativas, mayor será la decepción, pues las personas y las cosas tienen la molesta tendencia a ser como son y no como nos gustaría que fueran. **Flexibilizar las condiciones y adaptar las expectativas a la realidad aumenta el rango de situaciones en las que nos sentiremos bien.** Cuando nos sentimos bien somos más simpáticos, generosos y nuestra compañía es más agradable, lo cual refuerza nuestra sensación de pertenencia. Además, por supuesto, somos más activos, porque la positividad y la flexibilidad son antídotos contra la evitación.

Hay dos formas eficaces de aumentar la positividad. Hemos presentado ya la primera: autoaceptación. La segunda es la gratitud. La gratitud es la sensación de que nada es obvio ni debe darse por sentado. En palabras de Oren Kaplan: «Somos afortunados por tenerlo en nuestra vida». En el judaísmo se bendice el amanecer de cada nuevo día, se agradece el seguir vivo. Se reconoce el hecho de la existencia como un milagro que no debe sobreentenderse. Todos conocemos esa sensación de gratitud por el mero hecho de existir y vivir después de recuperarnos de una enfermedad, superada una dificultad extrema o al regresar de un entierro. ¿Por qué razón, entonces, no hemos de agradecer cada día al regresar sanos y salvos a nuestros hogares?

En el programa de doce pasos para afrontar las adicciones se le pide al adicto que escriba sesenta agradecimientos diarios. Al principio parece dificilísimo, pero cuando comenzamos a tener en cuenta aquello que antes dábamos por descontado (despertar cada mañana, moverse, vivir bajo un techo, el agua corriente, la comida, personas que se preocupan por nosotros, etc.) es probable que sesenta bendiciones resulten pocas. La ventaja de ejercitar la gratitud es que no requiere ninguna acción concreta, solo la contemplación de lo existente. Escribir los agradecimientos puede aumentar la influencia de este ejercicio. Se aconseja, asimismo, agradecer todo aquello que alguien haga por nosotros, incluso lo que damos siempre por sobreentendido.

Mi consejo es: comiencen cada mañana agradeciendo y por la noche finalicen con el ejercicio de recordar diez acciones positivas. Al concentrarnos en lo positivo estaremos reforzando nuestro espíritu y aumentando nuestras ganas y nuestra capacidad de acción; seremos mejores para con nosotros mismos y los demás. La gratitud y el aprecio por uno mismo son esenciales para mejorar el estado de ánimo y con el tiempo nos ayudarán a cambiar de actitud respecto a nosotros, a la vida y al mundo. Se empieza a entender el valor de uno mismo y que vale la pena vivir aun cuando no todo sea perfecto ni extraordinario.

Conclusión

La primera condición para salir de la evitación es un cambio de mentalidad: aceptar la idea de que nuestro valor no depende del cumplimiento estricto de tal o cual condición de superioridad ni del logro de objetivos irreales. El cambio mental requerido consiste en renunciar a la concepción de mundo verticalista y la consecuente adopción de la mirada horizontalista. Este cambio se produce cuando la metáfora del avance sustituye a la metáfora del mundo como una escalada de posiciones. Las principales expresiones horizontalistas (y, por lo tanto, del cambio de paradigma mental) son la autoaceptación, la generación de objetivos de alcance posible y el desarrollo de la positividad.

La autoaceptación es aceptar y vivir en paz con nuestras imperfecciones y renunciar a la ilusión de superioridad mediante el reconocimiento piadoso de nuestros defectos. Los objetivos alcanzables son aquellos a los que una persona «común» puede llegar si está dispuesta a emplear el esfuerzo requerido. Si ese objetivo se volviera inalcanzable en algún momento, tendría que ser «desmembrado» en objetivos más modestos y cercanos para centrarse siempre en el primer paso: la acción que constituye el cambio más significativo o necesario. La mirada positiva es, también, un exponente fundamental de la concepción horizontal. El desarrollo de la positividad se logra mediante la aceptación y el enfoque en lo existente y lo posible, en lo bueno y lo bello del momento presente.

La combinación de la autoaceptación, la adopción de objetivos posibles y la positividad son los motores que ponen en marcha la acción.

10

Un cambio de conducta: de la evitación a la acción

Pasar de la evitación a la acción demanda, en principio, un cambio mental: reconocer y reemplazar las conclusiones erróneas que sostienen la elección de la evitación por un enfoque positivo y posible. Acto seguido, se posibilita el anhelado cambio de conducta, cuyos resultados pueden observarse en la realidad: acercarse a otros, participar y dar. En resumen, hacer. Como consecuencia del cambio mental, cambian las emociones: de la impotencia y la desesperación a una sensación de esperanza, de que vale la pena intentarlo. Una persona alentada puede y desea actuar.

La actividad es una exigencia vital, dado que la vida es movimiento. La actividad no es solo algo deseable, sino también natural. Está impulsada por el deseo, la aspiración y el esfuerzo. La acción fortalece la voluntad y la capacidad, y estas, a su vez, promueven más coraje y participación. Por eso **la actividad opera como una batería: se recarga durante el viaje y se vacía en las detenciones prolongadas.** Una combinación de positividad (optimismo y esperanza), sentimiento de comunidad (amor y empatía) y actividad es el mejor antídoto contra los sentimientos de inferioridad y es también el camino más corto hacia una sensación de bienestar intenso. La felicidad, en el sentido profundo de la palabra, es una sensación de satisfacción, orgullo, seguridad personal, logro, capacidad, altruismo y significación. La felicidad es el subproducto de una actividad beneficiosa, que es la expresión de la voluntad y la potencia del ser humano en la consecución de metas importantes para él y para la sociedad.

El primer cambio de conducta: la entrega

Como criaturas sociales, estamos programados para la pertenencia al grupo, el apego y el amor. Como ya hemos dicho, Adler señaló que nuestra supervivencia, tanto individual como grupal, depende de la pertenencia y la cooperación. En consecuencia, el bienestar personal depende de la calidad de los nexos interpersonales. La capacidad de conexión y socialización son congénitas. Adler denominó a esta capacidad, como ya hemos dicho, sentimiento de comunidad.

Este sentimiento de comunidad, remarca Adler, es el interés y la preocupación de la persona respecto a los demás, su identificación con la sociedad, su disposición a participar en el toma y daca de la vida. Paradójicamente, la gente informa de que los momentos de felicidad más intensa ocurren cuando «se olvidan de sí mismos», en esos momentos en los que la persona está en estado de «fluidez» y se encuentra por completo inmersa en el asunto que tiene frente a sí, en la acción, en la respuesta al momento y a los otros. La realización personal es la conexión entre el desarrollo individual y la contribución a la sociedad. Es decir: una persona siente que se realiza a sí misma cuando desarrolla y expresa el máximo de su talento, capacidad y creatividad, y cuando al hacerlo aporta algo a los demás.

El sentimiento social no consiste en la anulación de uno mismo, sino en el reconocimiento de la dependencia mutua entre el bien común y el bienestar personal. Cuantas más personas en una sociedad realicen sus aspiraciones y metas tomando en consideración las necesidades de los otros, mejor será para todos. Ese es el significado de la responsabilidad social. Cuando el sentimiento social de los integrantes del grupo es bajo, los miembros experimentan rivalidad, competición, recelo, tensión miedo y ansiedad. Un ejemplo muy actual es el daño que países y empresas comerciales le ocasionan al planeta, poniendo en riesgo la supervivencia de la humanidad, al anteponer intereses particulares e ignorar la responsabilidad social.

El sentimiento de comunidad se expresa en ideas, emociones y acciones. Una persona que posee un sentimiento social desarrollado considera a los demás como iguales y sabe que toda persona merece ser tratada con respeto. Comprende lo necesaria que es la colaboración y siente que sus aportes son importantes. **Los sentimientos característicos de las personas con consciencia social desarrollada son el amor, el cariño, la preocupación por el otro, la empatía y la compasión. Estos sentimientos contribuyen, también, a la sensación de paz espiritual y de felicidad.** Dado que estos sentimientos se consideran horizontales, no se valoran en nuestra sociedad, a pesar de su importancia: no existe nada que pueda contribuir más al bienestar individual que el interés y el trabajo dirigidos hacia los demás. Cuando una persona da algo, se siente perteneciente y por eso valiosa, significativa y necesaria.

Un sentimiento de comunidad subdesarrollado suele, muy a menudo, ir de la mano con sentimientos de inferioridad, con lo que se genera un círculo vicioso de negatividad. Cuanto más enraizados estén estos sentimientos de inferioridad, más se centrará la persona en sí misma, en su valor propio, en su sufrimiento y en sus problemas. No tiene disponibilidad para interesarse por los demás y no quiere, o no puede, dar de sí misma. Experimenta menos sentimientos positivos, como el amor, y más sentimientos negativos, en especial miedo o aprensión. Quien nada ofrece es incapaz de desarrollar confianza en sí mismo, de sentirse significativo, importante o necesario.

Esta situación, de por sí, intensifica los sentimientos de inferioridad. Con el tiempo, la indiferencia hacia los demás se extiende y pasa a ser crónica. La persona ya no se interesa por su familia o amigos y menos aún por lo que sucede en su país o en el mundo. Sobrevive gracias al sentimiento de comunidad de los otros, ya sea porque lo aman, se compadecen de él o sienten por él responsabilidad. Este individuo se ve a sí mismo simultáneamente desconectado y dependiente. Una descripción detallada de este círculo vicioso puede leerse en el libro de Adler *Superioridad e interés social*.

Desarrollo del sentimiento de comunidad en la práctica

Desarrollar interés por los demás y practicar la empatía y la colaboración son caminos eficientes para formar sensaciones de valor y capacidad. Abramson aconseja que los terapeutas le formulen al evitador esta pregunta: ¿a quién ama usted? Incluso en los peores casos, el evitador contesta que ama a alguien de su familia. Luego se le propone que haga algo por esa persona: puede preguntarle cómo le ha ido el día o cómo se siente. Puede prestarle atención, elogiarla, agradecerle e incluso puede tener para con ella pequeños gestos como prepararle una taza de café, lavar los platos u ofrecerse para sacar a pasear al perro. Si el evitador manifiesta no sentir amor por nadie, la siguiente pregunta es quién es la persona que más hace por él.

A pesar de que el amor se vive como un sentimiento, también es una actitud que conduce a una serie de acciones que se llevan a cabo por quien se ama. Cuanto más se expresa ese amor en acciones, más se afianza la sensación de amor. De este modo, logramos dos objetivos a la vez: la entrega genera capacidad y significado al tiempo que despierta sentimientos positivos hacia los demás. Asimismo, la entrega fortalece la sensación positiva de los demás hacia quien da.

Todos sabemos, en cada momento, qué es lo que exige el sentimiento de comunidad. Sabemos, por ejemplo, que debemos respetar el orden de llegada en una fila, que se debe aparcar el vehículo en los sitios destinados a ello, que hay que tirar los papeles en la papelera, que hay que saludar a las personas y agradecerles cuando corresponde. Sabemos, por supuesto, que no se miente, se roba ni se aprovecha uno de los otros. A pesar de saber cómo se espera que actuemos y cuáles son las consecuencias en caso de no comportarnos correctamente, no siempre lo hacemos. Al parecer, nuestra imperfecta humanidad incluye no pocos deseos egoístas. Así, ocurre que muchas veces actuamos según intereses personales, sin tener en cuenta a los demás o a la sociedad, y con la esperanza de que no nos descubran. Esperamos que, si nos descubren, acepten nuestras explicaciones y excusas, que nos perdonen y que el precio por nuestro «desliz» no sea demasiado alto.

A lo largo de los últimos años ha aumentado la influencia de la psicología positiva, que se enfoca en el estudio de la salud mental, el bienestar personal y la felicidad. Muchas investigaciones señalan que es posible incrementar nuestra sensación de felicidad mediante la adopción de ciertos hábitos. Resulta interesante ver que, sin excepciones, en todas las listas de consejos para ser feliz pueden encontrarse dos que compiten entre sí por el primero y segundo puesto: uno es el agradecimiento y el otro la entrega. **Hacer algo por el otro es el camino más rápido hacia la felicidad.**

Desarrollar el sentimiento social, como cualquier otra cosa, demanda atención y entrenamiento. Cualquier acto que exprese empatía, amor o amistad hará que este se fortalezca. Cuanto más desarrollado esté nuestro sentimiento social, más fuerte será nuestra autoestima, y esta nos cargará de energías y de voluntad para actuar.

Ejercicios para el desarrollo del sentimiento social

- Intenten hacer que alguien, después de haberse encontrado con ustedes, se sienta bien o valorado. Comiencen por los detalles más nimios imaginables, como una palabra afectuosa o una sonrisa.

- Hagan todos los días alguna acción altruista, ya sea en beneficio de una determinada persona o del conjunto de la sociedad: ayuden a una mujer a subir unos escalones con el cochecito de su bebé, quiten un cristal o un obstáculo del camino, etc.
- Es posible sumar otro frasco al botiquín, además del medicamento contra las expectativas desmedidas (Expectin). A esta segunda medicina le he puesto el nombre de Otromicina. La función de este «medicamento» es recordarnos que debemos centrarnos más en los otros y menos en nosotros mismos. El uso conjunto de ambas medicinas no tiene contraindicaciones. Les recuerdo que no existe el menor peligro de que nos autoanulemos o nos inmolemos. Como ya hemos dicho, el sentimiento social expande nuestra sensación de pertenencia y los sentimientos de amor.

El segundo cambio de conducta: la actividad

El segundo cambio necesario para quien desee dejar la evitación, y además aprender a dar, es decidirse por la actividad; esto es: lo que los evitadores deben hacer es... hacer. Esta es también, por supuesto, la dificultad principal, porque la pasividad es la estrategia central que utilizan para afrontar las cosas. La gran dificultad para actuar proviene de que no están entrenados en la postergación de gratificaciones ni en hacer esfuerzos. Además, la mayoría de los evitadores están rodeados de personas que lo hacen todo por ellos. La evitación es una especie de invalidez que se expresa en falta de voluntad, de fuerza y de capacidad para hacer cualquier cosa difícil, aburrida o incómoda.

Un pequeño paso para el evitador, un gran paso para la humanidad

No hay manera de evitarlo: **el único modo de fortalecer el músculo de la actividad es ejercitándolo.** Como sucede con la entrega, toda acción retroalimenta la sensación de valor de la persona. Cuesta salir a dar un paseo, pero quien lo haga no se dirá a sí mismo «qué lástima que salí a caminar en lugar de quedarme en la cama», sino que se dirá «qué bien que lo he hecho». **En todo momento es posible una acción que, si se lleva a cabo, producirá un cambio positivo en nuestra vida y mejorará nuestro estado de ánimo.**

Los grandes objetivos, participar y contribuir, solo pueden llevarse a cabo en el instante presente. No a partir de hoy, sino solo hoy. Centrarse en el presente ayuda a que nos concentremos en lo que es verdadero y posible. Las grandes ideas podrán materializarse, con el tiempo, solo a partir de lo que hacemos y generamos *hoy*. Enfocarnos en el único instante presente nos permite descargar de nuestras espaldas el peso del pasado y los sueños del futuro.

El bienestar deriva de la acción continua: levantarse, cepillarse los dientes, bañarse, comer, lavar los platos… Ese tipo de acciones no son heroicas, grandiosas o especiales. Pero cada uno de estos pasos refuerza la confianza de la persona en su propia capacidad. Cada acción refuerza y cada renuncia debilita. Cada vez que posponemos enfrentarnos a lo que debemos hacer se produce un alivio momentáneo y un debilitamiento crónico. Afrontar desafíos y metas complejas, incómodas o desagradables, aunque importantes o necesarias, y superarlas refuerza nuestra voluntad y nuestra capacidad de acción, y consolida nuestra seguridad personal. Solo la experiencia, la extracción de conclusiones y el aprendizaje logran que nuestras actuaciones sean mejores.

Postergar las metas y los desafíos hace que desaparezcan o

se resuelvan. Postergar acciones no garantiza que las acometamos mejor la próxima vez. La experiencia vital no surge de la nada, es una sabiduría adquirida mediante pruebas y errores, después de haberse puesto en pie tras una y otra caída mediante el compromiso y la acción. Invito a que los evitadores se repitan a sí mismos frases del tipo «no es tan terrible si me cuesta un poco», «no pasa nada si me aburro un poco» o «no moriré por esto». En la novela *Una historia de amor y oscuridad*, el escritor Amos Oz relata que en su niñez, cuando no quería que le lavaran el cabello, su padre solía decirle: «Querer o no querer no es una explicación, es un capricho». El capricho, lo que aquí llamamos «consentimiento» es el principal obstáculo para dejar la evitación. El modo de superarlo consiste en fortalecer gradual y permanentemente nuestra voluntad, lo que resulta arduo para quien ansía soluciones inmediatas y fáciles.

Para superar la tentación de postergar o darse por vencido, vale la pena recordar cuál es el precio por hacerlo. El precio cotidiano es dejar las cosas a medio hacer o descuidadas, sufrir el enfado o la crítica de los demás, asistir al debilitamiento de nuestra autoestima y sentir culpa y frustración. El terrible precio que se paga en última instancia, tras una vida de evitación, es haber desaprovechado la propia, única y preciada vida solo por miedo o por comodidad.

Es importante comenzar a plantearse objetivos pequeños (leer una hoja, ordenar un estante, obtener una información) y cumplirlos. Practiquen la toma de decisiones mínimas, referidas a metas cercanas, y su cumplimiento. Las grandes decisiones garantizan fracasos espectaculares. No hay necesidad de aspirar a la decisión perfecta, es bastante con una suficientemente buena. Vale la pena esforzarse por algo aun cuando el resultado no esté garantizado. Una solución errónea es mejor que no hacer nada.

No evitar la terapia

La salida de la evitación implica la renuncia a objetivos incumplibles, el desarrollo de sentimiento social y la práctica de la acción y la entrega. Para que esto suceda, debemos abandonar la idea de que el valor de un ser humano depende del logro de metas irreales. No siempre se puede recorrer este camino en soledad; quizá necesiten la ayuda de profesionales.

La elección de un terapeuta o de un acompañante terapéutico es muy relevante. Es importante buscar terapeutas que tengan una concepción de tratamiento enfocada y positiva, para los que el éxito de una terapia se defina no solo por una mejoría en el estado de ánimo, sino también por un progreso en el rendimiento. La mayoría de los enfoques en psicología concuerdan en este punto: la personalidad se forma en la infancia temprana, lo que la transforma en la etapa crítica de la vida. Gran parte de estas teorías terapéuticas sostienen que es posible trazar una línea causal, incluso determinista, que vincula la infancia y la adultez. Cada problema que presente la persona madura halla sus raíces en traumas infantiles. Aun así, se debe prevenir contra la inculpación permanente y absoluta de los padres.

De acuerdo con el enfoque adleriano, el terapeuta debe abstenerse de juzgar a los padres o de expresar frases según las cuales los padres son culpables o responsables del estado actual del paciente, pues la fuerza creativa de una persona es la determinante en cuanto a sus elecciones vitales, no su pasado objetivo, más allá de que tales frases acusatorias solo servirán como excusas para que el paciente no asuma la responsabilidad por su propia vida. Cuando un paciente dice «mis padres estaban demasiado ocupados en ganarse la vida», el terapeuta, en lugar de contestar «nadie se ocupó de cuidarte», podrá decir «muchos padres consideran que la subsistencia es lo más importante que pueden ofrecerles a los hijos». De este modo no se desentiende de las sensaciones del paciente, aunque intenta expandir su visión subjetiva, al igual que la empatía y la comprensión respecto de los padres.

Adler también creía que la personalidad, que denominaba «estilo de vida», se formaba en la infancia temprana. Reconoció la influencia del ambiente y los factores hereditarios en el diseño del estilo de vida de una persona, como asimismo la de padres, hermanos, escuela y cultura, además de otros factores y circunstancias orgánicas, sociales e históricas. Sin embargo, consideraba que el factor determinante, mucho más que la herencia o el entorno, es la libertad de elección. Él creía que el ser humano posee una fuerza creativa a través de la cual puede elegir cómo habrá de interpretar la realidad y cómo habrá de reaccionar, de modo que escriba el guion de su propia vida.

La buena nueva que trae consigo esta visión es que nada está predeterminado de manera automática a partir de cualesquiera condiciones y que nada en nuestra vida es el resultado irreversible de algún suceso de nuestra niñez o debido a alguna causa socioambiental, y aun cuando resulta imposible e incluso inconveniente desentenderse de la influencia del pasado, siempre existe un componente de elección. Una noticia aún mejor es que a cada instante podemos cambiar el modo en que interpretamos la realidad y el modo en el que reaccionamos.

Sin embargo, y como siempre, hay también malas noticias: esta concepción deposita en nuestros hombros el peso de la responsabilidad. Somos responsables de la elección: qué hacer con estas circunstancias, datos y causas de nuestra vida. Ni su madre ni su padre ni el Gobierno ni el planeta: es usted mismo quien contribuye a la elaboración del guion, placentero o no, de su vida.

Esta carga no es cómoda, pero no deben olvidar que la alternativa es peor, en especial si la gente que asume el esfuerzo en lugar de ustedes se cansa o, por cualquier motivo, desaparece.

¿En terapia o trabajando con la ayuda de un terapeuta?

En una terapia se produce un tipo de situación como en ninguna otra relación en la vida, con la posible excepción de la relación entre un padre y un bebé en sus primeros meses de vida. Nos referimos a la situación en la que una persona, el terapeuta, pone toda su atención y se centra exclusivamente en las necesidades de otra, el paciente. La relación terapéutica se caracteriza por la receptividad y la ausencia de crítica, que le permitirán al paciente sentirse seguro y trabajar sobre aspectos de sí mismo. El paciente no tiene ninguna obligación con el terapeuta, fuera de pagar sus honorarios. Por supuesto, cuanta más disposición muestre el paciente, cuanto más abierto y sincero sea en lo que respecta a su autoconsciencia, mejor y más eficiente será la terapia. Pero aunque el paciente no hiciera nada de esto, en la mayoría de los casos la terapia continuará mientras él siga interesado en ella.

Para los evitadores, la terapia es una situación ideal. Han hallado, por fin, a alguien que realmente los comprende, que los acepta tal cual son y que no les exige hacer nada que no estén dispuestos a hacer. En no pocas ocasiones, incluso, la terapia la sustentan los padres, con lo que los pacientes no pagan absolutamente nada por ese estado paradisíaco. No debe asombrar, entonces, que los evitadores tiendan a llegar tarde a las sesiones o a cancelarlas sin previo aviso.

Por lo tanto, la terapia puede llegar a constituir una excusa para la inacción, dado que el evitador ve el hecho de «hacer terapia» como una actividad importante. A lo largo de los años he conocido a infinidad de pacientes que solo buscaban empatía y facilitación, y que decidieron dejar la terapia en cuanto puse ante sus ojos las necesidades y sentimientos de los demás, o cuando les propuse hacer algo desafiante. Como señalé antes, la terapia de un evitador es, en mi opinión, un proceso de rehabilitación. Si una persona hospitalizada decidiera charlar con su fisioterapeuta acerca de sus problemas, en lugar de intentar ponerse de pie, el resultado será que ya no podrá caminar de nuevo. Con frecuencia, la permanencia prolongada en terapias beatíficas, en las que poco o nada sucede, o el rechazo a la terapia medicinal constituyen expresiones de la falta de disposición para renunciar a los síntomas y pasar a la acción.

A pesar de que los evitadores parecen disfrutar de la empatía y de los mimos terapéuticos, se sentirán de todos modos decepcionados por la falta de progreso en su vida, por supuesto, en relación con sus ambiciones desmedidas. Aquellos evitadores que no están interesados en actuar y que esperan que el cambio sencillamente se produzca, se decepcionan al descubrir que la terapia por sí misma no modifica nada y que es necesario mucho trabajo por su parte. En consecuencia, enfadados, o no, con los terapeutas, abandonan las terapias.

Señalé arriba que, según la concepción adleriana, el sentido social es la marca central de la salud mental y el medio más importante para el bienestar personal. Este sentido social aparece poco desarrollado en todos los evitadores, por lo que uno de los objetivos de la terapia es ayudar a que el paciente lo extienda y desarrolle. En paralelo a la creación de un espacio de seguridad, el terapeuta debe aprender el modo de impulsar a los evitadores en el cultivo de la empatía, la preocupación y el actuar por los demás.

Conclusión

El significado del movimiento es la acción. Tras la comprensión, la aceptación y el cambio de actitud respecto de nosotros mismos y de la vida, «solo» resta hacer lo que se debe hacer. Podemos adaptar la acción a nuestra capacidad y a nuestro ritmo, sin desistir ni detenernos. Esta es una etapa de entrenamiento en cambios de conducta, que deberán manifestarse en empatía, entrega hacia los otros y en la asunción de la responsabilidad por las tareas vitales. El primer cambio conductual reforzará la consciencia social y a partir de ella la sensación de pertenencia y valoración; este cambio fortalecerá la seguridad personal, la imagen que tenemos de nosotros mismos y el grado de valentía de quien decide actuar.

Resumen de la segunda parte

En la primera parte de este libro hemos aprendido que una persona puede elegir eludir las tareas vitales si considera que no alcanzará la posición de superioridad de la que se considera merecedor. En contra de lo que ocurre con personas ambiciosas y activas, que trepan enérgicamente para llegar a la cima, los evitadores no confían en sí mismos, no poseen suficiente sentimiento social y carecen de la disposición para emplear los recursos necesarios para tener éxito.

El precio final de la evitación es el desperdicio de la propia vida, desaprovechar lo que tenemos y lo que podríamos experimentar o hacer mientras mantenemos la esperanza de una vida distinta y maravillosa. El retorno a la vida activa es un proceso complejo, comparable a la difícil y prolongada rehabilitación que debe hacerse tras un accidente automovilístico grave. Regresar «al juego» exige un cambio mental y conductual: entrenarse en acciones nuevas. El cambio mental incluye la adopción de la mirada horizontalista, la autoaceptación, el abandono de ambiciones no realistas en pro de objetivos alcanzables y el cultivo de la positividad. El cambio de comportamiento incluye entrenar nuestro sentimiento social en la empatía, la entrega y la participación activa en las metas vitales, a través de la ejecución de diversas tareas.

Todos podemos generar para nosotros mismos vidas mejores mediante el desarrollo de la positividad, el amor y la actividad. El desarrollo de la positividad consiste en el ejercicio de observar, reconocer y valorar lo que somos y lo que poseemos. El desarrollo de un sentimiento social se expresa en la consideración hacia los demás, la escucha, la entrega y en el compromiso emocional, que ayudarán, asimismo, a que los evitadores sientan pertenencia y aprecio, dado que hacer por los otros aporta, más que cualquier otra cosa, a la sensación de felicidad de la persona. Toda acción de utilidad que fortalezca nuestra sensación de aprecio y de valor nos entrena y habitúa a enfrentar las misiones que se nos presentan, sin sufrimientos ni desesperación.

A muchos evitadores les resulta difícil renunciar a las expectativas desproporcionadas, adoptar una visión positiva, amar y actuar de acuerdo con el sentido social y ser individuos activos. Por lo tanto, es conveniente que recurran, en ocasiones, a una terapia. En casos así, se recomienda elegir terapias que impulsen la actividad y descartar las que proporcionan empatía, comprensión y que en definitiva solo son una excusa para la inacción.

Si han llegado hasta aquí, parece evidente que están decididos a dejar el cómodo aunque cruel acuerdo de la evitación. Cerraré esta parte con un consejo al lector: cuidado con derrochar la vida. No deje pasar las cosas mientras todavía sean posibles.

TERCERA PARTE

Una guía para padres

Hoja de ruta de la tercera parte

La evitación es una postura ante la vida que se consolida, en parte, en la niñez temprana. Los padres, sin ser conscientes, pueden ser un factor coadyuvante en el desarrollo de tendencias evitativas, en lugar de criar niños capaces y deseosos de afrontar las exigencias de la vida. El instinto de proteger y de brindarles una infancia feliz hace que los padres amorosos y llenos de buenas intenciones mimen a los hijos, les faciliten las cosas y los sobreprotejan, con lo que les evitan el entrenamiento que necesitarán para una vida adulta activa y productiva.

Además, los padres pueden transmitir a los hijos la sensación de que solo si satisfacen determinadas condiciones, como destacar o ser «especial», obtendrán un lugar en el mundo. En otras palabras, pueden llegar a sembrar en su mente la idea de que quien cae por debajo de «extraordinario» carece de valor, y así los niños pueden interiorizar esas expectativas exageradas como condicionantes para el sentido de pertenencia o la sensación de estima. Estas posturas y conductas parentales, que constituyen un estímulo para la evitación, pueden continuar una vez que el niño ha crecido e incluso en su vida adulta, con lo que se fija y garantiza la perpetuación de la postura pasiva.

Con la idea de impedir la situación de evitación, descrita en la primera parte de este libro, y contribuir al esfuerzo necesario para dejarla, descrito en la segunda parte, brindaremos en esta tercera parte una guía para madres y padres: cómo criar hijos no evitativos, no consentidos, que puedan participar plena-

mente en la vida con una sensación estable de capacidad y seguridad.

La primera parte está dirigida a padres de hijos pequeños. Se les brindará información y herramientas prácticas que los ayudarán a criar niños con una profunda sensación de pertenencia. Luego presentaré las metas y los desafíos de la crianza en la era democrática, que reemplazó a la era de la paternidad autocrática. Aprenderemos cuáles son los tres obstáculos principales para el desarrollo de capacidad y la actividad de los hijos: el consentimiento, la sobreproteccion y la critica. Cada uno de ellos supone el peligro de transformar al niño en un adulto evitativo. Conoceremos luego las tres misiones educativas centrales, verdaderos antídotos para el desarrollo de la evitación: desarrollo de la sensación de pertenencia de los hijos, cultivo del sentimiento de comunidad y entrenamiento en la cooperacion. A continuación, me dirigiré a los padres de hijos adultos, de jóvenes evitadores, para explicarles cómo encarar el desafío y ayudar a los hijos a encarar la vida. Asimismo, estas explicaciones también son válidas para padres de jóvenes que en las primeras etapas de la adultez comienzan a manifestar síntomas de evitación y huida ante las exigencias de la vida. Esta guía incluirá un modelo de cuatro pasos para la paternidad efectiva de adultos en general y de evitadores en particular. Estas etapas son: 1) La creación de una visión parental; 2) La mejora de las relaciones y el aliento al evitador; 3) La resolución y notificación del fin de los servicios y la financiación innecesarios; y 4) El cese, en la práctica.

Recomiendo a los padres de niños de todas las edades que lean esta parte en su totalidad, que incluye, como ya hemos dicho, una guía para desalentar la evitación en la niñez y consejos sobre cómo tratar con los hijos adultos evitativos porque ambas partes se complementan una a la otra.

Introducción

Queridos padres, tengo malas noticias para ustedes. Existen solo dos modos de vida que pueden proponerles a sus hijos: la vida difícil o la mala vida. No hay otras opciones. Habrán notado que la vida, de por sí, no es sencilla: impone innumerables tareas, misiones y obligaciones, al tiempo que nos enfrenta a incesantes problemas y desafíos.

La vida difícil es la común. Lo bueno es que resulta más fácil para quienes afrontan las exigencias de manera activa. Adler consideraba que el grado de interés por los demás y el grado de entrenamiento en la cooperación marcan hasta qué punto una persona experimentará las cargas de la vida como propias por ser parte del grupo humano en general y de su grupo social en particular. Aceptará sobre sí la responsabilidad y cumplirá con su parte con entrega y alegría. Para quien haya desarrollado fortaleza física y espiritual, es posible hacer lo que se debe tanto como lo que se desea.

Al medirse con dificultades y obstáculos, una persona logra concretar objetivos, alcanza resultados y experimenta orgullo y satisfacción. De este modo, aun siendo la vida difícil, se atraviesa como una experiencia interesante, desafiante, llena de posibilidades y emocionante. El secreto para una buena vida es la concreción de la voluntad, el poder y la capacidad para enfrentar al mundo y al mismo tiempo intentar influir para mejorarlo.

Por el contrario, la vida puede ser insoportable para quien no ha logrado desarrollar la voluntad, capacidad y destreza necesarias para enfrentar y superar trances, esforzarse y perseverar e incluso, por momentos, conformarse y renunciar a algo. Quien no posee la fortaleza espiritual necesaria para enfrentar las exigencias de la realidad, las percibirá como arduas, frustrantes, aburridas, innecesarias o desagradables.

Así son los evitadores: personas que no han logrado desarrollar el sentimiento social, demasiado concentradas en sus problemas y necesidades. En general, no sienten pertenencia al grupo ni responsabilidad por los demás. Consideran que la atención, la empatía y la entrega son derrotas y sacrificios. Dado que para ellos la vida es terriblemente difícil, necesitan mucha ayuda. Dependen de los demás para subsistir y resolver sus problemas. Cuando no reciben lo que desean se sienten rechazados, que no los quieren realmente. Aunque lo intentáramos con todas nuestras energías, no podríamos vivir en lugar del evitador ni resolver sus problemas y cubrir todas sus necesidades. Ni siquiera los padres más abnegados podrían asumir las exigencias de la vida en lugar de los hijos, ni mantener sus amistades, sus carreras y su vida amorosa. No lograrán, tampoco, que los hijos se sientan satisfechos y mucho menos que sean felices, porque la felicidad es el fruto de una vida activa.

No importa cuánto amen a los hijos y todo lo que estén dispuestos a hacer por ellos. No importa cuánto poder, dinero o influencias tengan: no podrán crear para ellos una realidad sin desafíos, problemas o exigencias. No podrán evitar que los hijos experimenten frustración, pérdidas, miedo, decepción o rechazo. Por eso, la tarea es prepararlos para la vida que les aguarda, no para la vida que ustedes desearían que tuvieran. Este es, de hecho, el objetivo de la paternidad y de la educación: preparar a los niños para la vida adulta. Preparar a los niños para la vida significa ayudarlos a desarrollar cualidades, capacidades y hábitos que los ayudarán a afrontar lo que la vida pueda presentarles.

La mayoría de los padres estarán felices de ayudar a los hijos, facilitarles las cosas y apoyarlos, por lo que no siempre percibirán que asumen responsabilidades y tareas que corresponden a los hijos. En el pasado los padres no se implicaban tanto en la vida de los hijos, que debían arreglárselas por sí mismos: tenían que preocuparse por sus asuntos y enfrentarse a las consecuencias de sus actos. En nuestros días los padres proporcionan a los hijos servicios de despertador, hotel y transporte. Los padres les recuerdan el cumplimiento de las obligaciones más básicas: vestirse según el clima imperante, conservar la higiene y el orden necesarios, hacer las tareas hogareñas y un largo etcétera. Los padres esperan que, poco a poco y a medida que crecen, los hijos vayan asumiendo la responsabilidad por su vida y sus asuntos.

Sin embargo, los niños a los que no se entrenó en eso de asumir responsabilidades, organizarse, esforzarse o postergar satisfacciones no pueden ni desean ser independientes. Quieren e incluso exigen que se los ayude, que les faciliten las cosas y, si fuera posible, que se les perdone toda obligación, carga o exigencia. Cuando las condiciones fáciles y benignas desaparecen se convierten en seres demandantes y maleducados. Además, pueden revelarse en ellos dos desagradables características: la ingratitud y el revanchismo.

Se es desagradecido al sentir que todos los servicios, regalos y atenciones especiales que se reciben son merecidos. Dado que las condiciones fueron estas siempre, desde el nacimiento, los niños piensan que ese es el estado normal de las cosas. Gozar de esas preferencias es su derecho natural y algo que se sobreentiende: el mundo tiene la obligación de cumplir con sus necesidades y deseos al instante. Obviamente, no se les puede exigir que aprecien lo que reciben o siquiera que se lo agradezcan a quienes se esfuerzan por ellos.

Dado el alto grado de dependencia de los demás, en especial de los padres, si estos dejaran de proporcionar lo que necesitan o lo que desean, experimentarían una enorme desazón. Si volverse demandante no surte efecto, es posible que surjan reacciones agresivas o inculpatorias. En la práctica, castigan a los padres. Interrumpen toda comunicación, exhiben conductas insolentes o se niegan a cooperar. En ocasiones exasperan a los padres adoptando conductas arriesgadas. Así, se vengan de quienes, según ellos, son los responsables de sus sufrimientos. De modo que ¿qué vida quieres para tus hijos: una vida difícil (y potencialmente buena) o una vida miserable?

Padres suficientemente buenos

En nuestra exigente época, muchos padres creen que no son lo bastante buenos en comparación con un ideal de perfección inalcanzable. Pero la vida incluye abundantes fracasos, que no aparecen en los anuncios de la televisión, donde se muestran parejas con dos hijos rubios, vestidos con ropas claras (el niño siempre será el mayor y la niña la menor) que se dedican sonrisas sobre la mesa. Comparten un desayuno nutritivo e intercambian experiencias antes de partir hacia el trabajo o la escuela.

Basta con observar a la gente normal de familias típicas para entender que la realidad no se parece a la de los anuncios. Por las mañanas uno escucha frases como «¡a despertarse!», «¡cepíllate los dientes!», «no, no vale con que te los cepillaras anoche», «¿qué llevas puesto? ¿tienes educación física?», «¡basta!», «no, nada de televisión ahora; bueno, está bien, cinco minutos y salimos», «no estoy dispuesta a esperarte, no voy a llegar otra vez tarde a la oficina por tu culpa», «no es cierto que no te guste el queso crema, ayer lo comiste; no tengo tiempo para preparar algo distinto», «¿te gusta el aguacate?, ¿quieres volverme loca?».

Aconsejo a los padres que abandonen el ideal de perfección y la desesperanza que este genera para esforzarse en ser padres suficientemente buenos. Los padres suficientemente buenos se concentran en lo importante porque entienden que el objetivo es criar hijos con alta capacidad de independencia y sociabilidad y hacerlo con buenas relaciones. La crianza es una de las misiones más complicadas e importantes de la vida, una misión que los padres ejecutan en un esfuerzo casi imposible por mantener el equilibrio. Es un enorme desafío para el que disponemos de tiempo y energías limitadas. Esta es una de las razones por las que es importante informarse y adquirir herramientas que les ayuden a ser padres efectivos y relevantes.

Si sienten que en algún momento no están haciendo lo correcto como padres, es probable que estén en lo cierto. Los padres necesitan hoy, más que nunca, asesoramiento. A los padres se les exige ser humanistas y liberales, al tiempo que deben hacer respetar los límites. La sociedad moderna promueve el consumo de artículos, entretenimientos y servicios que prometen transformar la vida de los hijos en un paraíso de felicidad, pero para mantener ese estándar de vida los padres están obligados a desarrollar carreras exigentes y absorbentes. Como dato adicional, la etapa de la niñez, esto es, el tiempo hasta que los niños ya se sustentan de forma independiente, se ha alargado fuera de toda proporción.

Cómo llegué a ser instructora de padres

Una tarde, hace como treinta y cinco años, cuando vivía en un pequeño poblado en el desierto del Néguev, nos visitó una conferenciante del

Instituto Adler para exponer sobre la paternidad. En ese momento estaba embarazada de mi hija mayor, Noa, por lo que el tema me parecía sumamente relevante y, a decir verdad, tampoco tenía a mi disposición demasiadas opciones de esparcimiento, de diversión o culturales. No recuerdo el nombre de la conferenciante ni el contenido de su exposición. Me impresionó su profesión: «instructora de grupos de padres». Terminaba entonces los estudios de mi primer título en Ciencias Sociales y me preguntaba qué podría hacer en ese campo. Ese encuentro, en definitiva, cambió mi vida.

Cuando Noa cumplió un año nos mudamos al centro del país. Me acerqué al Instituto Adler para indagar acerca de la carrera de instructora de grupos de padres. Desde que tengo memoria, un solo asunto me interesó: la mente humana. Nací y crecí en Argentina, donde la psicología era sinónimo de psicoanálisis freudiano y luego lacaniano. Desconocía por completo la existencia de otras escuelas, distintas en cuanto a la visión del hombre, de la vida y de la sociedad.

Comencé a estudiar en el Instituto Adler en 1991. A lo largo de todo el primer año me sentí sorprendida por la información que recibía. En el curso «Fundamentos de la teoría adleriana», dictado por Talma Bar-Ab, aprendí conceptos que me maravillaron: pertenencia, teleología, holismo, igualdad de valor entre los seres humanos, sentimiento de comunidad y la relación de todo esto con la salud mental. La conexión entre el material de estudio y todos los aspectos de la vida era evidente. La teoría era clara y práctica, y, a primera vista, me pareció demasiado positiva para ser verdadera.

En mis prácticas para obtener el título de instructora de padres debía participar en un grupo parental. Fuimos afortunados mis hijos y yo, pues de este modo recibí asesoramiento de cómo ejercer el papel de madre, el más importante de mi vida. En contra de lo que había creído hasta ese momento, no sabía nada acerca de la crianza. No solo tuve la suerte de encontrar un oficio en el que trabajo desde hace ya un cuarto de siglo, sino que también accedí a un modo de pensamiento y de vida que practico desde ese instante hasta hoy. No es un modo sencillo de vivir porque exige un elevado grado de consciencia y responsabilidad. No hay excusas ni descuentos. Los padres no son los culpables, tal como quería creer.

La crianza es un oficio que demanda información y capacitación práctica. Adler y Dreikurs desarrollaron un método de crianza y educación y sistemas efectivos para aplicarlo. Este método se enseña en institutos adlerianos de todo el mundo. Aconsejo a todos los padres que participen en estos grupos. Siguiendo la línea de Adler, Rudolf Dreikurs desarrolló el área de especialización en instrucción de padres y educadores, y conceptualizó brillantes ideas para la educación democrática. En su libro *Niños, el desafío*, Dreikurs describe la revolución parental que viene produciéndose en las últimas décadas, esto es: el paso de la crianza autocrática a la crianza humanista. Los primeros capítulos de esta parte del libro se basan en los trabajos de Dreikurs y de Achi Yotam, Talma Bar-Ab y Zivit Abramson. Hallarán una bibliografía completa al final de este libro.

Instrucciones de uso para esta parte

En esta parte presentamos una gran cantidad de información, teórica y práctica. Para aprovecharla al máximo, les propongo que elaboren una lista en la que anotarán cada uno de los aspectos de los que se sienten satisfechos en cuanto a cómo son como padres. Anoten todo lo que les gusta de ustedes mismos, de sus familias y de los hijos, y todo lo que funciona bien. Luego apunten todo lo que les preocupa en relación con la paternidad y los hijos. Estos puntos podrán estar relacionados con el ambiente familiar (como, por ejemplo, «nosotros siempre estamos tensos»). Quizá sientan que hay demasiado desorden, competición o ira en el hogar, o muy poca alegría, humor, cariño o aliento.

Estos temas también pueden resaltar conductas propias de las que no se sienten satisfechos, como tendencia a darse por vencido, consentir, estar a la defensiva, gritar, sobornar, amenazar o castigar. Asimismo, pueden registrar las capacidades que les gustaría que adquirieran sus hijos, como seguridad, afabilidad, independencia, templanza, gratitud, cordialidad y similares.

Una vez terminada la lectura de este libro, les aconsejo que repasen de vez en cuando esa lista. Intenten pensar cómo las ideas aquí expuestas pueden ayudarlos a comprender por qué las cosas funcionan de un modo y no de otro, por el momento. Las explicaciones teóricas pueden ayudarlos a comprender cómo han llegado a esta situación y qué están interesados en reparar o mejorar. La instrucción práctica los guiará en los métodos para acercarse a los resultados deseados. Por ejemplo, aprenderán que la seguridad consiste en suponer que tenemos fuerzas, recursos e ingenio suficientes para hacer frente a los problemas de la vida. Aprenderán también que esta seguridad se construye enfrentándose a los desafíos y los obstáculos que aparecen en el camino y superándolos.

Comprobarán así que cuando ustedes solucionan los problemas que los hijos pueden resolver por ellos mismos o cuando les facilitan demasiado las cosas en realidad están saboteando el desarrollo de su seguridad personal. Por el contrario, cuando se les permite experimentar y superar las dificultades, confiando en sus propias capacidades y alentándolos, estarán contribuyendo al desarrollo de su autoconfianza.

Les propongo que elijan un área y practiquen cada vez un único cambio en sus conductas. En cuanto comprueben que ese nuevo modo de actuar, ya ensayado, se ha vuelto para ustedes una segunda naturaleza, pasen a la siguiente meta. Por ejemplo, si eligieron trabajar sobre cómo reforzar la autoconfianza de los niños, practiquen abstenerse de dar ayuda cuando no es necesaria o intenten alentar. Cuando sientan que la seguridad de los niños ya se ha reforzado, elijan trabajar sobre otro asunto, como por ejemplo el sentimiento de comunidad, entrenando a los niños a que colaboren en las tareas domésticas.

El esfuerzo por implementar esas ideas resultará alentador y generará resultados positivos. Al mismo tiempo, la orientación de este libro es general y no está adaptada específicamente al caso particular de cada uno de ustedes o de sus hijos, por lo que la responsabilidad por la aplicación de cualquiera de estas ideas corre por cuenta de cada uno. Por lo tanto, no intenten aplicarlas si no están seguros de que sean relevantes o correspondan a la realidad de sus familias. Si los problemas que describimos son similares a los de sus familias, pero les resulta difícil poner en marcha estas sugerencias de mejora, no duden en recurrir a la ayuda de profesionales en orientación para padres.

Si están decididos a impedir la evitación o a brindarles a los evitadores toda la ayuda posible para que regresen a la actividad, no dejen pasar esta oportunidad. El objetivo de criar hijos activos tiene que ser prioritario en la tarea de ser padres, y el momento adecuado, ¡y único!, para hacerlo es ahora.

11

El desafío de ser padres en la era de la democracia

En este capítulo se hablará acerca del desarrollo de la crianza democrática, que tuvo como objetivo reemplazar la postura autocrática, pero que en la práctica y debido a la carencia de herramientas apropiadas para ese nuevo tipo de crianza generó una paternidad anárquica. El resultado de la paternidad anárquica fue la crianza de niños excesivamente atentos a sus propios deseos y derechos, y mucho menos conscientes de sus obligaciones y de las necesidades de los demás; niños consentidos con un sentido social deficiente, muchos de los cuales al crecer se convirtieron en adultos evitadores.

La primavera de la paternidad

A principios de los años sesenta, entre otros cambios, se inició una revolución en cuanto a la concepción de la paternidad. Determinados sectores de la sociedad occidental comenzaron a darles mayor importancia y énfasis a ideas de igualdad y libertad. El cambio fue progresivo: mi generación creció en una atmósfera social democrática, mientras que las familias aún se manejaban de manera autocrática. Quizá debido a que se trataba del inicio de una nueva era que debía ser, en teoría, ilustrada y progresista, los métodos autocráticos que empleaban nuestros padres y maestros despertaban nuestra rebeldía. No solo no nos complacían: nos parecían ilógicos, arbitrarios e injustos. Nos prometimos, en nuestro fuero interno, que cuando fuéramos adultos y tuviéramos hijos no los criaríamos del mismo modo en que nos habían criado a nosotros. No queríamos que nuestros hijos nos obedecieran por miedo, sino que colaborasen con nosotros por la comprensión de las demandas de la vida en un grupo (desde la familia hasta la humanidad).

Nos imaginábamos cómo, cuando nos convirtiéramos en madres y padres, seríamos abiertos y comprensivos con nuestros encantadores y felices hijos. Creíamos que mantendríamos con ellos relaciones positivas basadas en el respeto y la igualdad; que nos mostraríamos atentos a sus sentimientos, que desarrollaríamos su creatividad y estimularíamos su expresividad. Los niños, a su vez, incorporarían alegremente los valores que les propondríamos en un marco de respeto, aprecio y valoración de la gran fortuna que les tocó en suerte: haber sido concebidos por padres tan extraordinarios en una época bendecida. En resumen, la idea era fenomenal.

Dreikurs notó que muchos padres comenzaban a abandonar las ideas autocráticas y los métodos violentos utilizados hasta entonces en la crianza de los hijos. Estos padres intentaron reemplazar la relación jerárquica por una igualitaria, el miedo por el respeto, las órdenes por el diálogo, la coacción por la elección entre alternativas, la imposición por el ofrecimiento de opciones, la autoridad por la influencia y la disciplina por la cooperación. Tenían ante ellos la imagen de una familia en la que los hijos se sentirían queridos, apreciados, seguros y necesarios; una familia en la que todos serían respetados. Pero el camino para lograrlo era desconocido. Los «nuevos» padres sabían muy bien qué era lo que *no* deseaban hacer: amenazar, humillar, castigar y emplear violencia física contra los hijos. Pero desconocían cómo poner en marcha estas ideas.

Por el contrario, los padres autocráticos sabían cuáles eran sus deseos y cómo alcanzarlos. Querían que los hijos fuesen disciplinados y tuvieran éxito. Empleaban elogios y premios para reforzar las conductas deseables, al tiempo que imponían críticas y castigos para «enderezar» a los que se desviaran del camino «correcto». También los padres democráticos tenían aspiraciones bien definidas, pero carecían de métodos educativos para implementarlas. Los padres democráticos se plantearon no pocos objetivos, pero aún no existían nuevos sistemas pedagógicos efectivos y a la vez respetables.

Dado que en la sociedad no existía, ni existe aún, una tradición de largo recorrido en cuanto a educación democrática, los padres de hoy no saben cómo conseguir que sus hijos colaboren. No saben reaccionar democráticamente ante negativas o malos comportamientos (por ejemplo, cuando los niños se niegan a asumir la responsabilidad de las tareas domésticas que se les han asignado, cuando no respetan a los padres, son desconsiderados, etc.).

Lo que ocurrió en la práctica es que los padres no supieron plasmar una crianza democrática y se deslizaron hacia un estilo de crianza anárquica. Renunciaron a todo tipo de exigencias o restricciones y «fluyeron» hasta que los hijos cruzaron «todos los límites». Entonces, exasperados y agotados, retornaron al viejo sistema autocrático. Volvieron los gritos, los castigos y las amenazas, solo para descubrir que prácticamente ya no servían. Los niños ya no sentían miedo, los padres sí, ni comprendían por qué debían hacer aquello que se les ordenaba cuando no coincidía con lo que deseaban hacer.

Más allá del fracaso a la hora de alcanzar las metas de la revolución democrática parental, el espíritu de la época actual se orienta hacia el individualismo y el hedonismo, lo cual debilita los valores de autodisciplina, responsabilidad social, consideración mutua y colaboración. Las sacrosantas aspiraciones individuales se oponen a la lógica de la vida social e incluso al sentido común. La riqueza, la felicidad y la fama son ahora más importantes que la disciplina, el aporte, la entrega, los logros, la rectitud, la decencia y, por supuesto, el sentido común. Quienes intentan transmitir valores, habilidades y hábitos para una vida útil y productiva chocan contra una comunidad de padres que pone a los hijos en el centro de atención y que no establece límites. En lugar de gestarse una tradición de crianza democrática, surgió una «tradición» de crianza anárquica.

Los padres anárquicos permiten que los hijos hagan casi cualquier cosa que se les ocurra, compran lo que se les cruce por la mente, están a su completa disposición y les facilitan la vida al eliminar cualquier exigencia. Se enfadan con cualquier persona, desde el vigilante en el parque de bolas hasta la maestra en la escuela, que se atreva a exigir que los hijos se porten bien o tengan actitud colaborativa. Se encolerizan con quien les exija que hagan cualquier cosa que ellos no deseen hacer. Es importante destacar que la paternidad anárquica no es una elección consciente que los padres toman en función de una ideología que proclama la libertad absoluta, sino que es el resultado de la falta de información y herramientas, que habrían ayudado a consolidar una mejor forma de actuar. Por otra parte, si los padres son ellos mismos consentidos y evitadores, les resultará coherente adoptar una postura permisiva que no demande autodisciplina.

Con ese espíritu de la época, los padres consideran que su papel es hacer todo lo posible para asegurarse de que los hijos sean felices, por lo que invierten grandes esfuerzos para que se diviertan, se sientan cómodos, y todo les resulte fácil. Lo trágico es que la vida no es en sí divertida ni cómoda y que para lograr una buena vida son necesarias la actividad, la socialización y la fortaleza mental y espiritual.

En los últimos años la tarea de preparar a los hijos para la vida se abandonó en beneficio del ideal de la «infancia feliz». Criamos niños que desean ser felices y quieren vivir bien, pero que no están equipados con las herramientas, valores, destrezas y hábitos necesarios para procurarse una buena vida.

No saben cómo afrontar de manera positiva realidades no deseadas ni cómo hacer a un lado las frustraciones que los esperan en el camino.

La mayoría de los padres ama a los hijos, pero no todos tienen la disponibilidad emocional para ayudarlos a resolver los desafíos o superar las dificultades. Estos padres no plantean límites lógicos y claros, y algunos de ellos ni siquiera se preocupan por brindar alimentación adecuada o procurarles suficiente descanso. Los niños pasan largas horas frente a las pantallas o de compras y no tienen oportunidades para tener actividades, jugar a juegos que requieran imaginación o creatividad, ni para interactuar de manera significativa con otros niños o adultos.

¿Por qué los demás pueden y yo no?

Muchos padres renunciaron al ideal de crianza democrática y adoptaron, casi sin darse cuenta, la crianza anárquica, en la que hay libertad sin los límites necesarios que provienen de las exigencias de la realidad. Los límites, si existen, son invisibles. Los niños reciben mucho amor y mucho espacio, y hacen lo que les apetece, hasta que, de repente, se enteran de que han cruzado «todos los límites». Entonces se topan con una repentina e iracunda reacción por parte de los padres, con gritos, amenazas y castigos.

Los niños no se impresionan demasiado por estas actuaciones porque ya han aprendido que los padres carecen de la autodisciplina necesaria para llevar las amenazas al terreno de lo concreto. La «ideología» del padre anárquico es «vive y deja vivir», en la creencia de que lo demás se arreglará por sí mismo. Estos padres aspiran a responder a todas las necesidades y deseos de los hijos sin exigirles casi nada, y no comprenden que de este modo los descuidan, pues impiden el desarrollo del sentimiento de comunidad, la autodisciplina y la capacidad.

En cierta ocasión me entrevistaron para una nota de la televisión en la que se hablaba de tratamientos de belleza para niñas de diez años; por ejemplo, depilación láser o blanqueamientos dentales. Querían conocer mi opinión al respecto. El reportero me preguntó: «¿Deberíamos sorprendernos?». Por supuesto, la respuesta fue «no»: después de haber presenciado cumpleaños en spas lujosos o fiestas ostentosas por la graduación en secundaria, no creo que nadie pueda sentirse sorprendido. Pero estoy segura de que deberíamos preocuparnos. Es suficiente con que algunos padres de la escuela infantil les organicen a los hijos fiestas de cumpleaños carísimas para que el resto comience a imitarlos. Ante la pregunta «¿por qué lo hacen?», dirían: «no queremos que nuestro hijo se sienta inferior». Así se crea una nueva tendencia, un estándar delirante para fiestas de cumpleaños de niños de guardería, fijado por personas cuyo lado fuerte no es precisamente el sentido común.

¿Por qué debe preocuparnos que los padres obedezcan los deseos de sus hijas y les permitan depilarse con láser? Muchos padres creen que, si el vello les molesta, debe permitírseles sentirse bien. Pero fuera de los pocos casos de niñas con excesivo vello, la depilación no hará que las niñas se sientan mejor respecto a su cuerpo, sino todo lo contrario. Se reforzará la idea de que no son lo bastante guapas, y la búsqueda de más defectos. Concentrarse en perfeccionamientos físicos lleva a las niñas a enfocarse justo en lo imperfecto en ellas. Si una niña se siente mal consigo misma por el vello, también se sentirá mal al verse depilada, dado que la autovaloración pasará a depender de un ideal de belleza inalcanzable.

Los padres pueden ayudar a los hijos a aceptarse tal como son, a amar su cuerpo y disfrutarlo, y desalentar las búsquedas de «defectos». El ejemplo del vello muestra con claridad cómo se puede generar un ideal de perfección inalcanzable, del que se desprende la consecución de metas que no ayudan al desarrollo ni al sentimiento de comunidad. Además, los jóvenes y niños que persiguen un ideal de belleza y que no se aceptan a sí mismos pueden llegar a desertar de toda actividad social que ponga en evidencia esas imperfecciones: comenzarán a evitar.

Más allá del perjuicio que a las niñas les ocasiona aspirar a un ideal de belleza inexistente, hay también daño a la hora de definir lo femenino como equivalente a la belleza exterior. ¿Qué mensaje desean transmitir los padres a sus hijas? ¿Que para ser valorada deberá ser delgada y hermosa? ¿Acaso un siglo de avances en la promoción de la igualdad de las mujeres no ha modificado nada? ¿Cómo podrá una niña realizarse a sí misma si la vara según la que debe medirse es la belleza?

Este es solo un ejemplo de algo que «todos lo hacen». Cuando me negaba a cumplir los caprichos de mis hijos, ellos solían responder airadamente que «a todos sus amigos» se lo permitían y ellos eran los únicos a los que no. Mi respuesta consistía en pedirles los números de teléfono de los padres permisivos de «todos sus amigos», porque estaba interesada en quedar con ellos y escuchar cuáles eran las razones por las que tomaban decisiones tan liberales. Les explicaba a mis hijos que mis decisiones se basaban en una concepción del mundo que adjudica gran importancia al desarrollo de buenas cualidades y que presta especial importancia a la seguridad, la salud y a la consideración hacia el prójimo.

Autoridad *OUT* — Liderazgo *IN*

Los niños se comportan de manera insolente, escapan de las responsabilidades, son pasivos, se arriesgan demasiado, etc.; y lo hacen, en gran medida, por la permisividad y la falta de orientación de los padres anárquicos. Por eso hay quienes sostienen que el problema es la pérdida de la autoridad paterna y que lo único que debe hacerse es restituirla. Mi opinión es que quien piensa así no comprende que vivimos en un mundo conceptualmente distinto.

«Autoridad» es un concepto que pertenece a una visión de poder autócrata. En una sociedad autocrática, quien detenta la autoridad tiene el poder y las herramientas para hacer que los demás obedezcan pautas de comportamiento «deseables». En estas sociedades, la obediencia es deseable y el desacato se considera una insolencia, un delito o un pecado. La reacción ante la obediencia es el elogio y el premio, mientras que ante la desobediencia aparecen la crítica, el rechazo, el castigo o la exclusión.

En nuestros días, si les preguntáramos a los padres si desean que sus hijos sean obedientes como los soldados, muchos responderían que no. Quieren, por supuesto, que los hijos sean responsables y colaborativos, pero no a consecuencia del miedo o por conformismo, sino en el marco de un diálogo respetuoso. Los niños interpretan que esa libertad es un permiso que se les otorga para hacer lo que quieran. Los padres piensan que avanzan hacia la democracia, pero en la práctica sientan las bases de la paternidad anárquica, tan difundida en nuestros días.

¿Cuál es, entonces, la alternativa a la antigua paternidad autocrática y tiránica? **La mala noticia es que hoy resulta imposible restablecer esa autoridad. ¿La buena noticia? Es innecesario, ya que podemos reemplazarla por algo mejor: el liderazgo parental.**

En su libro *Niños, el desafío*, Dreikurs define la democracia como «libertad con orden». La libertad sin responsabilidad es tiranía. El ideal de una crianza democrática sigue vigente y el desafío parental en nuestra era es aprender caminos pedagógicos acordes para llevarla a la realidad.

A lo largo de las próximas páginas los invito a consolidar una mirada de crianza democrática, tomando como base las ideas de Adler, Dreikurs y Yotam. Aprenderemos a reemplazar amenazas y sermones por diálogo; elogio por aliento; recriminaciones, gritos y castigos por el uso de consecuencias lógicas, admitiendo que los niños cometen equivocaciones y pueden comprender las consecuencias de sus actos sin que esto constituya un castigo. Los padres democráticos necesitan una caja de herramientas en la que puedan hallar métodos efectivos y a la vez respetuosos de crianza y que contenga recursos que reemplacen tanto los antiguos métodos autoritarios como la anárquica y caótica carencia de métodos.

Tal vez la idea de «ideología parental» les parezca exagerada para esta época, en la que la sociedad capitalista nos empuja a un torbellino de trabajo y consumo; y a la necesidad de compensar a los hijos por las ausencias del hogar frecuentes y prolongadas. Sin embargo, de forma consciente o inconsciente, todos actuamos de acuerdo con una ideología, y lo más probable es que esta sea la anárquica. Los padres anárquicos evitan pensar cómo desean criar a los hijos y eluden el empleo de las fuerzas y las energías necesarias para educar.

Esta propuesta consiste en conocer el método educativo que hemos elegido como un camino nuevo y mejor para hijos, padres y la sociedad en general.

Firmeza y amabilidad

¿Qué hacen los padres democráticos? En principio, comprenden el papel de la «paternidad». El papel de los padres es hacer cuanto esté a su alcance para dotar a los hijos de ideas, destrezas y hábitos que los ayuden a enfrentar del mejor modo posible lo que la vida les depare. Esto significa que gran parte de lo que los padres hacen hoy está destinado al futuro, es una inversión. Invertir significa pagar hoy para recibir los frutos en el futuro.

Todos conocemos la escena del niño que grita en una tienda para luego tirarse al suelo pataleando. Si el padre cede ante sus exigencias y le compra lo que le negaba, pone en evidencia que solo tiene en cuenta el momento presente y no la educación. La ganancia inmediata es el silencio, superar un momento embarazoso y continuar con las compras, además de lograr la felicidad pasajera del niño. Los padres actúan según el impulso inmediato, dado que carecen de fuerzas para hacer lo que saben que es lo correcto hacer. Tampoco son conscientes de las consecuencias a largo plazo de sus decisiones, o lo son, pero de todos modos se permiten hacer lo que no deberían. En otras palabras, actúan como evitadores. La peor consecuencia de este comportamiento es la crianza de niños que carecerán de toda capacidad para posponer recompensas. Al crecer, serán incapaces de afrontar las frustraciones, que son una parte integral de cualquier proyecto.

Cuando los padres obran según los impulsos del momento, enseñan un par de muy malas nociones: que para conseguir lo que se quiere, ejercer la fuerza es legítimo y conveniente, y que la satisfacción instantánea del deseo es condición necesaria de la felicidad. Al no poder afrontar el berrinche del niño, muestran debilidad e incapacidad para soportar frustraciones. Enseñan, además, que las consideraciones económicas o los valores morales no son relevantes a la hora de tomar decisiones.

En contraste, los padres que actúan de acuerdo con consideraciones a largo plazo pagan un coste inmediato. Soportan la escena del capricho, la incomodidad, la frustración del niño y la demora en los planes, pero por otra parte le enseñan al niño ideas sumamente útiles: que la «palabra» de una persona es algo que se debe respetar y que la de los padres es valiosa. Le muestran que la violencia no es un modo eficaz para conseguir cosas. Soportan la frustración del niño y de ese modo también él aprende a soportar sus propias frustraciones. En cuanto a lo económico, le enseñan que en el momento de tomar decisiones debe darle importancia al buen sentido, dado que es la base para establecer preferencias y para una conducta financiera sana.

Dreikurs puso en la caja de herramientas del padre democrático un accesorio básico: la comunicación que combina firmeza y amabilidad, que sirve de llave universal para diversas situaciones. A primera vista parece que ambos términos se contradicen, pero observando más de cerca se comprueba que la combinación de firmeza y amabilidad permite que los padres actúen de acuerdo con sus objetivos: poner en práctica un método que es, a la vez, respetuoso y efectivo. El método autocrático es efectivo, aunque irrespetuoso, mientras que el método anárquico no es ni lo uno ni lo otro.

Para mostrar de un modo más patente en qué consiste la firmeza amable, retomaré el ejemplo de la rabieta del niño en la tienda. En un caso así, un padre autocrático reaccionará con ira y dirá algo como: «Sabía iba a pasar esto, eres insoportable… Te callas ahora mismo o te doy una buena razón para llorar. No te va a servir de nada porque no tengo la menor intención de comprarte eso. No voy a volver a llevarte a ningún sitio».

En la misma situación, un padre anárquico reaccionará, en general, inclinándose hasta la altura de los ojos del niño y explicándole: «No llores, mi amor… No puedo hablar contigo cuando lloras así… ¿Te acuerdas de que hemos hecho un trato para comprar solo una cosa? ¿Te acuerdas de que la vez anterior te compré algo más, pero dijimos que era la última vez? Entonces ahora es la última vez… Vale ya, cariño, me haces pasar vergüenza… ¡Vale ya! ¡Te he dicho que vale!». A los diez minutos el padre anárquico le estará comprando al niño ese otro juguete bajo la reiterada advertencia de que se trata, esta vez sí, de la última vez.

¿Qué es lo que hace, entonces, un padre democrático? No mucho. Se para un momento y le dice al niño: «Qué pena». Es decir, expresa su empatía. El niño continúa en lo suyo, pataleando: «¡Pero yo quiero eso!». El padre asiente y responde: «Ya veo», mientras que espera que la tormenta pase, lo que significa que el padre se mantiene firme respecto de sí mismo. No le comprará nada al niño porque respeta sus propias palabras y es importante mantener lo pactado aun en situaciones difíciles, adaptándose al presupuesto y desarrollando en el niño la capacidad de postergar recompensas.

El padre democrático presta atención a sus propias reacciones y las reformula de modo que se adapten tanto a sus valores como a sus objetivos. Cuando un progenitor reacciona de acuerdo con los principios que ha elegido, sabe por qué actúa de un modo o de otro. Sabe por qué le permite al niño hacer una cosa determinada. Un padre que obra así siente la mayoría de las veces que ha optado por la mejor reacción posible. Dado que está satisfecho de sí mismo, puede transmitirle al niño, con amabilidad, su mensaje.

Si bien las acciones del padre marcan límites, una firmeza amable se expresa a través de palabras que muestran empatía, apoyo, aliento y consuelo.. Puede decir, por ejemplo, «qué pena», «es difícil cuando uno no tiene todo lo que quiere», «siento que te sientas así», «lo que podríamos hacer es…», y similares. Podrá abrazar al niño o acariciarle los cabellos esperando que el niño supere la frustración. Es como si el padre dijera: «Querido hijo; esta es la vida, te la presento».

Por medio de la firmeza amable, el progenitor le transmite al hijo este importante mensaje: «Estoy aquí para ayudarte a que afrontes los problemas y los superes, pero no para que tuerzas las reglas o te desentiendas de las exigencias de la realidad, de los demás o del sentido común». Un padre democrático está dispuesto a pagar el precio de la disconformidad del hijo ante una negativa. Con el tiempo, el niño aprenderá a confiar en la palabra de los padres y sabrá que no tiene sentido insistir o montar escenas y que lo mejor será adaptarse o buscar nuevas alternativas. Aprenderá también a establecer un orden de prioridad en sus deseos.

Es importante no confundir firmeza con obstinación. Los límites que establece un padre democrático están en relación con las demandas de la realidad. Del mismo modo que no surgen de caprichos, tampoco son fruto de la obstinación. No se le plantea al niño algo «porque sí». **Los padres deben tener claro cuáles son los valores que creen de importancia para transmitir a los**

hijos. Mantienen estos valores con firmeza y los transmiten con amabilidad. Por ejemplo, si se oponen a la explotación de mano de obra en la industria de determinados países, se negarán a comprar prendas o juguetes que provengan de esos países. Si el niño se quejara, «¡todos lo tienen!», los padres responderán: «Lo entiendo. Puede ser difícil».

Si para los padres es importante la seguridad y la salud de los hijos establecerán como regla el uso de elementos de seguridad en situaciones de peligro potencial. Si la niña no está dispuesta a usar casco, los padres no le permitirán viajar en bicicleta, patinete o vehículos similares. Si la hija se queja, el padre podrá contestarle: «No podría perdonarme que te pasara algo porque yo haya descuidado tu seguridad». Un padre democrático limitará, a pesar de las protestas, el horario de uso de las pantallas e invitará a los hijos a participar en actividades conjuntas, como preparar la comida. Ante las protestas, permanecerá amable y empático: «Sé que cuesta» o «A mí también me cuesta dejar la pantalla», pero no renunciará a lo que es importante.

¿Es difícil actuar de este modo? Para quien no está entrenado sí. Si quieren practicar la firmeza amable, los padres pueden recordar situaciones en las que reaccionaron de modos insatisfactorios y analizarlas. Al revisar esas circunstancias y decisiones, podrán planificar reacciones más acordes, en caso de producirse situaciones similares en el futuro.

Valores: la base para establecer límites

Los padres que tienden a ceder ante los hijos se alejan de todas sus convicciones. Quienes resaltan la importancia de la alimentación sana ceden ante la petición de alimentos ultraprocesados y los que cuidan el presupuesto familiar se dejan presionar para terminar comprando aquel juego virtual violento.

Los padres pueden deducir cuáles son los valores que consideran importantes en la educación tomando como referencia el enfado y las reacciones destempladas hacia los hijos en momentos conflictivos, en los que resulta aconsejable definir una política coherente, respaldada por valores. A partir del momento en que los padres logran claridad acerca de sus propios valores, les resulta fácil decidir qué permitir, qué comprar y qué pedirles a los hijos. Las reglas se desprenden de una política: si las reglas no se respetan, los padres deben responder con firmeza y amabilidad. Expondré ahora un ejemplo de conducta parental aparentemente amable, pero que en la práctica demuestra carencia de valores.

Una madre me contó la siguiente historia: ella y su hija de doce años habían regresado a casa después de hacer unas compras para su próxima fiesta de cumpleaños. Al ver que su hija estaba enfadada, le preguntó por qué. La niña contestó que le resultaba difícil decidir a qué hora debía «subir» la foto del vestido a su Instagram para así obtener la mayor cantidad posible de *likes*. Ante la incomprensión de la madre, la hija explicó, con una paciencia no siempre presente en los adolescentes, que temía publicarla demasiado pronto porque la mayoría de sus compañeras de clase estaban en una actividad, por lo que tal vez no verían las fotos en el mismo instante.

La madre, a pesar de pensar que el problema de su hija era un poco ridículo, lo entendió: los niños de la era digital afrontan desafíos y dificultades que los adultos apenas pueden concebir. La madre me contó que, aunque no estaba de acuerdo con ese modo de ver las cosas, ayudó a su hija a calcular el momento perfecto para «subir» las fotos y se mantuvo junto con ella para estar pendiente de las reacciones. Mientras tanto y en secreto, se lo comunicó a los familiares y amigos para que reaccionaran de inmediato.

La operación tuvo un éxito mayor al esperado y la madre pudo disfrutar junto a su hija del impresionante logro. Ustedes se preguntarán dónde está el problema. El problema está en que la madre colaboró con la visión errónea de su hija, según la cual la pertenencia y la estima dependen de la cantidad de *likes* recibidos. Lo que la madre quería hacer, aunque ante el sufrimiento de la hija no halló las fuerzas necesarias, era transmitirle valores importantes y fortalecedores.

Así, habría podido contener el mal momento de su hija sin hacer nada, diciendo simplemente algo como «veo que es muy importante recibir muchas reacciones». La joven, por supuesto, no habría mostrado agradecimiento por la empatía ni se habría calmado de inmediato, pero la madre se habría sentido bien consigo misma al mostrarse comprensiva, sin colaborar con algo en lo que no creía y que le parecía superficial y dañino. En otro momento podría decir : «Aunque es agradable recibir la confirmación de los otros, puede ser peligroso poner tu propia estima en manos ajenas o aún peor, tentarse a ser y hacer lo que puede gustar a los demás».

A continuación, y sin relación con el evento, la madre podría hablar acerca de la necesidad de aprobación, sobre la presión social, sobre el conformismo y la fortaleza espiritual. La hija habría hecho, por supuesto, lo que hubiera querido, pero cabe la posibilidad de que hubiera terminado absorbiendo alguno de estos valores familiares. La posibilidad aumenta en la medida en que en la casa existe un clima cálido, positivo y de buenas relaciones.

Los sentimientos de inferioridad social se desarrollan a partir de la comparación. En la era digital, en la que nuestra vida se promociona como si se tratara de unas largas vacaciones, muchas personas sienten que su vida es común y poco emocionante. Este ejemplo muestra la importancia de adquirir valores horizontalistas. Los niños que asimilen aprobación interior y autoestima como defensa contra el sentimiento de inferioridad muy probablemente no se convertirán en adultos evitadores.

El valor de nuestra palabra como padres

Los padres anárquicos hablan muchísimo. Explican, apostro-
fan, prometen, amenazan, sobornan, recuerdan, imploran y se
disculpan. Los niños aprenden que existe una relación vaga entre lo que los padres dicen y lo que hacen. Por lo tanto, no es
necesario otorgarle demasiada importancia a la palabra paterna.
Algunos ejemplos conocidos: «Ya te lo he dicho mil veces»,
«No haremos ese viaje en las vacaciones», «Si vuelves a perder-
lo, no te compraré uno nuevo», «No permito que comas en el
salón», «¿Cuántas veces debo explicarte que eso es delicado?».

La palabra paterna tiene tan poco valor que ha dejado de
considerarse un artículo en circulación. La concordancia entre
lo que se dice y lo que se hace reviste suma importancia. En realidad, de eso trata la integridad, que es la base para la construcción de la confianza de una persona en sí misma y de su credi-
bilidad. Una persona que cree en sí misma sabrá respetar sus
propias palabras.

Mantener lo que se dice refuerza el sentimiento de seguridad
y la efectividad de los padres, al tiempo que les permite asumir
posturas firmes y a la vez amables. Por eso es importante estar
atentos a lo que va de las palabras a las acciones. Los padres pueden ejercitar dos cosas: dejar de anunciar acciones que no tienen
intenciones de llevar a cabo y cumplir con las que anunciaron
que harían. Es importante que el mensaje de los padres sea claro. Para los hijos, respuestas como «veremos», «quizá», «depende de cómo te portes» o «pregúntale a tu madre» significan
«sí, solo debes insistir en tu obstinación».

Metas de la paternidad

A lo largo de muchos años les he preguntado a los padres qué es
lo que esperan que ocurra con los hijos cuando estos sean adul-

tos. Comparto ahora con ustedes las respuestas que recibí de miles de padres de todo el mundo, desde Corea del Sur hasta Sudamérica. Todos respondieron que ansiaban ser figuras significativas y positivas para con los hijos. Todos afirmaron lo importante que era tener buena relación con ellos, tanto en el presente como en el futuro. Por «buena relación» entendemos esa en las que por un lado existe amor y cariño mutuo y por el otro respeto y consideración entre ambas partes.

Todos deseaban que los hijos se sintieran seguros y tuvieran una buena imagen de sí mismos; que fueran sociables, creativos y flexibles, y que tuvieran el coraje necesario para hablar con libertad, junto con la disposición para escuchar a los demás. Asimismo, deseaban que los hijos fueran independientes y responsables, que se plantearan metas y que se esforzaran por conseguirlas. Además, esperaban que los hijos se transformaran en adultos respetuosos, que tuvieran valores universales, que fueran auténticos y que supieran tomar decisiones empleando el sentido común. Los padres soñaban con que los hijos fueran felices y, por supuesto, que tuvieran éxito en la vida, que lograran realizarse y concretar su potencial. ¿Querrán ustedes agregar algún otro deseo a esta lista?

En oposición a los de la época autocrática que deseaban hijos obedientes y conformistas, los padres democráticos buscan que los hijos sean emprendedores, mientras que el padre anárquico cría hijos insolentes y consentidos. **Para ser efectivos, los padres deben plantearse conscientemente cuáles son sus metas, comprender la esencia de cada una de ellas y saber qué es lo que pueden hacer para concretarlas.** En la siguiente tabla hallarán una lista de metas parentales y una guía elemental para la paternidad democrática. En la primera columna aparece el nombre del objetivo, en la segunda se detalla qué puede hacer el padre democrático para alcanzarlo y en la tercera se describe la conducta típica del padre anárquico.

Esta tabla les permitirá comprobar si sus acciones, esfuerzos y entrega habituales están destinados a conseguir los objetivos propuestos. Muchos padres se sorprenden al descubrir hasta qué punto cimentaron una visión anárquica cuando creían estar actuando como padres democráticos. Comprenden que han estado obrando en sentido opuesto a sus propios deseos, que han conseguido lo contrario a lo que buscaban. La comprensión y la concienciación del método de acción son la base del cambio.

La lista de objetivos parentales elegidos refleja los deseos y aspiraciones de los muchos padres con los que he tenido la oportunidad de tratar este tema. Aquí, las metas y sus definiciones:

1) **Autoconfianza** - Una persona segura de sí misma siente que podrá afrontar lo que la vida le depare. La autoconfianza es la fe en que se hallarán las fuerzas, la capacidad, los recursos y el ingenio necesario para superar los problemas o los desafíos. La seguridad personal se expresa en una sensación de poder y calma que apuntala la formación de una mirada vital optimista y activa. La seguridad personal se consolida cuando se enfrentan y se superan desafíos y dificultades.

2) **Imagen positiva de uno mismo** - Quien tiene una imagen positiva de sí mismo se siente digno de ser amado, valioso y capaz, al tiempo que sabe que no es perfecto y que siempre hay espacio para mejorar y crecer.

3) **Sociabilidad** - La sociabilidad es el deseo y la capacidad de acercarse y revelar interés por los demás, con intenciones positivas y a lo largo del tiempo. La sociabilidad se expresa en la curiosidad, la sensibilidad y en tener en cuenta a los otros; en la capacidad de demostrar afecto y en el deseo y la necesidad de colaborar y compartir ideas, sentimientos y vivencias. Una persona sociable querrá esforzarse por el prójimo y estará dispuesta a recibir lo que le ofrezcan en una relación igualitaria y mutua. La sociabilidad es la base del amor y la amistad.

4) **Flexibilidad** - La flexibilidad es una característica crítica, necesaria para afrontar la vida del mejor modo posible, en especial en esta era de cambios tan veloces y drásticos. La flexibilidad se muestra en la capacidad de adaptación a los cambios mediante una mirada multidimensional de las situaciones, la visión de alternativas y la capacidad de modificar el pensamiento propio en función de la asimilación de nuevos datos. Asimismo, la flexibilidad permite cambiar metas o intentar caminos alternativos para alcanzarlas, en caso de estar en un círculo vicioso. Una persona flexible se caracteriza por la capacidad emocional de dejar de lado las frustraciones para concentrarse en lo que hay.

5) **Creatividad** - La creatividad es la capacidad de inventar y desarrollar ideas nuevas y originales. Es el resultado de la espontaneidad, que, según la definición de Jacobo Levy Moreno, padre del psicodrama, consiste en ofrecer respuestas acordes ante situaciones nuevas y nuevas respuestas ante situaciones conocidas.

6) **Respeto por uno mismo** - El respeto por uno mismo es la medida según la cual una persona se valora a sí misma y se siente merecedora de un trato respetuoso y cordial por parte de los demás.

7) **Independencia y responsabilidad** - La independencia es la capacidad de pensar u obrar por nosotros mismos . La responsabilidad es la comprensión de las consecuencias de nuestros actos y la disposición de asumirlas.

8) **Criterio** - El criterio refleja responsabilidad, seriedad, sensatez, sentido común, capacidad de análisis de la realidad y flexibilidad de ideas.

9) **Capacidad de esfuerzo y persistencia** – La capacidad de invertir esfuerzos consiste en poder actuar por distintos medios para llegar a un resultado, a una meta deseada. La persistencia es el esfuerzo mantenido a lo largo del tiempo, a pesar de las dificultades y las decepciones.

Meta	Conducta del padre democrático	Conducta del padre anárquico
Autoconfianza	Un padre democrático permite que su hijo experimente y se mida con escollos y dificultades, en tanto que lo alienta: «Es una buena idea», «Vale la pena probar», «Lo lograste», «Has mejorado». No se desentiende de los problemas del niño, pero lo ayuda solo cuando es imperativo. Cuando el niño le cuenta acerca de un problema o una dificultad, el padre reacciona de manera empática: «Eso no es agradable» o «Es duro», y pregunta: «¿Qué piensas hacer?». El mensaje del padre democrático incluye empatía, empoderamiento y apoyo: «Es difícil, tú puedes, estoy contigo».	El padre anárquico no tolera que algo le resulte difícil al niño. Interpreta toda tristeza o llanto como síntoma de un profundo desasosiego y se ve a sí mismo como el responsable de aliviarlo quitando los obstáculos de su camino. Cuando el niño le habla acerca de un problema o una dificultad, el padre dice «no te preocupes, yo me encargo» o le da al niño consejos e instrucciones sobre cómo proceder. Así, le ofrecerá ayuda sin darle la oportunidad de solucionar el problema por sus propios medios. Hablará para encubrir el silencio de un niño vergonzoso. Tiende a prestar servicios innecesarios y a deponer exigencias. Aunque el mensaje de estos padres incluye empatía y apoyo, el empoderamiento «tú puedes» está ausente.
Autoimagen positiva	Un padre democrático contribuye al desarrollo de la imagen positiva en el niño, reflejando y destacando para él todo lo que tanto el niño como sus acciones tienen de bueno y positivo. Expone ante el niño todo lo que ve en él, sin exageraciones, y se refiere más a su conducta y menos a su personalidad. En lugar de decirle «eres inteligente», dirá «es una buena idea»; y en lu-	El padre anárquico elogia o critica de manera exagerada. Cuando el niño hace algo bien, emplea superlativos: «Eres un genio», «Eres una princesa», «Eres un héroe», «Eres una campeona». Cuando la conducta del niño es mala, insulta: «¿Eres idiota?», «¿Eres un bebé?». Sus respuestas ante éxitos o fracasos no son coherentes: un día puede reaccionar frente a las malas califica-

gar de «eres la mejor», dirá «me has ayudado mucho». Asimismo, se referirá a las conductas negativas de un modo concreto: «La mesa está sucia» y no «Sabía que dejarías la mesa sucia; es imposible confiar en ti».

Frente a algún fracaso, alienta en el niño la esperanza de triunfar la próxima vez: «Eres muy valiente al haberlo intentado», «Al principio es difícil», «Todavía no estás suficientemente entrenada».

ciones con un gesto de desprecio hacia el maestro y la escuela: «De todos modos, en la escuela no vas a aprender nada útil»; y al día siguiente, degradando a la hija: «Si nunca te esfuerzas, ¿qué esperas que ocurra?».

| Sociabilidad | Un padre democrático tiene una mirada positiva hacia la gente en general. No considera que las personas diferentes constituyan amenazas. Es un modelo de sociabilidad para los hijos, tanto por el cultivo de relaciones sociales como por las muestras de respeto, buenas maneras y simpatía hacia todo ser humano.

Muestra interés en su hijo, pero también espera que el hijo muestre interés en él, en la familia y en la sociedad. Hace partícipe al niño de cuanto le pasa, de sus ideas y sentimientos, y recurre a su ayuda. Estos padres no colocan al niño en el centro de la escena y no le dan un tratamiento especial. Así, el niño aprende que él es parte de un grupo, no el centro, y espera un trato preferente. | Un padre anárquico muestra una mirada positiva hacia las personas cercanas o grupos afines y suspicacia o enemistad respecto a extraños. Puede tratar con desprecio a las personas que se opongan a los deseos del niño, se quejen de su conducta o le exijan cosas. Un padre anárquico defiende y justifica la conducta de su hijo aun en casos en los que no sigue las normas. No le exige cortesía ni que tenga en cuenta las necesidades de nadie. No reacciona cuando el niño se muestra insolente o indiferente respecto a los demás. De este modo, el mensaje que recibe el niño es que él es lo más importante y que los demás son proveedores de servicios y no individuos con valor propio.

Los padres anárquicos no se limitan ni les ponen límites a los hijos en cuanto al tiempo de uso de pantallas. |

Flexibilidad	Un padre democrático colabora con el desarrollo de los hijos al llevar una agenda que organiza las tareas, que está abierta a cambios y adaptaciones. No cede ante los caprichos (como, por ejemplo, que las legumbres no toquen el puré) y de este modo desalienta el surgimiento de obstinaciones obsesivas. El padre democrático contiene los estallidos de ira de los hijos («no siempre sale todo como deseamos»). El padre democrático comparte con los hijos el proceso de toma de decisiones. Él mismo es un ejemplo en cuanto a adaptabilidad ante los cambios y el cálculo de rutas alternativas.	El padre anárquico se esfuerza por adaptar la agenda diaria a los deseos del niño para evitarle frustraciones. Emplea todos sus recursos en intentar contentarlo. No le pide al niño que se adapte a los demás o a las circunstancias. Tiende a ceder ante los estallidos de ira. El padre anárquico es sumamente flexible en cuanto a adaptar las cosas a lo que el niño desea, con lo que le impide desarrollar la flexibilidad necesaria para cambiar ante situaciones indeseadas o acomodarse a las alternativas existentes en lugar de desear lo que no está a su alcance.
Creatividad	El padre democrático consulta con los hijos y formula preguntas. No piensa que su función sea la de aportar soluciones y respuestas, sino la de despertar ideas. El padre democrático estimula la experimentación y destaca la valentía, la originalidad y la creatividad, incluso en las experiencias fallidas.	Un padre anárquico tiende a alentar a su hijo en la superación de obstáculos de un modo creativo, aunque dañino: inventando excusas, mentiras y manipulaciones para alcanzar lo que desea. Este tipo de padre se empeñará en ayudar al hijo, pues no tiene la paciencia suficiente para esperar que el niño encuentre una solución por sí mismo.
Respeto por sí mismo	Un padre democrático sostiene sus propias convicciones y no educa en contradicción con sus valores. Cuando un hijo le habla de manera irrespetuosa, su respuesta es: «Me encantará hablar contigo cuando te dirijas a mí de un modo acorde». Una madre anuncia que está	Un padre anárquico no respeta sus propias palabras. Promete o amenaza, pero no siempre cumple. Cuando un niño habla con él de manera irrespetuosa, lo deja pasar o le responde de la misma manera. El padre se desentiende de sus propias necesidades y hace

cansada y se tumba, en lugar de ceder ante las peticiones de salir a jugar o de ayuda con las tareas del colegio.

Un padre democrático respeta a su hijo, no lo avergüenza ni lo humilla. Respeta los límites del niño y su privacidad, no le impone su parecer, sino que colabora con él y lo consulta, con la aspiración de encontrar soluciones aceptables para todos.

grandes esfuerzos por contentar al niño. Muchas veces el resultado será la acumulación de sentimientos de frustración e ira ante un niño desagradecido e insolente. Así también el padre anárquico podrá desencajarse e insultar al hijo, avergonzarlo en público y ser insensible a los límites del niño.

| Independencia y responsabilidad | Un padre democrático no asume tareas que deben llevar a cabo los hijos. Cuando el hijo no se hace responsable de sus asuntos, el padre permite que el hijo experimente las consecuencias de su conducta. Expresará pesar por el precio que el niño debe pagar por sus propias elecciones, pero no intentará ahorrarle la lección. El padre democrático estimula un tipo de pensamiento independiente y no impone sus propias ideas, sino que tiene la apertura para escuchar otras y pregunta, por ejemplo, «¿qué te parece?». | Un padre anárquico asume la responsabilidad por los asuntos de los hijos. Lleva a cabo muchas tareas que el niño puede hacer por sí mismo. Le recuerda permanentemente cuáles son sus responsabilidades: «¿Has hecho tu tarea?», «¿Qué pasa con el examen del viernes, por qué dejas todo para último momento?». El padre anárquico intenta impedir que el hijo pague un precio por su conducta irresponsable, habla con el profesor para pedir una prórroga por los trabajos que el hijo debe presentar, redacta esos trabajos él mismo o busca recompensar al hijo si sufrió a causa de las consecuencias de un error. De este modo impide el aprendizaje (que Dreikurs definió en la fórmula «los actos erróneos tienen malas consecuencias»). |
| Criterio | Un padre democrático toma decisiones con criterio. El niño puede comprender la lógica subyacente en estas decisiones, incluso cuan- | Un padre anárquico toma decisiones de manera incoherente, por momentos con criterio y por momentos por comodidad, im- |

	do no son de su agrado. Cuando el niño duda, el padre le formula preguntas que lo ayudan a pensar sobre el problema y evaluar otras alternativas.	pulso momentáneo o por el deseo de complacer al hijo. Cuando el niño duda, el padre le sugiere optar por la solución más sencilla desde su propio punto de vista, sin tener en cuenta otros aspectos o personas.
Capacidad de esfuerzo y persistencia	El padre democrático escucha y atiende a lo que el niño desea lograr y lo estimula a esforzarse por ello. A partir de la más temprana edad, cuando el niño extiende el brazo para alcanzar un juguete, el padre lo alienta a seguir intentándolo: «¿Quieres ese juguete? Adelante, ve a por él». Si el juguete está fuera del alcance del niño, el padre se lo acercará un poquito. En cada etapa del desarrollo el padre se hace eco de los deseos del niño y lo estimula a perseverar en sus esfuerzos para alcanzarlos.	El padre anárquico reacciona ante los deseos del niño como si se trataran de una dolencia que él debe aliviar o una carencia que él debe suplir. Tiende a ayudar para que el niño alcance sus deseos del modo más directo y rápido posible. Cuando el niño extiende el brazo para tocar un juguete que está fuera de su alcance, el padre se lo acerca de inmediato. El padre anárquico aprende a adivinar los deseos de los hijos o a identificarlos con rapidez. Los niños que se acostumbran a que sus deseos se satisfagan de inmediato se frustran en etapas posteriores cuando la realidad no se acomoda a sus deseos.

Ejercicio

Si yo les preguntara a sus hijos cómo son sus padres, cuál es su papel y significado actual en su vida, juntos y por separado, ¿qué respuesta darían? La respuesta que suponen que contestarían ¿hace que se sientan bien y contentos o, como sucede más a menudo, les produce incomodidad o incluso dolor de estómago? ¿Cuál es la respuesta que ustedes querrían oír? ¿Qué les gustaría que dijeran al cumplir veinticinco años? ¿Y a los treinta y cinco?

Quiero proponerles que se detengan un momento para pensar y anotar quiénes desean ser con y para sus hijos, qué es lo que les importa transmitir, más allá de seguridad y tranquilidad material. ¿Qué valores, capacidades y hábitos les gustaría enseñarles? Señalen tres acciones de la tabla anterior que les gustaría ejercitar la semana próxima.

Conclusión

Para criar niños activos, los padres deben estudiar métodos de educación democráticos, respetuosos y efectivos que garanticen conductas acordes con sus valores y con las exigencias de la realidad. La paternidad autocrática estimula acciones verticalistas o de evitación, dado que condiciona la aceptación y la conformidad de los padres al cumplimiento de reglas rígidas de obediencia por un lado y a la excelencia por el otro. La paternidad anárquica estimula la pasividad, puesto que no les impone a los hijos ninguna exigencia de colaboración, impidiendo así el desarrollo de fortaleza espiritual y consciencia social.

Dreikurs elaboró una serie de conceptos y herramientas para la paternidad democrática, que son al mismo tiempo respetuosos y efectivos: liderazgo en lugar de autoridad, influencia en lugar de agresión y presión, peticiones y no exigencias, aliento en lugar de elogios, escucha, posibilidad de elegir entre distintas opciones, diálogo y negociación en lugar de imposición y control. En la práctica, los padres, mediante la firmeza y la amabilidad, plantean límites basados en valores que consideran importantes.

12

Conductas paternas perniciosas que alientan la evitación

Los niños son activos por naturaleza; por eso, la evitación es una conducta generada con la influencia de la crianza y de otros factores sociales. **En esta sección aprenderemos cuáles son las tres conductas paternas centrales que tienen el potencial de influir en la elección de una vía evitativa en los hijos: el consentimiento, la sobreprotección y las expectativas sobredimensionadas.** Los padres no eligen estas conductas con la intención de debilitar a los hijos, sino bajo la influencia de concepciones culturales o como compensación por carencias en su propia infancia. Debido justo a que esas conductas parten de buenas intenciones (ayudar a los hijos, defenderlos o plantearles desafíos) es importante tomar consciencia de su potencial destructivo.

El consentimiento debilita a los niños

El mayor peligro de la crianza democrática es exagerar la libertad que se les otorga a los niños y derivar así a una crianza anárquica. Esta última busca proporcionarle al hijo una felicidad inmediata. Por lo tanto, la práctica más peligrosa en padres anárquicos es el consentimiento.

En la primera parte del libro se detallaron los componentes

de la evitación: el sentimiento de inferioridad, la meta compensatoria de superioridad y la sensación de inferioridad en relación con esta meta, la falta de predisposición o de capacidad para hacer esfuerzos, la carencia de sentimiento de comunidad y la justificación. En esta sección aprenderemos que el consentimiento en la niñez es el factor central para la falta de disposición para esforzarse por el logro de metas y, a partir de ello, la reducción del sentimiento de comunidad. Aprenderemos por qué el consentimiento, en apariencia algo agradable, puede llegar a ser tan pernicioso y cómo podemos proporcionar a nuestros hijos abrigo, cuidado y apoyo sin debilitarlos.

Quiero

Para todo padre es importante que los hijos estén bien. El bienestar físico y mental de los hijos es primordial. Los padres desean satisfacer sus necesidades y deseos, ayudarlos a expresarse, a desarrollar su individualidad y creatividad. El problema es que los padres tienden a exagerar todas estas acciones positivas. **A menudo no son conscientes de que, al centrarse en las necesidades y los deseos de los hijos, dejan de lado deseos y necesidades, tanto propios como de toda la familia.**

Los niños mimados tienden a ser demandantes y a estropear el ambiente del hogar. Los padres consentidores andan de puntillas por temor a despertar el enfado de los hijos o, por el contrario, cuando se hartan, irrumpen en explosiones de ira. Además, cuando los padres convierten a los hijos en protagonistas de la escena, la pareja queda a un lado y se desgasta. En ocasiones, cuando uno de los padres intenta poner límites se producirán discusiones en las que el padre consentidor defiende al hijo como si se tratara de un ataque hacia él mismo. Las relaciones tensas no ayudan a la buena crianza y mucho menos, por supuesto, una separación. Más aún: los padres separados compiten, con frecuencia, por el papel de consentir a los hijos para convertirse así en el padre predilecto.

Cuando los padres consienten, la agenda diaria y los recursos familiares giran en torno a los niños, que así aprenden a sentirse el centro de un mundo en el que los padres son sirvientes contratados para hacerles la vida agradable y que las cosas deben seguir así en la vida adulta. Por más obvio que resulte que el niño es el centro de nuestro mundo, tanto desde el punto de vista emocional como práctico, él deberá vivir su vida rodeado de personas que son también a su vez «el hijo de mamá» o «la nena de papá»… Por lo tanto, más allá de su importancia para nosotros, deberá aprender que él forma parte de un círculo social, de una familia, de un equipo, de una comunidad y de la humanidad.

Un excelente ejemplo de esto es la situación mil veces repetida en la que se permite que el niño se quede jugando en el parque mucho más tiempo del planificado porque «lo pasa tan bien» y los padres no quieren estropearle la diversión. Tampoco tienen energías para afrontar el estallido y los ruegos: «Solo una vuelta más», «Un ratito más y ya», «Quiero quedarme».

El retraso a la hora de volver a casa desorganiza la agenda diaria: hay que preparar la cena, comer, ducharse y dormir. Por alguna razón, los niños no se dicen cosas como «Mi adorada madre tuvo a bien permitirme un largo rato de juegos, mucho más allá de lo previsto. Volvimos cuando ya era de noche. La noto un poco cansada; por lo tanto, me ducharé rápido y sin quejarme, la ayudaré con los cubiertos de la cena y me iré a dormir a una hora razonable para que mañana despertemos todos frescos y descansados». ¿He conseguido arrancarles una sonrisa?

Los niños que, acostumbrados a recibir lo que desean, creen que será así todo el tiempo. Son extremadamente conscientes de sus deseos y de sus derechos, bastante menos de sus obligaciones y mucho menos de los derechos de los demás. En lugar de desarrollar relaciones de mutuo dar y recibir, aprovechan para llegar hasta donde les resulte posible y un poco más.

En la canción «Los niños de los noventa», Amir Fryszer Guttman escribió las siguientes palabras:

En Londres, en Roma, en toda ocasión,
los chicos de los noventa buscan diversión [...]
éxtasis, fantasía, por todo el mundo,
bailan en Brasil y sueñan con Japón.

Dudo que esta canción haya sido escrita como una crítica a la cosmovisión de los jóvenes que nacieron en los noventa, o por la preocupación por las consecuencias de esta percepción sobre la vida para ellos y para la sociedad. Este es un canto de alabanza a la búsqueda de diversión como objetivo de vida.

Así es hoy el mundo de muchos jóvenes: están en un sitio y sueñan con pasar a otro. Viven con la sensación permanente de estar perdiéndose de algo. Tienen muchas aventuras amorosas, pero experimentan poco amor; necesitan las drogas y el alcohol para sentirse alegres y «soltarse». Esta cosmovisión tiene sus raíces en la infancia, basándose en la ideología parental que colocó la diversión en el centro, criando a los niños en base a la satisfacción de sus caprichos en lugar de la adaptación a la realidad.

Es evidente que se debe velar por las necesidades básicas de los hijos y que hay que tener en cuenta sus requerimientos y deseos (razonables), pero esto no debe ser sinónimo de consentirlos. Al mismo tiempo, es importante desarrollar la sociabilidad de los niños, la sensibilidad hacia los demás, el deseo de contribuir y la capacidad de colaborar. La vida de los hijos, cuando se transformen en personas maduras, será agradable y satisfactoria si saben cómo generar y conservar relaciones en las que exista interés, cariño, consideración, cuidado y entrega mutua.

Muchos padres se confunden: de criar hijos con sentimientos de pertenencia, amados y apreciados, pasan a ser los garantes de una niñez feliz en la que las frustraciones no existen. Las acciones paternas que tienen como objetivo promover el desarrollo de sentimientos de pertenencia, de consideración por los demás y de colaboración con los otros parten de métodos pedagógicos que afirman que los niños no solo deben recibir cariño y atención, sino que también deben aprender a dar todo eso. Ofrezcámosles a los hijos libertad de elección y posibilidad de experimentar, pero cuidemos las normas de conducta, los límites y las obligaciones.

Los límites se establecen mediante una agenda diaria coordinada con todos y cada uno de los miembros de la familia como grupo. Cuando los niños desoyen estas reglas o incumplen con lo que deben hacer, se producen consecuencias no deseadas. Al experimentar las malas consecuencias de los actos erróneos, los niños aprenden de sus propios errores en un clima alentador que los entrena para aceptar la responsabilidad por sus acciones.

Satisfacer las necesidades y los deseos infantiles puede hacer que todo resulte agradable, divertido y cómodo, pero es sumamente perjudicial, pues alienta al niño a que se ocupe sobre todo de sí mismo y a que su atención esté solo en sus propias sensaciones, deseos, necesidades y emociones. Al mismo tiempo, atenta contra la capacidad de interesarse por los demás, y este desinterés va en detrimento de la capacidad de amar.

El consentimiento impide que el niño desarrolle características importantes, habilidades y hábitos imprescindibles para resolver problemas, alcanzar metas y para generar y afianzar relaciones satisfactorias. Cuando se hace por él las cosas que podría hacer por sí mismo, el niño no desarrolla independencia, no siente responsabilidad, no tiene iniciativa, no se esfuerza, no persevera ni es capaz de postergar recompensas. El consentimiento impide el desarrollo de estas cualidades, necesarias para integrarse en la sociedad. El niño mimado fácilmente se puede convertir en un adulto evitador, dado que siente que él merece todo y que la sociedad es injusta al «negarse» a imitar a los padres sobreprotectores.

Las intenciones «demasiado» buenas pueden ser perjudiciales

El psicólogo adleriano Frank Walton señaló que muchos de los errores que los padres cometen tienen origen en sus buenas intenciones. Para ser más precisos, los padres «sobreactúan» acciones que, en dosis adecuadas, podrían ser beneficiosas. Favorecer al niño es necesario, pero hacerlo de forma exagerada equivale a consentir. Walton consideraba que tanto las buenas intenciones como la exageración están ligadas a la infancia de los padres.

Para descubrir el origen de esas buenas intenciones «descontroladas», Walton les pedía a los padres que recordaran su adolescencia, entre los doce y los catorce años, para enfocarse en el acontecimiento, la vivencia o la experiencia más positiva y significativa, la que desearían repetir en el marco de sus propias familias o, por el contrario, en una experiencia negativa que de ninguna manera querrían repetir como padres. Las personas suelen recordar con mayor frecuencia las experiencias negativas. Denominó a esta técnica «La observación más memorable» (en inglés, *The Most Memorable Observation*, MMO).[40]

Quiero proponerles que descubran, siguiendo el método de Walton, cuál es el registro más memorable que conservan. Regresen mentalmente al comienzo de la adolescencia y recuerden algo que hayan visto o experimentado en la casa familiar y que hayan decidido conservar, algo que les hizo pensar: «Qué agradable; cuando sea mayor me gustaría hacer todo lo posible para revivir esto en el marco de mi propia familia». O quizá, por el contrario, es posible que aquello que vieron o vivieron haya sido algo a lo que no desearían de ninguna manera volver, algo sobre lo que pensaron: «Esto es horroroso, cuando crezca haré lo imposible para que mi propia familia no pase por algo así». Las buenas intenciones paternas «descarriadas» provienen de la reproducción de conductas positivas de nuestros propios padres, conductas en las que buscamos ahondar y que queremos reproducir una y otra vez, o de actuar exactamente al contrario de como lo hicieron nuestros padres, por ejemplo, al no procurarnos algo importante en particular.

Piensen ahora en cuál es la mayor dificultad a la que se enfrentan con un hijo. Es muy probable que comprueben que existe una conexión evidente entre sus MMO y el problema actual. Por ejemplo, los padres que no quieren repetir la desatención o el abandono que sufrieron en la infancia tienden a consentir o sobreproteger a los hijos. Este tipo de conducta es, de hecho, una sobredosis de atención, cuidado y preocupación positiva (*caring*).

Es importante notar que, aunque el registro fuera positivo (la conducta benéfica que se busca repetir) el recuerdo es parcial: el registro conserva el cuidado de los padres, pero no recuerda en la misma medida las exigencias en cuanto a límites y participación en las tareas domésticas. El resultado es que esos padres les brindan a los hijos mucha atención sin establecer límites y sin exigir nada a cambio. En consecuencia, sufren la infelicidad y la ingratitud de los hijos, quienes no están entrenados y por lo tanto no están dispuestos a hacer nada de lo que se les pide.

Ejemplos: un padre que recuerda cuánto sufrió en su infancia por las peleas y gritos de sus padres considera que su mayor dificultad actual es que los hijos no lo escuchan. Es decir, que para alejarse todo lo posible de la conducta paterna, para no repetir el clima que sufrió en la infancia, jamás alzó la voz ni tampoco se comportó con firmeza con sus hijos. Otra madre refiere que en el hogar paterno no se conversaba, no se informaba ni se explicaba nada. Por supuesto, y como reacción contraria, ella siempre se lo explicó todo a sus hijos y los informó. Esta conducta compensatoria exagerada ha hecho que ahora sean ellos quienes se sienten agobiados.

Según Walton, «el registro más memorable» de la infancia puede llegar a generar problemas a la hora de convertirse en padres, dada la hipersensibilidad que se arrastra de la infancia. Un padre que se sintió rechazado de niño pondrá su atención en cualquier señal de rechazo por parte de otros niños respecto de su hija y exagerará la importancia negativa de este aspecto. Sus reacciones le transmitirán a la niña un mensaje: que alguien no desee tu compañía es terrible. Es muy probable que quien no haya experimentado rechazo en la infancia no preste atención a que alguna niña le dé la espalda a su hija, y si llegara a notarlo no lo considerará una fatalidad, sino un hecho normal de la infancia. Notará también que a veces su hija es quien rechaza a otras niñas. El acento sobre un determinado fenómeno y la consecuente exageración de su importancia e influencia sobre el hijo juega en contra de la capacidad para afrontar las dificultades de manera efectiva y potencia el problema. Un cambio de 180° suele desembocar en un error, dado que todo extremismo por lo general dista mucho del sentido común y de las exigencias de la realidad.

Tener consciencia de este registro memorable puede ayudar al padre a templar sus propias «buenas intenciones» y dimensionarlas de manera razonable.

Consentimiento bueno y malo

Como adlerianos, cuando ponemos objeciones al consentimiento como método de educación, no nos referimos a abrazos, besos, a pequeños regalos o a una actitud cálida y amable hacia el otro. Estas conductas no están incluidas en la definición adleriana del término, que se enfoca en la connotación negativa, por ejemplo, en brindar servicios innecesarios y en la ejecución de acciones que les corresponde a los hijos.

El consentimiento malo consiste en satisfacer los deseos y antojos de los hijos en el momento mismo en que surgen, desistiendo de toda exigencia. No se pide que el niño tenga en cuenta a los otros o que participe en las tareas domésticas. Se le otorga un indulto respecto a toda responsabilidad incluso en lo que respecta a las necesidades más básicas de su propio cuerpo (comida, sueño e higiene), los estudios (tareas escolares, organización de su propia mochila), su habitación y sus objetos personales (orden y cuidado de sus propias cosas). El consentimiento es uno de los síntomas por los que se reconoce la crianza anárquica, dado que los servicios que los niños reciben y la dispensa absoluta para no hacer nada; no se basan en valores, principios o siquiera en la más simple de las lógicas.

Si les preguntara a padres consentidores por qué han permitido que un joven de quince años viaje en un transporte desconocido hasta una discoteca situada en otra ciudad, lejos del hogar, la respuesta no estaría fundada en ningún principio educativo democrático («porque estamos a favor de otorgar a nuestros hijos libertad absoluta y creemos que arriesgarse y consumir alcohol a edad temprana es positivo»), sino que dirían, sencillamente «no sabíamos que allí venderían bebidas alcohólicas» o «todos sus amigos iban, ¿qué podíamos hacer?».

Si la pregunta fuera por qué compra para su hija los pantalones más caros del mercado, la respuesta no sería «porque para nosotros es importante transmitirle que por medio de la compra de una prenda etiquetada puede lograr estatus social, lo cual es más importante que entender la relación entre valor y precio». Se limitarán a contestar «tenía tantas ganas» o «mira lo feliz que está». Este tipo de respuesta indica, además de una actitud paternal anárquica (por supuesto, inconsciente) que probablemente los padres son adultos consentidos a los que les resulta más fácil comprar cualquier cosa antes que discutir con un adolescente y enfrentarse a su descontento.

Los padres consentidores siguen dos líneas básicas a la hora de tomar decisiones respecto de los hijos. La primera es el deseo de que lo pasen bien, la segunda es que carecen de energía para enfrentarse a la frustración, la insistencia o la agresión de los hijos cuando estos oyen la palabra «no».

Con gran placer, quienes aman cuidan o se ponen al servicio

de sus seres queridos. Entonces, ¿en qué situación el consentimiento debe considerarse malo? Aquí algunas señales que los ayudarán a distinguir entre muestras normales de cariño y conductas de consentimiento perjudicial:

- Cuando la entrega no es bilateral, sino que va en una sola dirección.
- Cuando las acciones que se hacen por el otro incluyen tareas básicas de la vida.
- Cuando esta acción es continua y prolongada, no puntual.
- Cuando el niño percibe estas acciones paternas como sobreentendidas.
- Cuando el niño no aprende o no está dispuesto a hacer las tareas que se hacen por él.
- Cuando el niño responde con insolencia, enfado, agresión o interminable insistencia ante una interrupción de estos servicios.

Los padres consentidores son incapaces de contener los sentimientos negativos de los hijos. No soportan el sufrimiento de sus hijos, incluso aunque este provenga de negativas lógicas; por ejemplo, prohibir que inviten a sus amigos a dormir a casa a mitad de la semana o limitar el acceso a programas de televisión con contenidos impropios para público joven o infantil. Cuando a los padres se les hace difícil presenciar el llanto, la tristeza o la ira de los hijos, tratan de eliminar esta dificultad por la vía de una supuesta felicidad. Se disponen a apagar el sentimiento del mismo modo que un bombero extingue un peligroso incendio.

Al hacer esto impiden, por un lado, que los hijos expresen sus sentimientos y, por el otro, que encuentren soluciones por sí mismos. La capacidad de expresar sentimientos es el componente central de la inteligencia emocional. Es importante que los niños aprendan a reconocer sus sensaciones y puedan expresarlas. La comunicación emocional permite procesar los sentimientos para luego solicitar apoyo o contención si fuera necesario. Cuando son los padres quienes remueven los escollos, se rinden ante exigencias irracionales o consienten, impiden que los hijos crezcan. Esos niños serán incapaces de descubrir vías creativas para superar dificultades y frustraciones, o de encontrar modos adultos de consolarse.

Cuando determinada situación resulta difícil para un niño, los padres pueden acompañarlo con mensajes de apoyo y confianza en su capacidad para afrontar el problema. Deben prestar atención, lo cual significa observar y escuchar, abrazar y alentar. Si el niño está demasiado agitado, se le puede sugerir que comparta sus sentimientos una vez que se haya calmado. Los padres podrán formular sus sentimientos: «Estás triste porque Daniela ha tenido que irse», «Estás enfadado porque querías más chocolate y no te lo hemos dado». No menos importante es reflejar, cuando surgen, los sentimientos positivos: «Estás entusiasmada», «Estás contento».

Además de hacer visibles sus emociones, los padres pueden ayudar a que el niño reconozca sus necesidades, deseos e ilusiones: «Querías que Daniela se quedara a dormir», o «El deseo de recibirla en casa muestra que eres generoso y que te gusta compartir». Cuando un padre muestra empatía con actitudes que expresan frases como «sé que no es agradable», «es difícil» o «lamento que te sientas así», el niño percibe que lo entienden.

Es importante ayudar a que el niño evalúe si su necesidad es importante y está justificada o si se trata de un capricho. Hay necesidades para las que vale la pena esforzarse y otras que es preciso modificar, flexibilizar o abandonar. Es importante que los niños comprendan que pueden influir sobre determinadas situaciones, mientras que no sobre otras; situaciones que pueden mejorarse a través del esfuerzo, el pensamiento y la energía, y otras que hay que aceptar cuanto antes mejor.

Una reacción emocional, como la angustia, puede ser señal

de dolor físico, desesperación, herida social o el resultado de la incapacidad de soportar frustraciones. Cuando los padres aprenden a diferenciar ambas situaciones pueden reaccionar de manera más acorde y efectiva. Alentarán a los hijos para que modifiquen o corrijan lo que se pueda y convenga, y ofrecerán su ayuda solo si fuera realmente necesaria. Consolarán al niño si le cuesta aceptar no haber recibido lo que deseaba en lugar de comprárselo de inmediato. Si se trata de simples caprichos, los padres deben contener la tristeza o la frustración, abrazar o simplemente estar presentes y mostrarse pacientes hasta que el niño supere el momento, sin ofrecer o hacer nada en particular.

Les sugiero que se transformen en mentores de los hijos en lugar de proveedores de servicios innecesarios, bomberos que sofocan incendios emocionales y cirujanos para suturar vacíos. Un mentor es un guía que apoya y empodera. El padre mentor escucha, formula preguntas, investiga, alienta y comparte su propia experiencia. Al actuar de ese modo promueve el desarrollo del pensamiento creativo, de la mesura, de la inteligencia emocional y de la iniciativa. Cuando se da una buena relación con los padres, los hijos tienden a adoptar su modo de ver la realidad y sus valores.

Los niños que no se entrenaron para afrontar las dificultades y superarlas, o para posponer recompensas, no logran desarrollar resiliencia espiritual, capacidad y seguridad personal. La resiliencia es la fuerza para soportar situaciones vitales difíciles sin quebrarse, la capacidad de conservar el optimismo para volver a intentarlo tras un fracaso. La sensación de capacidad y la autoconfianza son las ideas que una persona tiene acerca de sí misma, la creencia de que puede intentar alcanzar una meta o superar un desafío. Existe un único camino para el desarrollo de la sensación de capacidad y autoconfianza: la experimentación concreta; afrontar y superar los desafíos que la vida propone.

Cada vez que les solucionamos los problemas a nuestros hijos, que retiramos para ellos los obstáculos del camino, que tomamos la palabra en su lugar y que les proporcionamos facilidades y comodidades, los debilitamos. Les impedimos desarrollar sus propias fuerzas, la creatividad y la iniciativa necesarias para hallar por sí mismos soluciones ante encrucijadas complejas.

La relación entre las golosinas y el éxito en la vida

Cuando un bebé siente hambre, llora con un llanto desgarrador. Durante los primeros días de vida el llanto dura hasta que la leche toca sus labios. Pasado un tiempo puede observarse un cambio: el bebé hambriento será capaz de bajar el volumen del llanto o de interrumpirlo al oír la reconfortante voz de su madre diciendo «ya voy, ya voy, mi amor». El hambre sigue siendo la misma y el dolor es igual, aunque el bebé, por la confianza que ha desarrollado hacia su madre, es capaz de contenerse unos momentos y calmarse.

Así, desde los primeros días de vida, el niño desarrolla capacidad de regulación emocional en momentos de incomodidad. Aprende a distinguir señales favorables en el entorno, a descubrir fuentes de tranquilidad internas o externas, a consolarse. En esos instantes, los padres pueden tomarse unos minutos más para preparar la comida y así, paso a paso, el tiempo durante el que el bebé puede soportar el malestar se prolonga. Por supuesto, no hay que exponer al bebé a frustraciones excesivas en cuanto a sus necesidades básicas.

Es posible ver en el hambre una metáfora. Cuando se despierta hambre por algo, se calma cuando recibimos lo que deseamos. Sin embargo, no toda hambre puede satisfacerse de inmediato o siquiera alguna vez. Tampoco hay que atender todos los tipos de hambre. Los niños mimados están acostumbrados a que sus deseos se cumplan al instante. En el pasado, por ejemplo, los niños recibían regalos en las fiestas o para sus cumpleaños. Debían optar entre distintas alternativas . Aprendían así qué era lo que de verdad deseaban, lo que para ellos resultaba importante, y se tenían que esperar.

La espera, por un lado, era frustrante, aunque por otro aumentaba la expectativa por el regalo: el momento de recibirlo se transformaba en un acontecimiento especial, de gran significación. Los niños se sentían agradecidos y cuidaban sus nuevas posesiones. En nuestros días los niños reciben todo lo que piden y no se les exige templanza, tranquilidad, contención o capacidad de negociación o renuncia. En etapas posteriores, cuando sus deseos no se satisfacen, se angustian y montan berrinches. Todo cuanto reciben está sobreentendido y no sienten que deban agradecer o cuidar los regalos recibidos.

A finales de los sesenta el investigador Walter Mischel llevó adelante un experimento a gran escala para entender cuáles eran las estrategias de autocontrol empleadas por los niños. En la prueba, una investigadora les ofrecía a niños de guardería elegir entre recibir en ese mismo momento una golosina para comerla de inmediato o esperar hasta que ella regresara y recibir entonces dos. Todos los niños comprendieron que les resultaba conveniente contenerse y así duplicar la recompensa, pero solo un tercio de ellos logró abstenerse de comer la golosina que le habían dejado delante hasta el regreso de la investigadora, veinte minutos después. Los niños que lograron contenerse emplearon estrategias muy creativas: algunos cantaban para sí mismos en voz alta, otros llevaron la atención hacia otros estímulos dentro de la habitación y otros imaginaron que la golosina que tenían ante ellos no era real.

Algunos años después de este experimento, Mischel quiso saber qué había sido de aquellos niños, entonces en la etapa de los estudios universitarios. Pudo establecer una correlación entre los resultados de aquella investigación con el grado de éxito en las pruebas finales de la escuela secundaria y la entrada en la universidad. Halló una conexión entre la capacidad de contención durante veinte minutos de un niño de cuatro años y su grado de éxito en los estudios superiores. Ese descubrimiento hizo que retomara el experimento, que se ha extendido hasta nuestros días.

Los resultados de la investigación refuerzan el punto de vista que aquí exponemos, que afirma que la niñez es una etapa crítica en la que los niños incorporan hábitos y capacidades que necesitarán en su vida. En consonancia, el papel de los padres es preparar y entrenar a los niños en el desarrollo de capacidades tales como la postergación de recompensas y el autocontrol. Cuanto más arduo sea el entrenamiento, más fácil será el combate.

El consentimiento puede ser muy dañino

Poner al niño en el centro de la escena, ofrecerle servicios innecesarios y renunciar a todo tipo de exigencia para con él solo estimula la pasividad, en tanto que la vida demanda lo contrario: actividad. Las consecuencias de la pasividad son el abandono y la renuncia a las metas y a los deseos. En una palabra: evitación.

La expectativa de los niños mimados es que sus deseos se cumplan sin más. Suponen que los demás los amarán y se preocuparán por ellos sin exigir nada a cambio. Esperan que los demás les provean emociones y sensaciones. Ilana, una profesora de gimnasia rítmica de escuelas infantiles con una experiencia de treinta años, observa un cambio operado en los niños durante los últimos años. «Hace años —me cuenta— cuando los niños me veían acercándome al portal del jardín, comenzaban a saltar y a bailar. Ahora, cuando ven que me acerco, corren a sus asientos: quieren presenciar la función».

Una de las expresiones más populares entre los niños mimados, además de «no tengo fuerza», es «estoy aburrido». Es, en definitiva, la queja por una situación indeseada y que piden que se corrija. El padre consentidor comenzará de inmediato con propuestas («¿quieres dibujar?», «¿quieres leer?»), pero los niños mimados no quieren hacer «algo» para disipar el aburrimiento. Quieren que el aburrimiento desaparezca, que la diversión lo reemplace mágicamente. No buscan interesarse en algo, o sea: poner la atención y las energías en lo que tienen ante ellos, sino que esperan que alguien o algo los conquiste.

El aburrimiento y la sensación de vacío son, en efecto, desagradables pero de suma importancia. Al no existir interés o pasión por algo en especial, se abre un espacio. Este vacío permite vagar en pensamientos, que repensemos la vida, que intentemos identificar nuestros deseos y que hagamos planes. El aburrimiento es parte de la vida, en especial de la de aquellos que no saben crear o desarrollar intereses. No es responsabilidad de los padres que estas sensaciones desaparezcan. Cuando un niño dice «me aburro», el padre debe mostrar empatía y quizá compartir con el niño lo que él hace en situaciones similares («adelanto alguna tarea para el día siguiente»).

En la primera parte de este libro cité un famoso dicho, aunque un tanto crudo, de Dreikurs, donde afirma que consentir a un niño es como romperle las piernas para luego ofrecerle una silla de ruedas. A pesar del extremo dramatismo de esta descripción, tras haber entrevistado a cientos de adultos que fueron consentidos de niños he llegado a la conclusión de que la metáfora no es en absoluto exagerada, sino que representa la realidad de manera fiel.

Paradójicamente, el consentimiento es una forma de abandono. Muy a menudo el abandono físico de los niños desemboca en desesperación y pasividad, en la consolidación de un sentimiento de que el mundo es duro e injusto y que alguien debe recompensarlos por el daño que se les ha ocasionado. Los padres que abandonan a los hijos no cuentan, en general, con los recursos que están a disposición de los padres consentidores. En el caso del consentimiento el abandono no proviene de la falta de atención o de carencias emocionales o económicas.

Los padres consentidores les dan muchísimo a los hijos, pero esta entrega va en la dirección contraria a lo que se necesita para desarrollar capacidad y utilidad. No me extenderé demasiado en el tema del abandono, excepto en lo que hace al abandono cuya fuente es el consentimiento. Asimismo, es importante tener consciencia de que muchos niños crecen en el abandono y que los maestros, instructores y muy especialmente los psicólogos y pedagogos desempeñan un papel importante en la identificación del sufrimiento infantil y en la derivación a toda fuente posible que pueda ser de ayuda.

Los niños que no han podido desarrollar fortaleza espiritual en la infancia afrontarán los desafíos como adultos debilitados. Cuando decimos que una persona es de personalidad débil nos referimos a que no es estable, que no se sostiene por sí misma, que «carece de espina dorsal». Una persona débil no se plantea objetivos para intentar alcanzarlos, a pesar de tener grandes aspiraciones. Carece de autodisciplina y de asertividad para bregar activamente en pos de alcanzar sus posibilidades. Una persona débil no confía en sí misma porque no está entrenado en el cumplimiento de sus propias promesas. Le resulta difícil tomar decisiones independientes y necesita recibir orientación y aprobación. Tiene una enorme necesidad de aprecio, pero no cree merecerlo.

En una sesión de terapia, un hombre de cuarenta años se queja porque su esposa lo critica y le hace sentir que no es «bueno para nada»: «Me repite que no soy lo bastante asertivo en el trabajo y que soy de poca ayuda en el hogar». Le pregunté: «¿Qué es lo que tú piensas?, ¿haces lo suficiente?». Guardó silencio un instante y luego dijo: «No». En otras palabras, no es una persona activa e infravalorada, sino alguien que sabe que no hace lo suficiente. Añade: «Muchas veces rehúyo las tareas y las negociaciones porque me faltan fuerza para afrontarlas, y luego me siento mal por eso».

Por supuesto, las críticas de su esposa no mejoraban la imagen que tenía de sí mismo ni su manera de actuar e hicieron que la relación conyugal se deteriorase. En ese punto, los habría ayudado una terapia de pareja. Este es un ejemplo del deseo de una persona de ser apreciado por los demás, con independencia de lo que haga, como ocurría en su infancia, cuando lo criaron como a un pequeño príncipe, el benjamín nacido tras cuatro hermanas que se dedicaron a mimarlo hasta la saciedad. La persona consentida desea, como explicó Adler, demasiado: comodidad y, al mismo tiempo, aprecio. No hacer nada y además gozar de la aprobación de los demás.

La anemia psicológica y social de un niño se transforma, en la adultez, en completa invalidez. Al niño mimado, convertido ya en adulto consentido, le cuesta hacer lo que debe. Esta debilidad es causa de gran sufrimiento para las personas consentidas y para los demás. La terapia en un caso así, como ya dijimos, es un proceso de rehabilitación. El consentido deberá aprender a renunciar a elecciones insalubres, regresivas u otras con consecuencias negativas, como pasar las noches con videojuegos para luego dormir durante el día. Deberá aprender, además, a hacer lo que debe hacerse aun cuando es poco divertido, incómodo o carente de interés, como por ejemplo lavar los platos. Lo que no se aprende de manera natural en la niñez, como una lengua materna, se aprende con gran dificultad y sufrimiento en la vida adulta, cuando la personalidad ya está consolidada. Así es también el caso en cuanto a afrontar y soportar desafíos, obstáculos y frustraciones.

En todas las personas que han desarrollado evitación hay, sin excepciones, un componente de consentimiento. Aun así, no todo mimado en la infancia será evitador de adulto: muchos trabajan arduamente y hacen todo lo necesario para tener una vida próspera y respetable; sin embargo, lo que los caracteriza y diferencia de otros a los que no se les consintió es una profunda sensación de frustración. Tienen la impresión permanente de que las cosas les resultan demasiado difíciles y la idea obsesiva de que todo debería ser más sencillo.

Una vez, una paciente muy consentida me dijo, con gran sinceridad y frustración, algo respecto de su hija de dos años: «No logro entender por qué la verdadera madre de mi hija no aparece ya mismo para reemplazarme». Aunque los consentidos cumplen sus funciones de manera aceptable, cabe la posibilidad de que cedan en momentos en los que se requiere esfuerzo y constancia. En cierta ocasión vi un anuncio cómico titulado «Declaración de pereza», que decía: *Can't reach it - don't need it*: «Si no puedes alcanzar eso (sin moverte), es que no lo necesitas». Le conté esto a un paciente mío, al que habían mimado mucho en su infancia. Sin dudarlo ni por un segundo, agregó, con una sonrisa pícara: «Excepto si puedes pedirle a alguien que te lo arrime».

La mayoría de los padres consentidores, excepto en casos aislados de graves disturbios emocionales, actúan a partir de buenas intenciones y por amor a los hijos. No son conscientes de las consecuencias a largo plazo que sus actos tendrán sobre ellos. En ocasiones, los padres saben que están cometiendo un error, pero se someten a los hijos y dan el brazo a torcer porque no tienen fuerza para hacer lo correcto, como poner límites al uso de pantallas o exigir que los niños participen en las tareas domésticas.

Los padres consienten porque desean que los hijos sean felices. Cuando lo son, se sienten bien, satisfechos e importantes. Cuando los padres advierten las consecuencias negativas que su sistema educativo acarrea o, en otras palabras, cuando toman consciencia, comprenden que deben hacer un cambio. Casi en todas las ocasiones en las que una persona adquiere una comprensión nueva de su vida se plantea una pregunta, sencilla y pertinente: ¿qué debo hacer?

Agravamiento controlado de las condiciones

Para no desestabilizar la sensación de pertenencia de los niños y comenzar a acostumbrarlos poco a poco a una nueva concepción, será necesario hacer cosas o, mejor dicho, dejar de hacerlas, de manera progresiva. El primer paso es poner atención a lo que hacen y dejar de responder de manera automática. Quisiera sugerirles que revisaran a lo largo de varios días qué tipo de servicios y facilidades que sus hijos podrían hacer por sí mismos les proporcionan ustedes.

Quizá deseen enumerar todas las acciones que llevan a cabo en lugar de los niños. Esta lista puede incluir, por ejemplo, despertarlos, recordarles deberes cotidianos como cepillarse los dientes, ducharse o ir a dormir. Tal vez se den cuenta de que aún visten a sus hijos a una edad a la que podrían hacerlo solos. Es posible que noten que se han transformado en un reloj parlante: cada cinco minutos anuncian qué hora es y cuánto falta para la hora de salida. Los otros servicios que los padres suelen facilitar son: calentar la comida, servirla, limpiar la mesa, juntar las cosas que los niños dejan tiradas, recordarles sus actividades, tareas escolares o exámenes, servirles agua o cualquier otra cosa que tengan al alcance de la mano, llevarlos a todos lados, a todas horas, etc.

De forma paulatina, comiencen a abandonar los servicios innecesarios o, para decirlo con mayor sencillez, hagan menos cosas. Instruyan a sus hijos sobre cómo hacer las cosas que aún no saben. Entrénenlos, pero no hagan nada en su lugar. «Ven, te mostraré cómo se usa la lavadora», «Voy a enseñarte a colocar el lavavajillas». Aliéntenlos si no lo consiguen: «No te des por vencido», «Un par de intentos más y lo conseguirás», «Has mejorado». Expresen agradecimiento y aprecio: «Me has ayudado mucho», «Me has hecho las cosas más fáciles», «Aprendes rápido», «Es agradable», «Lo has conseguido». Cuando algo se les haga cuesta arriba, exprese empatía por ellos: «Es difícil», «Es frustrante», «Te entiendo». Ayuden solo en la medida de lo estrictamente necesario. No hacer en lugar de ellos, sino echarles una mano: «Vamos a buscarlo juntos por internet». No asuman la ejecución de tareas que les corresponden, como hacer o corregir los deberes.

Si confían en ellos, comprobarán que pueden hacer mucho más de lo que suponían. Que son creativos, sabios y que están llenos de recursos. Si ellos resuelven no hacer algo, será una pérdida que deberán experimentar. Por ejemplo, tendrán sed o frío, no encontrarán lo que necesitan o la ropa que busquen no estará lista a tiempo porque no la pusieron en el cesto de la ropa sucia. Así se aprende qué significa la responsabilidad: por medio de la comprensión y la experiencia personal, tal como lo expresó Dreikurs. Si el hijo desea evitar consecuencias ingratas, deberá modificar su forma de actuar. Los padres consentidores cargan con el coste de las acciones de los hijos.

Además de la interrupción de servicios innecesarios y de solicitar la ayuda de los hijos, recomiendo que los padres les enseñen a posponer recompensas. Por ejemplo, los padres pueden decidir que les comprarán regalos solo en los cumpleaños y en ocasiones importantes. Cuando el niño pida algo, le sugeriremos que anote ese deseo en un cuaderno, al que podemos llamar «el cuaderno de los deseos». Cuando su cumpleaños o algún otro acontecimiento especial esté cerca, elegirá el regalo que más desea. Al mismo tiempo, se le puede asignar al niño una cantidad determinada de «dinero de bolsillo» con la finalidad de que empiece a manejar sus ahorros. Este dinero debe entregarse semanalmente, sin préstamos a cuenta ni adelantos. Con esta asignación, el niño aprende a relacionar el precio y el valor de las cosas, así como también a manejar sus propias preferencias.

Muéstrenles a sus hijos que los aprecian escuchándolos, interesándose y alentándolos, y no ofreciéndoles servicios innecesarios o comprándoles regalos. Más aún: no solo deben dejar, poco a poco, de hacer cosas en su lugar; comiencen a pedirles que sean ellos los que hagan cosas nimias por ustedes. Se le puede pedirle a un niño un vaso de agua, que haga un té o que prepare un sándwich.

Los niños no responden ante estos cambios con demasiado entusiasmo, si lo decimos diplomáticamente. En muchos casos se tornan más demandantes e incluso agresivos, o se muestran desesperados. Es preciso reaccionar con empatía: «Es duro no recibir lo que uno quiere», y no dejar de estimular: «Eres más capaz de lo que te parece». Si ellos preguntaran por qué han dejado de hacer por ellos las cosas que hacían antes, podrán decirles que se dieron cuenta de que se habían hecho cargo de cosas que estaban bajo la responsabilidad de ellos y que han comprendido que esa actitud era errónea.

El proceso de «interrupción del servicio» es progresivo y puede extenderse durante semanas o meses. Se pueden dividir los servicios según sectores e interrumpir un sector cada vez. Así como a los niños pequeños les gusta aparentar que son mayores, debemos cuidar que este desafío no se perciba como un trabajo forzado, sino como uno de los derechos de una persona grande, una experiencia de decisión independiente y de libertad responsable.

La sobreprotección disminuye la valentía

Entre las conductas parentales nocivas, la segunda es la sobreprotección. Si el consentimiento se enfoca en proporcionarle al niño felicidad al concebir la niñez como una etapa mágica, sin conexión alguna con la madurez, la sobreprotección es una actitud parental que exagera los posibles peligros o amenazas y genera defensas muchas veces innecesarias, lo cual constituye un peligro.

En su libro *Igualdad social. El desafío*, escribe Dreikurs que la valentía es la cualidad más vital. La capacidad de aprovechar en cualquier momento dado lo máximo de nuestras fuerzas, talento y creatividad depende en gran medida del coraje, que no consiste en la ausencia de miedo, sino en la capacidad de actuar a pesar del miedo). Lo contrario al coraje es la inseguridad, que dirige la atención de la persona hacia sí misma y orienta las energías en la reafirmación o la conservación de la autoestima, en lugar de entregarse a las distintas tareas que afronta. El coraje es la expresión práctica de la autoconfianza, de la fe en la capacidad propia para desenvolverse en el mundo, creer que vale la pena intentarlo.

Los niños pequeños poseen un coraje natural. Están abiertos a experiencias y se aproximan con infinita curiosidad a cualquier objeto que se presente. Palpan, degustan, huelen y escuchan. Los niños practican con toda su energía las nuevas capacidades adquiridas, como caminar o gatear. No se detienen por los golpes que reciben. El dolor no les impide hacer intentos una y otra vez, investigar, aprender y perfeccionarse. Quienes debilitan el coraje natural de los niños son los padres temerosos y sobreprotectores.

Aquí algunos ejemplos de paternidad sobreprotectora: Matías, de cuatro años, les cuenta a sus padres que quiso decir algo en la guardería, pero la maestra no le prestó atención. Los padres hablan entonces con la maestra para pedirle que no se desentienda de Matías porque sea un poco tímido. El padre de Renata observa que a su hija le resulta difícil trepar por la pirámide de cuerdas del parque. Sin pensarlo dos veces, el padre la alza en brazos y abre para ella un camino de subida entre los niños. Cuando los padres se enteran de que Sergio no tiene amigos en clase y que le cuesta integrarse en los juegos, se les rompe el corazón y a partir de ese momento comienzan una campaña entre los padres de los otros niños para pedirles que sus hijos jueguen con Sergio.

Quienes crean que las reacciones de los padres de Matías, Renata o Sergio son correctas se encuentran, probablemente, en el grupo de riesgo de sobreprotección. En todos estos ejemplos los padres experimentan tristeza y compasión respecto al niño y buscan una solución inmediata, un modo de que el problema desaparezca. Cada uno de estos casos exige una intervención paterna, aunque absolutamente diferente. Revisemos cada uno:

En el caso de Matías, todos los días la maestra «se desentiende» de algunos niños porque el tiempo es limitado y no es suficiente para que todos hablen siempre. Cuando Matías les dijo a sus padres que la maestra no le presta atención, la reacción debería haber sido «seguro que les sucede lo mismo a otros niños todos los días, no es algo personal contigo», «¿es posible que no te haya visto?» o «quizá puedes levantar la mano más alto». Si los padres notan que el niño es tímido, deberán tratar de identificar los momentos en los que ellos mismos le impiden desarrollar coraje; por ejemplo, cada vez que «adivinan» qué es lo que el niño desea o cuando hablan en su lugar.

En el caso de Renata, la niña que teme trepar, es posible que haya que entrenarla para que se sienta más segura. Los padres pueden acompañarla al parque en horarios en los que no haya tanta concurrencia y que aprenda a escalar hasta que conozca mejor la instalación y se sienta más segura. También se le puede decir «creo que no te gusta abrirte paso entre los otros niños», «he notado que cuando hay muchos niños prefieres esperar un poco» o «¿qué podría ayudarte a intentarlo?».

Por último, en el caso de Sergio, los padres pueden ayudar a aumentar sus talentos sociales. Podrán compartir con él lo que les sucede a ellos para que desarrolle curiosidad y empatía por los demás, o solicitar su ayuda y estimular toda conducta en la que demuestre interés por los otros.

Cuando los niños se ven ante un problema y se lo señalan a los padres, estos deben mostrar empatía, examinar si el problema apunta a alguna capacidad que sea preciso reforzar, entrenarlos y alentarlos. La muestra de empatía debe incluir identificación, pero sin «desmayarse» ante la descripción del problema ni mostrarse «compasivos». Examinar el problema implica evaluar la situación y comprobar si no se trata de una dificultad circunstancial, o si, por el contrario, el problema señala una insuficiencia en cierta destreza. Así, por ejemplo, el caso de una actividad a la que el niño no quiere asistir no requiere ninguna acción por parte de los padres, pero, si se tratara de un problema recurrente de falta de coraje, interés en los demás o asertividad, que puede expresarse de muy distintos modos, los padres deberían enfocar el problema y concentrarse en que el niño ejercite la destreza requerida. En el caso en que los padres carezcan de la información necesaria para desarrollar esta capacidad en el niño, podrán consultar con otros familiares o con un asesor pedagógico. Asimismo, es más productivo alentar a los hijos para que se enfrenten a los problemas, poniendo foco en lo positivo y expresando confianza en la capacidad del niño para superar el escollo y mejorar.

La sobreprotección atenta contra el coraje que el niño necesita para experimentar en el inmenso parque de juegos que es el mundo, porque siembra en él la sensación de ser demasiado pequeño para enfrentarse a los obstáculos y los desafíos. La sobreprotección provoca, además, la sedimentación del sentimiento de inferioridad, que se origina en la creencia del niño de que las dificultades, los accidentes o las injusticias no deberían existir o, por lo menos, no deberían sucederle a él. Por lo tanto, si ocurren, se trata de algo totalmente injusto. Además, la sobreprotección genera miedos, pesimismo y pasividad.

Los niños, por supuesto, necesitan que los protejan, pero las sobredosis defensivas transmiten un mensaje pésimo: el mundo es amenazador y desesperante. Aquellos para quienes el mundo constituye una amenaza serán desconfiados y suspicaces, y para quienes el mundo es desesperante, se sentirán inferiores y dependientes.

A continuación, algunas frases de alerta que los padres suelen decir a los hijos. En cada una de ellas revelamos el mensaje oculto que se transmite y proponemos una frase alternativa con un ejemplo de la vida cotidiana.

«¡Cuidado!»

El mensaje: Eres incapaz de ver qué sucede a tu alrededor; tampoco puedes o quieres adoptar las medidas para atenuar el peligro. Seguramente no comprendes o no recuerdas que debes cuidarte y es una suerte enorme para ti que yo esté aquí para recordártelo.

Alternativa: Guiar y entrenar a los niños en acciones en las que deban ser cuidadosos hasta que desarrollen el conocimiento y la habilidad requeridas para hacerlo con seguridad. No recordarles ni alertarlos. Transmitir un mensaje de confianza.

Un ejemplo de la vida cotidiana: Entrenen a sus hijos a montar en bicicleta de manera segura. Cuando crean que ya dominan esta destreza y confíen en su buen criterio, díganles «¡divertíos!», en lugar de «¡ten cuidado!».

«¡Ay, mi vida! ¿Qué te ha pasado?»

El mensaje: Eres pequeña, delicada e incapaz de soportar el dolor.

Alternativa: Consolar con un abrazo y decir «duele mucho». Describir lo sucedido: «Corrías muy rápido y tropezaste».

Un ejemplo de la vida cotidiana: Los niños suelen caerse y lastimarse. En general, el raspón o la herida no necesitan cuidado y, si no hay adultos presentes, lo superan sin más para continuar con sus juegos. Las caídas son parte de la vida. Es bueno saber que alguien sabe que duele y que está dispuesto a dar un abrazo, pero también es bueno superar y proseguir.

«¡Te lo dije!»

El mensaje: Debes escucharme, pues, si no lo haces, te arrepentirás. No solo cometerás errores; también sufrirás mis reproches.

Alternativa: Escuchar, expresar pesar, abrazar. Sin defender ni criticar. Los niños aprenden a no repetir los errores. Un ejemplo de la vida cotidiana: El niño vuelve con hambre, pues no se ha llevado un sándwich, o resfriado por no haberse llevado el abrigo. Expresar pena y mostrar empatía hacen que el niño aprenda por las consecuencias prácticas, sin necesidad de reproches o humillaciones.

«¡Oh, mira! ¡Qué mariposa más bonita!» (dicho para distraer al niño)

El mensaje: Cuando sientas dolor, busca algo para distraerte, algo que te haga olvidar la tristeza, pues no podrás soportarla. Es, además, una excelente receta para transformar a los niños en adultos adictos a sustancias que distraen del dolor de la vida).

Alternativa: Abrazar, contener la tristeza o el llanto provenientes de las frustraciones o del dolor. Hablar lo mínimo. Un ejemplo de la vida cotidiana: Una niña ve a otro niño con un globo y desea que le compren uno, cosa que no queremos hacer. Ella llora y, en lugar de intentar distraerla o de prometer nada, le diremos: «A veces no recibimos lo que queremos».

En resumen, una reacción acorde por parte de los padres incluirá empatía, confianza y apoyo: «Es difícil, tú puedes, yo estoy contigo». No despreciamos la dificultad ni negamos la expresión emocional. El mensaje es «no es agradable, pero tampoco es una tragedia».

Los padres que tienden a sobreproteger transmiten el mensaje opuesto: «Es terrible», «Pobrecita», «Esto es lo que debes hacer», «Yo lo arreglaré por ti» o «Ya te recompensaré».

Plantear expectativas demasiado altas

Además del consentimiento y la sobreprotección, la tercera forma de comportamiento parental nocivo y capaz de fomentar la evitación es plantear expectativas demasiado altas. Dado que los niños necesitan imperiosamente sentir pertenencia, todo lo que amenace esta sensación se registra como un suceso dramático. Por eso, cuando los padres se enfadan, cuando se muestran decepcionados o disgustados, los hijos pueden pensar que no son lo bastante buenos y que, tal vez, quienes satisfacen todas las expectativas paternas o nunca se equivocan son quienes merecen amor y aprecio. Cuando los padres plantean exigencias demasiado elevadas, como «condiciones» para el amor y la estima, les transmiten a los niños la sensación de que no son excelentes, de que no valen o de que no son lo bastante buenos. Este tipo de conducta, después de un tiempo, puede producir el efecto contrario: en lugar de alentar a los niños en la actividad y la excelencia, hará que pierdan el valor inicial al comprender que no pueden cumplir expectativas inalcanzables. La pérdida del valor proviene, sobre todo, del temor a fallar, pues todo error se considera una reducción de la estima, lo que constituye una de las sensaciones más dolorosas.

En general, los padres que plantean expectativas altas como requisito de aceptación no dirán a los hijos frases tan directas como «debes ser perfecta» o «tienes prohibido equivocarte». Este mensaje se transmite mediante señales de decepción, enfado, desprecio o crítica a las conductas o actuaciones ordinarias, y por muestras de orgullo y elogios ante conductas o actuaciones extraordinarias.

Cuando los padres se muestran decepcionados, critican los errores de los hijos, sus elecciones o sus cualidades, les transmiten que no son lo bastante buenos y que para ser valioso es preciso ser perfecto o al menos extraordinariamente exitoso.

Es importante que los padres tengan expectativas respecto de los hijos: pueden esperar que incorporen cada vez más sentido común a medida que van tomando sus propias decisiones, que actúen con sabiduría. Es también importante esperar que los hijos se respeten a sí mismos y a los demás; que aspiren a concretar sus posibilidades con constancia, esfuerzo y perseverancia. Los padres deben transmitir las expectativas de que los hijos crezcan y maduren. Deben reaccionar ante los errores y las equivocaciones de un modo alentador, en la creencia de que los hijos tienen la inteligencia y la motivación que les permitirá aprender de lo que hayan hecho mal.

Los padres con expectativas exageradas transmiten, como mensaje, que esperan solo logros grandes y extraordinarios, y una carencia absoluta de cualidades negativas: es decir, la perfección. Las expectativas irreales de los padres harán que algunos hijos desarrollen ambición por cumplirlas, mientras que otros renunciarán de antemano a hacerlo, pues son, para ellos, de imposible cumplimiento.

Los hijos que intentan cumplir a toda costa las ambiciones paternas pueden convertirse en adultos exitosos del tipo que ya conocimos en la primera parte de este libro: alcanzan grandes logros, aunque pagan por ello altos precios. Son de los que entienden que hay dos tipos de personas en el mundo: ganadores y perdedores. Esta concepción del mundo verticalista y competitiva les impide sentirse valiosos simplemente por ser quienes son, con independencia de sus conquistas. En consecuencia, sienten que el aprecio, la aceptación e incluso, a veces, el amor dependen de sus éxitos. Siempre anidará en ellos la sospecha: ¿fueron sus elecciones en la vida auténticas o las tomaron por el deseo de satisfacer a los padres?

En otros casos, los hijos de padres con expectativas exageradas no se transforman en adultos exitosos, sino en evitadores. Los que interiorizaron esas altas expectativas, pero no creyeron en sus propias posibilidades de alcanzarlas, tenderán a abandonar por completo todo esfuerzo activo. Si todo lo que cae por debajo de perfecto es inaceptable, y nadie puede ser perfecto, es preferible no ser nada.

Crítica no constructiva

Como ya se ha dicho, Adler creía que la vida consiste en un movimiento continuo en pos de la superación y la realización. El deseo humano de mejorar no se origina en la crítica externa o interior, sino que surge de una tendencia nata a esforzarse por el logro del potencial, de acuerdo con el sentido social.

Esta tendencia puede detenerse por el miedo a la pérdida de la estima, que limita nuestras áreas de actividad para resguardarnos de las humillaciones. La crítica al niño puede lastimar su valentía, necesaria para afrontar la vida.

Nuestro mayor miedo es el de perder estima y pertenencia. La crítica actúa en detrimento de la sensación básica del ser humano: yo valgo por mí mismo, por ser quien soy y en cualquier circunstancia; incluso aunque falle o cometa algún error. La crítica, en sus formas extremas, como desprecio, humillación o descontento permanente, resulta en un importantísimo daño a la autoestima.

Como veremos más adelante, los padres que fomentan en los hijos coraje y sentimiento de comunidad harán que desarrollen ganas y energías para crecer y ser mejores. Alentar el crecimiento y la consciencia social es sinónimo de mayor armonía con el entorno y la familia, lo que vuelve innecesaria la crítica y hace que los hijos deseen cambiar para mejorar por lo emocionante y valioso que resulta hacerlo. La crítica, por el contrario, los hará sentir inferiores solo por ser como son y los predispondrá a incorporar cambios por temor, a que opongan resistencia o caigan en la evitación.

Los padres son un factor omnipotente respecto de los hijos, casi por completo dependientes, de modo que la crítica paterna no es una interacción entre pares y puede recibirse de un modo más traumático de lo que los padres podrían suponer. La crítica excesiva es una evaluación negativa ante una característica o una elección infantil. Por ejemplo: «¿Qué es lo que te provoca tanto miedo?», «Eres un infantil», «Eres una haragana» o «¿Eres idiota o qué?», son mensajes que los niños interpretan como «hay algo mal en ti» o «no eres lo bastante bueno». Estos mensajes tienen consecuencias negativas a largo plazo: crean una grieta en la sensación de pertenencia y estima de los niños y esparcen las semillas venenosas de la duda respecto de ellos mismos. Estas semillas prosperan debido a las reacciones adversas del entorno y a consecuencia de errores y fracasos, y luego es muy difícil erradicarlas, aun después de años de convivencia con personas amorosas y felices o con el más eficaz de los tratamientos psicológicos.

Los seres humanos no son perfectos. Siempre habrá errores, fracasos y defectos. Cada uno de nosotros tiene características y conductas desagradables, perjudiciales, que causan rechazo en los demás e incluso en uno mismo. Aun el que es consciente de sus defectos y que ansía mejorar con todas sus fuerzas, no llegará nunca a ser perfecto. Los padres que tienden a criticar transmiten el siguiente mensaje: sus hijos no valen tal como son, es necesario que sean mejores.

Todo el que critica a otra persona piensa que la suya es una crítica constructiva, destinada a llamar la atención de quien la recibe hacia lo que está mal, un estímulo para el perfeccionamiento. En la práctica, en muchos casos la crítica actúa como un reflector que encandila: hará que la persona criticada cierre los ojos y se aleje de la fuente de «luz» para proteger su autoestima. La crítica puede generar en el niño la ambición por una perfección inalcanzable, pero no provocará ningún cambio positivo, sino lo contrario, dado que la crítica aumenta la necesidad, por parte de quien la recibe, de rechazarla y justificarse, o genera enfado y estimula la rebeldía.

Los niños que reciben críticas tienden a contradecir «a propósito». Señalar los defectos no logra, de por sí, eliminarlos. Quien se equivoca o falla, en general, ya lo sabe, y lo que precisa para aprender o mejorar es el coraje y la oportunidad. **La crítica, como el consentimiento y la sobreprotección, puede causar pérdida de valentía y, a consecuencia de ello, desesperanza y evitación.**

Como mínimo deberías ser perfecto

Los padres demasiado críticos también son, en general, personas que se critican a sí mismas o, por el contrario, de las que creen que jamás se equivocan; son, desde el punto de vista de un niño, dos malas opciones.

Una persona que permanentemente se critica a sí misma es alguien descontento y pesimista. No puede disfrutar ni mucho menos sentir satisfacción. Esta situación se proyecta en el niño, que puede imitar a sus padres. Además, un niño no puede comprender que hay personas que siempre están descontentas, por lo que pensará que los padres no están satisfechos con él y crecerá con la sensación de que hay algo mal en él a un nivel muy básico, que carece de valor por sí mismo a menos que pueda exhibir grandes logros.

Un niño criado junto a unos padres eternamente descontentos y críticos no dispondrá de un modelo de persona razonable que imitar. Una persona razonable es aquella que, en términos generales, se acepta a sí misma, con la expectativa de dar lo mejor de sí. Al errar se critica a sí misma de manera puntual e invierte su energía en la búsqueda de soluciones. Una autocrítica constructiva da cuenta de una sana capacidad de análisis. El objetivo de esta crítica es mejorar mediante el esfuerzo por cerrar la brecha entre lo que se ha hecho y las expectativas, o entre lo que se ha aportado y lo que demanda el sentimiento de comunidad.

En el extremo opuesto están los padres que se aceptan a sí mismos sin ningún reparo. Esta autoaceptación exagerada no implica reconocimiento, aceptación o conformidad con las imperfecciones. Quien se acepta sin límites cree saber más que los demás y que todo lo que hace está bien. Jamás reconocerá un error, no pedirá disculpas ni se arrepentirá de nada y, por supuesto, no estará dispuesto a cambiar de opinión. **Los niños que han crecido junto a un padre que se acepta a sí mismo incondicionalmente son, por regla general, muy inseguros.**

Lo contrario a la crítica es la aceptación, que es el reconocimiento de que las cosas son como son. No significa desistimiento, sino conformidad con la noción de que no somos perfectos y jamás lo seremos, que siempre cometeremos errores y siempre, por lo tanto, habrá lugar para correcciones y mejoras. Es importante comprender que no existe contradicción entre autoaceptación y deseo de mejorar. Quien acepta su propia imperfección se libera de la preocupación permanente por la autoestima y puede dedicarse, tanto en lo emocional como en lo práctico, al aprendizaje y a la modificación de sus conductas.

Los niños cometen muchos errores, ensucian, rompen, extravían, olvidan, fracasan en los exámenes y muchas cosas más. En las reacciones ante estas situaciones, es importante que los padres transmitan este mensaje: que nadie espera que sean perfectos y que las equivocaciones son parte de la vida y no una señal de que hay algo malo en ellos. Incluso cuando se produce un error, no solo cuando hay un caso de mala conducta, se debe permitir que el niño experimente las consecuencias negativas de sus actos: si el niño perdió el teléfono, se podrá restar una determinada suma de sus asignaciones para cubrir los costes o esperar la llegada de alguna fecha especial (cumpleaños, etc.) para comprar uno nuevo. Mientras tanto, podrá utilizar algún aparato económico, con funciones básicas. Tomando como base la expresión «El que rompe paga», y no «El que rompe será humillado», es posible administrar consecuencias acordes con los actos del niño. Si ha ensuciado, debe limpiar; si olvidó algo, no lo tendrá. Estas consecuencias deben ir acompañadas de palabras de aliento: «Sé que no es agradable, lo lamento mucho, es una pena».

Otra alternativa, en lugar de la crítica

He presentado aquí una posición por completo en contra de la crítica hacia los niños, pero mi intención no ha sido, de ningún modo, que los padres se desentiendan o callen ante conductas nocivas o inaceptables por parte de ellos. Lo que afirmo es que existe un camino alternativo para impedir este tipo de acciones y conductas, fuera de expresar un pensamiento negativo capaz de ocasionar, como hemos dicho, un daño a largo plazo en la autoestima del niño. Frente a situaciones que exigen corrección, es necesario buscar una solución. Para hallarla, lo más importante es comprender la naturaleza del problema: si se trata de una falta de habilidad o valor para realizar determinada cosa o si se carece de la disposición para cooperar.

De acuerdo con Adler, las malas conductas de los niños se originan en la falta de entrenamiento, o conocimiento. La solución consiste en guiarlos, entrenarlos y ayudarlos a mejorar y a aprender . Los mejores resultados en la pedagogía se obtienen a través de las buenas relaciones, en las que el niño no se siente amenazado al guiarlo o enseñarle algo.

Las malas conductas de los niños también pueden provenir

de la indiferencia. En la mayoría de los casos, este desinterés se origina en que no se los ha entrenado en la colaboración y en tener en cuenta a los demás, sino solo en hacer lo que les venga en gana. Muchos padres se sorprenden ante esta conducta de los hijos sin considerar que fueron ellos mismos quienes contribuyeron a su formación al otorgarles libertad ilimitada, al eximirlos de toda colaboración con los demás sin exigirles nada.

Por eso, para cambiar este tipo de conductas, comenzaremos a practicar las vías pedagógicas positivas y democráticas, algunas de las cuales ya se han detallado y otras las aprenderemos en breve: asertividad y amabilidad; compartir, consultar y pedir ayuda; ejercitación en autocontrol, refuerzo del sentimiento de comunidad y aliento. Es un proceso constante de concienciación y puesta en práctica de ideas nuevas. ¿Qué es lo que se hace, entretanto, para dejar de criticar? En lugar de apuntar a las faltas y de transmitir el mensaje «lo has hecho mal», los padres pueden no decir nada, y dejar que el niño sufra las consecuencias de sus errores. Si sienten la imperativa necesidad de hablar, pueden referirse específicamente a lo actuado para decir qué es lo que habrían deseado que ocurriese. En lugar de decir «eres un tonto», «eres un haragán» o «vives en la Luna», se puede decir «esto hay que pensarlo con calma», «aquí se requiere esfuerzo» o «tenemos que concentrarnos».

Los adlerianos denominan a este tipo de reacción **«separación del acto y del actor». No hay nada malo en el niño, sino que es el hecho el que debe ser corregido.** Es importante evitar las generalizaciones: «tú siempre piensas solo en ti mismo» o «nunca recuerdas nada». **En lugar de señalar lo que no es, se debe destacar lo que sí es. En vez de concentrarse en lo ocurrido, se debe dirigir la atención hacia lo deseado.** Por ejemplo, en lugar de decir «lo rompiste», puede decirse «trataremos de pegarlo»; en vez de «qué suciedad» diremos «veamos cómo podemos limpiar esta mancha». Frente a este tipo de reacciones los niños se muestran más abiertos a corregir o aprender.

No puedo prometerles que los niños estarán ansiosos por hacer todo lo que ustedes les pidan o que dejarán de tener mala conducta, pero puedo asegurarles que eso tampoco ocurrirá si los critican. Además de no ser efectiva, la crítica afea las relaciones y estropea el ambiente familiar.

Comunicación posibilitadora

A raíz de mi trabajo con miles de padres, he notado que existe una manera sumamente efectiva de comunicar, que les posibilita a los hijos escuchar lo que los padres dicen, en contraposición a la crítica que ocasiona cerrazón como un modo de protección de la autoestima. Esta forma de comunicación está diseñada sobre tres ejes: **observar y escuchar (prestar atención), reflejar lo observado y despertar la curiosidad por otras posibilidades.** Se trata de un riego por goteo mediante el que los padres pueden sembrar breves mensajes de sano sentido común: «Así es», «Es lo que tenemos», «Así es la vida».

La primera parte de la comunicación posibilitadora es la observación del problema. Como ya hemos dicho, es la etapa en la que los padres se formulan cual es la dificultad del niño y la estrategia adecuada para encararla.

Tras observar y escuchar al niño, reflejarán para él solo lo que han visto y no lo que ellos piensan sobre lo visto: «Vi que cuando Ricardo llegó no le dejaste jugar con tus juguetes, decidiste a qué juego jugaríais y os peleasteis y Ricardo lloró…». Este «reflejo» consiste en decir lo que se vio: «Vi que… (¿qué es lo que pasó?)». En la tercera fase, la de despertar curiosidad por otras posibilidades, los padres despliegan ante el niño nuevas alternativas: «… y pensé que quizá habría sido mejor compartir más para que ambos os divirtierais y pudierais conservar esta bella amistad».

Este método no se limita a señalar estrategias negativas. Los padres pueden reflejar, también, estrategias positivas: «Siempre estás dispuesta a intentar cosas nuevas» o «Veo que a veces cedes y otras veces defiendes tu postura; me parece una buena combinación». Este reflejo señalado no está destinado solo a estimular el pensamiento y producir cambios, sino también a despertar consciencia de las distintas estrategias, a reforzar y alentar. Los padres pueden, incluso, mostrarles a los hijos qué es lo que han aprendido de ellos, lo cual les resulta muy estimulante y positivo.

Traigo aquí, a modo de ejemplo, este relato de mi propia experiencia.

Descripción de un caso

Ambos padres y el hijo, Leandro, de trece años, llegan para consultarme. Al parecer a Leandro le cuesta despertar por las mañanas mucho más que a otros adolescentes. Cada mañana es una pesadilla que incluye gritos de los padres e insultos de Leandro. Estaba sentado frente a mí con el rostro furibundo y dijo que había acudido a la consulta solo porque sus padres lo habían amenazado con quitarle el ordenador si se negaba. Le dije: «He oído que te cuesta mucho despertar por las mañanas…», a lo que él contestó con algo que sonó como un ladrido. Le pregunté si había oído hablar alguna vez del reloj biológico. Alzó la vista. Le dije que no era una experta en el tema, pero que tenía la sensación de que él era una de esas personas que funcionan mejor por las noches. «¿Te sientes más despierto y activo por las noches?», pregunté. Él asintió. «Tengo para ti buenas y malas noticias —le dije—. Las buenas noticias son que cuando seas adulto podrás encontrar algún trabajo que no te exija madrugar».

A partir de ese momento charlamos acerca de todo tipo de posibilidades y de lo que a él le gustaría hacer como adulto. «Pero hay también malas noticias: no hay en el país escuelas en las que puedas estudiar por las tardes, y nos quedan varios años hasta que completes tus estudios. ¿Qué harás con respecto a eso?». Más tarde, al sentirse seguro de no ser criticado, le expliqué que sus padres, impresionados por sus rabietas, lo dejaban hacer más o menos lo que quería. «No estás entrenado para hacer cosas que no quieres o que te cuestan. Madrugar para ir a la escuela es algo que la mayoría de los niños aborrecen, pero lo hacen. ¿Sueles dejar de lado cosas que quieres, pero que no tienes fuerza para hacer? Tus músculos, los músculos de tu voluntad, de tu constancia y tu persistencia no son todavía lo bastante fuertes. ¿Te gustaría fortalecerlos? ¿Con qué querrías comenzar?».

Este encuadre posibilitó un cambio en el modo en que Leandro se veía a sí mismo: abandonó la postura defensiva y pasó a considerar soluciones eficaces y caminos para enfrentarse a los desafíos de la vida.

Conclusión

En este capítulo hemos conocido tres modos parentales de actuar que pueden atentar contra la actividad natural del niño: el consentimiento, la sobreprotección y las expectativas exageradas.

A excepción del abandono o el abuso, el consentimiento es el factor más nocivo en la crianza infantil y, junto con la obstrucción del surgimiento de sentimiento de comunidad, ejerce una profunda influencia en la elección adulta por la evitación. El consentimiento consiste en ofrecer servicios innecesarios, en satisfacer todos los deseos y ocurrencias de los niños y en renunciar a toda exigencia. El consentimiento es el «método pedagógico» central de la paternidad anárquica, que desea que para los hijos todo sea fácil y divertido ahora, sin pensar en las consecuencias futuras: incapacidad de afrontar desafíos y superar dificultades. Los padres deben interrumpir poco a poco estos servicios innecesarios, contener la frustración de los niños a causa de esta degradación en las condiciones y fortalecer conductas activas y responsables.

Así como el consentimiento reduce la fuerza de voluntad y la capacidad de acción y de contribución de los niños, la sobreprotección reduce en ellos el coraje natural para enfrentarse a los problemas y superarlos.

El consentimiento transmite a los niños el siguiente mensaje: «Eres lo más importante del mundo y mereces una vida de comodidades y placeres», en tanto que la sobreprotección les dice que son pequeños, débiles e indefensos. La sobreprotección ofrece una defensa innecesaria, exagera las amenazas que se ciernen sobre el niño y se excede en advertencias y soluciones.

La conducta nociva adicional, que lesiona el desarrollo de la actividad infantil, es el planteamiento de expectativas demasiado elevadas como condición de pertenencia y estima. Los padres que hacen que los hijos sientan que solo serán amados, aceptados o apreciados si son exitosos, fantásticos o especiales. Esta postura puede conducir a los hijos hacia el exitismo verticalista o, en su defecto, a la evitación. Sus expresiones centrales son elogios para las conductas y los actos sobresalientes, y decepción, desprecio, enfado y crítica frente a logros «normales» o no del todo buenos, desde la perspectiva paterna.

Además, la combinación de estas conductas, por ejemplo, la combinación de consentimiento y expectativas exageradas, arrastra consecuencias especialmente duras para los niños, que deben afrontar expectativas por las nubes con un nivel de capacidades por el suelo.

13

Conductas paternas que alientan la acción

En el capítulo anterior hemos detallado tres formas perniciosas de crianza: el consentimiento, la sobreprotección y el planteamiento de expectativas exageradas. En este capítulo se presenta el trío contrario: lo que los padres pueden hacer para alentar la actividad y autosuficiencia en los niños.

Según la teoría adleriana, para criar niños con un alto grado de autonomía responsable y hacerlo en un ambiente familiar seguro, agradable y alentador, los padres deberán alcanzar tres objetivos: ayudar a que los niños desarrollen sensación de pertenencia y autoestima, fomentar el sentimiento de comunidad y entrenarlos en la cooperación.

La sensación de pertenencia es saber y sentir que tenemos un sitio y un valor en este mundo. Una persona con sentido de pertenencia sabe que es parte de un grupo, que es querida y apreciada, y se siente capaz y valorada. Un niño criado en una familia que lo acepta tal como es, que manifiesta por él amor y cariño, aprende a quererse a sí mismo. Al crecer en el seno de una familia que le plantea exigencias razonables y alcanzables de acuerdo con sus posibilidades y tendencias, el niño aprende que es capaz y valioso. Aprende, también, a plantearse metas desafiantes y alcanzables para desarrollar su potencial. Cuando lo hacen partícipe de las tareas del hogar, aprende que su contribución es importante y que su existencia tiene significado.

De este modo, tal como lo describió Achi Yotam, el niño desarrolla confianza, coraje, optimismo y esmero: se sabe capaz de afrontar las tareas vitales, confía en que posee la valentía para asumir riesgos y el optimismo necesario para creer que vale la pena intentarlo. Por eso se esforzará y actuará de forma activa frente a desafíos y metas. Quien no desarrolle valentía, confianza y optimismo, tenderá a mirar la vida de manera pesimista, a dudar de su propio valor. Por miedo a fracasar, desarrollará una tendencia pasiva y evitativa.

El sentimiento de comunidad es el interés que una persona siente por los demás y por la sociedad. Quien lo posee es capaz de identificarse con los demás y opera de acuerdo con el sentido común y a las exigencias de la realidad. Si las normas sociales no coinciden con su propia mirada o con sus valores, intentará influir para modificarlas, en lugar de escabullirse para no cumplirlas. El sentimiento de comunidad es una postura respecto a los demás basada en el desarrollo de capacidades sociales tales como la empatía, la preocupación por los otros y la reciprocidad. Estas capacidades son indispensables para generar lazos de amistad y de pareja, y componen la dimensión central del bienestar personal. De acuerdo con el enfoque adleriano, la medida del sentimiento de comunidad de una persona es proporcional a la de su salud mental. Además, y tal como hemos visto en la sección anterior, el amor y la entrega son las piedras angulares de la verdadera felicidad. El sentido de pertenencia y el sentimiento de comunidad están profundamente relacionados entre sí. La falta de sentido de pertenencia puede impedir el desarrollo de sentimiento de comunidad en el niño, dado que quien no se sienta parte del grupo no sentirá la tendencia y el compromiso de colaborar ni de dar de sí mismo.

El entrenamiento en la cooperación es el sustituto democrático de la disciplina. Partimos de que no deseamos niños obedientes, sino niños independientes, con criterio y creativos. Al mismo tiempo, por supuesto, deseamos que los niños colaboren con nosotros comprendiendo la necesidad del orden y el reparto de tareas. Queremos que los niños lleven a cabo sus tareas para que todos podamos vivir en armonía y actuar con eficacia, tanto en lo familiar como en lo social. El entrenamiento en la cooperación posibilita el desarrollo de independencia, sentido de capacidad y responsabilidad.

Pertenencia, desarrollo del sentimiento de comunidad y cooperación son los tres «antídotos» más fuertes contra los sentimientos de inferioridad, la soledad y la evitación. El sentido de pertenencia se sustenta en la sensación de que nos quieren y nos aprecian. Es la base del interés por los demás, que se expresa en los lazos y aportaciones sociales, lo contrario del aislamiento y de los sentimientos de inferioridad. Como ya hemos dicho, la evitación se construye a partir del sentimiento de inferioridad. Por eso, cuando fortalecemos la sensación de pertenencia, el sentimiento de comunidad y la cooperación con los demás, las dudas acerca de nuestro valor como individuos se transforman en preocupación por los otros y por las exigencias de la realidad, además del cuidado por nuestro bienestar.

En este capítulo expondré los principios para el desarrollo de la capacidad de independencia en los niños y para el cultivo de buenas relaciones En otras palabras, mostraré cuáles son las tres conductas paternas que alejan el peligro de que los hijos adopten líneas evitativas.

El primer objetivo: desarrollo del sentido de pertenencia

El sentido de pertenencia se asienta en dos pilares: ser amados y ser apreciados. Un niño se siente amado cuando se dirigen a él con respeto y cariño. Cuando confían en él y lo aprecian, cuando esperan que contribuya y le permiten experimentar sin enfadarse si no lo logra, se siente capaz y necesario.

Para reforzar el sentido de pertenencia de los hijos, los padres pueden expresar cariño y aprecio. Deben tomarse el tiempo para observar a los niños, escucharlos, interesarse en ellos, disfrutarlos y apreciarlos. Quiero resaltar esto, pues de un tiempo a esta parte más y más padres, a pesar de estar físicamente con los hijos, ponen su atención en los infinitos espacios digitales de los teléfonos móviles. Un niño desatendido, con quien los padres no establecen contacto visual, tendrá dificultad para desarrollar sentido de pertenencia.

A pesar de lo difícil que resulta desconectarse del teléfono, es muy importante apartarlo cuando se interactúa con los hijos, sobre todo en juegos y en comidas familiares. A los niños también hay que apartarlos del móvil. Es posible y deseable generar tiempo compartido frente a una pantalla en actividades conjuntas con fines recreativos o educativos. Se trata de un asunto crítico: interceder y guiarlos en el mundo digital, del mismo modo en que lo hacemos en el mundo real.

En *Padres, hijos y lo que media entre ellos*, una recopilación de artículos editada por Zivit Abramson, Achi Yotam propone herramientas especialmente efectivas para fomentar el sentido de pertenencia en los niños: compartir, consultar sus opiniones y solicitar su ayuda. Rudolf Dreikurs destaca la importancia de alentarlos, lo que significa incrementar su sensación de autoestima.

Al compartir, los padres les transmiten a los niños sensación de cercanía y confianza, y al mismo tiempo contribuyen a despertar el interés de los niños en otras personas: contribuyen al desarrollo de la empatía y la disposición a involucrarse. Podemos compartir con los niños todo tipo de cuestiones, de acuerdo con la edad. Por ejemplo, relatar cómo nos ha ido el día, recuerdos, etc.

Cuando consultamos la opinión de un niño, le damos a entender que es sabio e importante. Al consultarlo, además del acercamiento y la expresión de confianza, lo incentivamos a pensar creativamente y a que desarrolle su ingenio mientras lo entrenamos para que dé de sí mismo.

La participación y la contribución son la vía natural para generar sentimientos de pertenencia. La ayuda de los niños es necesaria. También es necesario que los niños practiquen el cumplimiento de distintos tipos de tareas, como el cuidado de sí mismos y de sus pertenencias, las tareas domésticas e incluso los recados. Los niños pequeños desean ayudar y son capaces de hacerlo. Si no se los entrena desde una temprana edad para que asuman parte de las tareas, luego se hará más difícil contar con ellos. Aconsejo que los padres soliciten todos los días que atiendan cosas pequeñas. Aunque los niños no acepten estas peticiones, no desistan, pues de este modo les transmiten a los niños este mensaje: «Eres importante y necesario». Además, la petición de ayuda transmite un mensaje de reciprocidad, de consideración y entrega mutua. Los padres que aceptan siempre las peticiones de los niños sin exigir nada a cambio les están enseñando que está bien tomar todo de los demás sin dar nada. Esta postura hará que al niño, en un futuro, le resulte difícil mantener amistades o relaciones de pareja, tal como veremos a continuación.

«Todo niño necesita a alguien que crea en él» (rabino Carlebach)

El desarrollo del sentido de pertenencia de un niño parte, como hemos visto, de peticiones paternas de ayuda y participación en distintas tareas. Dreikurs sostenía que la tarea paterna más importante es alentar. Los niños aprenden a conocer el mundo, se equivocan y tropiezan. Si se han caído y lastimado, alentarlos es el método más eficaz para restituir su coraje.

Aliento es toda acción o expresión que eleva la autoestima de una persona. Recibir aliento es crítico en el desarrollo y el

mantenimiento de la imagen positiva que el niño tiene de sí mismo, en el desarrollo de su valentía. Lo contrario del aliento es la desesperanza, que redunda en pérdida de valentía. La ausencia de valentía produce exceso de cautela y conduce a la evitación. Si la sensación de pertenencia es como el aire, el aliento es como el agua. En su ausencia, el niño, y también el adulto, se marchita. Achi Yotam utiliza esta imagen para describir la importancia y las consecuencias de la carencia de aliento. El aliento, afirma, equivale a la alimentación; su carencia, a negar alimento. La crítica y la humillación son comparables al envenenamiento.

La pérdida de coraje constituye el gran peligro para nuestros hijos. No es sencillo evitarlo, dado que vivimos en un mundo cada vez más amenazante, que considera toda dificultad un obstáculo y una fuente de sufrimiento atroz.

Estamos inmersos en una cultura que tiende a enfocarse excesivamente en los errores, los defectos y las faltas; que admira lo extraordinario o perfecto como si se tratara de lo común. Por eso resulta natural señalar las dificultades y los problemas, al tiempo que suena artificial destacar lo que funciona bien. Si un niño acaba de derramar algo, es «natural» decirle «tienes manos de manteca» o «¿no puedes poner un poco de atención en lo que haces?». Para una gran parte de los padres es casi antinatural no decir nada, o decir «no pasa nada; ven, vamos a limpiarlo», en la creencia de que el niño aprenderá, de todos modos, de los resultados de sus acciones.

Las maestras suelen señalar los errores con un lápiz rojo, pero no señalan las respuestas correctas con lápices azules o verdes. La parte más importante de las correcciones de las tareas del colegio está relacionada con lo que no llegaron a entender o con lo que escribieron mal. En el mundo adulto las cosas no mejoran. Así es la vida en una sociedad verticalista. Los niños crecen en un entorno en el que la crítica y el señalamiento de errores sobrepasan las muestras de aliento y aprobación. Por eso sienten que una palabra de aliento vale tanto como encontrar agua en el desierto.

Aliento: en la práctica

No existe padre que no desee criar hijos capaces de afrontar activa y valientemente lo que el futuro les depare. El aliento es el medio más eficaz para lograr los objetivos parentales, dado que permite que el niño se sienta valioso tal como es, sin condiciones, y que aprenda a amarse a sí mismo y a sentirse seguro de su capacidad. Una persona alentada no siente que está eximido de evaluar su estima, y queda libre, por lo tanto, para vivir la vida. Se siente capaz de hacer lo que desee y de llevar a cabo las metas que se proponga. Se muestra abierto a otras personas e interesado en la gestación y el desarrollo de las relaciones sociales. Es capaz de amar y puede disfrutar de sí mismo y de sus propios actos.

Lo que distingue a una persona alentada de alguien desalentado es que su espíritu no decae ante el error o el fracaso. Puede decepcionarse, entristecerse o incluso exasperarse, pero no se desespera ni se siente menos valioso. Si algo no sucede como esperaba, comprende que debe modificar sus métodos o plantearse nuevos intereses. Si acaso sintió herida su autoestima, será una sensación puntual y pasajera. Tras algún tiempo, despertará en él el deseo de regresar al campo de juego y hallará en sí las fuerzas necesarias para hacerlo.

El nudo central del aliento está en centrarse en lo positivo. El aliento consiste en poner atención consciente en lo bueno y en el potencial de cualquier situación, junto con destacar ventajas y capacidad, sin «pero» ni «qué lástima». En lugar de decir «no es así», se puede decir «necesitamos más estudio, o más trabajo». En lugar de «está mal», se puede decir «es un buen intento (Good try)». Asimismo, podemos alentar avances parciales sin necesidad de aguardar el resultado final. Uno puede decir, por ejemplo, «estás mejorando», «estás avanzando» o «veo cambios». Debemos destacar el esfuerzo con independencia de los resultados. «Te has esforzado», «Has trabajado duro», «Lo has intentado». Además, el aliento parte de una mirada de perspectiva amplia. Por ejemplo, al hacer que un niño entienda que un fracaso en determinada área no hace de todo él alguien despreciable o carente de valor.

Una mirada alentadora parte de reconocer que los errores y los defectos son parte ineludible de la vida y que no es necesario enfocarse en ellos. Lo único que importa y tiene relevancia después de un fracaso es preservar la valentía para poder seguir intentándolo sin desesperarse ni desistir. Se puede afirmar que una persona pasiva es la que ha perdido el coraje. El aliento puede ayudar a que una persona recupere la valentía mediante un cambio de paradigma: pasar de «no sirvo o no valgo» a «sirvo y valgo a pesar de mis defectos, y puedo superarme». Quien alienta es siempre sincero: no dirá nada en lo que no crea. No le dice a una niña que se siente tonta algo como «por favor, eres listísima», sino «hay muchos tipos de inteligencia», «me gusta oír tus ideas» o «la persistencia y la constancia son más importantes que el coeficiente intelectual».

El optimismo es un componente central del aliento. Hay esperanzas y por ende vale la pena intentarlo. A diferencia de los elogios, que se les prodigan solo a los triunfadores, se puede alentar a todo el mundo, siempre, en especial cuando las cosas salen mal. El aliento transmite un mensaje inequívoco: no eres menos por haber cometido un error, tu valor intrínseco como persona está garantizado.

Los que fueron alentados por los padres pueden considerarse afortunados. A veces es un abuelo o abuela el que cumple el papel de proporcionar amor incondicional. Esto puede llegar a ser la salvación para los niños cuyos padres están ausentes física o emocionalmente, o que asumen posturas demasiado críticas. Por supuesto, también es posible encontrar buenas personas en el camino, personas que aprecien a los niños, que crean en ellos y puedan ver más allá de las capacidades o las conductas de un momento dado. Puede ser un entrenador, una maestra o un superior. Hay quienes solo encuentran figuras alentadoras en el momento de encarar una terapia psicológica, si se trata de una terapia que se centra en la potencialidad y lo positivo, en lugar de hacerlo solo en lo patológico.

Elogios perjudiciales

«Extraordinario», «fantástico», «asombroso», «fascinante», «genial», «maravilloso», «campeón»… Estas reacciones son muy comunes ante el éxito y muy placenteras de oír. Los elogios expresan reconocimiento por los logros y resaltan la capacidad y el talento del receptor. Por esta misma razón los elogios pueden ser un factor de desaliento en no menor medida que las críticas.

Los elogios recibidos a raíz de un logro no alientan, dado que, si solo elogiamos los éxitos, estamos ofreciendo un aprecio condicionado. En ausencia de logros, los elogios desaparecen para ceder su lugar a la crítica o la decepción. **Al prodigar elogios en momentos de éxito, el mensaje que enviamos a los niños dice: vales tanto como tus éxitos.** Por lo tanto, se potencia el miedo al fracaso y la tendencia a evitar tareas en las que se pueda fallar o ser criticado. En el artículo «Elogiar la inteligencia puede debilitar la motivación y los logros», Claudia Muler y Carol Dweck describen cuatro experimentos en los que se elogia a niños después de que hayan completado con éxito distintas tareas, como unos puzles. A la mitad de los niños se les dijeron cosas como «eres muy inteligente»; es decir, un elogio a su inteligencia, y el resto recibieron elogios del estilo de «veo que te has esforzado mucho»; o sea, un elogio al esfuerzo.

De acuerdo con el enfoque adleriano, un elogio puede ser estimulante solo si destaca el esfuerzo, no los logros o el éxito.

Estas investigaciones demostraron que la mayor parte de los niños a los que se les dijo que eran inteligentes rechazaron la petición de la investigadora de atender tareas más complejas, mientras que los que recibieron elogios por sus esfuerzos se mostraron dispuestos a seguir experimentando. Tras veinte años de investigación acerca del éxito y los logros, Carol Dweck, experta sobresaliente en psicología y motivación, creó el concepto de «mentalidad fija», en contraste con el de «mentalidad flexible». En su libro *El poder de la determinación*, explica que los ninos que reciben elogios por sus cualidades o sus talentos desarrollan un tipo de pensamiento o mentalidad fija (*fixed mindset*), según la cual la inteligencia o el talento son cualidades innatas: las tienes o no las tienes. Por contraste, los niños a los que se les alienta por su tenacidad desarrollan un tipo de pensamiento de crecimiento (*growth mindset*), que postula que la capacidad puede desarrollarse por medio del aprendizaje y el esfuerzo. Dweck pudo demostrar a lo largo de numerosas investigaciones que cuando se ayuda a que el niño desarrolle una mentalidad de crecimiento disfrutan del aprendizaje y prosiguen esforzándose incluso en los momentos de fracaso.

Cuando los padres elogian a los hijos por sus logros y los critican por sus fracasos, contribuyen al desarrollo de una mentalidad fija. En estos casos los fracasos se ven como comprobación de la incapacidad o de la falta de talento, en lugar de interpretarlos como evidencia de la falta de preparación. Por eso, optar por la evitación es una elección coherente para quien busque ocultar su incapacidad y desee ahorrarse la humillación implícita. Más allá de que los elogios estimulan el desarrollo de un tipo de pensamiento fijo, tienden a ser exagerados y a contribuir con la generación de una imagen «inflada» de uno mismo.

Cuando se le dice «eres un genio» a un niño que acaba de expresar una idea, es posible que conciba la idea de que él es excepcionalmente inteligente, cuando en realidad es tan solo despierto en relación con su edad. Imaginen el sufrimiento psíquico que atravesará al descubrir que él es «solo» normal y que su inteligencia está en la media, suficiente como para adquirir una profesión honorable y vivir una vida digna. Además, muchos niños sienten que esos halagos no son creíbles y de ese modo aprenden a desconfiar de las valoraciones paternas, que derrochan elogios tan profusamente.

Lo último que diremos contra los elogios es que estimulan la competitividad. Los elogios suelen referirse a conceptos verticalistas y en la mayoría de los casos establecen comparativas: «Has sido la mejor», «No hay nadie como tú». Como hemos dicho antes, la principal fuente de bienestar personal está en la calidad de nuestras relaciones. La competición, en el mejor de los casos, transforma a los demás en adversarios, y en el peor, en enemigos. El aliento no debe comparar entre seres humanos, sino referirse a una persona específica, según los avances en los objetivos que se ha planteado para sí misma. Los padres deben aspirar a que los niños generen estándares internos de evaluación y una sensación estable de autoestima, que no dependa del éxito o del fracaso.

Un cuadro de entrenamiento para alentar

Dado que repartir halagos es algo aceptado en nuestra sociedad, los padres que carecen de suficiente experiencia se extralimitan. Por eso he creado una tabla de elogios y junto a ellos frases alentadoras que destacan el esfuerzo y el trabajo, y que no consolidan en el niño imágenes de seres excepcionalmente talentosos o de personas incomparables. Describen situaciones en las que la retroalimentación positiva es importante: agradecer la ayuda del niño, apreciar sus éxitos, estimular el sentimiento de comunidad, el desarrollo de la independencia, de la capacidad de regulación emocional, estimular el esfuerzo, reaccionar ante conductas molestas y ofrecer una respuesta positiva ante el fracaso.

Situación	Elogio	Frases estimulantes
Agradecer la ayuda del niño	Eres extraordinaria, me has salvado, eres la mejor, fantástica, un ángel, una santa.	Gracias, ha estado muy bien que (…); es muy útil, contribuye, ayuda, me facilita; es muy simpático de tu parte; lo aprecio mucho; no es algo que dé por sobreentendido.
Reacción ante el éxito	Campeona, una máquina, genia, una sabia, lo más, rey del universo, princesa, perfecta, fantástico, asombroso, extraordinario.	No sabía que era posible hacer esto de ese modo, debes sentirte orgullosa; enséñame cómo lo has hecho, me alegra que hayas podido hacerlo sola.
Reacción ante el esfuerzo	Muy pronto lo lograrás, te falta poco, no es difícil, es una tontería, eres una campeona, no hay otra como tú.	Aprecio mucho tu esfuerzo; se ve que es algo que te gusta hacer; estás descubriendo nuevas áreas de interés; has invertido mucho pensamiento / tiempo / energías; el esfuerzo vale/ha valido la pena.
Desarrollo de sentido social	Eres deslumbrante, un alma, eres buena, eres muy generoso, eres una santa, un ángel, no hay otro como tú, eres la niña más bondadosa de la escuela.	La comprendes, has visto que estaba triste, has actuado con sensibilidad, la has alentado; has esperado hasta que llegara tu turno, eso fue muy considerado/generoso por tu parte; has visto su necesidad, era importante para ti que ella se sintiera bien; has negociado y has renunciado a parte de lo que querías; has encontrado el justo medio; te resulta fácil establecer vínculos, sabes cómo relacionarte con los demás.
Desarrollo de independencia	Ya eres mayor, eres independiente, eres un héroe, eres una campeona.	Lo haces muy bien, estás mejorando, estás mostrando que puedes ser independiente, eres responsable, esto queda bajo tu responsabilidad.
Desarrollo de contención	Ya eres mayor, te felicito, eres una heroína, eres un ángel, te mereces un premio.	Has hecho la espera más entretenida, has inventado este juego, has podido aguantarte, has conseguido soportarlo, puedes ver que en el futuro las cosas pueden ser diferentes, buscas alternativas.

Cuando se comportan mal...	No elogiamos malos comportamientos, dado que el elogio está sujeto a un logro.	
Reacción ante la obstinación, la falta de respeto o la insistencia		Muestras determinación, te resulta importante hacer las cosas a tu modo, quieres intentar hacerlo solo, eres persistente, estás buscando tu propio camino, estás dispuesto a pelear por ello, quieres cuidar tu privacidad, no quieres que te influyan.
Respuesta al consentimiento, la pereza o el egoísmo		Te resulta difícil, no estás acostumbrado a trabajar tanto, buscas una manera más sencilla de hacerlo, sabes pedir ayuda, te resultará difícil porque no estás habituada a hacerlo, vale la pena esforzarse.
Reacción ante la lentitud o la torpeza		Irás mejorando con la práctica, la próxima vez podremos hacerlo mejor, no es agradable perder, tendremos que conformarnos, es doloroso aceptar resultados negativos.
Cuando están aburridos y molestos		Te surgirá alguna idea, es interesante comprobar qué pensamientos creativos surgen del aburrimiento; el vacío no es algo sencillo, pero es inevitable.
Cuando les decimos que no o que no se puede en determinado momento		No es fácil contenerse; es bueno que sepas lo que quieres, aunque no suceda siempre; es difícil; lleva tiempo superar una decepción.
Reacción ante un fracaso		Es decepcionante, es desagradable, falta entrenamiento, vale la pena intentarlo de nuevo, quien nada hace se equivoca mucho más, el fracaso enseña, cuando una puerta se cierra se abre una ventana, es solo un contratiempo.

Segundo objetivo: desarrollo del sentimiento de comunidad

El objetivo del aliento es proporcionarle al niño una sensación de estima incondicionada. El segundo objetivo, el desarrollo del sentimiento de comunidad, busca apoyar toda acción en favor de los demás o que contribuya con la sociedad. Por medio de la participación y la contribución, se experimenta la sensación de pertenencia al grupo y de su valor.

En una conferencia TED, el psiquiatra Robert Waldinger cuenta que en una investigación de la Universidad de Harvard se intentaban identificar los factores que causan felicidad a lo largo de la vida. Para esto, los investigadores realizaron un seguimiento a lo largo de más de setenta y cinco años a más de setecientos mil egresados de esa prestigiosa institución. Año tras año, los investigadores preguntaban «¿Qué es lo que te hace feliz en este momento?». Los resultados fueron sorprendentes. Se esperaba confirmar la suposición inicial según la cual el éxito, la riqueza y la fama, objetivos que los sujetos investigados perseguían al inicio de su vida adulta, resultarían los factores más destacados. Los hallazgos indicaron que la calidad de los lazos sociales constituía la fuente principal de felicidad y satisfacción. Por contraste, la soledad era el principal factor de deterioro psíquico, físico y cognitivo, y de acortamiento del ciclo de vida.

La conclusión central de la investigación fue que una vida satisfactoria se basa, sobre todo, en las buenas relaciones. En su conferencia, Waldinger le propuso a la audiencia que se esforzara en mantener buenas relaciones, que incrementase la cantidad de interacciones cara a cara con otras personas y que renovara vínculos con antiguas relaciones. Se trata, por supuesto, de muy buenas recomendaciones, pero para hacer todo eso es necesario que antes la persona desee hacerlo. En otras palabras, debe estar interesada en los demás y dispuesta a invertir en ellos y esforzarse, además de poseer la capacidad y la habilidad necesarias para hacerlo. Para una persona cuyas necesidades y deseos propios estuvieron desde siempre en el centro de sus intereses, la voluntad y la capacidad de empatía y de entrega están seriamente limitadas.

En la mirada de un niño consentido, los otros solo existen para satisfacerlo o para frustrarlo; en tanto que la pareja o la amistad se basan en sensaciones de empatía, el cuidado del otro, la aceptación, la paciencia y el amor, que se traducen en acciones que implican entrega, generosidad y, por supuesto, renuncia.

Para reforzar el sentimiento de comunidad de los niños, hay que educarlos para que sean parte del círculo familiar y no el centro alrededor del cual gira el resto del mundo. Es cierto que cuando un niño nace es natural que toda la organización del hogar gire en torno a él, pero, a medida que crece, los padres, con sensibilidad y paso a paso, necesitan ayudarlos a integrarse en el orden cotidiano, en el que se tienen en cuenta las necesidades de toda la familia. Esta es la razón, por ejemplo, por la que cuando un bebé despierta a medianoche es objeto de atenciones cariñosas, pero que no se transforman en una velada de juegos o canciones. El cumplimiento de la agenda diaria, que tiene en consideración las necesidades de todo el grupo familiar, es una de las formas de enseñar a los niños consideración, reciprocidad y colaboración: el sentimiento de «nosotros». La agenda diaria incluye las acciones vitales de la niñez: dormir, despertarse, bañarse, comer, cuidado de la casa, jugar, descubrir, aprender, hacer las tareas escolares y el ocio.

¡Mi hijo es un ángel!

Para reforzar el sentimiento de comunidad es importante que los padres enseñen a los hijos a prestarles atención a los demás y no ignorar o justificar acciones negativas de los hijos hacia otras personas.

A muchos padres les cuesta reconocer que los hijos no son ángeles inocentes o que pueden comportarse de manera egoísta o desagradable. Reconocer los defectos y características negativas de un hijo puede herir la autoestima del padre, que se define a sí mismo, erróneamente, a través del hijo. Ubicar al niño en un punto de importancia central, sin la exigencia de prestar atención y considerar las necesidades o los deseos de los demás, hace que el niño se sienta un ser superior. Cuando a los padres se les complica reconocer características o conductas negativas, se desentienden de ellas o las justifican en lugar de trabajar para corregirlas, el daño ocasionado a raíz del «cultivo» de las características negativas caerá tanto sobre el niño como sobre la sociedad.

Tomemos como ejemplo una adolescente que le cuenta a su madre sobre una disputa que tuvo con sus compañeras. Si la madre le dijera «déjalas, no están a tu altura», se desentenderá del papel de su hija en el suceso y hará caso omiso de los sentimientos de las amigas. Le transmitirá a su hija un mensaje: «Eres mejor que los demás; si ellos no cumplen con tus expectativas, lo mejor que puedes hacer es dejarlos de lado».

Los padres pueden consolar y alentar a los hijos sin necesidad de humillar o anular a los demás. Pueden decir, por ejemplo, «eso duele» o «confiaste en ella y te hirió». La madre no debe, necesariamente, defender a la amiga, pero sí puede destacar la responsabilidad mutua. Puede decirle a su hija: «Dos buenas amigas pueden superar este momento» o «Esto es algo inusual en tu relación con ella». Se puede, sencillamente, abrazar y esperar. Las emociones tormentosas se calman pasado un tiempo y entonces se puede pensar con mayor claridad.

Un ejemplo adicional: cuando un padre le dice a un niño pequeño que no le tire del rabo al perro, porque le morderá, no es consciente de estar ignorando totalmente al perro. El padre puede transmitir la misma advertencia, pero con sentido social:

«No le tires del rabo al perro, porque le duele». Si el niño no deja en paz al pobre perro, el padre debe alejarlo físicamente con firmeza, pero del modo más amable posible. Es decir: lo sujetará con asertividad, pero sin violencia, y lo alejará del animal. Más adelante, podrá también explicarle al niño que los perros pueden sentirse atacados y en consecuencia pueden llegar a defenderse con un mordisco, porque son incapaces de decir «déjame tranquilo».

Ejercicio

Presten atención a las frases que emplean con los hijos: ¿los ponen por encima de toda prioridad, desentendiéndose del bienestar y las necesidades de los otros?

El padre como ser humano independiente

El sentimiento de comunidad incluye interés, empatía e inversión en los demás. Los padres, naturalmente, tienen gran interés en los hijos e invierten en ellos tiempo, atención, sentimiento, energías y recursos. Hacen todo esto con gran amor y generosidad. En sus primeros días, el bebé experimenta a los padres como seres que solo existen como extensiones de sí mismo que están para y en función de sus propias necesidades. Determinadas teorías psicológicas hablan de los padres, en especial, de la madre, como un objeto. Estas teorías llamaron a las relaciones entre el niño y la madre, y más tarde, entre el niño y los demás, como «relaciones objetales».

En contra de estas concepciones, Adler consideraba que la madre es un sujeto. Escribió que el papel principal de la madre es despertar el interés del niño hacia ella, y luego hacer que ese interés se extienda hacia otros. Hoy en día, cuando ambos padres participan de la crianza de los hijos, despertar el interés del niño por sus progenitores y por el resto de las personas es una tarea de la pareja. Existen nuevos enfoques psicológicos que han comenzado a considerar las relaciones interpersonales, a partir de los primeros días de existencia como vínculos entre sujetos, esto es: relaciones intersubjetivas.

Cuando los padres tienen en cuenta y responden a los lógicos y justificados deseos y necesidades de sus hijos, piensan que los niños aprenderán a interesarse, a tomar en cuenta a los demás y a ser altruistas de manera natural, imitando lo que ven. Esto es un error. Si un padre se muestra considerado con su hijo, este aprende que sus deseos y necesidades son dignos de atención, y cuando los padres ofrecen, los niños aprenden a aceptar. Son estas, sin duda alguna, lecciones muy importantes para la vida. Sin embargo, para que aprendan a dar y ser considerados, los padres deben pedir y recibir cosas de los hijos. En otras palabras: **es importante que los niños aprendan a ver a los padres como seres humanos independientes, y no como entes que solo existen en función de la necesidad infantil.**

Ya sea por consideración, por amabilidad o por cansancio, los padres renuncian con mucha frecuencia a sus propios deseos o necesidades cuando entran en conflicto con los de los hijos. El ejemplo clásico es cuando los padres escuchan la radio o ven la televisión y los niños piden cambiar de programa. En la mayoría de los casos los padres aceptan de inmediato las exigencias infantiles y desisten de lo que estaban viendo: a fin de cuentas, el barullo de los niños les impedirá concentrarse y disfrutarlo.

Un ejemplo adicional de este tipo de anulación de uno se da cuando la madre les dice a sus hijos, para expresar cansancio, «estoy muerta». Sin embargo, tras ruegos insistentes, «resucita» milagrosamente, juega, recibe visitas, cocina o hace de chófer. Al comportarse de ese modo vuelve a enseñarles a los hijos que no hay una conexión firme entre palabras y hechos y, sobre todo, que el cansancio de la madre no es algo digno de tenerse en cuenta.

El consejo que les ofrecemos a los padres, hacer valer sus propios deseos y necesidades, no propone descuidar a los hijos u ocuparse, de manera egoísta, solo de las necesidades propias, sino que es una invitación a pensar si acaso están anulándose como individuos. Muchos padres, por la noche, les dicen a los hijos «Id a dormir; si no, mañana no podréis despertaros temprano»: es otro ejemplo de comunicación centrada exclusivamente en las necesidades del niño, dado que podrían haber dicho lo mismo resaltando las necesidades de los padres: «Id a dormir, papá y mamá quieren estar solos». El cuidado de los padres por sí mismos y, por supuesto, el cuidado de la pareja, es importante para el crecimiento y el bienestar de los niños, lo que es especialmente cierto para cuando son aún pequeños y demandan la mayor parte de la atención y los recursos paternos. En la práctica, marcar que los padres son seres humanos exige, ante todo, prestar atención a esos momentos en los que se dejan de lado las necesidades y los deseos propios. Nos referimos incluso a cosas ínfimas, como comer de pie mientras asistimos a los niños. Los padres deben aprender a equilibrar las necesidades propias con las de los niños.

El ejemplo personal

El ejemplo personal de padres que se preocupan por los demás puede intensificar el sentimiento de comunidad de los niños. **Cuando un niño ve que los padres les tienden una mano a los extraños, que se comportan con amabilidad y buenas maneras con los demás y que aceptan las normas del sentido común, aprende que ese es el comportamiento natural del ser humano.**

Los padres también pueden ser ejemplo de voluntariado o de compromiso social o político. Además, el mensaje del sentimiento de comunidad puede impartirse mediante microacciones cotidianas. Ejemplos de ese tipo de actos pueden ser cederle el sitio a una mujer embarazada en el autobús o mantener la puerta abierta para que no se le cierre en la cara a la persona que llegó detrás de nosotros. Todas estas acciones mínimas (saludar a las personas que trabajan para nosotros, no hablar por teléfono como si la cajera fuese un robot, dar las gracias a la vendedora, respetar el turno, aparcar donde corresponde) son ejemplos del más puro sentido social. Quien se comporta de acuerdo con el sentimiento de comunidad contribuye a la creación de una sociedad segura, agradable y próspera, al tiempo que fortalece su propia autoestima por el hecho mismo de aportar.

Junto con el ejemplo personal, los padres pueden reforzar también las manifestaciones infantiles espontáneas de sentimiento de comunidad. Elegirán alentar las conductas que muestren empatía, acercamiento, entrega y preocupación por los demás. Pueden decirles a los hijos frases que refuercen esta tendencia, como «la has ayudado», «enseguida has notado que necesitaba ayuda», «ha sido un acto de generosidad», «sabes cómo ser un buen amigo», «es agradable hacer cosas contigo», «buen trabajo», etc. Es importante recordar que los padres tienden en mayor medida a notar las acciones negativas de sus hijos, dado que, en apariencia, son más «dramáticas» o llamativas que los actos positivos. Por eso, insistir en reacciones positivas ante conductas altruistas puede resignificar las relaciones entre padres e hijos. Los padres podrán comprobar, con bastante celeridad, que las conductas sobre las que ellos ponen el foco son las que se repiten más y más a menudo. Si se concentran en las conductas negativas, estas serán las más frecuentes, pero lo mismo ocurrirá si ponen su atención en las conductas socialmente positivas.

El desarrollo de la sociabilidad en la era del egoísmo

El sentimiento de comunidad es la base sobre la que se erigen las habilidades sociales de una persona. Por eso, para contribuir a un desarrollo pormenorizado, es importante preocuparse del interés genuino que los hijos sienten hacia otras personas. **La sociabilidad es deseo y capacidad de interesarse, confiar, conectar, querer, compartir, colaborar, identificarse y aceptar a los demás. La amistad es la base de las relaciones íntimas, de la pareja y del amor.**

La sociabilidad demanda un enfoque básicamente positivo hacia los demás y a la posibilidad de interactuar con ellos. Este enfoque hace posible que confiemos en los otros y que establezcamos contacto con ellos. En su libro *El arte de confiar*, John Gottman demuestra que a las personas solitarias les cuesta confiar en los demás incluso en las situaciones en las que esto resultaría lo más lógico. Las personas sociables saben mejor cómo evaluar quiénes son fiables y en qué medida. Saben también cuándo modificar el concepto que se tenía de esa misma persona, si resulta que no merecía su confianza. Confían en sí mismos y poseen los recursos necesarios para soportar una decepción o una traición, si se produjera.

Ser un modelo de enfoque positivo hacia los demás y transmitir a los hijos la idea de que las buenas relaciones, en especial las amistosas, constituye un asunto importante en la vida. Pueden evaluar si se esfuerzan por sus propios amigos o si han abandonado amigos y pareja en aras de la paternidad.

La amistad requiere mantenimiento y compromisos; nuestra era, en cambio, estimula la individualidad e incluso el egoísmo. Muchos sienten un sabor amargo a frustración cuando deben abandonar deseos en función del otro o en beneficio de «la relación». Cuando se experimenta este tipo de sensación negativa, todo aporte a la relación será forzado o se verá como un sacrificio, aunque perder esa relación causaría aún más pesar.

En una sociedad en la que predomina el egoísmo, una persona que toma en consideración a los demás podría llegar a sentir que se resigna o se aviene al deseo del otro; que es un iluso o un tonto. Pero cuando alguien se preocupa por sus propias necesidades, además de hacerlo por las de sus semejantes, no hay motivo para sentirse usado, sino todo lo contrario: debería saberse afortunado por su capacidad de entrega y por la suerte de ser importante y significativo. Quien posee un sentimiento de comunidad desarrollado no siente que abandonar cosas equivalga a un sacrificio, sino que es el precio razonable que pagar por una elección satisfactoria. Una persona con sentimiento de comunidad disfrutará el hecho mismo de contribuir con otro, con un amigo o con su pareja, y se esforzará y cederá en cosas, pues partirá de la base de la reciprocidad. Para una persona con sentimiento de comunidad desarrollado, de acuerdo con Adler, la entrega es natural, como la respiración. El sentimiento de comunidad no se fundamenta en sacrificios o renuncias, sino en la voluntad de adaptarse para así crear relaciones justas, igualitarias y mutuas.

El sentimiento de comunidad es el remedio contra la evitación. Para ayudar a que los niños desarrollen sentimiento de comunidad es importante fomentar la actividad. La actividad es indispensable para generar valentía, pues solo mediante la actividad y el entrenamiento se desarrollan capacidades y habilidades. La autoconfianza se construye a través de la superación y la sofisticación de las capacidades y solo quien confía en sí mismo tendrá la voluntad de esforzarse por nuevos objetivos. Sin embargo, en una época en que las pantallas ofrecen el mundo entero y las herramientas del hogar nos liberan de tareas tediosas, no resulta sencillo promover la actividad. Mi consejo en este asunto es: ¡afuera! Salir de la casa. Si reducen las diversiones pasivas y no los proveen de ningún tipo de vehículo motorizado, a ninguna edad, los padres les aportarán muchísimo a los hijos.

El sentimiento de comunidad es crítico para el desarrollo de valentía, dado que la capacidad de concentrarse en las necesidades de los demás y de contribuir aparta el foco de uno mismo y permite superar los miedos. Si una persona está preocupada por su propia estima, temerá cada vez más la posibilidad de fracasar, pues el fracaso se verá como una señal de pérdida de valor y se experimentará como una humillación. Por el contrario, si una persona se emplea por completo en resolver el problema que tiene ante sí o en ayudar a otros, dejando su «ego» de lado, queda libre para invertir todo su esfuerzo en la acción puntual.

Un sentimiento de comunidad fuerte es el mejor antídoto contra los miedos y en particular contra los fracasos y los rechazos. Todos podemos aumentar nuestro coraje haciendo crecer nuestro sentido social. En cualquier misión o circunstancia que pueda poner en peligro nuestro valor, podremos preguntarnos «¿por qué es importante que haga esto?». Si no hallamos una respuesta aceptable a esta pregunta, lo mejor será desistir. Si no ayuda a nadie, es que se trata de una acción innecesaria y por ende descartable. Incluso aunque se tratara de algo que redunda solo en nuestro propio beneficio, en caso de fracasar nadie saldrá herido, excepto nuestro propio ego. Sin embargo, si la acción resulta necesaria, valdrá la pena arriesgarse a fracasar, porque la ganancia que se va a obtener lo vale. Por ejemplo, una chica accederá a participar en el espectáculo de fin de curso, a pesar de su miedo escénico, porque entiende que su ausencia arruinará una función ansiada por sus amigos.

El tercer objetivo: entrenar para la cooperación

La tercera misión de los padres destinada a fomentar la actividad infantil es el entrenamiento de los niños en la cooperación. La cooperación es el sustituto democrático de la disciplina, término que pertenece al enfoque educativo autocrático. Los padres democráticos buscan enseñarles a los hijos a ser responsables y a colaborar, pero no saben cómo lograr estos objetivos sin gritar, amenazar, criticar o castigar. Para esta función Dreikurs desarrolló un método efectivo, que se apoya en la premisa: «Las acciones erróneas traen malas consecuencias».

Si no cuentan con la cooperación de los hijos o si estos se comportan de mala manera, los padres podrán generar situaciones en las que los niños «paguen» por sus malas elecciones. No estamos hablando de crítica, enfado o castigos, sino de la generación de consecuencias negativas para el niño, que son las consecuencias lógicas de sus conductas. Este método desarrollado por Dreikurs se denomina «Empleo de las consecuencias lógicas».

La alternativa al castigo

Dreikurs denominó consecuencia natural a los resultados negativos que se producen a raíz de una conducta infantil errónea, que no requieren intervención alguna por parte de los padres. Así, por ejemplo, cuando una niña olvida su abrigo en un día de invierno sentirá frío, y un niño que olvida su merienda escolar sentirá hambre.

Cuando un niño paga un precio por una conducta equivocada, no persiste en ella y aprende en el futuro a evitar ese mal trago. A los padres anárquicos les cuesta dejar que los hijos experimenten las consecuencias naturales de sus propias acciones, pues se apiadan de ellos. En el caso del niño que olvidó su merienda, a los padres les resultará chocante la posibilidad de que el niño se sienta hambriento o que pase por la incomodidad de tener que pedir comida, por lo que uno de los padres hará una escapada a la escuela para dejar la merienda en manos del bedel, incluso aunque eso implique llegar tarde al trabajo. Entonces, por supuesto, habrá un importante aprendizaje... para el padre. A partir de ese día recordará puntualmente que debe agregar la merienda a la mochila del niño y que no debe esperar que él lo recuerde; de ese modo no volverá a retrasarse en su día laboral.

Además de la dificultad que radica en permitir que los niños experimenten consecuencias desagradables, el uso de las consecuencias naturales tiene otras dos limitaciones. La primera es que a menudo los actos erróneos no acarrean consecuencias naturales inmediatas, por lo que es posible que el niño no relacione un acto con sus consecuencias. Es el caso del niño que rehúsa cepillarse los dientes. La consecuencia (aparición de sarro, problemas dentales, caries) se producirá en un futuro lejano, meses después, lo cual impedirá que el niño establezca una conexión entre la visita al dentista con su negativa a cepillarse. El segundo impedimento es que algunas consecuencias naturales podrían llegar a resultar peligrosas, como por ejemplo cruzar una calle sin observar antes a ambos lados. Estas limitaciones hicieron que Dreikurs llegara a una de sus ideas más geniales: el uso de las consecuencias lógicas.

Igual que el castigo, el uso de las consecuencias lógicas es la reacción del padre ante la mala conducta del hijo, aunque al contrario del castigo, la consecuencia tendrá una relación lógica con el comportamiento. Hay quienes denominan «castigo lógico» a este sistema, esto es, se trataría de un castigo derivado lógicamente de las acciones infantiles. Así, en lugar de decirle al niño «si no me hablas de un modo apropiado, no dejaré que veas la televisión», le diremos «te escucharé cuando me hables con respeto». Pero además del nexo lógico entre la acción infantil y la reacción paterna, la consecuencia lógica debe respetar otras dos condiciones para no considerarse un castigo o incluso un castigo lógico. La primera condición es que respete tanto al padre como al niño. La consecuencia lógica no implica el uso de fuerza ni ha de ser humillante: sin gritos, amenazas o acusaciones. El padre respeta la lógica de la vida social y por lo tanto no se comporta como un adversario o enemigo que busca la revancha, que intenta obligar o amenazar por la fuerza, sino que simplemente busca educar mostrando la conexión entre acto y consecuencia, dado que esa es la lógica que rige el mundo en el que el niño deberá actuar cuando crezca.

La segunda condición es que la consecuencia lógica sea razonable. Si un niño ensucia, debe limpiar; si ha roto algo, deberá repararlo o comprarlo con dinero de su asignación. Al usar las consecuencias lógicas, el padre se refiere a la mala conducta del niño como a un error que debe corregirse y no como un pecado que hay que expiar mediante la vergüenza o el dolor. **En el momento en que el niño establece una conexión entre las consecuencias negativas que experimenta y sus propios actos, se produce el aprendizaje.** En otras palabras, un padre democrático no critica a su hijo por una conducta inadecuada, no le grita ni lo castiga, sino que lo ayuda a aprender que ese comportamiento es inconveniente, pues su precio es elevado.

Por ejemplo, en el momento en que un bebé comienza a jugar con la comida, en lugar de intentar convencerlo, de hacer el avioncito, de enfadarse o de amenazar, el padre puede decir «entiendo que ya has terminado tu comida» mientras retira el plato de la mesa. Ante el llanto, el padre reaccionará, como hemos aprendido, con firmeza amable y, más tarde, cuando el niño pida comida, el padre le ofrecerá algo nutritivo, aunque poco atrayente, puede ser una manzana. Otro ejemplo: si una adolescente se dirige de manera irrespetuosa a su madre, esta podrá abandonar la habitación y en lugar de contestarle o criticarla, decirle «me encantará regresar para charlar contigo en el momento en que te dirijas a mí de una manera adecuada». Otros ejemplos de consecuencias lógicas: el padre anuncia que solo se lavarán las prendas que estén en la cesta de la ropa sucia; lo que no esté allí, permanecerá sucio. La madre se irá puntualmente a la hora anunciada y quien en ese momento no esté en el coche deberá ir a la escuela a pie o en autobús.

Para emplear el método de la consecuencia lógica para las conductas infantiles inapropiadas, se deben pensar contestaciones respetuosas y coherentes que tengan una conexión lógica con las acciones que es preciso corregir. Luego se informa al niño de **qué es lo que ustedes harán, no de qué es lo que él debería hacer** en el caso de que se repita esta conducta problemática. No se darán más explicaciones, ni avisos, ni segundas oportunidades, sino que se pondrá en marcha la consecuencia. Por ejemplo: le advertimos una sola vez al niño que, si insiste en ponerse en peligro, saltando desde el laberinto de la plaza, no podremos permanecer allí. En el momento en que repite su salto guardamos todo y regresamos a casa, sin gritos ni amenazas. En contra de lo que sucede con el castigo, que no siempre está relacionado con las acciones del niño y que se decide en estado de ira, los padres deben mantener la empatía y la actitud amistosa, en tanto expresan su pesar por el hecho de que el niño optó por algo con consecuencias desagradables: «Volveremos a intentarlo mañana».

El método de la consecuencia lógica se basa en el sentido común y su efectividad proviene de la correlación que se establezca con la experiencia vivida. El padre que decida emplearlo deberá armarse de paciencia para hacerlo, evitando la tentación de retomar el sistema de castigos aun en el caso de que el niño no corrigiese su conducta. El principio que sustenta el método de las consecuencias lógicas es que «las acciones erróneas tienen malas consecuencias» y que una persona no persistirá por mucho tiempo en una conducta cuyo precio es mayor que la ganancia.

Si no se produce un aprendizaje; es decir, si la consecuencia «no funciona», se podrá pensar en una consecuencia lógica distinta. Otro motivo por el que una consecuencia lógica puede no funcionar es que el niño elige pagar el precio por sus actos, dado que concluye que «le conviene» quedar como «el vencedor» en una lucha de fuerzas contra los padres. Esta contienda deriva de que el niño asimila la consecuencia lógica a un castigo. Por supuesto, también es frecuente que los padres no puedan mantener la consecuencia elegida porque no soportan el sufrimiento del niño y entonces le ofrecen «otra oportunidad» o lo recompensan por el *via crucis* que ha tenido que atravesar.

Los padres anárquicos tienen grandes dificultades para poner en funcionamiento este método, porque exige reflexión y persistencia, y porque no soportan ver que los hijos «pierden» algo o experimentan incomodidades. Aunque parezca extraño, estos padres no sienten el mismo pesar cuando amenazan, gritan o castigan, una vez agotada toda paciencia.

Para quien desee ahondar en este tema, nuestro consejo es leer el libro de Dreikurs *Las consecuencias lógicas*.

Conclusión

El desafío de la paternidad en la era democrática consiste en aprender sistemas educativos que sean a un tiempo respetuosos y efectivos en la consecución de los objetivos paternos, que no son otra cosa que la preparación de los niños para la vida adulta. La democracia es la libertad con orden y los padres democráticos deben aprender a establecer orden sin ejercer fuerza, que es el método autocrático. La paternidad anárquica promueve una libertad sin orden, en la que los niños no aprenden a actuar, a colaborar o a tener en cuenta a los demás. El enfoque adleriano propone a los padres distintos métodos efectivos de enseñanza para criar hijos independientes en un ambiente de buenas relaciones. Lo hace, sobre todo, mediante el empleo de la firmeza amable.

En ocasiones, los padres actúan de un modo que perjudica el desarrollo de una actitud vital activa y valerosa. Los modos más perjudiciales son tres: el consentimiento, la sobreprotección y el planteamiento de expectativas demasiado elevadas.

El consentimiento, principal sospechoso de la debilidad de la voluntad y de la incapacidad infantil para enfrentar desafíos, es la provisión de servicios superfluos, la falta de exigencias y la aceptación de todos los deseos y caprichos de los hijos. El consentimiento hace que el niño sienta que es más importante que los demás y que los otros deben satisfacer sus deseos de inmediato. El consentimiento debilita el interés del niño por los demás, el deseo y la capacidad de dar, de postergar recompensas, de superar frustraciones y de esforzarse por la consecución de objetivos a largo plazo.

La sobreprotección consiste en otorgar al niño una defensa excesiva para evitar que sufra ante amenazas o dificultades. La sobreprotección le confirma al niño que el mundo es un sitio peligroso, que él es pequeño y débil, y que debe buscar alguien que lo proteja. La sobreprotección impide el surgimiento de la iniciativa y la consolidación de la seguridad personal.

Los padres que plantean expectativas demasiado elevadas como condición de aceptación o de valoración le transmiten al niño el siguiente mensaje: solo vales si tienes un éxito excepcional; errar o fallar son motivo de vergüenza. Los niños que crecen con padres excesivamente ambiciosos pueden desarrollar voluntad de ser exitosos, que puede llevarlos a un esfuerzo permanente por competir, o de huir, que los conduce hacia la evitación. La forma principal de comunicación de un padre con altas expectativas es la crítica, que es destructiva para la imagen de sí mismo que se forma el niño.

Para criar niños sociables y activos, para alentar la autoconfianza, el coraje y el optimismo, los padres deben cumplir con tres misiones centrales de la paternidad democrática: el desarrollo de la sensación de pertenencia, el desarrollo del sentimiento de comunidad y el entrenamiento en la cooperación.

El desarrollo del sentimiento de pertenencia se logra en el momento en que el niño siente que es querido y necesario, capaz y útil. El niño que experimenta una pertenencia profunda y estable siente que tiene un lugar, que es parte del tejido humano y por ende tenderá a ofrecer su aporte a la sociedad.

El desarrollo del sentimiento de comunidad es crítico para la salud mental, la capacidad de establecer vínculos, el bienestar y la actividad en pos de la realización personal. Los padres pueden fomentar el sentimiento de comunidad de los hijos despertando en ellos el interés por los demás, sumándolos a sus actividades, estando presentes como personas independientes, dando ejemplo al involucrarse socialmente y demostrando un trato respetuoso y empático hacia los otros.

El entrenamiento en la colaboración hace que los niños adquieran independencia y responsabilidad; se logra mediante la generación de consecuencias lógicas. Al experimentar las consecuencias naturales y las consecuencias lógicas de sus propias acciones, los niños aprenden a modificar conductas para evitar malos resultados. En el próximo capítulo presentaré un plan de actividades para padres de jóvenes evitadores. Asimismo, profundizaré en temas que aparecen en este capítulo, de modo que también los padres de niños jóvenes puedan beneficiarse de su lectura y afianzar el deseo de impedir futuras tendencias evitativas de los hijos.

14

La felicidad de los hijos
no está en nuestras manos

La paternidad no solo es uno de los papeles centrales de nuestra vida; es también parte de nuestra identidad y nos define. Si hay en el mundo amor incondicional, ese es el que sienten los padres por los hijos. Para un padre, los hijos son las personas más queridas e importantes, y sienten hacia ellos un compromiso enorme que se expresa, entre otras cosas, por seguir llamándolos «chicos» incluso cuando ya son adultos.

Suele ocurrir que los padres estén descontentos por las elecciones de los hijos. Aun en esos casos, sienten por ellos amor y compasión, responsabilidad e incluso sentimiento de obligación. Muchos padres están dispuestos a hacer lo imposible para ayudar a los hijos y para asegurarles el bienestar. Los padres sufren cuando a los hijos no les va bien. Les preocupa que sean incapaces de lograr independencia o estabilidad, que no consigan trabajo o medios de subsistencia, una ocupación útil y satisfactoria, un lugar en la sociedad, que no logren formar una pareja o una familia. Es doloroso para ambos: hijos y padres.

Al formar una familia los padres imaginaron una pequeña tribu de personas contentas de su vida y contentas de pertenecer a la familia. Si esta esperanza, que todos logren estar más o menos satisfechos y realizados, se diluye, se produce un quiebro y un duelo. Los hijos evitadores constituyen un problema grave para los padres, que se sienten responsables por la situación y obligados a modificarla. El problema es que nadie, ni siquiera el padre más abnegado y amoroso, puede lograr la felicidad, la salud o el bienestar de otra persona.

El fenómeno de la evitación refiere un amplio abanico de casos. Puede señalar a quien elude responsabilidades y tareas, al que no se plantea objetivos más allá del grado mínimo de actividad para subsistir, al que huye ante problemas serios e incluso al que hace abandono total de toda actividad y se entrega a la inacción absoluta. Es un continuo extenso con distintos grados de deterioro.

Todos hemos evitado, en algún momento, enfrentamientos estresantes, pospuesto misiones difíciles o enervantes y desistido ante desafíos que al parecer van más allá de nuestras fuerzas o talentos. La evitación comienza a ser un problema en cuanto pasa a ser la elección por defecto de una persona, una constante automática en sus acciones en el momento de afrontar tareas, desafíos o dificultades. Retroceder ante misiones difíciles puede ser fuente de alivio momentáneo de tensiones y temores, y nos libera al instante de toda la incomodidad que supone tener que esforzarse por algo.

Sin embargo, cuando la evitación pasa a ser la estrategia principal para disminuir la tensión, el daño ocasionado supera al beneficio: debilita la confianza en uno mismo, el coraje para asumir riesgos y el optimismo respecto de las oportunidades de alcanzar éxitos. Evitar la confrontación con desafíos daña la autoestima y la autoconfianza. Cuando decaen la voluntad y la capacidad de ejecución, la comodidad se transforma en impedimento. «No quiero» o «no tengo ganas» se transforman en «no puedo» y «soy incapaz».

Todos los padres desean que a los hijos les vaya bien y les duele verlos tristes o frustrados. Los padres que no pueden tolerar el sufrimiento filial optan por calmar la angustia de manera instantánea, sin pensar que lo que se necesita es un tratamiento radical del problema.

La evitación es un problema muy serio. Lo que sigue está dirigido a padres de adolescentes, de jóvenes e incluso de adul-

tos evitativos que siguen dependiendo de los padres. Es decir, está destinado a padres de personas que han abandonado la lucha por la vida y se encuentran en el estado avanzado o crónico del espectro, personas cuya evitación puede ser catalogada entre mediana y grave.

Así, por ejemplo, los padres de un adolescente pueden sentirse preocupados porque el hijo es holgazán o pasivo, no desarrolla su potencial o se pasa las horas frente al ordenador. Otros, por la hija que no abandona la casa o ni siquiera sale de su habitación, incapaz de mantener ningún vínculo social. Este capítulo apunta también a padres de hijos veinteañeros incapaces de sacar adelante ninguna misión vital, en especial en lo laboral y financiero.

La atrofia de la capacidad de actuar conduce a la reducción y la desesperación. Por eso la evitación suele estar acompañada por depresión, temores y otros disturbios mentales. Tanto padres como profesionales consideran al síntoma psicológico como responsable del descenso de la actividad. Dicho de otro modo, sostienen que una persona tiene un nivel de actividad bajo debido a que no se siente bien. El adlerianismo considera que el malestar psicológico se genera como justificación de la evitación, dado que, de no existir el síntoma, el entorno le exigiría al evitador que obrara de manera normal en lugar de aceptarlo y facilitarle las cosas. Una de las pruebas de esto es que la evitación persiste incluso si aparecen mejorías en los síntomas psíquicos; por ejemplo, tras un tratamiento farmacológico.

Como ya hemos señalado, la vida le plantea al ser humano tres cuestiones ineludibles por resolver, tanto para la subsistencia como para el bienestar y la prosperidad: el trabajo, el amor y la sociedad. Si la evitación ante una o más de estas cuestiones persiste más allá de algunas semanas, a raíz, por ejemplo, de una crisis, se trata de una señal de que la evitación ha pasado a ser una estrategia vital.

En las páginas siguientes podrán hallar guías de acción en casos de hijos evitativos de distintas edades. Sin embargo, es importante señalar que los padres no son responsables de las elecciones de los hijos y de sus estados presentes. Por supuesto, no existe padre que no haya cometido errores en la crianza de los hijos, aunque son muchos los factores que pueden influir en la elección de un niño: desde la carga hereditaria hasta el entorno cultural y el espíritu de la época. No obstante, la elección evitativa, como cualquier otra elección, es responsabilidad del hijo y no de los padres.

Asimismo, los padres no son responsables del cese de la evitación ni de la solución del problema. Toda persona toma sus propias decisiones y nadie puede vivir la vida en su lugar. Por lo tanto, no puedo asegurar que este modelo resuelva todo. Existe, por supuesto, la posibilidad de que se produzcan cambios positivos, pero nadie puede asegurarlo con plena certeza, pues, como ya hemos dicho, cada persona vive su propia vida. Lo que sí puedo prometer es que este modelo les permitirá obrar de un modo coherente con su concepción de vida y sus valores. Cuando los padres llevan adelante acciones en las que creen, se sienten mejor consigo mismos y más fieles a su papel parental. De este modo, podrán decidir qué hacer con los hijos y qué ofrecerles, con amor y criterio, y no como una reacción momentánea o por temor. Ya no tendrán que renunciar a sus propios valores, darse por vencidos, conceder o hacer para los hijos cosas que perciben como incorrectas.

Instrucciones de seguridad

Seguir los consejos que ofreceremos les exigirá a ustedes, padres, mucho coraje. Les pido un ejercicio de introspección, y con sinceridad, para que reconozcan los errores cometidos y para que aprendan modos de acción y de respuesta diferentes a los que han venido empleando hasta hoy. Deberán hacer aquello que más les cuesta hacer. Les propondré, entre otras cosas, dejar de proporcionar servicios innecesarios, dejar de mantener económicamente y dejar de aceptar conductas irrespetuosas de los hijos.

Este cambio se hará de manera paulatina y ofreciéndoles a los hijos apoyo y aliento. Se trata de un tipo de apoyo distinto al que han venido ofreciendo hasta ahora. A pesar de que los cambios se harán moderada, empática y paulatinamente, es de esperar que los hijos no reaccionen con demasiado entusiasmo.

Ustedes generarán una situación de «empeoramiento de condiciones» que hará que sus hijos se vean impelidos a abandonar la zona de confort que, aunque infeliz y poco placentera, brinda al menos seguridad. Es posible que con el cambio de paradigma se produzcan conflictos y enfados, y que ustedes se conviertan en blanco de acusaciones y quejas. Los hijos pueden llegar a reaccionar con críticas, insultos o una exhibición extrema de dolor y desesperación. También es posible que dejen de dirigirles la palabra o que se alejen. De hecho, esas han sido las causas por las que ustedes se han abstenido hasta ahora de «empeorar la situación». Pero este cambio es imperativo, pues seguir haciendo las cosas que les corresponden a ellos, en su lugar, los perjudica, y una vida de evitación significa la renuncia a muchos aspectos de la existencia.

Hay que destacar que esta guía no está destinada a padres de niños con impedimentos físicos o mentales que les imposibiliten asumir la responsabilidad de su vida, dado que en estos casos los padres deben hallar para los hijos marcos apropiados que les permitan tratamientos, terapias, rehabilitación, vivienda y trabajos acordes.

Naturalmente, los consejos de este capítulo son generales y no están adaptados a ningún individuo o familia de forma específica. A aquellos padres que deseen completar este entrenamiento les aconsejo que busquen la ayuda de profesionales cualificados en este método, con lo que podrán consolidar planes de acción que se adapten de manera específica a ellos y a los hijos, recibiendo de estos profesionales asesoramiento y aliento. Si los padres llegan albergar temores de riesgo a la vida de los hijos a raíz de estos cambios, deberán consultar, además de a los profesionales mencionados, a algún psiquiatra.

¿Están listos? ¿De verdad?

Hay un refrán que dice «Las madres hacendosas tienen hijos haraganes». En mi trabajo a lo largo de los años he notado que, junto a cada evitador, existe al menos un progenitor activo y especialmente responsable, un padre para el cual la actividad es un asunto natural y simple, y la entrega le da significado a su vida. Una persona puede optar por no hacer nada solo cuando hay alguien que hace las cosas en su lugar.

Abramson señaló que los padres de evitadores que llegan a una consulta se dividen en dos grupos: uno incluye padres dispuestos a cambiar sus hábitos para con los hijos evitadores y están decididos a hallar nuevos métodos; en el segundo grupo los padres tienen dificultad para cambiar hábitos, algunos porque la evitación no les parece un problema tan grave y otros porque la situación de los hijos concuerda con sus propias necesidades personales inconscientes.

Los padres del primer grupo consideran que la evitación de los hijos es un problema crónico grave. Estos padres han llegado a la conclusión de que lo que ellos venían haciendo hasta ese momento (proporcionar asistencia y dinero) no resultaba de ayuda ni modificaba la situación, sino que incluso la empeoraba. Además de admitir el problema y reconocer la inutilidad de sus esfuerzos hasta el momento, sienten que necesitan prestarse un poco más de atención a sí mismos y a su propia vida. Necesitan liberarse en lo emocional, lo financiero y lo práctico para poder dedicarse a sus propios asuntos y proseguir con su vida, sin sentir una preocupación continua, la culpa y la responsabilidad sobre un hijo que es ya un adulto, si no en cuanto a conducta, al menos en cuanto a edad.

En muchas ocasiones, tras una consulta terapéutica, estos padres advierten que han estado asumiendo más responsabilidades que las que el hijo asume sobre sí mismo. Consideran que en esta etapa de la vida de los hijos y de la suya propia la paternidad no debería estar en el centro de sus preocupaciones. Desean viajar, divertirse con amistades, gozar de la pareja, asistir a conferencias, al cine o al teatro. No quieren estar todo el tiempo pensando qué pasa con los hijos, preocuparse por su destino o escuchar durante horas sus penurias. Les gustaría encontrarlos en almuerzos familiares, en las fiestas o en las vacaciones, pasar con ellos buenos momentos y apoyarlos puntualmente en lo que fuera necesario. Quieren asistirlos, pero no mantenerlos. Quieren sentir que lo que les dan constituye una ayuda que se aprecia y se agradece.

Estos padres comprenden, llegado el momento y por lo común, a raíz de algún hecho en el que el hijo o la hija «trasgrede todo límite», que la excesiva dependencia y los continuos cuidados y esfuerzos atentan contra el crecimiento y que ese estado de cosas no puede continuar.

La mayoría de los padres que sostienen a hijos adultos se encuentra en estado de agotamiento, amargura e incluso desesperación. Como seres humanos estamos adaptados al cuidado de los hijos en la juventud. A medida que el tiempo transcurre, las fuerzas decrecen. Los padres se entristecen y se desesperan al ver que todos sus esfuerzos y preocupaciones no ayudan a que los hijos sean más independientes o felices, sino que cristalizan la dependencia y la incapacidad. Estos padres, en este punto del proceso, están abiertos a aceptar y poner en marcha otras normas de conducta con los hijos evitadores.

Según mi experiencia, los padres llegan a la decisión de modificar el modo de relacionarse con los hijos evitativos por una serie de razones. En ocasiones descubren que los hijos no están de verdad imposibilitados, sino que se «disfrazan», y que en determinadas circunstancias y en otros contextos, cuando se les antoja, son capaces, repentina y milagrosamente, de actuar sin mayores inconvenientes. Otras veces los padres llegan a la sencilla conclusión de que no hay motivo para seguir consintiendo y solucionándoles las cosas a los hijos y que tienen todo el derecho a disfrutar de su vida. En ocasiones el cambio se produce porque los hermanos del evitador protestan por el trato de preferencia que los padres le otorgan: la mayor parte de los recursos va hacia el evitador y los hermanos sienten, como es lógico, celos y rencor. Por último, algunos padres comprenden que no vivirán para siempre o que en algún momento les faltarán las fuerzas, y que por ese motivo los evitadores deben aprender a mantenerse por sí mismos, antes de que sea demasiado tarde.

El segundo grupo, los que aunque acudan a terapia no están aún dispuestos a pagar el precio que el cambio implica, incluye padres que minimizan la gravedad del problema filial o que lo han transformado en el núcleo central de significación y valor de su propia vida. En casos como estos, inconscientemente, el cuidado de un hijo «problemático» sirve como excusa para no tratar los asuntos personales o de pareja. A estos padres les costará mucho modificar conductas y la relación con los hijos evitadores.

Los padres facilitadores emplean muy a menudo justificaciones, excusas y racionalizaciones para explicar la situación: «Lo único que el chico necesita es un poco de tiempo», «Necesita encontrarse a sí misma, entonces estará todo bien», «Es una época difícil para ser joven», «Todos pasamos por cosas así». Se engañan a sí mismos pensando que pronto el hijo se recuperará y pondrá manos a la obra. Debe señalarse que en casi todas las parejas hay un padre que se muestra más preocupado que el otro, que se define como más optimista. El preocupado piensa que el optimista se encuentra en estado de negación, mientras que el optimista considera que quien se preocupa está histérico, exagera y que solo agrava la situación. Esta tensión dificulta la colaboración entre ambos. En lugar de complementarse, por ejemplo, que el padre preocupado establezca límites mientras que el optimista expresa empatía, lo que ocurre es que uno critica y se enfada mientras que el otro le da al hijo dinero a escondidas y continúa ofreciendo servicios innecesarios.

Los padres excesivamente responsables, que al solucionar los problemas de los hijos alimentan su propia autoestima, pueden comprender que estas conductas suponen un grave problema, y sin embargo siguen asumiendo el papel de solucionadores. Con el paso del tiempo la preocupación por los hijos pasará a ser el tema central de su vida. La responsabilidad y la entrega ayudan al sentimiento de pertenencia y a la autoestima de las personas, pero llevadas a un extremo lo que logran es transformarlas en salvadores. El papel de salvador conlleva un aura de sacrificio e incluso de santidad. Así, un hijo que ni siquiera en la adultez ha podido superar sus problemas es una magnífica «solución» para progenitores que se resisten a «soltar»: es una oportunidad para prolongar durante unos cuantos años la etapa de los cuidados intensivos, en algunos casos durante varias décadas.

Cuando los hijos se marchan hacia sus propios destinos los padres se ven frente a sí mismos, hacia su vida y, en especial, hacia la pareja que construyeron. Hay padres que aguardan ansiosamente ese momento de libertad, mientras que otros lo temen. En estos casos, el hijo que permanece en la casa o que aún depende de los padres «resuelve» la dificultad de afrontar cuestiones existenciales que surgen con la tercera edad.

En la película *Mejor... imposible*, el actor Jack Nicholson interpreta a un escritor que sufre un trastorno obsesivo-compulsivo y que necesita una rutina y un orden fijos y precisos para poder desenvolverse en la vida diaria. A lo largo de los años ha cenado siempre en el mismo restaurante, en la misma mesa y en el mismo horario. En el restaurante solo una camarera, Carol, interpretada por la actriz Helen Hunt, es capaz de entender sus manías y de brindarle el servicio que él requiere. Carol tiene un hijo enfermo, por lo que a menudo debe ausentarse de su trabajo, cosa que al escritor le produce una enorme angustia. Para solucionar este problema, el escritor solventa un carísimo tratamiento médico para el niño. Cuando el niño sana, Carol descubre de repente que toda su identidad ha estado basada en ser la madre de un niño enfermo. Ahora se ve obligada a preguntarse quién es, con qué profesión se sentiría más cómoda o qué pareja debería buscar. Comprende que por medio de esa identidad de madre-enfermera no solo lograba un sentido de pertenencia y estima, sino que también tenía una excusa para no responder a esos interrogantes.

Los padres de evitadores que de verdad deseen ayudar a los hijos tendrán que preguntarse, dejando de lado los temores, si el servicio que brindan a los hijos no los ayuda, a su vez, a solucionar sus propias necesidades de significación y estima. Si ese fuera el caso, mi consejo es que busquen terapia para poder sacar el foco de los temas filiales y ponerlo sobre ellos mismos. Solo entonces tendrán la apertura necesaria para recibir instrucción y guía para una paternidad efectiva.

El niño tiene treinta años[41]

A lo largo de los últimos años he conocido a innumerables jóvenes que vivieron con los padres casi hasta alcanzar los treinta años, otros que siguen viviendo con los padres aún pasada la treintena e incluso aquellos que regresan al hogar paterno a edades más avanzadas; algunos pertenecen a familias de buena posición y les alquilan apartamentos: los padres lo pagan todo, desde el alquiler hasta los cereales del desayuno.

A pesar de que vivir con los padres es algo sumamente conveniente en muchos aspectos, todos los jóvenes que conocí experimentaban una sensación de pérdida y desaprovechamiento respecto al pasado y de ansiedad y temor respecto al futuro. Acuden a la consulta en los últimos años de la veintena o cuando ya «han cambiado el prefijo»; a los treinta, una edad en la que, de acuerdo con la mirada de ellos y de muchos otros, ellos se sienten veinteañeros que se comportan como adolescentes.

Cuando les pregunto qué es lo que los retiene en casa de los padres, casi todos contestan que carecen de medios para alquilar un apartamento, al tiempo que muestran excepcionales conocimientos del precio exorbitante de los inmuebles. No hay que negar las dificultades para conseguir empleo, en especial si se busca un puesto en relación con el área de estudios y la capacitación adquirida, y es cierto que el mercado inmobiliario se ha vuelto más complicado de lo que ha sido en el pasado. No obstante, lo que caracteriza a los evitadores es la falta de disposición para amoldarse: solo quieren vivir en los barrios céntricos, no compartir gastos con socios temporales ni nada que se acerque a un sacrificio de comodidad.

Quizá suene extraño, pero a pesar de que en todos esos años de alojamiento en la casa paterna no tuvieron gastos de alquiler, manutención, impuestos o servicios, ninguno de todos esos jóvenes que conocí ahorró algo de dinero. Hay que decir que emplearon todo lo ganado en salidas, vacaciones y gustos personales. Me entristeció comprobar que la mayoría de los jóvenes invirtió su dinero en diversiones y antojos superficiales, y no en experiencias que hubieran justificado la tardanza en «sentar la cabeza». La mayoría de ellos no había viajado, no había tenido vivencias únicas inmersos en otras culturas ni había asistido a cursos interesantes o enriquecedores. La mayoría tampoco había desarrollado o experimentado relaciones estables o significativas.

¿Qué hicieron los padres de esos adultos evitadores? Los primeros años se mostraron pacientes y comprensivos. A los veinticinco comenzaron a sentirse preocupados («¿cómo es esto?, ¿ningún oficio te parece bien?») e intentaron movilizarlos, aunque siguieron lavándoles la ropa, costeando sus gastos y asumiendo las tareas que les correspondían a los hijos. Ya cerca de la treintena, los padres empezaron a comprender que se enfrentaban a un problema más serio. Comenzaron a entender que cometían un error al permitir que los hijos vivieran en condiciones de hotel de cinco estrellas sin ninguna contraprestación. Vieron que era ilógico que los hijos no asumieran una parte de la carga y que no hicieran nada por los demás, ni siquiera por ellos mismos.

Incluso el mero intento de solicitar la ayuda del «inquilino estrella» choca con airadas respuestas del tipo «ahora no» o «ufff, mamá, te he contado mil veces cómo bajar una aplicación..., ¿por qué no le pides ayuda a otra persona?». Cualquier intento de limitar las provisiones, los servicios o de decir cosas como «hoy necesito el coche» se topa con una reacción de enfado y por momentos agresiva. Cuando los padres expresan sus opiniones, propuestas o consejos, ni siquiera hablamos de críticas, reciben en respuesta un «boicot»: el hijo o la hija no les dirige la palabra durante un tiempo, se aleja o se encierra hasta que los padres vuelven a «entrar en razón». En lugar de ser los padres quienes entrenan a los hijos en cómo prestar colaboración, asumir parte de las tareas del hogar, responsabilizarse por uno mismo y en definitiva emprender un camino independiente, son los hijos los que «entrenan» a los padres para que no les pidan ayuda, no expresen sus opiniones y, por supuesto, sigan proveyéndoles de servicios y financiación.

En esta etapa, los padres, si son conscientes de la posibilidad, comienzan a considerar una consulta profesional, en principio para el hijo y luego para ellos mismos. Cuando charlan acerca del tema con sus amigos descubren que en apariencia todos tienen un problema similar y que ninguno sabe qué hacer. Aunque esto no es del todo exacto: de hecho, todos saben muy bien qué deben hacer y en especial qué deben dejar de hacer, pero no se atreven a hacerlo.

Es que todavía son chicos

Crecer significa tomar decisiones de manera independiente y asumir las consecuencias sobre estas decisiones. **En la primera década de nuestra vida adulta, desde los veinte a los treinta, los jóvenes tienen dos misiones importantes: hallar una orientación profesional para poder actuar en el mundo laboral y abrirse emocionalmente a las relaciones de amor.** O sea, escoger a la persona adecuada y mantener una red de relaciones sanas, satisfactorias y productivas.

Vivimos en una época en la que la edad promedio para contraer matrimonio se pospone hasta los treinta años y la elección de un oficio y el consiguiente ingreso en el mundo laboral no siempre se producen ni siquiera pasada la treintena. Muchos jóvenes no saben qué harán cuando sean adultos, eso en el caso hipotético de que deseen ser adultos. A menudo inician el estudio de una carrera (por ejemplo, Ciencias de la Comunicación o Administración de Empresas) solo por hacer algo, sin ninguna meta o dirección claras. El periodo de aprendizaje y crecimiento de los jóvenes se ha extendido tanto que hoy en día se habla de un nuevo periodo de aprendizaje, que Jeffrey Arnett denominó **adultez emergente** (*emerging adulthood*).[42] Arnett definió las edades de entre diecinueve y veintinueve años como los límites de esta etapa e identificó sus características especiales.

El adulto emergente se centra en investigar su propia identidad, lo que antes se atribuía a la adolescencia. Es una etapa que se caracteriza por la inestabilidad, por la sensación de transición. Estos jóvenes buscan conocerse a sí mismos, ahondar en sus capacidades y sus deseos. No están dispuestos a decidir ni a asumir compromisos, para no coartar sus posibilidades. Les complace la idea de que para ellos todo es posible aún. Tienen sueños, pero carecen de planes. Aspiran a conocerse a sí mismos y a escoger un camino que se adapte a sus personalidades antes de asumir ningún compromiso, antes de casarse o de engendrar hijos. El adulto emergente se concentra en él mismo sin ser por ello, necesariamente, egoísta. Les resulta importante cambiar a la sociedad y dejar una huella en el mundo; no quieren, como la generación de sus padres, matarse trabajando y también es importante para ellos trabajar en empresas socialmente responsables. Hoy en día, todas estas son consideradas características no solo normales sino también imprescindibles para alcanzar una vida mejor, una vida por la que se ha optado en un marco de autoconocimiento y de aprovechamiento de la libertad vital. En otras palabras, es importante y necesario buscar, ahondar en uno mismo, en la vocación y en el modo en que se querrá vivir la vida. Ese plazo se les otorga con el objetivo de esclarecer cuál podría ser una buena respuesta, aunque no perfecta, a las preguntas que la vida plantea . A veces es acompañado de ayuda profesional: terapia, consultas, capacitación o entrenamiento.

Sin embargo, que no hayan decidido aún qué estudiar o de qué trabajar no significa que los padres deban ocuparse de ellos o mantenerlos como a niños pequeños. **Algunos de estos jóvenes no logran avances o crecimientos en estas búsquedas y de hecho quedan estancados entre la niñez y la adultez.** Las prórrogas, en estos casos, no les resultan de utilidad para encontrar respuestas a las cuestiones vitales. Si las dos misiones más importantes de la vida, encontrar una vocación y hallar una pareja, no se completan en la segunda década de la vida, no se harán más sencillas en los años siguientes, sino todo lo contrario.

En su libro *La década decisiva*, la psicóloga Meg Jay escribió que estas dos decisiones, de qué vivir y con quién, se toman en circunstancias de incertidumbre extrema. Los jóvenes no pueden saber si querrán continuar toda una vida trabajando en el oficio que eligieron, si serán o no exitosos y ni siquiera si ese oficio seguirá teniendo demanda en un futuro. En cuanto a la elección amorosa, no podemos saber a ciencia cierta, a pesar de que a veces, al comienzo, así lo sentimos, que podremos compartir la vida entera con la persona elegida, sin tener en cuenta que en nuestra época la vida se ha extendido mucho más allá de los límites antiguos. Asimismo, la incertidumbre que rodea estas decisiones no decrece, sino que se expande con los años y siempre supondrá riesgos.

A partir de los treinta años muchos jóvenes pierden la fe en la capacidad propia de resolver y ejecutar decisiones. Comienza a aparecer una tensión, tanto interna como social, en cuanto a la vocación, la estabilidad laboral, la vivienda independiente y la pareja. Las mujeres jóvenes comienzan a oír el tictac del reloj biológico y surgen sensaciones de urgencia y de miedo a perder las oportunidades.

Ansiaban tomar la decisión perfecta y ahora, al elegir algo, sienten, con una dolorosa resignación, que deben conformarse. Los amigos han comenzado a aceptar puestos de trabajo y a avanzar en estas posiciones; se han casado y algunos ya son padres. Así, los adultos evitadores se sienten inferiores, aunque aspiran a ser más. En muchas ocasiones los oí decir esta frase: «Todos avanzan y yo permanezco en mi sitio». Surge la pregunta «¿qué será de mí?» o «¿qué me ocurre?», pero en realidad no están dispuestos a escuchar las respuestas a esas preguntas.

No todos necesitan tomar decisiones de trabajo o de pareja en su juventud, ni todo aquel que toma estas decisiones se sentirá, necesariamente, conforme con ellas. En el mundo laboral moderno las personas cambian no solo de lugares de trabajo, sino también de profesiones cada cierto tiempo. Sin embargo, quien haya pasado por estudios, capacitaciones laborales, quien haya trabajado y vivido relaciones profundas gana conocimientos, experiencia y sabiduría de vida. Crece y aprende algo acerca de sí mismo y del mundo. A veces aprende a saber qué es lo que no desea. Existe un refrán que afirma que no siempre se puede ganar, pero que siempre se puede aprender.

Jay sostiene que esta etapa, la segunda década de nuestra vida, es la más significativa. La denomina «la década decisiva», pero para muchos jóvenes pasa a ser «la década perdida»: al alcanzar su límite de los treinta años, estos jóvenes, que ya no lo son tanto, no han hallado aún una vocación, no pudieron dejar la casa paterna, no llegan a mantenerse a sí mismos y no tienen relaciones sociales o de pareja duraderas y satisfactorias. A los treinta años se les vuelve más difícil justificar la falta de aprendizaje o de actividad. Los encargados de recursos humanos, al ver esos currículos, prefieren candidatos «que hayan hecho algo en su vida». Las actividades de una persona son un fuerte indicador de quién es y cuál es su modo de actuar en la vida.

El hecho de que la evitación esté presente en el espíritu de la época no representa un consuelo para los padres, de modo que la pregunta que nos haremos en este capítulo es si los padres apoyan el estilo de vida evitativo de los hijos adultos y en qué consiste este apoyo.

Cambiar lo que está al alcance de nuestras posibilidades

Ustedes, padres de hijos evitadores, que han leído este libro hasta aquí, quizá entiendan esta descripción de la evitación como un alegato acusatorio: ustedes fueron los que consintieron y sobreprotegieron. En ausencia de métodos educativos democráticos, el sueño de la paternidad humanista condujo a la paternidad anárquica: las nuevas generaciones no entrenaron suficiente en el cumplimiento de tareas desagradables o aburridas, en esforzarse, en la constancia o en la postergación de recompensas. Pero nada de eso significa que ustedes sean culpables, porque en definitiva cada persona elige por sí misma, mediante su capacidad creativa, que hará con su carga genética, el contexto social y las circunstancias de su crianza. Adler creía que nada en la vida de una persona está prefijado de manera determinista y que todo puede ser también diferente. No existe una única respuesta o interpretación ante la información o las circunstancias y siempre hay distintas opciones, incluso cuando no podemos vislumbrarlas.

Hay una plegaria, la llamada «Oración de la serenidad», cuyo origen se atribuye a distintas fuentes, en la que el orante le pide a Dios que le otorgue serenidad para aceptar las cosas que no puede cambiar, coraje para cambiar aquellas que sí puede, y la sabiduría necesaria para distinguir unas de otras. El plan de trabajo que adoptaremos parte de esta capacidad de distinguir.

El modelo para el cambio que propongo consta de cuatro

etapas. La primera supone **la consolidación de una visión acerca de la paternidad hacia los hijos adultos**: nos detendremos a pensar con detenimiento cómo debe ser el papel de padres de adultos. La segunda etapa trata de **la mejora de la relación y de las comunicaciones entre padres e hijos.** La tercera consiste en una **declaración por parte de ustedes, padres, en la que les anuncian a los hijos que han decidido dejar de hacer o solventar todo aquello que no contribuya al desarrollo de la independencia responsable.** La cuarta y última etapa es la **puesta en práctica, el cese de pagos y servicios,** junto con el esforzado cuidado de la relación y de acciones que puedan beneficiar la evolución de los hijos.

La primera etapa

(Un momento, estamos pensando)

Cuando mis hijas terminaron su servicio militar y regresaron a casa, yo esperaba que comprendieran de manera natural y automática que eran ya mujeres jóvenes y no niñas, y que, de hecho, debían considerarse coinquilinas. No les exigí que pagaran un porcentaje de la electricidad o de los impuestos municipales, ni tampoco, por supuesto, un alquiler. Solo esperaba que asumieran su parte en las muchas tareas que demanda el mantenimiento de una casa. Para mi sorpresa, no solo no fueron capaces de percibir por ellas mismas cuáles eran las necesidades (por ejemplo: agregar a la lista de la compra los productos que hay que reponer), sino que de pronto comenzaron a formular todo tipo de extrañas preguntas, como «¿qué hay para cenar?», y empezaron también a formular quejas del tipo «¿por qué nunca hay nada para comer en esta casa?». Intenté todo tipo de estrategias para modificar esa actitud: el humor («Es de verdad una excelente pregunta; ¿qué hay de comer?»), solicitar ayuda («¿Podrías encargarte esta semana de la compra?»), el cinismo («¿Crees que soy tu sirvienta?») y, por supuesto, acudí al repertorio de la madre sufrida («¿Sabes cuántas horas he estado trabajando hoy?»). Nada parecía ayudar. Me pregunté a mí misma qué estaba ocurriendo.

Cuando me siento mal o pierdo el norte, acudo a mi maestra y guía a lo largo de estos últimos quince años, Zivit Abramson. Soy una partidaria ferviente de la idea de que, si existe un problema que no somos capaces de solucionar por nosotros mismos en un lapso máximo de dos meses, es conveniente consultar con un profesional. En esa charla, Zivit me preguntó algo que me hizo pensar profundamente acerca de cómo concibo mi papel de madre de hijas adultas. La pregunta fue «¿cuál es el significado de tu papel como madre en la vida adulta de tus hijas?» o, dicho de otro modo, «¿quién quieres ser para ellas y qué quieres darles?».

Tras mucho pensar decidí hablar con ellas y compartir mis conclusiones acerca de cuál debía ser mi papel como madre a partir de ese momento. Les dije que las quería y que nunca dejaría de apoyarlas. Quería que supieran que siempre contarían conmigo, tanto en los malos momentos como en los buenos. Les dije que, como toda buena madre judía, estaba dispuesta a asumir los gastos de cualquier carrera o capacitación profesional que eligieran. En mi opinión, apoyarlas en los estudios forma parte de mi función, que es la de equiparlas de conocimientos y herramientas que las ayuden a enfrentar los desafíos laborales. Les dije que iba a hacer un gran esfuerzo para ayudarlas en la compra de un apartamento. Pero que ese era el límite de mi papel como madre según lo concebía.

Decidí que mi papel como madre de personas adultas no incluye cocinar, hacer la compra ni dar servicios de transporte o de limpieza. La ayuda que quiero brindar no incluye dinero para gastos de mantenimiento, coche o vacaciones. Eso no significa que jamás vaya a volver a cocinar para ellas, aunque en mi caso no se trata de una gran pérdida, por supuesto que a veces las ayudaré o les haré regalos, pero no porque ese sea mi papel como madre o como mujer. Debo vivir mi propia vida, dedicar tiempo a mi pareja y amistades, y muchas otras responsabilidades que no están relacionadas con mi papel materno. Mis hijas, como todos los jóvenes, tienen importantes metas que alcanzar: trabajo, subsistencia, amor, pareja, relaciones de amistad y sociales. Esas son sus metas. Yo entiendo mi papel como el de alguien que proporciona herramientas y medios que ayudan a crear una vida mejor, y como dadora de sentido de pertenencia, amor, aceptación y estima.

Vuelvo a formularles ahora a ustedes, padres, la pregunta que me hizo en su momento Abramson, y los invito a pensar, juntos o por separado, cómo ven ustedes el papel de padres de los hijos adultos.

La línea conductora que les ofrezco de guía a los padres se basa en distinguir entre las acciones que aportan al crecimiento, a la independencia y a la responsabilidad, y las que entorpecen o detienen ese desarrollo. Mantener estudios o capacitaciones laborales, una terapia, formaciones, una orientación ocupacional o similares son medios para el crecimiento de la consciencia, de la fortaleza, de la adquisición de conocimientos y herramientas que les serán útiles el resto de su vida. Todos estos servicios pueden conseguirse a muy bajo coste, consultando con residentes en programas de estudios de las distintas carreras. Se aconseja que los padres les digan a los hijos que están dispuestos a ayudarlos en las búsquedas o con los costes de estas acciones, pero deben aguardar a que sean los hijos quienes lo soliciten y que lo hagan como resultado de una elección, de una decisión que aproveche los recursos ofrecidos y que los aprecien.

Al mismo tiempo, se debe considerar que no hay para el evitador nada más placentero que sentarse a hablar una vez a la semana acerca de sus problemas y sentimientos con una persona comprensiva. Además del apoyo y la empatía, se gratifica con la sensación de estar «haciendo algo»; o sea, acudir a sesiones de terapia, cuando, en realidad, no avanza en la solución de sus problemas. En consecuencia, es importante saber que existen muchos tipos de terapias, cada cual con sus propios objetivos. Mi consejo a los padres de hijos evitativos es que paguen solo las terapias de psicoterapeutas orientados a generar cambios. Estas terapias ponen el acento en la capacidad del paciente y tienen en cuenta el tiempo y el dinero empleados en el tratamiento.

Además de elegir correctamente el tipo de terapia, es importante elegir profesionales capacitados y diplomados. Debemos advertirle al hijo o a la hija, y también, algunas veces, al terapeuta, que estamos dispuestos a apoyar para alcanzar un objetivo específico: resolver los problemas para lograr un comportamiento independiente. Podemos limitar los pagos a un periodo de tres meses después del que se evaluarán los resultados y se decidirá si continuar o no. Una terapia puede ser un proceso largo, pero en el caso de los evitadores es importante insistir en los avances. Si a raíz de la terapia se produce un pequeño movimiento, deberemos armarnos de paciencia; pero si el tratamiento no da lugar a ningún cambio, tendremos que considerar que la terapia elegida no es la correcta.

Junto con la ayuda en programas de capacitación o en terapias, según la necesidad, *desaconsejo* que los padres asuman los gastos corrientes de los adultos emergentes evitativos, como el mantenimiento de un vehículo, un teléfono móvil o gastos superfluos. Este tipo de apoyo no es ayuda, sino consentimiento, y debilita la motivación del joven para trabajar, pues sabe que seguirá recibiendo todo lo que se le antoje, sin esfuerzos.

Si todos los pasatiempos y gastos de subsistencia están cubiertos, no se sentirán obligados a cuidar el puesto de trabajo cuando las cosas se compliquen o resulten aburridas. Podrán renunciar por cualquier nadería desagradable y vivir por cuenta de los padres mientras buscan, con todo el tiempo del mundo, un empleo nuevo. Entretanto, trastocan el orden cotidiano, duermen durante el día y salen por las noches. Los padres ni siquiera los ven y, cuando por casualidad se encuentran, aprovechan para amonestarlos («No es sano vivir al revés»), insistir («¿Y? ¿Qué pasa con el trabajo?») o criticar («Eres un parásito»). Estas frases no sirven, porque en la práctica las acciones de los padres consolidan la situación existente y la comunicación empeora las relaciones. Los padres deben actuar al revés: son los actos los que pondrán los límites mientras que las palabras contribuirán tanto con las buenas relaciones como con la sensación de estima y pertenencia de los hijos.

La visión paterna

Como hemos señalado, las metas de la crianza son desarrollar la sensación de pertenencia y del sentimiento de comunidad y entrenar en la participación y la cooperación. En resumen: prepararlos para la vida adulta. Pero **¿cuáles son las metas respecto de hijos adultos? ¿Cuál es la obligación moral para cuando los hijos llegan a la adultez?** Para aclarar la definición del papel de los padres de adultos, les propongo elaborarla en una visión específica que puede extenderse al papel de abuelos, de modo que puedan también ayudar con los nietos y a los nietos, en tanto puedan y deseen hacerlo. Elaborar una visión permitirá hacer conscientes las creencias, los valores y las preferencias que guiarán sus decisiones y conductas para con los hijos.

¿Qué es una visión personal? Es la imagen de nosotros mismos y de nuestra vida en un futuro que aspiramos a concretar. Para crear esta visión los invito a imaginar una escena futura, la que mejor exprese quiénes desean ser como padres en esta etapa de su vida. La visión nos muestra el horizonte al que aspiramos llegar, qué es lo que realmente importa y nos facilita conectar entre las elecciones y las acciones cotidianas con un significado existencial profundo.

Les aconsejo que se sienten en algún sitio agradable y cómodo lejos de móviles y pantallas. Quizá deseen cerrar los ojos. Los invito a visualizar, durante más o menos veinte minutos, una imagen del futuro al que aspiran para sus familias. Imagínense *a ustedes* actuando del mejor modo posible frente a los hijos en distintas circunstancias: la cena, una charla telefónica, visitas, salidas compartidas. Imaginen cómo desearían responder ante diversas peticiones, en especial aquellas que no desean satisfacer, o de qué modo reaccionarían si sus hijos tomaran decisiones que a ustedes les parecen incorrectas…

Quien se sienta incómodo con la idea de la imaginación guiada podrá poner sus reflexiones por escrito, incluso en forma de lista. La visualización de una imagen futura ayuda a conectar las ideas con las emociones y despierta la inspiración, incentivando así el deseo, el compromiso y las energías para concretarla.

Después de asentar la descripción de la imagen futura que imaginaron, comparen su comportamiento actual con el imaginado. ¿Qué es lo que ya funciona y desean conservar y qué no? Conversen entre ustedes acerca de esta visión. Busquen los puntos en los que concuerdan y en los que no. En general, uno de los dos padres es más permisivo o protector mientras que el otro está más concentrado en poner límites. Intenten llegar a un mínimo común, a un punto de llegada compartido.

Recuerden que lo actuado hasta hoy no ha conseguido buenos resultados ni ha mejorado las relaciones, por lo que es productivo evaluarlo y cambiar de dirección. Abramson suele decir que los disensos profundos entre los padres suelen ser una señal de que ambos están equivocados, pues sostienen posiciones pedagógicas demasiado extremas. Lo que caracteriza al enfoque pedagógico productivo es el sentido común, el equilibrio y la sensatez. En el caso de no llegar de común acuerdo a una visión, les aconsejo que acudan a una terapia de pareja o a un consejero de familias para acortar las diferencias entre ambos.

En mi experiencia, el método adleriano es de gran ayuda para acercar las distintas aspiraciones de los padres, porque plantea poner límites, pero lo hace amable y cariñosamente. Cuando los padres asimilan un método efectivo y a la vez respetuoso, pueden actuar al unísono y se sienten más coherentes. Una vez elaborada la visión parental, se plantean objetivos modestos para ponerla en práctica. Comienzan por dejar de hacer cosas que no contribuyen al aumento de la autoestima de los hijos, a las buenas relaciones o a la independencia responsable y hacer las que lo favorezcan.

La segunda etapa: esforzarse para mejorar las relaciones

Tras haber alcanzado una visión más o menos consensuada, aconsejo comenzar a practicar la interrupción de determinadas conductas que arruinan la relación con los hijos y comenzar la construcción de una relación positiva y mutua de empatía, diálogo, colaboración, asistencia mutua y aliento. Si mejoran las relaciones y la comunicación, verán que en algunas semanas se produce un cambio favorable en el vínculo o en el ambiente de los encuentros familiares. Se podrá pasar entonces a las siguientes y difíciles etapas: el anuncio del cese de los servicios innecesarios, promotores de la evitación y su aplicación.

Dado que los padres no son los únicos responsables, es posible que no observen ningún cambio significativo en la relación o en el diálogo por parte de los hijos. Recuerden: ustedes son responsables solo de *las acciones propias*. Si dejaron de criticar y presionar, si actuaron de manera consistente en favor de una relación positiva a lo largo de varias semanas, podrán pasar a la etapa siguiente. El objetivo es lograr una comunicación de confianza, cercanía, respeto y afecto. La base lógica de este esfuerzo por mejorar las relaciones, antes del cese de los servicios y la asistencia, es asegurar la sensación de pertenencia y apoyo, pero no el consentimiento.

Todos los padres de evitadores crónicos cometen dos grandes errores: reparten servicios y dinero, y critican y se quejan.

Mi consejo es evitar ambos: terminar con los desembolsos y dejar de criticar. Al mismo tiempo, ofrecer alternativas para mejorar el vínculo, para hacerlo más sano y recíproco. Dado que el corte de servicios y dinero puede atentar contra las buenas relaciones, debemos construir una base que resista el temblor.

La mejora de las relaciones es un objetivo deseable en sí mismo, una parte importante de la visión parental. Supongo que, al imaginarse a ustedes mismos como padres en ese futuro mejor, se vieron como figuras positivas, favorecedoras y significativas respecto de los hijos, con independencia de cuáles hayan sido las elecciones de ellos.

Al mismo tiempo, es importante resaltar que si existe alguna oportunidad de influir sobre los hijos, depende de las buenas relaciones y del aliento . Aunque no se produzcan cambios en las conductas de los hijos, los padres se sentirán mejor si siguen ofreciendo afecto y respeto.

En las próximas páginas señalaré cuáles son las conductas nocivas para las buenas relaciones y la comunicación entre padres e hijos: la crítica, el desprecio y la insistencia. Luego expondré las conductas favorecedoras, las que vale la pena reforzar: compartir, solicitar ayuda y alentar.

Qué no hacer

Los padres de hijos evitadores están muy ocupados con los hijos, tanto en el aspecto emocional como en el práctico. Sienten el sufrimiento y el dolor que los aqueja, se preocupan por el futuro que los espera, se enfadan por la inacción, la haraganería y la inconstancia. Están exhaustos y agotados por la entrega incesante y se sienten decepcionados por la total desconsideración que exhiben los hijos. Todos esos sentimientos e ideas negativas se centran en lo que falta y en lo que no funciona.

Los hijos reciben mensajes en los que se aúnan lástima, preocupación, decepción, enfado y crítica. La lástima se expresa en la sobreactuación o en la entrega continua por parte de los padres, que son incapaces de resistir que a los hijos algo les resulte difícil y necesitan facilitarles las cosas. La preocupación aparece en los pensamientos y en las expresiones de los padres, «¿qué será de ti?». La crítica, en expresiones del tipo «¿hasta cuándo supones que debemos mantenerte?» o «de nuevo estás en números rojos, es increíble…» y similares.

Debemos recordar que, en general, el sustrato de la evitación es la inseguridad y el sentimiento de inferioridad. Además, los adultos evitadores no están entrenados para postergar satisfacciones o esforzarse. El sentimiento de comunidad de los hijos está subdesarrollado, pues se preocupan casi en exclusiva por ellos mismos. Lo que ustedes hacen hoy como padres de evitadores es, probablemente, proveer, criticar y quejarse.

Estas acciones no contribuyen al desarrollo de responsabilidad o independencia, y las palabras que emplean dañan o arruinan la relación. El enfado y la frustración que ustedes sienten hallan su expresión en rechazo e incluso en odio. Estos sentimientos afectan profundamente a los hijos, incluso aunque se muestren indiferentes, y de ninguna manera harán que las cosas mejoren. Por lo tanto, quiero proponer que hagan lo opuesto: que sean las acciones las que contribuyan al desarrollo de los hijos, mientras que las palabras mostrarán amor y apoyo.

Suelo sugerirles a los padres un ejercicio que ayuda a ver de un modo más patente la relación y los sentimientos que he descrito respecto de los hijos. Le pido a cada uno que sostenga ante sí un espejo y que haga gestos que expresen lo que sienten por los hijos evitativos. En general, lo que verán será una mezcla de desesperanza, preocupación, decepción, ira y frustración. En ese momento les digo: «Ese es el rostro que ven los hijos cuando se encuentran con ustedes, ese es el mensaje que ustedes transmiten». El hijo no ve reflejado orgullo en la cara de su padre, el mismo orgullo que el padre desearía transmitirle.

Estoy segura de que su visión, como padres, es mantener una relación positiva con los hijos, ofrecerles amor, respeto y aprecio. No permitan que los hijos les impidan ser los padres y los seres humanos que ustedes querrían ser. **En esta etapa del modelo, deben entrenarse en ser los padres que decidieron ser, con independencia de la conducta o la actitud de los hijos.**

Les ofrecerán un trato respetuoso, el mismo que merece cualquier ser humano. Los invito a ser, sin condiciones previas, figuras positivas para ellos. Para eso hay cosas que deben dejar y otras que deben comenzar a hacer. Deben cesar las críticas, el desprecio, la insistencia, el control y los consejos no solicitados. Deben comenzar a alentar, a compartir, a pedirles consejos y ayuda.

Es posible que sientan cierto recelo ante la propuesta de dejar de criticar o marcar errores, porque piensan que el hijo no tiene consciencia de los problemas y, si ustedes no los señalan, ¿cómo lo sabrán? Tengo noticias para ustedes: los hijos saben perfectamente bien que no están comportándose como deberían. Pero ser conscientes de ello no los impulsa a cambiar, sino a replegarse aún más en la desesperanza. Los padres temen también que los hijos interpreten la interrupción de las críticas como indiferencia o falta de interés. No es así: mi consejo no implica desentenderse o alejarse de los hijos, sino reemplazar las críticas por una comunicación de otro tipo, más agradable y efectiva.

Es difícil centrarse en la mejora de la relación y en lo positivo para ignorar, en teoría, el problema central: la evitación y las frustraciones que despierta. Sin embargo, en ocasiones resulta conveniente ignorar al «elefante» en la habitación. Intenten hacer cosas amenas junto a sus hijos, hablar con ellos de cualquier cosa, excepto de la situación actual. Dejen de preguntar cosas como «¿qué vas a hacer?» o «¿vamos hacia algún lado?». Conversen acerca de cualquier tópico ajeno al «campo minado»: el clima, artículos que vieron o libros que leyeron, anécdotas, etc.

Asistan juntos a espectáculos, vean alguna serie o escuchen música. Será para los hijos un recordatorio de que también ustedes son personas, además de padres o críticos. Hacer que cada encuentro con los hijos, en lugar de una ocasión de disputa, sea de deleite compartido. Los padres deben recordar que los problemas de los hijos son, ante todo y sobre todo, de ellos, de los hijos. Aunque los padres son los actores principales debido a la provisión de servicios, el apoyo económico y las críticas interminables, es hora de ceder el centro del escenario y pasar a asumir los papeles secundarios que convienen a los padres de adultos.

Las principales sospechosas de arruinar las relaciones

Las críticas son las principales sospechosas por la mala o inexistente comunicación entre padres e hijos. Encontrar errores y señalarlos no es útil. Si alguien se está ahogando, no necesita que se le diga lo equivocado que estaba al sumergirse o que le sugieran que tome lecciones de natación. Lo que necesita es un salvavidas, una toalla y aliento. Quien cometió un error necesita asegurarse de que a pesar de eso aún es valioso y digno de amor.

Para evidenciar el poder corrosivo de la crítica, expondré ejemplos de reacciones ante el aumento de peso de los hijos. Ayelet Kalter, una nutricionista que impulsa un cambio cultural en relación con la obesidad, fundó Adam Umloó,* una organización israelí que lucha contra la discriminación de las personas por su masa corporal. Según Kalter, los niños pequeños disfrutan de su cuerpo y les gusta observar su imagen en el espejo. No están preocupados por el vientre redondo ni por la doble papada. Sin embargo, no transcurre demasiado tiempo hasta que el cuerpo, incluso el de los niños, comienza a estar sometido al juicio de «la gente».

En su libro *Bajemos del peso*, Kalter explica que el exceso de

---

* En hebreo, «El hombre y su mundo» (ומלואו אדם). Literalmente, «El hombre y su entorno». Juego de palabras con el doble significado de la raíz MLA: entorno/lleno (relleno, obeso, gordo, etc.). *(N. del T.)*.

peso es un asunto complejo que tiene muchísimas implicaciones: sociales, fisiológicas, emocionales y espirituales. No es necesario ser nutricionista profesional para entender que no existen soluciones mágicas y que en la mayoría de los casos las dietas no solo no ayudan, sino que empeoran la situación. A pesar de esto, son muchos los padres que buscan para los hijos la fórmula milagrosa que los haga adelgazar.

Muchas mujeres me han contado que cuando entran en la casa paterna lo primero que sucede es que las pesan. No les piden subir a la balanza, por supuesto: no es necesario. Las pesan y sopesan rápida y completamente, de la cabeza a los pies. Luego llegan los resultados del examen: «Has engordado un poco, ¿no?» o «¡Has adelgazado, te felicito!».

Muchos padres quieren ahorrarles a los hijos el juicio negativo con el que la sociedad juzga a las personas obesas, dado que existe una chocante discriminación en todos los aspectos posibles, desde lo laboral hasta lo medicinal. Pero esta discriminación comienza en la propia casa. Los padres que desean el bienestar de los hijos deben lograr que se sientan bien y seguros en su hogar, que sientan que son valiosos y que los aprecian sin que influya en ello la balanza. Lo expresado aquí en referencia al peso vale también para las orientaciones sexuales y otras características.

Aceptar a los hijos tal como son los ayudará a que se acepten a sí mismos. La capacidad de aceptar y amarse a uno mismo a pesar de no ser perfecto hace a nuestro bienestar personal y aumenta nuestros índices de felicidad y niveles de energía vital. Es difícil que una persona se acepte a sí misma si no se siente aceptada por sus propios padres y por su círculo familiar.

Les aconsejo que dejen las opiniones negativas, dejen de sermonear, explicar y aconsejar. ¿Acaso alguna vez recibieron, en respuesta a alguna crítica, una reacción del tipo «¡Ay, mamá, qué bien que me lo dices, no sabía que si no trabajo me quedo sin ingresos! ¡Estoy pasmada! ¿Hay algo más que te parece que deba modificar? Eres tan sabia…». Si alguna vez oyen algo así, continúen con las críticas, observaciones, sermones, explicaciones y consejos.

Existen, sin embargo, otros «sospechosos de siempre», estrategias lesivas para las relaciones padres-hijos: desprecio, control, preocupación, suspicacia y presión. El psicólogo John Gottman descubrió que la ocurrencia de esas formas de comunicación, que él denominó «jinetes del apocalipsis de la pareja», es un indicador preciso para la predicción de divorcios.[43] Así como nos entrenamos en abstenernos de críticas, les propongo también que presten atención a estos otros impedimentos para la comunicación positiva y hagan el esfuerzo de apartarlos.

Comenzaremos con el **desprecio**. Como ocurre con la crítica, quien desprecia al otro no siempre es consciente de que lo que está haciendo es humillarlo. Cuando un padre le dice a su hijo «¿este es tu problema?» lo que piensa es que está poniendo las cosas en su justa proporción. Si la crítica es una opinión negativa, el desprecio es la combinación de crítica con burla, rechazo y desamor. Muchos padres, y parejas, no son conscientes de estas expresiones de desprecio, dado que en la mayoría de los casos no se manifiestan con frases hirientes, sino volviendo los ojos hacia arriba o mediante una mueca.

Quien desprecia busca mostrar superioridad y, por supuesto, la seguridad de estar diciendo lo correcto. Como sucede con la crítica, en el desprecio hay falta de empatía. Por ejemplo, en la actualidad muchos jóvenes se quejan por el precio de los inmuebles, y con razón. En respuesta, los padres reaccionan con frases como «¿cuándo fue barato?, ¿a alguien le resultó fácil?» o «también para nosotros fue cuesta arriba, y por supuesto no íbamos a cafeterías o restaurantes ni viajábamos a destinos exóticos… Sois unos niños mimados». Todo esto puede ser cierto, pero ha de tenerse en cuenta el contexto en el que han crecido estos jóvenes.

Los padres pueden mostrarse comprensivos hacia la dificultad que supone trabajar en empleos no rentables o carentes de interés y expresar empatía: «Sí, es frustrante». Pero de ningún modo deben pasar de la intención al acto de sostener económicamente a los hijos hasta que estos encuentren el empleo ideal. Cuando mis hijos me cuentan acerca de sus problemas y dificultades me veo a mí misma preguntándome, ante todo, cómo puedo resolverles las cosas. Se requiere una gran fuerza de voluntad para no ofrecer ayuda inmediata, que es la primera elección de muchos padres. No pido que dejen de pensar así, sino que guarden esos pensamientos para ustedes. Una buena respuesta paterna incluye tres componentes: empatía, confianza en la capacidad de los hijos y apoyo. Este es también el orden correcto de las cosas: «Es difícil, tú puedes, estoy contigo».

Otra conducta paterna corrosiva para el vínculo es el intento de control. El **control** sobre los hijos se expresa en el impulso de decirles qué deben hacer, cómo conducirse. Si podemos renunciar a la crítica, al desprecio y al control, aún nos quedan dos obstáculos comunicacionales: la preocupación excesiva y la postura defensiva.

Preocupación excesiva: en cierta ocasión le preguntaron a una madre judía cuál era su hijo preferido. Su respuesta fue: «El que está enfermo, hasta que se cura, y el que está lejos, hasta que regresa». A pesar del corte del cordón umbilical, en determinadas culturas los padres permanecemos ligados a los hijos mediante un cordón invisible, aunque muy real. Dado que las acciones de los hijos maduros no están, en general, bajo control de los padres, se acude a un sentimiento que nos permite sentir que, incluso así, tenemos alguna influencia: la preocupación. Es un sentimiento, al parecer, inevitable, dado que con el nacimiento de los hijos se gesta no solo el amor hacia ellos, sino también la preocupación y los temores. Sin embargo, cuando los padres se muestran en exceso preocupados, les dificultan las cosas a los hijos.

Una postura defensiva es el intento de explicar y justificarse ante las críticas de los hijos. Lo contrario de una postura defensiva es la aceptación de la responsabilidad. El padre, en lugar de asumir errores, sostiene que no fueron en absoluto tales o culpa de ellos a los hijos («no me dejaste otra opción»). Es posible reconocer los errores y expresar pesar («es cierto, cometimos numerosas equivocaciones»). Asumir la responsabilidad no significa que los padres deban indemnizar a los hijos. Reconocer un error y entender el sufrimiento que este ocasionó puede incrementar la autoestima de los hijos y aplacar el dolor.

La última de estas conductas dañinas, en el marco de la relación padres-hijos, es la **presión**. Los padres deben dejar de presionar y urgir a los hijos. El padre de un niño pasivo se caracteriza, por lo general, por la hiperactividad. La psicóloga Patricia Deegan califica a este tipo de progenitor como «el salvador desesperado». Al acercarse a alguien pasivo, las personas activas entran en un torbellino de actividad. Deegan describe así esta vivencia: «A medida que ellos se retraen, nosotros avanzamos más y más. Cuantos más faltos de voluntad se muestran, nosotros nos sentimos más y más voluntariosos. Cuanto más se desesperan, nosotros seguimos intentándolo. Si se muestran más pesimistas, nosotros somos los optimistas a ultranza. Mientras ellos fracasan con uno y otro plan, nosotros proyectamos el próximo. No hay necesidad de aclarar cuán rápidamente nos cansamos y agotamos. Nuestro enfado empieza a formar parte de la ecuación... Nos sentimos usados e inútiles...».[44]

No hay razón para que las relaciones entre padres e hijos sean diferentes, en esencia, de las buenas relaciones entre el común de los seres humanos. ¿Qué es lo que define una buena relación? Es un vínculo en el que nos hacemos presentes, en el que aceptamos lo que surge, avanzamos en lo positivo y, como sugiere Achi Yotam en sus conferencias, colaboramos, nos consultamos, pedimos ayuda y brindamos aliento. Es decir: en este contexto de padres e hijos, los padres no debemos criticar, ni despreciar, ni controlar, ni ponernos a la defensiva ni presionar. Aconsejo a los padres que elijan una de estas conductas y se centren en no caer en ella.

Qué hacer: invertir en la relación

Hasta aquí hemos estado revisando qué es lo que debemos dejar de hacer para mejorar nuestros vínculos con los hijos, en especial con los hijos evitadores. Ahora explicaré qué es lo que los padres pueden hacer para potenciar el sentido de pertenencia y la autoconfianza de los hijos, y para mejorar el vínculo.

¿Cómo estás, mamá?

En un sistema de relaciones bueno y sano, cuando una persona querida tiene un problema o una dificultad, o cuando está enferma o débil, tendemos a poner el foco de nuestra atención en ella. Nos interesamos por su salud, atendemos sus necesidades, intentamos facilitarle las cosas y ayudarla, dejando de lado nuestras propias necesidades y asuntos. Este estado de cosas es, en general, temporal, porque en cuanto la situación mejora, la persona se restablece o el problema se resuelve, nuestra atención retorna a su equilibrio anterior.

La relación entre padres e hijos no es un vínculo igualitario. Los padres son responsables hasta que los hijos alcanzan la adultez y tienen, por lo tanto, autoridad sobre ellos para tomar decisiones, entre ellas las relativas a la salud o la educación. De hecho, casi todos los aspectos de la vida infantil están bajo la influencia paterna. Los padres siempre se referirán a los hijos como «los chicos», incluso cuando estos hayan alcanzado los treinta, los cuarenta o los sesenta. El más pequeño siempre será «el bebé». Solo en la vejez los papeles pueden llegar a invertirse y es entonces cuando los hijos pasan a ser los cuidadores, lo cual está a veces acompañado de tristeza, culpa, vergüenza y miedo por parte de los padres.

A pesar de que por su naturaleza las relaciones entre padres e hijos no son un vínculo igualitario, es importante que sea un vínculo de aporte mutuo. Como ya expliqué en el capítulo anterior, los padres también deben tener en cuenta sus propias necesidades y hacer a los hijos partícipes de lo que a ellos, padres, les sucede, para así estimular el desarrollo de la empatía: interesarse y tener en cuenta a los demás.

Cuando existe un problema importante, hablar acerca «de la situación» centra la comunicación en un único aspecto: en lo que está mal o no funciona del todo bien. Estas charlas están caracterizadas por muestras de preocupación y críticas, por el deseo de cambiar el estado de las cosas y por intentos de movilizar a los hijos para que hagan algo. Este tipo de encuentros y charlas terminan, en la mayoría de los casos, en frustraciones. Los padres están desesperados y los hijos humillados. Por lo tanto, les aconsejo hablar de cualquier cosa excepto de «la situación».

Hay padres que optan por abrirse a las dificultades de los hijos para escuchar sus problemas durante horas y horas. A veces los hijos se sienten mejor tras haber compartido cada detalle de lo que les sucede. Pero este alivio no se prolonga demasiado ni supone un avance.

Una buena relación es aquella en la que todos los lados pueden expresarse, en la que existe interés, empatía y entrega mutua. Quisiera aconsejarles que, además de interesarse por cómo están los hijos, busquen que ellos se interesen en cómo están ustedes. En la próxima charla cuéntenles qué están haciendo, háganlos partícipes de sus ideas y sentimientos, en especial, de los que nada tienen que ver con ellos. Pueden contarles acerca de sus planes, de sus dudas y de las decisiones que deben tomar.

Pueden compartir, también, los recuerdos que surjan, los errores o los desastres: a los hijos les encantará oírlos y saber que también los padres son seres humanos. Además, al compartir con los hijos, estos sienten que los padres confían en ellos y los aprecian. Asimismo, es bueno dejarse aconsejar por los hijos. Se le pide consejo solo a quien se aprecia, a quien se considera capacitado, sabio o creativo. Así, por lo tanto, hacemos que la autoestima de los hijos crezca; lo contrario que la crítica.

Colaborar y solicitar consejos son acciones importantes porque hacen que los evitadores, que tienden a no mostrar gran interés por nada ni nadie, escuchen a otros, fuera de ellos mismos. Cuando los padres esperan reciprocidad en la relación, cuando piden la atención del otro y que los tengan en cuenta, estimulan el sentimiento de comunidad y la empatía. Despiertan, además, sensaciones de calidez y afecto por parte de los hijos, sensaciones fuertemente ligadas a la entrega.

Otra vía que aconseja Achi Yotam para incrementar la reciprocidad en el vínculo filial e incrementar el sentimiento de aptitud es solicitar la ayuda de los hijos. Lo sé: ya lo han hecho antes. Inténtenlo de nuevo. No desistan, porque de otro modo el mensaje erróneo que transmitirían sería que todas las cargas en la vida son responsabilidad de los otros y que si permanecen inactivos el tiempo suficiente alguien las completará. Los resultados son, por un lado, comodidad y por el otro, músculos de actividad y colaboración atrofiados.

En la siguiente tabla encontrarán consejos para reacciones paternas que estimulen la colaboración de los hijos, fórmulas para solicitarles ayuda y respuestas posibles ante la falta de colaboración filial.

Compartir	Hacerlos partícipes de historias personales del pasado y del presente sin proponer moralejas ni intentar manipulaciones. Charlar acerca de algún artículo, noticia, libro o película, incluyendo la opinión de ustedes, sin incluir, aquí tampoco, moraleja alguna. Compartir con los hijos momentos embarazosos o situaciones de debilidad. Compartir con los hijos esparcimientos que les gusten tanto a los hijos como a los padres.
Pedir consejo	Pedirles a los hijos consejo acerca de lugares de esparcimiento, música o libros. Pedir ayuda para buscar determinada información. Consultarlos por dudas o dilemas, tanto acerca de asuntos cotidianos, como qué comprar, como en temas más complejos, como «¿Qué harías en mi lugar?».
Pedir ayuda	Solicitar la ayuda de los hijos para una comida familiar, pedir que ayuden a limpiar la mesa, hacer recados y trámites. Pedirles que ayuden con los abuelos. Pedirles que ayuden a los hermanos con dificultades o a los sobrinos.
Respuesta alentadora ante la colaboración	Qué interesante, no lo había pensado, es una idea creativa. Me resultó de gran ayuda. Me facilitó las cosas. Gracias, es un placer charlar/estar contigo.
Respuesta alentadora ante la falta de colaboración o la negativa a brindar ayuda	Entiendo que estás ocupado, pero necesito tu ayuda, me resulta muy difícil. Tal vez en otro momento. Me gustaría que lo pensaras. Me encantará saber si se te ocurre algo.

Distintos grados de aliento

Si la pertenencia es como el aire que respiramos, el aliento es el agua y el sol. Fortalece la autoestima. Así como las personas se alejan de los que los critican o desprecian, tenderán a acercarse a quienes los aceptan, refuerzan o potencian. El aliento proporciona a los hijos la sensación de valoración y valentía para enfrentar las cosas.

Estos son algunos de los rasgos comunes de las personas alentadoras, que ustedes podrán aprender e imitar:

Escucha: Las personas capaces de alentar escuchan. Escuchar es concentrarse, interesarse e intentar comprender el punto de vista del otro. La escucha demanda tiempo. No necesariamente mucho, pero debe ser tiempo disponible y libre de distracciones internas («qué dice esto acerca de mí») o externas (poner el *smartphone* en modo «no molestar»). La verdadera escucha se da a partir de la curiosidad, sin preconceptos. En otras palabras, es una escucha en la que existe la apertura necesaria para comprender el significado de las palabras del otro, sin apresurarse a clasificarlas según los moldes conocidos.

Foco y reflejo positivo: El foco positivo es lo opuesto a la crítica. La crítica expresa una opinión negativa basada en el señalamiento de defectos, faltas y errores. Alentar incluye la expresión de opiniones positivas y apunta a lo que funciona: fortalezas, cualidades y buenas intenciones. Los evitadores son personas desesperadas a las que les resulta difícil distinguir algo positivo en sí mismas o en su vida. Para ellos el aliento es la gota de agua en un desierto. Una forma de foco en lo positivo es alentar avances parciales sin necesidad de esperar el fin de la tarea. Por ejemplo, cuando los hijos, adultos evitadores que no han estado trabajando durante mucho tiempo, consiguen un empleo, aunque no sea a jornada completa.

Además, hay un premio sorpresa: concentrarse en lo positivo y reflejarlo no solo estimula, sino que también modifica el modo de contemplar el mundo, tanto el de los padres como el de los hijos. Una persona alentada comienza a notar lo bello y lo bueno, que antes pasaba inadvertido, por lo que mejora también su calidad de vida.

Aceptación: La aceptación es contemplar a las personas en su totalidad, con sus ventajas y desventajas, cualidades y defectos. La aceptación es conformarse con lo existente, sin intentar modificar al otro y sin lamentaciones. Como ayuda para aceptar a los hijos tal como son, piensen «son así y siempre serán así». Lo que decimos no propone abandonar las esperanzas de que los hijos sean independientes; solo nos referimos a la aceptación mental de que ellos son quienes son, sin tener en cuenta lo que pueda suceder en el futuro, y esto para dejar de amargarles la vida y arruinar el vínculo, dado que todo intento de modificar al otro lleva una carga de inquietud e ira. La aceptación hace que nos conformemos y nos aporta cierta calma.

En un episodio de la serie *Dharma y Greg*, Dharma le dice a Greg «Te amo», a lo que él responde «Ya lo sé». Ella lo corrige: «No, querido. Solo estaba recordándomelo a mí misma». Me encanta este diálogo, porque expresa aceptación: no eres perfecto y elegí amarte a pesar de eso. Mi pareja oye eso a menudo...

Optimismo: Las personas alentadoras aceptan al otro tal cual es y al mismo tiempo son optimistas en cuanto a la capacidad personal de hacer nuevas elecciones. El optimismo y la esperanza no son contrarios a la aceptación, sino que se combinan a la perfección: te acepto tal cual eres y creo en tu capacidad para reinventarte, si es que así lo decides. El pesimismo es, por supuesto, lo opuesto: la idea de que nada puede salir bien o medianamente bien. El pesimismo funciona como una oscura profecía que lleva a estrechar la mirada en cuanto a las posibilidades existentes. En su libro *El buen camino de la sabiduría** escribe la doctora Rachel Naomi Remen:

> (...) cada uno de nosotros es una creación inacabada. Una obra en proceso. Posiblemente debamos agregar la palabra «todavía» a todas nuestras presunciones acerca de nosotros mismos y de nuestros prójimos. «Juan todavía no sabe lo que es la compasión». Eso lo cambia todo (...). Si la vida es un proceso, todos nuestros juicios no son sino temporales (...). Nadie gana ni pierde hasta que finaliza la carrera.[45]

Adler creía que cualquier persona puede modificar su vida haciendo uso de la creatividad, excepto en los casos de enfermos graves o en circunstancias extremas, como podría ser una guerra. Es suficiente con escuchar las historias de adictos que consiguieron dejar las drogas o de supervivientes de terribles calamidades que lograron, contra todo pronóstico, prosperar y conservar una mirada optimista acerca de la naturaleza humana.

En su libro *Un gato callejero llamado Bob,*** cuenta el autor James Bowen cómo cambió su vida tras el encuentro con un gato callejero que comenzó a seguirlo. La atención que el gato le dispensó lo ayudó a creer de nuevo en la bondad de las personas, a alejarse de las drogas y a avanzar en la vida. Bowen no solo cambió su vida de manera radical,

---

* Publicado por Ediciones B, Barcelona, 1997. *(N. del T.)*.
** Publicado por La Esfera de los Libros en 2013. *(N. del T.)*.

sino también la opinión de mucha gente acerca de los vagabundos y las personas sintecho. En su libro, en la sección de agradecimientos, Bowen escribe: «Quiero expresar mi agradecimiento, ante todo, a mi familia, y a mis padres en especial, por haberme dado la férrea determinación de seguir adelante en los momentos más oscuros de mi vida». De este modo, de hecho, Bowen les agradece a los miembros de su familia que hayan dejado de sentirse responsables por sus problemas y permitirle que fuera él quien lo resolviera. La historia de Bowen es un ejemplo de la idea adleriana según la cual todo puede ser diferente.

Diferenciar entre el actuante y lo actuado: Al diferenciar entre el actuante y lo actuado estamos expresando el supuesto de que el actuante, la persona, es correcto y valedero. Lo que haya hecho, en cambio, puede estar errado o tener consecuencias dañinas o molestas. Si solo se evalúan nuestras acciones, en lugar de criticarnos en nuestra totalidad, como actuantes, podemos escuchar y corregir, teniendo en cuenta la petición del otro.

Cuando se produce un error o un fracaso, una de las vías para evitar o al menos aplacar la pérdida de la estima es referirse al hecho en sí, tanto si se trata de un error nuestro como de otros, de manera específica. En lugar de decir, por ejemplo, «eres un desordenado», se puede decir «¿podrías recoger las toallas?».

Tolstoi describió este proceso de manera singular:

> Una de las supersticiones más arraigadas es aquella según la cual todas las personas poseen rasgos fijos y característicos: alguien bondadoso, cruel, sabio, tonto, efusivo, indiferente, etc. (…) Los seres humanos son como ríos, el agua es la misma en todos y en cada uno de ellos, pero cada río cambia en su curso: a veces es un estrecho vado, en

otras es un paso ancho, a veces el agua es límpida o fría y a veces barrosa o tibia. Lo mismo ocurre con los hombres. Cada uno carga en su interior las semillas de todas las cualidades humanas. A veces se manifiesta una cualidad, a veces otra, y por eso en muchas ocasiones una persona ya no se parece a sí misma, a pesar de seguir siendo la misma.[46]

Enfocarse en lo actuado (en lugar de hacerlo en el actuante) resulta alentador, pues no congela a la persona en el marco de una definición estrecha, que en ocasiones puede sonar como un veredicto desesperante e irrevocable.

Tercera etapa: declaración

La primera etapa de este modelo para el cambio de relación padres-hijos es, como ya se ha dicho, el diseño de una visión parental, mientras que la segunda etapa consiste en un esfuerzo por mejorar el vínculo. Las próximas dos etapas son, primero, declarar el cese de los servicios y las acciones lesivas para la independencia de los hijos, y luego, la puesta en práctica de esta declaración.

Los padres de evitadores no son responsables de las elecciones de los hijos, pero sí lo son por el consentimiento, la sobreprotección y las acciones que perjudican la autonomía de los hijos y fijan la impotencia y la dependencia. Por eso deben suspenderse y cesar todas estas conductas. Estas etapas son dolorosas y las más difíciles. Asimismo, son indispensables para dejar de sobreproteger. Les propongo pasar a estas etapas después de algunas semanas de entrenamiento en la mejora de la comunicación, para cuando sientan un cambio positivo en el vínculo con los hijos. Si no perciben una mejoría, incluso la más leve, les aconsejo que acudan a una consulta con el objetivo de verificar si están haciendo lo que suponen o para entender si existe otro motivo por el que no se produjeron avances. Dicho esto, si comienzan a sentirse mejor, más satisfechos de sus propias reacciones y menos tristes o nerviosos después de interactuar con sus hijos evitadores, es posible que estemos ante un avance.

Mantuve encuentros con padres cuyos hijos adultos seguían viviendo en el hogar paterno sin contribuir con ningún gasto o que cuando compraban algo con su propio dinero traían el recibo del supermercado para pedirles a los padres el dinero. Hablé con padres que lavaban la ropa, preparaban las comidas de los hijos, costeaban sus gastos de combustible y de móvil y además les daban algún dinero extra. Entrevisté a padres que limpiaban una vez por semana el apartamento de los hijos. Algunos llegaban al extremo de pasar una mensualidad a los hijos que eligieron no trabajar a pesar de estar perfectamente capacitados para ello.

Conocí a padres que ni siquiera concebían la idea de que brindar esos servicios resultaba perjudicial para los hijos y que no veían ninguna relación entre esta sobreprotección y el nulo desempeño filial. Algunos creían que ese era el papel de los padres, otros afirmaban que les gustaba consentir y todos se sentían importantes y necesarios por dar tanto. En estos casos la entrega estaba más al servicio de las necesidades paternas y necesitaban que los hijos dependieran de ellos para darles un sentido a su propia vida.

Quienes no vean en este tipo de relación un problema tampoco querrán solucionarlo. En ese caso, mi consejo para esos padres es que mantengan un nivel constante de ayuda y financiación, sin comentarios ni críticas. Es importante, también, asegurar el mismo grado de ayuda para cuando envejezcan o mueran.

Por el contrario, se dan casos de padres que sienten, ya sea por preocupación o por miedo, que la entrega ha sido excesiva. Comprenden que continuar con los desembolsos y servicios innecesarios prolonga una situación en la que el hijo puede subsistir sin mejorar ni cumplir misión alguna: han criado a alguien incapaz de superar problemas, carente de fuerzas espirituales o físicas. Comprenden que le han hecho un daño y quieren remediarlo.

En esta etapa del plan, les propondré diferenciar entre las acciones que benefician a los hijos, tanto desde el punto de vista de los valores como en cuanto a su desarrollo, y aquellas que perjudican la independencia y que deben cesar de inmediato, como por ejemplo ordenar sus cosas, lavar su ropa, asumir gastos corrientes (combustible, teléfono) o suntuarios (como pedir comida a domicilio).

A partir de... ¡a-ho-ra!

En esta etapa los padres organizan un encuentro con los hijos, en el que les anunciarán que han decidido efectuar algunos cambios que afectarán a la relación. No dirán qué es lo que ellos, los hijos, deberían hacer con su vida, sino que se limitarán a detallar los servicios y facilitaciones paternas que se interrumpirán de ese momento en adelante. La finalidad de esta etapa es que el hijo se prepare para el cambio anunciado y que se ponga en marcha la decisión paterna, reforzando la determinación de llevarla a cabo. Los padres deberán oírse a sí mismos anunciar cuáles serán los cambios a partir de ahora.

El mensaje debe ser claro y conciso. Este es un ejemplo de declaración: «Hemos pensado en nuestra conducta para contigo y hemos llegado a la conclusión de que hemos cometido muchos errores. Vemos que lo hecho hasta el momento no ha sido de ayuda y que incluso ha podido resultar perjudicial. Hemos pensado en que no podemos mantenerte siempre y que, en algún momento, como es natural, ya no estaremos presentes. Hemos decidido dejar de ... (aquí el detalle y la descripción de las cosas que el hijo puede hacer por sí mismo) y que ya no queremos mantener … (detalle de los gastos que dejarán de pagar). Para que puedas organizarte, interrumpiremos estos pagos de manera gradual a lo largo de los próximos tres meses, hasta el cese absoluto. Estamos dispuestos a ayudarte en la búsqueda de marcos e instituciones donde enseñen a desarrollar la capacidad de superar los obstáculos. Solo financiaremos procesos que se enfoquen en la solución de los problemas y en la concreción de metas, y que estén impartidos por profesionales. Estamos aquí para apoyarte y alentarte, pero no podemos hacer estas cosas por ti. Nos entristece pensar que durante tanto tiempo hemos hecho cosas que te debilitaron. Queremos destacar y recordarte que no tenemos intenciones de abandonarte, que te amamos y que te apoyaremos en lo que podamos con cosas que promuevan avances».

No es un anuncio fácil de hacer ni de escuchar. La reacción de los hijos puede ser muy adversa. A veces no se produce en ese mismo momento, pues creen que se trata de otra falsa alarma, como las que ya hubo en el pasado: saben que los padres no cumplirán con su palabra y que por lo tanto no vale la pena alterarse. Algunos reaccionarán con enfado, inculpación o amenazas, mientras que otros entrarán en pánico. Es importante repetir el mensaje: no los abandonan, los aman y los apoyarán en todas sus elecciones. Si temen que se produzca una crisis nerviosa o situaciones en las que el hijo intente infligirse daños o herir a los padres, deberán consultar con un psiquiatra antes de iniciar la etapa siguiente.

Para darles un poco de empuje, les propongo que piensen qué será de sus hijos en el momento en que ya no puedan ayudarlos. Si el bienestar o la subsistencia filial depende solo de los padres, los hijos no tendrán oportunidad alguna de sobrevivir. Por lo tanto, si existe un tiempo acorde para estimular la independencia responsable, ese tiempo es ahora, mientras ustedes operan como red de contención. Recuerden situaciones difíciles que tuvieron que superar. En esos momentos, ¿creyeron que lo lograrían? ¿Sería correcto afirmar que aún hoy, mirando hacia atrás, ni siquiera ustedes mismos consiguen entender de dónde sacaron las fuerzas? Muchas potencialidades del ser humano se revelan solo en casos de necesidad, en especial cuando no hay otra alternativa.

En ocasiones, los padres deciden ahorrarse la declaración formal acerca del cambio venidero para pasar directamente de la segunda etapa, la mejora de la comunicación y del vínculo, a la cuarta, en la que suspenden los servicios y los gastos. Piensan que el anuncio, de por sí, solo generará drama y acarreará una angustia innecesaria para el proceso de cambio. Como alternativa, hacen un anuncio informal, como de paso: «Queríamos decirte que dentro de dos meses dejaremos de hacer... o de pagar... Te lo avisamos ahora para que puedas organizarte. Lo sentimos, pero nos resulta imposible seguir haciéndolo».

La ventaja de saltarse la tercera etapa está en ahorrarse la incomodidad de un diálogo sincero en el que pueden aparecer enfrentamientos o situaciones dramáticas, pero aun así tiene algunas desventajas. En ausencia de un anuncio, los hijos no dispondrán de suficiente tiempo emocional o físico para prepararse y procesar el significado de lo que ocurre. En segundo lugar, el anuncio compromete también a los padres y al evitarlo se debilita el compromiso de suspensión de servicios superfluos. Hacer cambios es difícil y aún más aquellos que pueden, en un corto plazo, afectar a la vida de los hijos o dificultársela. En ocasiones la cura es dolorosa, pero hemos de recordar que la enfermedad, en definitiva, lo es más.

Una vez hecha la declaración, comienza la puesta en práctica. Los padres interrumpirán los servicios innecesarios que no estimulen la independencia. No cumplirán el papel de agenda, despertador, empleado del hogar, cocinero y otros. Cuando termine el tiempo estipulado, se anulará o retirará la tarjeta de crédito del hijo y se dejarán de pagar sus gastos.

La cuarta etapa: puesta en práctica

La puesta en práctica de la declaración exige que los padres tengan práctica en la introducción de cambios, pues, además de interrumpir los servicios, los mimos y la sobreprotección, deberán aprender a conducirse y reaccionar de forma nueva. A partir de este entrenamiento podrán actuar de manera coherente en función de la visión planificada, que establece qué cosas aportan al desarrollo de la independencia de los hijos y a la aspiración de mantener una comunicación fructífera. Ahora, algunas indicaciones para el cambio conductual en situaciones que los padres de hijos evitadores afrontan con mucha frecuencia.

¿Quién dejó aquí este problema?

Una de las características de los padres que se implican demasiado es que se hacen cargo de completar tareas o de resolver problemas de los hijos o, dicho de otro modo, se ocupan de asuntos que no les incumben. Dar es, en general, una acción positiva que otorga una sensación de bienestar y sentido y acrecienta la sensación de pertenencia del dador, que se siente importante y apreciado. Cuando la entrega es mutua, ambos lados tienen la oportunidad de experimentar sus bondades y ventajas. Pero cuando es unilateral (consentimiento) le impide al receptor la posibilidad de hacer o resolver cosas por sí mismo. En ese caso, dar atenta contra el crecimiento e impide sentir capacidad, independencia, fortaleza y orgullo.

Los problemas de los hijos son de ellos, no de ustedes. Los problemas de ustedes, padres de evitadores, son la hiperresponsabilidad y la sobreprotección, y deben entrenar la retirada de la escena. Cuando sus hijos se quejan por alguna dificultad o asunto de difícil resolución, por ejemplo, una multa o la renovación del carnet de conducir, ustedes solo deben expresar empatía y confianza en la capacidad de ellos para resolver el problema. Los padres deben dejar de ser los maleteros de los hijos: ellos pueden llevar su propio equipaje.

Cuando los padres se interesan sinceramente por saber cómo les va a los hijos, no como un examen o un test, abren la puerta a la colaboración. Cuando los padres dan un paso al lado, algunos hijos se sienten aliviados y estimulados, aunque es más probable que interpreten esta «declaración de independencia» paterna como un deterioro de las condiciones de vida destinado a perjudicarlos, en cuyo caso se intensificarán las acusaciones, quejas y lamentos para que los padres retomen sus anteriores y consabidos papeles. Recomiendo a todos los padres que relean la visión parental que concibieron para recordarse a sí mismos cuál es el tipo de ayuda y entrega que cumplen con este credo y cuál no. Si los padres se empeñan en dar muestras de empatía y aliento, brindando ayuda puntual y mínima cuando las circunstancias así lo requieran, poco a poco empezarán a notar cambios.

A los adultos emergentes no les queda más opción que ocuparse de lo que les importa y soportar las consecuencias negativas que les acarrea desatender lo que no les importa. Así es la vida: las acciones erróneas tienen consecuencias indeseadas. Ese es el significado de la responsabilidad: asumir las consecuencias de nuestras decisiones. Por desgracia, la responsabilidad no puede transferirse a otros. **Para «soltar» las cosas, los padres quieren que los hijos se hagan responsables de sus propios asuntos; la paradoja es que en tanto que los padres sigan asumiendo la responsabilidad, los hijos no lo harán porque no tienen necesidad de hacerlo.**

Decir «no» y sobrevivir

Por defecto, la elección de la mayoría de los padres sobreprotectores es ceder ante cualquier petición o exigencia de los hijos, incluidos deseos o necesidades que los padres adivinan de antemano. Si un padre es capaz de reconocer este patrón de conducta, es preferible que posponga y deponga sus acciones en favor de los hijos. Es preferible evaluar si lo que se pide es una cuota más de sobreprotección e incumple con lo anunciado y en la etapa tres o, por el contrario, si se trata de una petición aceptable. De este modo, cuando los hijos reclaman una cosa determinada de los padres, la respuesta puede ser «en este momento no puedo; te atenderé dentro de X tiempo». Los padres deben preguntarse si aceptar esta reclamación o esta necesidad ayudará a que sea más independiente o solo le resolverá un problema momentáneo, perjudicándolo a largo plazo.

Si los hijos presionan («¡Tienes que responderme ahora!», «Necesito ya mismo una respuesta» o «¿Qué es lo que tienes que pensar?») podrían contestar: «Si debo responderte ahora, la respuesta es no». Una pausa, aunque solo se trate de algunos minutos, puede ayudar a que los padres contemplen la situación de un modo más equilibrado. Esta pausa ayudará a que aquellos que tienden a consentir, sobreproteger o solucionar problemas ajenos evalúen su conducta y al final la modifiquen, o a que soliciten la ayuda de otros miembros de la familia, amigos o profesionales, quienes los alentarán a hacer lo que consideren correcto. Debemos recordar que a veces una negativa puede ayudar más que un sí.

Para muchos padres consentidores resulta muy difícil no allanarse a las necesidades del hijo, aunque se trate de un adulto, o negarse a una petición. Temen que una negativa les provoque malestar: se sentirán malvados, avaros o excesivamente rígidos, y también a la subsiguiente sensación de abandono.

Así, muchos padres consentidores evitan decir «no» de manera tajante y conclusiva y emplean subterfugios como «lo lamento, esta vez me resulta imposible», «ahora se me complica» o «no estoy de acuerdo». Postergan lo inevitable con palabras como «quizá», «veremos» o «depende». La dificultad de decir «no» parte del miedo al rechazo, a la pérdida de pertenencia. A eso debemos sumarle el miedo a herir, a que el hijo se sienta rechazado. Los padres de evitadores renuncian, por momentos, a los valores propios para no decepcionar, enfadar o generar rechazo.

Estas son algunas respuestas posibles a las peticiones que ustedes no desean aceptar: «No quiero hacer eso», «Aprecio mucho que me lo hayas pedido, pero no puedo», «No funcionará», «No estoy dispuesto», «Eso va en contra de lo que pienso», «Es contrario a mis valores», «No puedo ayudarte, pero estoy segura de que hallarás la solución» o «Lo lamento, pero no».

Tras eso, pueden reflejar la decepción, el enfado, las acusaciones o la angustia. Los padres pueden decir, por ejemplo, «estás decepcionado», «estás enfadada» o «te resulta difícil, lo comprendo». Interrumpan cualquier diálogo que escale a tonos desagradables, diciendo «me encantará seguir charlando contigo cuando nos calmemos», pero manteniendo firme la decisión tomada. Es conveniente que expliquen *brevemente* los fundamentos en los que se basa la negativa, los principios o el objetivo de interrumpir la sobreprotección: no se busca generar angustia o humillar, sino denegar porque es lo correcto, teniendo en cuenta los objetivos que se han propuesto.

Quisiera preguntarles a los padres de evitadores, que seguramente temen el quiebre del vínculo a consecuencia de una negativa: ¿Desean vivir toda la vida como rehenes, aceptando interminables extorsiones? ¿No piensan que su vida tiene un significado, más allá de la sobreprotección de los hijos? ¿No creen que sus hijos querrán seguir en contacto con ustedes? Conviene recordarlo: ustedes dañan a sus hijos al sobreprotegerlos y, además, llegará un día en el que ya no podrán hacerlo.

Una pregunta más: ¿Sienten sus hijos respeto o reconocimiento hacia ustedes, aunque sea por seguir el mandamiento de «honrarás a tu padre y a tu madre»? Si la respuesta es «no», la situación es muy grave; y en un caso así seguir consintiendo es como agregar combustible al coche que se dirige hacia el precipicio. He conocido padres que han quedado en situaciones económicas difíciles, como pérdida de la casa o de los ahorros, o que llegaron a pasar necesidades solo por cumplir con exigencias filiales.

Si desean poner límites y decir «no» cuando resulte necesario, sigan al pie de la letra los principios que ustedes mismos concibieron y comprendan que venían aceptando las peticiones y exigencias de los hijos por las razones incorrectas: lástima o miedo. Asimismo, prepárense para pagar el precio de respetar los límites anunciados. Si el vínculo con los hijos está basado en el amor, entonces el enfado e incluso el alejamiento serán solo transitorios: el tiempo hará que los evitadores crezcan.

Cuando se rehabilita a un hijo evitador, será bueno enfocarse también en los otros hijos, si los hay. ¿Han prestado atención al hecho de que al concentrarse en el hijo evitador dejan de lado a los otros hijos? ¿Acaso los hijos funcionales deben renunciar a toda ayuda o colaboración de los padres solo porque hay otro hijo que eligió ser dependiente y exige para sí todos los recursos emocionales y económicos? ¿Cómo se sienten los otros hijos respecto al hermano evitador? En general, los padres suelen recordar que ya desde la temprana niñez los hermanos del evitador advertían contra el consentimiento excesivo.

Descripción de un caso

El caso más grave con el que me he topado fue el de una pareja, ambos de más de setenta años, cuyas dos hijas, mellizas de treinta y siete años, vivían con ellos y habían instaurado un régimen de terror. No solo exigían que los padres les sirvieran y costearan sus gastos, sino que también habían impuesto limitaciones, como por ejemplo que los padres no podían salir del dormitorio pasadas las nueve de la noche. Esta pareja, como podrán imaginar, llegó a mi consulta en un estado de espanto y desesperanza. Habían llegado a la conclusión, tras un leve episodio cardiaco del esposo, de que esa situación debía terminar. Dado que las circunstancias extremas demandan soluciones extremas y no querían acudir a la policía, mi consejo fue que tomaran en alquiler un apartamento pequeño y que a su vez alquilaran la casa, al tiempo que les ofrecerían a las hijas un periodo para organizarse. En consecuencia, les dieron a las hijas dinero suficiente para dos meses y luego la casa se alquiló.

Las hijas reaccionaron primero con descreimiento, después con desconcierto y por último con furia. Los padres hicieron caso omiso de quejas y amenazas, por lo que las hijas comprendieron que esa vez los padres estaban determinados a cambiar, incluso a acudir a las autoridades. Los padres propusieron hacer reuniones de dos horas en un café en un día fijo, una vez por semana. Ellos asistían puntualmente a las reuniones, aunque las hijas no. Una de las mellizas cortó todo vínculo y la otra siguió en contacto telefónico. A los tres meses comenzó a acudir a las citas y pasó un año antes de que la otra hija reanudara la comunicación. Ambas habían encontrado trabajo y una de ellas tenía pareja. Los padres regresaron a su antigua casa, esa vez solos. Años después, las hijas admitieron que esa separación fue lo mejor que sus padres habían hecho por ellas.

Hablen menos

Los padres efectivos emplean energías y recursos para la consecución de objetivos a largo plazo en tanto que generan y cuidan la buena relación con los hijos. Respaldan sus declaraciones con hechos y se dirigen a los hijos con respeto y afecto. Los padres poco efectivos hablan mucho y anuncian, pero no respaldan sus anuncios con acciones. Las palabras que les dirigen a los hijos son críticas y acusaciones. Les piden a los hijos, una y mil veces, que no se retrasen, pero siguen esperándolos en el automóvil a pesar de los retrasos. Durante el viaje explican que no está bien y que es la última vez, hasta la próxima, que los esperan. Un padre efectivo sale en el momento pactado y, ante las quejas de los hijos, responde: «No quería llegar tarde, qué pena que no estuviste a tiempo».

Los padres poco efectivos hablan por demás. Ante todo, suelen explicar. Piensan, por lo visto, que los hijos tienen un problema de comprensión. Los hijos no colaboran porque no han comprendido bien, por lo que su deber es explicar otra vez, otra y otra. Sermonean, amenazan: «Si no haces X, entonces Y», pero nunca cumplen con su palabra. Son incapaces de soportar situaciones en las que los hijos atraviesen dificultades, con el dolor o la incomodidad que estas conllevan, incluso aunque comprendan que lo que hacen es consentir y, por lo tanto, debilitar. Mi recomendación para estos padres es: hablen menos. Menos palabras y más acciones. Amenacen menos, hagan menos declaraciones, céntrense en frases que expresen empatía («lo siento», «lamento que te sientas así», «qué pena», «qué mal») y en las acciones que refuercen los límites que ustedes establecieron.

La escasez de vivienda

En los casos en que el hijo evitador convive con los padres, la misión más importante y difícil es ayudarlo a dejar el hogar paterno, lo cual constituye un paso crítico en el camino a la adultez, la independencia y la responsabilidad. Esta recomendación se refiere a todo joven evitador, incluso aunque solo tenga veinte años, si no logra desarrollarse en ningún aspecto (no estudia ni trabaja), duerme de día y vive de noche, y no hace nada para salir de esta situación, terrible pero cómoda. Al mismo tiempo, a los padres les resulta difícil empujar a los hijos a que se muden, porque pueden sentirse «tirados» a la calle. Además, está claro que los padres son conscientes de lo arduo que resulta mantenerse, en especial debido a los costes de la vivienda.

Entonces ¿cómo alentamos a los hijos, adultos varados en el hogar paterno, a independizarse? Según el modelo que he presentado aquí, ustedes consolidan una visión parental y le dicen a su hijo que han llegado a la conclusión de que vivir «en casa» es dañino para él y que desean pensar en conjunto una solución de vivienda lo antes posible. Por supuesto, el hijo no aceptará este anuncio con demasiado entusiasmo. Si muestra desesperación o incapacidad absoluta, se le pueden proponer otras alternativas, como alquilar una habitación en casa de un familiar. Pueden agregar, si su reacción es muy negativa, que quizá el problema es peor de lo que imaginaban y que existen instituciones que albergan a personas incapaces de mantenerse por sí mismas. Si la reacción es más medida, se le puede ofrecer ayuda para alquilar en un esquema de alquiler compartido, y esto solo durante un tiempo limitado, por ejemplo, tres meses. En paralelo, los padres no deben pagar las cuentas de los hijos ni preocuparse constantemente por la comida o la lavandería. Otra posibilidad es comprobar si el hijo puede mudarse a la casa de unos parientes o con amigos. En estos casos, se les pedirá que abonen un alquiler simbólico y se les exigirá que se hagan cargo de una parte de los gastos y las tareas del hogar.

Dado que esta es la parte más desafiante del plan, recomiendo llevarla adelante, en lo posible, una vez que se haya producido una mejora significativa de la comunicación en la relación con los hijos, y una vez interrumpidos la financiación y otros servicios superfluos. Por último, siempre es posible solicitar la asistencia de un profesional.

Get a life*

Dicen que ahora, en cuanto a edad, los sesenta son los nuevos cuarenta. Las personas ya han formado una familia, han criado a los hijos, han trabajado duro o siguen haciéndolo, mantienen una casa y llevan adelante numerosas tareas. Viven o podrían vivir vidas satisfactorias, fuera de la relación con los hijos. Si han llegado a esta etapa, esfuércense por mantener viva la relación de pareja, por sumar actividades de ocio, por contribuir a la comunidad, por desarrollar pasatiempos, por estudiar y enriquecerse, por conservar y mejorar las amistades; preocúpense y cuiden la salud, superen los problemas. ¿Sería correcto afirmar que desearían para los hijos una vida plena y no tener que conformarse con vivir en función de ellos? Si este es el caso, ustedes pueden servir de ejemplo para otros. Si deciden dedicarles menos tiempo a los hijos, tendrán más tiempo para ser más felices. Vivan su propia vida, disfruten cada instante porque es único e irrepetible: un don que no tenemos asegurado para siempre.

Una historia real

Para terminar esta capacitación para padres de adultos evitadores, expondré un caso que ejemplifica cada una de las etapas del modelo. Como en todos los casos presentados en este libro, los nombres son ficticios y todos los detalles personales se han alterado para preservar la confidencialidad de los pacientes.

Juana y Javier, de cincuenta y cinco y cincuenta y siete años, me consultaron en relación con Hugo, de treinta años, el primogénito de sus tres hijos. Lo describieron como un joven inteligente y talentoso que se comportaba excelentemente bien hasta que alcanzó los veintiún años, después del servicio militar.

* En inglés en el original: «Consíguete una vida». *(N. del T.).*

Hugo destacaba en los estudios casi sin esfuerzo. No asistía a la mayoría de las clases y cuando tuvo que afrontar las reprimendas de los profesores, las zanjó mediante su encanto personal y manipulaciones. Le perdonaban todo, siempre, y las maestras lo amaban. Hugo estaba siempre rodeado de amigos, destacaba como líder y participaba en numerosos cursos y actividades. Se había alistado en el ejército en una división de élite y estudiaba para ser oficial.

Hugo suspendió el curso de oficiales; los padres no supieron explicar el motivo. A partir de ese momento, comenzó un retroceso. Se negó a regresar a la base militar en donde estaba enrolado, a pesar de las peticiones de sus superiores, y se encerró en casa. Al principio le dieron una licencia del ejército por estrés psicológico. Tanto los padres como la psicóloga militar consideraron que se trataba de una reacción normal de frustración y esperaban que con el tiempo lograra superarla. Es una forma de evitación definida como «detención». En resumidas cuentas, a Hugo lo dieron de baja del ejército por problemas psicológicos y asumió una postura crítica ante la institución militar en su conjunto.

En la siguiente década Hugo logró dos títulos universitarios, aunque no empleaba ninguno de los dos como forma de ganarse la vida. A partir del momento en que finalizó los estudios, no tuvo ningún puesto fijo. No se esforzaba en conseguir trabajo y cuando alguien le ofrecía una entrevista o una conexión, las rechazaba diciendo «no es lo que busco». Cuando por fin conseguía algo, renunciaba o se las arreglaba para que lo echaran pasadas un par de semanas. A los veintiséis años se mudó a un apartamento perteneciente a la familia, sin que nadie le exigiera que pagara un alquiler. Los padres pagaban las cuentas de los suministros y los gastos del coche.

Para cuando los padres acudieron a la consulta, Hugo estaba en pareja con una chica. Esta, con su trabajo, mantenía los gastos de la casa y le había planteado un ultimátum: matrimonio o separación. La respuesta de Hugo fue que él la amaba, pero que aún no estaba listo para el matrimonio; así, mediante el empleo de la palabra «aún», dejaba una puerta abierta a la esperanza, como si solo fuera una cuestión de tiempo. En realidad, el significado de esa respuesta era que él no quería casarse, pero tampoco quería separarse.

Todos los días, Hugo hablaba por teléfono con su madre. En cada una de las charlas contaba lo mal que se sentía, lo difícil que le resultaba todo, que el mundo estaba desencaminado y que la vida era injusta, mientras la madre intentaba siempre señalarle los aspectos positivos, explicarle que todo el mundo tiene problemas y alentarlo a enfrentarlos como cualquier otro ser humano. Después de estas charlas, la madre se sentía deprimida y agotada. Hugo había intentado varias veces acudir a terapia. En cada intento, tras algunas sesiones, abandonaba porque «los psicólogos no entienden nada».

Los sentimientos paternos iban de la piedad a la desesperación. ¿Cuál fue la razón para que al final acudieran a una terapia? El primer motivo fue que, tras acabar los estudios para el segundo título, esperaban que se produjera un cambio, cosa que no ocurrió. El segundo, que sus otros hijos se quejaron por la supuesta preferencia de los padres por Hugo, en detrimento de ellos: en definitiva, también a ellos les habría gustado vivir un tiempo en el apartamento familiar y así ahorrar algún dinero. Entretanto, los padres empezaron a comprender que el problema de Hugo era crónico.

De acuerdo con el modelo que proponemos, decidimos comenzar por definir una visión parental. Instruí a Juana y a Javier para que imaginaran la mejor versión de ellos como progenitores. En esta visión aparecía una relación significativa con los hijos: comunicación abierta, colaboración y ayuda mutua. Como ustedes pueden ver, el ideal de esta pareja no consistía en la manutención ilimitada de los hijos adultos debido a traumas y sufrimientos reales o imaginarios, ni tampoco creían que debieran cubrir los gastos diarios. Les resultaba importante que el ambiente de las comidas familiares fuera agradable y respetuoso. Notaron que sus otros hijos se ausentaban de estas reuniones porque el encuentro con Hugo «les resultaba tenso», a pesar de que lo querían con locura.

Los padres percibieron la distancia existente entre lo que deseaban ser y hacer, y lo que en la práctica eran y hacían. Aceptaron iniciar un proceso para acortar esa distancia. Comenzamos entonces con la segunda etapa, el cambio de comunicación. Ambos revivieron distintas instancias de interacción con Hugo y elaboraron diferentes modos de reaccionar.

Por ejemplo, en las charlas telefónicas cotidianas, Juana comenzó a contarle a Hugo cosas que le sucedían a ella, mientras que Javier lo llamó varias veces para pedirle consejo en temas laborales; esto es, comenzaron a entrenarlo en la escucha y la colaboración. Cuando Hugo comentaba lo mal que se sentía, ellos contestaban, brevemente, «qué pena, esperamos que te sientas mejor»; mostraban empatía sin intentar resolver el problema. Cuando Hugo se quejaba ellos expresaban pesar, «nos apena que te sientas así». En ocasiones mostraron pena por sus propias acciones pasadas; «al parecer cometimos un error, seguramente te resultó difícil». Cuando hacía observaciones sarcásticas u ofensivas la respuesta era «no me gusta oír eso», «eso me hiere» o «me encantará continuar esta conversación cuando decidas dirigirte a mí con respeto», firmeza amable. Los padres se apegaron al plan de cambio comunicacional y se apoyaban mutuamente cuando uno de ellos retomaba las antiguas costumbres de lástima y resolución del problema ajeno.

Hugo notó el cambio y comenzó a agredirlos: «¿Quién es el extraordinario terapeuta que os aconseja esta vez?». La respuesta fue: «Sentíamos que habíamos cometido muchos errores con nuestros hijos, por lo que acudimos a una asesora para padres. Queremos mejorar la comunicación con todos vosotros y obrar de un modo coherente con nuestros valores». Asimismo, lo invitaron a un encuentro conmigo para que pudiera expresar su punto de vista. Hugo no se mostró interesado en conocerme, por lo que los padres no insistieron.

En las teorías terapéuticas sistémicas, como es el caso de la teoría adleriana, es frecuente sumar a otros parientes a los tratamientos o las consultas. Escuchar a la otra persona ayuda a comprender su punto de vista y puede mejorar el tratamiento. A veces se logra que el hijo acepte una terapia por separado o que se una a la terapia familiar.

En la tercera etapa del plan, los padres le anunciaron a Hugo la decisión de dejar de asumir sus gastos y de limitar su estancia en el apartamento familiar. Esta etapa transcurrió en calma, dado que Hugo no creyó que fueran a cumplir con lo que habían anunciado. Después de eso, comenzaron a derivarle las facturas y cuentas a Hugo, y dejaron de pagarlas sin siquiera abrir los sobres. Cuando Hugo preguntó cómo pensaban que él podría pagar esas cuentas, ellos le contestaron que, por lo común, las personas ganaban su dinero por medio del trabajo, pero si él se sentía incapaz de trabajar, debía pedir una evaluación del Ministerio de Trabajo y Bienestar Social. Al mismo tiempo, siguieron llamándolo diariamente para contarle las anécdotas cotidianas y expresarle empatía, sin dejarse arrastrar a «un poco de ayuda» o «solo por esta vez».

Hugo montó en cólera y adoptó una actitud sumamente agresiva contra ellos. Los amenazó con acudir a mí (la «terapeuta extraordinaria») para contarme cómo eran ellos en realidad y qué le habían hecho. La respuesta fue que les encantaría escuchar todo lo que tuviera que decir y al mismo tiempo que dejarían de hacer cosas que consideraban más perjudiciales que beneficiosas. Hugo llegó a mi consultorio y se comportó con mucha agresividad. Era evidente que se trataba de alguien brillante, pero totalmente desesperado.

Le pregunté si estaba interesado en escuchar cómo veía yo su situación. Aceptó, por lo que pude explicarle cómo expectativas no realistas, en su caso, expectativas de éxitos descollantes sin ningún esfuerzo, conducen con frecuencia a la evasión con el objetivo de evitar humillaciones. Se mostró dispuesto a aceptar esta explicación. Le expliqué que él había sido un estudiante exitoso casi sin esforzarse, lo cual le había permitido avanzar en sus carreras. Pero este éxito no se repitió en sus intentos laborales, a los que renunció o de los que lo despidieron. Se sintió alentado cuando le dije que reconocía su brillantez y, dado que se había destacado en sus estudios, lo mejor sería que considerase la terapia o cualquier otra tarea que se planteara como un proceso de aprendizaje.

No se sintió cómodo en aquella sesión. No le resultaba agradable oír que debía esforzarse para tener éxito, al igual que cualquier otro ser humano común. Los padres de Hugo acudieron a un par de sesiones más, en las que aprendieron a mantener firmes sus nuevas conductas. En muchos aspectos, la vida de Hugo y la de sus padres ciertamente cambió. La comunicación entre ellos mejoró y comenzaron a disfrutar los encuentros. Hugo inició los estudios para un doctorado, que pagó con sus propios medios a través de un puesto académico. Si bien no lograron que dejara el apartamento familiar, consiguieron que pagara un módico alquiler que se transfería a las cuentas de sus hermanos.

Resumen de la tercera parte

Cuando la evitación es la elección por defecto de un joven, los padres tienden a apiadarse y a llevar adelante, en su lugar, las tareas y cargas que deberían ser responsabilidad de él. Los padres de hijos evitadores adoptan una postura equivocada que combina la crítica y el ofrecimiento de servicios y desembolsos innecesarios. Este capítulo expone un modelo de guía para padres de adultos evitadores, destinado a ayudarlos a actuar de acuerdo con sus propios valores y con la visión parental adoptada para el desarrollo de la independencia y la responsabilidad de los hijos. Este es el resumen del modelo.

El primer paso para el cambio les pide detenerse y reflexionar sobre cómo querrían ser en tanto padres de hijos adultos. Se les pide una mirada introspectiva para encontrar el hilo conductor y así redactar un esquema de concepción de mundo y de los valores que mantienen. Todos los padres con los que trabajé se autopercibían como figuras positivas respecto de los hijos. Esta aspiración puede concretarse combinando afirmaciones de aliento y el trazado de los propios límites en cuanto a acciones y a la entrega nociva.

En la segunda etapa se les aconseja trabajar en la mejora de la comunicación con los hijos. Se trata de un proceso constante y continuado. Para poner en marcha esta etapa deben renunciar a las fantasías de control sobre los hijos y a los intentos de vivir la vida en lugar de ellos. Deben demostrar interés, pero no consentimiento o sobreprotección. Deben centrarse en lo positivo, en lo que sirve, y aceptar y apreciar a los hijos tal como son. En esta etapa deben abandonar esquemas de comunicación dañinos, tales como la crítica, el desprecio, el control, la insistencia o la presión, e implementar modelos de comunicación positivos, como la aceptación, el agradecimiento, la confianza y el aliento.

La tercera, la etapa del anuncio, es breve y requiere mucha valentía. En ella se les anuncia a los hijos qué es lo que se disponen a hacer y dejar de hacer. De ese modo, les explican qué ofrecen y qué buscan dejar de dar o solventar. Hay padres que prefieren obviar esta etapa de declaración formal para pasar directamente a la última.

La última etapa del plan es la implementación de lo que se ha resuelto hacer. En esta etapa ustedes dejan de proporcionar todo tipo de servicios y manutención que no esté en función del desarrollo de la independencia responsable de los hijos. A partir de ese momento rechazan asumir como propios los problemas, las obligaciones y los desafíos de los hijos y se niegan a cumplir peticiones o exigencias que no responden a la visión parental. Es importante implementar esta etapa una vez incorporadas todas las acciones necesarias para el cambio y la mejora del vínculo comunicativo, y debe llevarse adelante en paralelo a un esfuerzo continuo en la relación, tal como hemos explicado para la segunda etapa. En el caso que sientan que hay peligro es imperante recurrir a ayuda profesional, muchas veces psiquiátrica.

Por último

Comencé este capítulo reconociendo el dolor y la dificultad de los padres. Es difícil, también, ser testigo de la infelicidad y del mal desempeño de los hijos, del mismo modo que es difícil cambiar. Con frecuencia, los padres se sienten culpables por los errores del pasado, en especial en la etapa infantil de los hijos. Todo padre comete errores, incluso enormes equivocaciones; sin embargo, lo hecho hecho está, y fuera de reconocer el error y expresar tristeza, los padres no pueden hacer nada por alterar el pasado. Mi creencia es que los padres hacen lo máximo y lo mejor posible. Tomar consciencia de los errores puede contribuir a la búsqueda de vías alternativas, más eficaces.

El modelo de guía para padres de hijos evitadores que hemos expuesto propone nuevos modos de acción. La meta de los padres es dejar de consentir y sobreproteger, conductas que lesionan el desarrollo de los hijos. Asimismo, deben actuar de manera coherente con la visión parental que han consolidado. La solución de los problemas de los hijos no es responsabilidad de los padres ni está bajo su control. Los padres de hijos evitadores cometen dos errores: establecen un tipo de comunicación que va en detrimento de la sensación de pertenencia y de la autoestima de los hijos, y brindan servicios innecesarios. El modelo que aquí expuse tiene como objetivo corregir ambos errores y enseñar a hacer lo opuesto: mejorar la comunicación y reducir los servicios superfluos.

Si han llegado hasta aquí y están leyendo estas líneas es porque, al parecer, están determinados a cambiar. A todos aquellos que deseen pero no consigan implementar por sí mismos este modelo, les aconsejo que acudan a una consulta o capacitarse en talleres para padres. Como ya he dicho, los padres no pueden hacer nada que asegure el éxito y la felicidad de los hijos, aunque cuando logran implementar este modelo sienten que son fieles a sí mismos, que actúan de acuerdo con sus creencias y valores como seres humanos y como padres.

Agradecimientos

La escritura de este libro fue para mí la concreción de un sueño. Es un honor y una gran oportunidad poder transmitirles a otros lo que aprendí de grandes figuras, a la cabeza de las cuales se hallan Alfred Adler y Rudolf Dreikurs, quienes incluso tras su muerte continúan teniendo una gran influencia en la vida de muchas personas.

Quiero expresar un agradecimiento especial para mi maestra y guía personal desde hace tantos años, la doctora Zivit Abramson. Es imposible detallar la enorme bondad de Zivit, su conocimiento, experiencia y capacidad de observar de un modo original aquello que los demás asumen como costumbre. Le agradezco, asimismo, la atenta y profesional lectura de este libro y sus importantes observaciones.

Le agradezco enormemente a Shula Modán la oportunidad, el aliento y el seguimiento estrecho.

Le doy gracias infinitas a mi brillante editor en hebreo, Yuval Gilad, quien con su sensibilidad e inteligencia mejoró increíblemente el libro. Trabajar con él fue fascinante, enriquecedor y placentero, tanto que ha despertado en mí las ganas de escribir otros libros.

Extiendo este agradecimiento a mi maestro y maestras en los años de aprendizaje en el instituto Adler de Israel; haberme encontrado con la filosofía adleriana a través de estas personas fue para mí un cambio de vida: el Dr. Abraham Fried (QEPD) Thalma Bar-Ab, Yaffa Vered (QEPD), Daniela Yeshurun, y la Dra. Rachel Shiffron, de quien aprendí a reconocer la fuerza transformadora de poner el foco en lo positivo.

Quiero expresar mi gratitud a mis valerosos pacientes, que no renuncian a la posibilidad de vivir mejor, y a mis alumnas y supervisadas, que continúan la senda de Adler y contribuyen al bien en este mundo; en especial, a Gallit Nahum Leumi.

A mis amigas, hermanas espirituales, que me acompañan amorosamente, por sus observaciones y consejos, inmensa creatividad e ideas: la Dra. Ronit Amit, la Dra. Lia Naor, Haguit Hauzer, la Dra. Mia Levitt Franck, Ariela Leviner, Ilit Danay, Haia Gonda (QEPD), Dalia Cristoph, Anat Gabay y la profesora Gissi Sarig. Un agradecimiento especial a Tzvia Aharoni, mi hermana del corazón, por su especial contribución a este libro y por ser mi compañera en este camino.

A Gerardo Lewin, el traductor al español, que con inmensa paciencia encontró las palabras correctas, ¡antes de que llegase la IA!

Un agradecimiento especial a mi editor, Gonzalo Eltesch, que creyó en el libro desde el primer momento y lo sacó adelante de la manera más agradable y efectiva posible.

A Ariane Ruiz de Apodaca, por sus sensibles y exactas correcciones, y a todo el equipo de Penguin Random House de Barcelona.

A mis amigos y mentores Kristian Orozco Figueroa y Gohar Orozco Assoian, por ayudarme a crear e implementar la visión del impacto de este libro en el mundo hispanoparlante.

Quiero agradecer inmensamente a Isabel Cuesta y Dani Peréz por su papel de hada madrina al haberme ayudado con tanta bondad a realizar este sueño.

A mis padres, Amalia y el Dr. Raúl Rosenthal, que alentaron mi pasión por estudiar y que no me consintieron, siquiera un poquito.

A mis hijos amados, Noa, Limor y Ofir, y mis nietas Lia y Ellie, que son ocasión de infinita felicidad y orgullo.

Y a Omer, el hombre que me acompaña, por el amor, el cariño, el apoyo, la libertad para crear y la compañía en viajes maravillosos.

Bibliografía

Bibliografía en hebreo

Abramson, Z, *Aprender la pareja*, Ed. Modan, Ben Shemen, 2005.

—, *Padres, hijos y lo que media entre ellos*, Tel Aviv, Instituto Adler, 1997.

—, *Alfred Adler y Jean Paul Sartre, la posibilidad de una ética y psiquiatría existencialista*, tesis de doctorado, Jerusalén, Universidad Hebrea de Jerusalén, 2012.

—, (editora), *Comprenderse a uno mismo, a su familia y a sus hijos*, serie de conferencias de Achi Yotam acerca de la teoría de Alfred Adler, Orión, Rishon LeTzion, 2014.

—, *Sin pareja: ¿por qué aún estoy solo?*, Modan, Ben Shemen, 2017.

Adler, A., *Tú y tu vida*, Tel Aviv, Instituto Adler, 1984.

—, *El significado de tu vida*, ed. Kineret Zmora Bitan, Tel Aviv, Davir, 2008.

Bar-Ab, T., *Tocar la vida: modos de enfrentar realidades no deseadas*, Tel Aviv, Instituto Adler, 1997.

Dreikurs, R., *Igualdad, el desafío*, Tel Aviv, Yavne, 1991.

—, *Niños, el desafío*, Tel Aviv, Yavne, 1995.

—, *Psicodinámica, Psicoterapia y consulta*, Tel Aviv, Instituto Adler, 2000.

Ferguson, A., *Introducción a la teoría adleriana,* Tel Aviv, Instituto Adler, 1995.

Yotam, A., *Aliento,* en «Padres, hijos y lo que media entre ellos». Serie de conferencias de Achi Yotam acerca de la teoría de Alfred Adler, Rishon LeTzion, Orión, 2014.

Kafir, N., *Como círculos en el agua,* Tel Aviv, Am Oved, 1989.

Levin, J., *Ya'akobi & Leidental (obras de teatro),* Tel Aviv, Siman Kriyá, 1998.

Kalter, A., *Bajemos del peso: una nueva mirada al idioma de la alimentación,* Tel Aviv, Dialog, 2015.

Ram Amit, S., *Lo extraordinario es una fase.*

Shaked, A., *Guía práctica para padres ocupados,* <www.anabella.co.il>.

—, *Guía avanzada para padres ocupados,* <www.anabella.co.il>.

Bibliografía en español

Bowen, J., *Un gato callejero llamado Bob,* Madrid, La Esfera de los Libros, 2013.

Dweck, C., *Mindset, la actitud del éxito,* Málaga, Sirio, 2006.

Hay, L., *Usted puede sanar su vida,* Barcelona, Books4Pocket, 2007.

Wile, D., *Después de la pelea (After the fight),* Nueva York, Guilford, 1995.

Wilde, O., *El abanico de lady Windermere,* Buenos Aires, Losada, 2005.

Kahneman, D., *Pensar rápido, pensar despacio,* Barcelona, Debate, 2012.

Mischel, W., *El test de la golosina,* Madrid, Penguin Random House, 2015

Oz, A., *Una historia de amor y oscuridad,* Madrid, Siruela, 2015.

Bibliografía en inglés

Abramson, Z., «The meaning of Neurosis according to Adler», *Journal of Individual Psychology*, 71 (4), 2015, pp. 426-439.

Adler, A., «The cause and prevention of neuroses», *Journal of Abnormal and Social Psychology*, 23(1), 1938, pp. 4-11.

—, «The neurotic's picture of the world», *International Journal of Individual Psychology*, 2(3), 1936, pp. 3-13.

—, *Superiority and Social Interest:* A Collection of Later Writings, H. L. Ansbacher & R. R. Ansbacher (Eds.), Evanston. IL, Northwestern University Press, 1964 (original work published 1933).

—, *The Neurotic Constitution: Outlines of a Comparative Individualistic Psychology and Psychotherapy.* Freeport, NY, Books for Libraries Press, 1972.

—, *Cooperation Between the Sexes: Writings on Women, Love and Marriage, and Sexuality,* H. L. Ansbacher & R. R. Ansbacher (Eds.), New York, NY, Anchor, 1978.

—, «The fundamental views of individual psychology», *Individual Psychology: Journal of Adlerian Theory, Research & Practice*, 38(1), 1982, pp. 3-6.

—, *What Life Could Mean to You*, Oxford, United Kingdom, Oneworld, 1992.

—, *Understanding Human Nature*, Center City, MN, Halzelden, 1998 (original work published 1927).

—, *The neurotic character,* en H. T. Stein (Ed.), The Collected Clinical Work of Alfred Adler, vol. 1, pp. 1-289. Bellingham, WA, Alfred Adler Institute of Northwestern Washington, 2002 (original work published 1927).

—, *The neurotic character,* en H. T. Stein (Ed.), The Collected Clinical Work of Alfred Adler, vol. 2, pp. 149-156, Bellingham, WA, Alfred Adler Institute of Northwestern Washington, 2003 (original work published 1913).

—, *The organic substrata of psychoneuroses,* en H. T. Stein (Ed.),

The Collected Clinical Work of Alfred Adler, vol. 2, pp. 106-114. Bellingham, WA, Alfred Adler Institute of Northwestern Washington, 2003 (original work published 1912).

—, Social Interest: A Challenge to Mankind, London, United Kingdom, Faber & Faber, 2011 (original work published 1938).

Adler, A., Paulin, T. & Kapusta, N. D., «Etiology and therapy of neuroses», Journal of Individual Psychology, 65(2), 2009, pp. 103-109.

—, & Wolfe, W. B., «The feeling of inferiority and the striving for recognition», en C. L. Stacey & M. DeMartino (Eds.), Understanding Human Motivation, Cleveland, OH, Howard Allen, 1958, pp. 466-473.

American Psychiatric Association, Diagnostic and Statistical Manual of Mental Disorders: DSM-III-R (3.ª ed.), Washington, DC, American Psychiatric Press, 1987.

American Psychiatric Association, Diagnostic and Statistical Manual of Mental Disorders: DSM-V (5.ª ed.), Arlington, VA, American Psychiatric Press, 2013.

Ansbacher, H. L. & Ansbacher, R. R. (Eds.), The Individual Psychology of Alfred Adler: A Systematic Presentation in Selection from his Writings, New York, NY, Basic Books, 1956.

—, & Ansbacher, R. R. (Eds.), Cooperation Between the Sexes: Writings on Women, Love, and Marriage, Sexuality and its Disorders, New York, NY, Anchor, 1978.

Arnett, J. J., Emerging adulthood: A theory of development from the late teens through the twenties, American Psychological Association, Inc. 55(5), 2000, pp. 469-480.

Ashby, J. S. & Kottman, T., «Inferiority as a distinction between normal and neurotic perfectionism. Individual Psychology», Journal of Adlerian Theory, Research & Practice, 52(3), 1996, pp. 237-245.

—, Slaney, R. B., Noble, C. M., Gnilka, P. B. & Rice, K. G.,

«Differences between "normal" and "neurotic" perfectionists: Implications for mental health counselors», *Journal of Mental Health Counseling*, 34(4), 2012, pp. 322-340.

Bak, W., «Self-standards and self-discrepancies. A structural model of self-knowledge», *Current Psychology: A Journal for Diverse Perspectives on Diverse Psychological Issues*, 33(2), 2014, pp. 155-173.

Batson D. C., Ahmad, N., Lishner, D. A. & Tsang, J., «Emphathy and altruism», en C. R. Snyder & S. J. Lopez (Eds.), *Handbook of Positive Psychology*, 2005, pp. 485-498. Cary, NC, Oxford University Press. Retrieved from <http://site.ebrary.com/lib/lesley/detail>.

Bieling, P. J., Israeli, A. L. & Antony, M. M., «Is perfectionism good, bad, or both? Examining models of the perfectionism construct», *Personality and Individual Differences*, 36, 2004, pp. 1373-1385.

Blatt, S., «The destructiveness of perfectionism: Implications for the treatment of depression», *American Psychologist*, 50, 1995, pp. 1003-1020.

Carlson, J., Watts, R. E. & Maniacci, M., *Adlerian Therapy: Theory and Practice*, Washington, DC, American Psychological Association, 2006.

Diener, C. I. & Dweck, C. S., «An analysis of learned helplessness: Continuous changes in performance, strategy and achievement cognitions following failure», *Journal of Personality and Social Psychology*, 36(5), 1978, pp. 451-462.

—, & Dweck, C. S., «An analysis of learned helplessness: The processing of success». *Journal of Personality and Social Psychology*, 39(5), 1980, pp. 940-952.

Doron, G., Derby, D. S. & Szepsenwol, O., «Relationship obsessive compulsive disorder (ROCD): A conceptual framework». *Journal of Obsessive-Compulsive and Related Disorders*, 3(2), 2014, pp. 169-180.

Dreikurs, R., *Psychodynamics, Psychotherapy, and Counseling* (rev. ed.). Chicago, IL, Alfred Adler Institute, 1973 (original work published 1967).

—, *Logical Consequences: A New Approach to Discipline*, NAL Trade, 1993.

—, & Soltz, V., *Happy Children: A Challenge to Parents*, Melbourne, The Australian Council for Educational Research Ltd., 1995.

Dweck, C. S., *Motivational processes affecting learning. American Psychologist*, 41(10), 1986, pp. 1040-1048.

—, *Mindset: The New Psychology of Success*, New York, NY, Random House, 2006.

Egan, S. J., Wade, T. D., & Shafran, R., «Perfectionism as a transdiagnostic process: A clinical review», *Clinical Psychology Review*, 31(2), 2011, pp. 203-212.

Elliot, A. J. & Thrash, T. M., «Approach and avoidance temperament as basic dimensions of personality», *Journal of Personality*, 78(3), 2010, pp. 865-906.

Elliot, S. J. & Covington, M. V., «Approach and avoidance motivation», *Educational Psychology Review*, 13(2), 2001, pp. 73-93.

Ferguson, E. D., *Adlerian Theory: An Introduction*, Chicago, IL, Adler School of Professional Psychology, 1999 (original work published 1995).

Flett, G. L., Hewitt, P. L., Blankstein, K. R. & Gray, L., «Psychological distress and the frequency of perfectionistic thinking», *Journal of Personality and Social Psychology*, 75, 1998, pp. 1363-1381.

Frost, R. O., Marten, P., Lahart, C. & Rosenblate, R., «The dimensions of perfectionism», *Cognitive Therapy and Research*, 14, 1990, pp. 449-468.

—, Novara, C. & Rhéaume, J., «Perfectionism in obsessive compulsive disorder», en R. O. Frost & G. Steketee (Eds.), *Cognitive Approaches to Obsessions and Compulsions: Theory, Assessment, and Treatment*, Amsterdam, Netherlands, Pergamon/ Elsevier Science, 2002, pp. 91-105.

Gottman, J., *The Science of Trust: Emotional Attunement for Couples*, New York, NY, Norton & Company, Inc., 2011.

—, & Silver, N., *The Seven Principles for Making Marriage Work*, NY, Harmony books, 2015.

Hamachek, D. E., «Psychodynamics of normal and neurotic perfectionism», *Psychology*, 15, 1978, pp. 27-33.

Hardin, E. E. & Larsen, J. T., «Distinct sources of self-discrepancies: Effects of being who you want to be and wanting to be who you are on well-being», *Emotion*, 14(1), 2014, pp. 214-226.

Hewitt, P. L., Caelian, C. F., Chen, C. & Flett, G. L., «Perfectionism, stress, daily hassles, hopelessness, and suicide potential in depressed psychiatric adolescents», *Journal of Psychopathology and Behavioral Assessment*, 36(4), 2014, pp. 663-674.

Higgins, E. T., «Self-discrepancy: A theory relating self and affect», *Psychological Review*, 94(3), 1987, pp. 319-340.

Jay, M., *The Defining Decade: Why Your Twenties Matter and How to Make the Most of Them Now*, New York, Twenty, 2012.

Judge, T. A. & Kammeyer-Mueller, J. D., «On the value of aiming high: The causes and consequences of ambition», *Journal of Applied Psychology*, 97(4), 2012, pp. 758-775.

Kottman, T. & Ashby, J. S., «Social interest and multidimentional perfectionism», *Journal of Individual Psychology*, 55(2), 1999, pp. 176-185.

Lakoff, G. & Johnson, M., *Metaphors We Live By*, University of Chicago Press, 2008.

Linden, G. W., «Excuses, excuses! Individual Psychology», *Journal of Adlerian Theory, Research & Practice*, 49(1), 1993, pp. 1-12.

Manaster, G. J., *Alfred Adler: As We Remember Him*, North American Society of Adlerian Psychology, 1977.

Maslow, A. H., «A theory of human motivation», *Psychological*

Review, 50(4), 1943, pp. 370-396. http://dx.doi.org/10.1037/h0054346

—, *Toward a Psychology of Being*, Simon and Schuster, 2013 (original work published 1968).

Mayes, R. & Horwitz, A. V., «DSM-III and the revolution in the classification of mental illness», *Journal of the History of the Behavioral Sciences*, 41(3), 2005, pp. 249-267.

Molden, D. C. & Dweck, C. S., «Meaning and motivation», en C. Sansone & J. M. Harackiewicz (Eds.), *Intrinsic and Extrinsic Motivation: The Search for Optimal Motivation and Performance*, San Diego, CA, Academic Press, 2000, pp. 131-159.

Mueller, C. M. & Dweck C. S., «Praise for Intelligence can undermine children's motivation and performance», *Journal of Personality and Social Psychology*, vol. 75, n.º 1, 1998, pp. 33-52.

Orellana-Damacela, L. E., Tindale, R. S. & Suárez Balcázar, Y., «Decisional and behavioral procrastination: How they relate to self-discrepancies», *Journal of Social Behavior and Personality*, 15, 2000, pp. 225-238.

Plotkin, B., *Soulcraft: Crossing into the Mysteries of Nature and Psyche*, CA, US, New World Library, 2003.

Remen, R. N., *Kitchen Table Wisdom: Stories That Heal*, New York, NY, Penguin Books, 2006.

Seligman, M. E., «Positive psychology, positive prevention, and positive therapy», en C. R. Snyder & S. J. Lopez (Eds.), *Handbook of Positive Psychology*, Cary, NC, Oxford University Press, 2005, pp. 3-12. Retrieved from <http://site.ebrary.com/lib/lesley/detail.action?docID=10103663>.

—, *Flourish: A Visionary New Understanding of Happiness and Well-Being*, New York, Free Press, 2010.

Sennott, S. L., «Gender disorder as gender oppression: A trans feminist approach to rethinking the pathologization of gender non-conformity», *Women & Therapy*, 34(1-2), 2011, pp. 93-113. doi:10.1080/02703149.2010.532683

Shafran, R., Cooper, Z. & Fairburn, C. G., «Clinical perfectionism: A cognitive-behavioral analysis», *Behavior Research and Therapy*, 40(7), 2002, pp. 773-791.

—, & Mansell, W., «Perfectionism and psychopathology: A review of research and treatment», *Clinical Psychology Review*, 21, 2001, pp. 879-906.

Shaked, A., «The use of humor in Adlerian practice», in Adlerian Society of the United Kingdom and the Institute for Individual Psychology (Ed.), *Adlerian Yearbook*, London, United Kingdom, 2013, pp. 188-204.

—, «Using the Adlerian magic shop technique to promote awareness of life style dynamics», in Adlerian Society of the United Kingdom and the Institute for Individual Psychology (Ed.), *Adlerian Yearbook*, London, United Kingdom, 2015, pp. 102-128.

—, *Adlerian Psychotherapists' Perspectives of Using Psychodrama in the Treatment of Neurotic Clients* (doctoral dissertation), Cambridge, MA, Lesley University, 2016. Retrieved from ProQuest, http://gradworks.proquest.com/10/09/10097969.html

—, *The conceptualization of neurosis: Past, present and future*, a manuscript accepted for publication.

Shifron, R. & Reysen, R. R., «Workaholism: Addiction to work», *Journal of Individual Psychology*, 67(2), 2011, pp. 136-146.

Sicher, L. & Davidson, A. K., *The Collected Works of Lydia Sicher: An Adlerian perspective*, ft. Bragg, CA, QED Press, 1991.

Slaney, R. B. & Ashby, J. S., «Perfectionists: Study of a criterion group», *Journal of Counseling & Development*, 74(4), 1996, pp. 393-398.

Terner, J & Pew, W. L., *The Courage to be Imperfect*, New York, Hawthorn books, 1978.

Tolstoy, L. & Maude, L., *Resurrection*, Courier Corporation, 2004.

Van der Kolk, B. A., *The Body Keeps the Score: Brain, Mind, and Body in the Healing of Trauma*, New York, NY, Viking, 2014.

Walton, F. X., «Use of the most memorable observation technique for understanding choice of parental style», *Journal of Individual Psychology*, 54(4), 1998, pp. 487-494.

Ware, B., *The Top Five Regrets of the Dying*, Hay House, Inc, 2012.

Weiner, B. A. & Carton, J. S., «Avoidant coping: A mediator of maladaptive perfectionism and test anxiety», *Personality and Individual Differences*, 52(5), 2012, pp. 632-636.

Zhang, J., Kong, Y., Gao, Q. & Li, Z., «When aspiration fails: A study of its effect on mental disorder and suicide risk», *Journal of Affective Disorders*, 151(1), 2013, pp. 243-247.

Conferencias

Deegan, P., «Recovery, rehabilitation and the conspiracy of hope», 1987. Consultado en: <www.patdeegan.com>, <www.recoverylibrary.com>.

—, «Recovery as a journey of the heart», 1995. Consultado en: <www.patdeegan.com>, <www.recoverylibrary.com>.

Dweck, C., «The power of believing that you can improve», 2014. Consultado en: <https://www.ted.com/talks/carol_dweck_the_power_of_believing_that_you_can_improve#t-16455>.

Urban, T., «Inside the mind of a master procrastinator», 2016. Consultado en: <https://www.ted.com/talks/tim_urban_inside_the_mind_of_a_master_procrastinator>.

Waldinger, R., «What makes a good life? Lessons from the longest study on happiness», 2015. Consultado en: <http://www.ted.com/talks/robert_waldinger_what_makes_a_good_life_lessons_from_the_longest_study_on_happiness>.

Notas

1. Adler, 1984.
2. Adler, 1928, 1936, 1972, 1978, 1982, 1992, 1998, 2003, 2011; Adler & Wolfe, 1958; Adler, Paulin & Kapusta, 2009; Ansbacher & Ansbacher (Eds.), 1978.
3. Dreikurs, R. y Soltz, V. (1995). *Happy Children: A Challenge to Parents*. The Australian Council for Educational Research Ltd., 19 Prospect Hill Road, Camberwell, Melbourne, Victoria 3124, Australia.
4. La guía estadística de enfermedades mentales, 3.ª edición, cambia el concepto «neurosis» por «trastornos mentales». CMD (Common Mental Disorders), American Psychiatric Association, 1987.
5. Abramson, 2015, p. 429.
6. Elliot & Thrash, 2010; Elliot & Covington, 2001.
7. Dreikurs (1994).
8. Sicher & Davidson, 1991.
9. Batson, Ahmad, Lishner & Tsang, 2005; Seligman, 2005, 2010.
10. Shaked, 2013.
11. Ashby & Kottman, 1996; Bieling, Israeli & Antony, 2004; Kottman & Ashby, 1999.
12. Shafran & Mansell, 2001.
13. Bieling, Israeli, & Antony (2004); DSM-V, American Psychological Association, 2013; Frost, Marten, Lahart & Rosenblate, 1990.
14. Frost, Marten, Lahart & Rosenblate, 1990; Shafran & Mansell, 2001.
15. Shafran & Mansell, 2001; Weiner & Carton, 2012; Blatt, 1995; Flett, Hewitt, Blankstein & Gray, 1998; Shafran, Cooper & Fairburn, 2002;

Frost, Marten, Lahart & Rosenblate, 1990; Frost, Novara & Rhéaume, 2002.

16. Ashby, Slaney, Noble, Gnilka & Rice, 2012; Slaney & Ashby, 1996.
17. Carlson, Watts & Maniacci, 2006.
18. Esta frase la acuñó un alumno mío, ya fallecido, de la Escuela de Psicoterapia del Instituto Adler, Daniel Rubinstein, QEPD.
19. Dreikurs, 2000, p. 24.
20. Shaked, 2016.
21. Shafran and Mansell, 2001; Judge & Kammeyer Mueller, 2012.
22. Shifron & Reysen, 2011.
23. Adler, 1964, p. 95.
24. Ferguson, 1995/99, p. 6; Adler, 1964, p. 91.
25. Adler, 2008, p. 188-177.
26. Adler, 1927/2002, p. x.
27. Mayes & Horwitz, 2005; Sennott, 2011; Van der Kolk, 2014.
28. Blatt, 1995; Egan, Wade, and Shafran, 2011; Flett, Hewitt, Blankstein & Gray, 1998; Frost, Novara & Rhéaume, 2002; Shafran & Mansell, 2001; Shafran, Cooper & Fairburn, 2002.
29. American Psychiatric Association, 2013.
30. Ansbacher & Ansbacher, 1956, p. 273.
31. Doron, Derby & Szepsenwol, 2014.
32. Frost, Marten, Lahart & Rosenblate, 1990.
33. Ansbacher & Ansbacher, 1956.
34. Zhang, Kong, Gao & Li, 2013; Hewitt, Caelian Chen & Flett, 2014.
35. Shaked, 2015.
36. Bak, 2014; Hardin & Larsen, 2014; Higgins, 1987.
37. Deegan, 1987.
38. Terner & Pew, 1978.
39. Abramson, 2012.
40. Walton, 1998.
41. El ingenioso título es de Avi Merdler.
42. Arnett, 2000.
43. Gottman & Silver, 2015.
44. Deegan, 1995.
45. Remen, 2006, p. 223.
46. Tolstoy & Maude, 2004, p. 170.